Robert Northoff
Sozialisation, Sozialverhalten und Psychosoziale Auffälligkeiten

Grundlagentexte Soziale Berufe

Robert Northoff

Sozialisation, Sozialverhalten und Psychosoziale Auffälligkeiten

Eine Einführung in die Bewältigung sozialer Aufgabenstellungen

Der Autor

Robert Northoff ist Hochschullehrer im Fachbereich Soziale Arbeit, Bildung und Erziehung an der Hochschule Neubrandenburg. Er studierte Recht und Psychologie in Freiburg und Lausanne. Von 1980 bis 1993 war er u.a. als Jugendrichter und Familienrichter in Hamburg tätig und promovierte zu dieser Zeit bei Prof. Dr. Kerner über ein Thema aus dem Strafvollzug. 1993 erhielt er einen Ruf an die Hochschule Neubrandenburg, die er auch von 1998 bis 2002 als Rektor leitete. Praktische Erfahrungen sammelte er u.a. als Supervisor, Mediator und Qualitätsmanager. Seine Forschungsgebiete sind u.a. Rechtspsychologie, Kriminalprävention und Social Entrepreneurship, er ist Gutachter für das Bundesforschungsministerium, AIF, und Experte der Europäischen Union.

Für Daniel

Besonderer Dank gilt meinen studentischen Mitarbeitern Sabrina Wille, Carsten Klinkhardt und Katharina Dörfert, Herrn Rechtsanwalt Fitzer sowie den Kolleginnen und Kollegen der Hochschule Neubrandenburg und insbesondere Frau Prof. Dr. Kraehmer, die mich durch ihre Hilfe und kritischen Hinweise vielfältig unterstützt haben.

Bibliografische Information der Deutschen Nationalbibliothek

Die Deutsche Nationalbibliothek verzeichnet diese Publikation in der Deutschen Nationalbibliografie; detaillierte bibliografische Daten sind im Internet über http://dnb.d-nb.de abrufbar.

www.beltz.de · www.juventa.de
Druck und Bindung: Beltz Druckpartner GmbH & Co. KG, Hemsbach
Printed in Germany

ISBN 978-3-7799-2843-0

Inhalt

Einführung

Das Buch ist aus dem Wunsch entstanden, psychologiebasiertes Wissen zur Entstehung der Persönlichkeit, zur Entwicklung des Sozialverhaltens und zu häufigen psychosozialen Auffälligkeiten zu vermitteln. Es richtet sich an Menschen, die im sozialen Kontext arbeiten. Zielgruppe sind zum einen Sozialarbeiterinnen (Erzieherinnen, Sozialpädagoginnen), aber auch Lehrerinnen, Juristinnen, Interessierte aus dem Gesundheitswesen und Polizeibeamtinnen werden einen Gewinn daraus ziehen können. Alle Zielgruppen beschäftigen sich mit Menschen in der Entwicklung und in schwierigen Lebenslagen und können daher unter Oberbegriffen wie Problemlöser, Helfer, Wächter gemeinsam angesprochen werden.

Wenn im Titel des Buches von Sozialisation und Sozialverhalten die Rede ist, so werden diese Begriffe hier umgangssprachlich weit verstanden. Dass sich bei differenzierter Betrachtung Entwicklung und Erziehung von der Sozialisation durchaus trennen lassen, zeigt die aus didaktischen Gründen so gewählte Gliederung; es steht aber außer Frage, dass die Entstehung einer Persönlichkeit ein komplexer und interaktiver Prozess ist.

Es gibt verschiedene Wege, sich einem Stoff zu nähern. Dieses Buch versucht, unnötige Redundanzen zu vermindern und legt ähnlich wie das programmierte Lernen besonderen Wert auf eine deutliche Strukturierung. Die Bearbeitung der einzelnen Themen ist meist ähnlich aufgebaut: Zunächst werden allgemeine und theoretische Erläuterungen vermittelt, dann werden der Ablauf, der Prozess, die Entwicklung dargestellt, es werden Problemfelder und Störungen diskutiert und zuletzt werden Änderungen, Verbesserungen, Beeinflussungsmöglichkeiten aufgezeigt. Nutzen werden vor allem diejenigen Leser ziehen, die dieses Buch als eine Einführung in wichtige soziale Fragestellungen und Themen betrachten. Grenzen ergeben sich daraus, dass im Rahmen eines solchen Buches naturgemäß eine Auswahl zentraler Themenbereiche erfolgen muss. Soweit praktische Vorschläge unterbreitet werden, sind sie als handlungsorientierte Hypothesen gedacht, so dass immer eine den Besonderheiten des Einzelfalles angemessene eigenverantwortliche Anwendungsentscheidung zu treffen ist.

Schon die von mir im Jahre 1996 herausgegebene Rechtspsychologie befasste sich mit den hier diskutierten Themen. Inzwischen sind so viele neue Entwicklungen erkennbar, dass ein eigenständiges Buch als Teil einer Reihe im Kontext der Sozialen Arbeit angemessen erschien. Das hat allerdings auch zur Folge, dass nunmehr spezielle methodische Fragen und berufstypische Kompetenzen in getrennten Büchern nachzulesen sind. Die interessierte und verantwortliche Leserin wird daher stets die weiteren Bücher der Reihe zu Rate ziehen oder mit anderen Quellen vergleichen.

Das Buch verzichtet aus Gründen der besseren Lesbarkeit darauf, die selbstverständlich gleichberechtigt verstandenen weiblichen und männlichen Betroffenen immer gesondert durch eigene sprachliche Endungen auszuweisen. Da insbesondere im Sozial- und Gesundheitswesen überwiegend Mitarbeiterinnen anzufinden sind, wird insofern häufiger auch nur die weibliche Form benutzt. Die im Ergebnis nicht stringente Schreibweise mag die eine oder den anderen irritieren, diese Irritation ist aber gewollt.

Neubrandenburg, Herbst 2012
Robert Northoff

Kapitel 1
Das Entstehen der Persönlichkeit

Wer als Sozialarbeiterin, Erzieherin, Lehrerin, Polizeibeamtin, Juristin oder im Gesundheitswesen soziale Aufgabenstellungen zu bewältigen hat, muss sich über die Erscheinungsformen, die Dynamik, die Ursachen und die Folgen menschlichen Erlebens und Verhaltens Gedanken machen. Menschliche Entfaltung ist dabei gekennzeichnet durch das psychologische Zusammenspiel von *Entwicklung*, *Erziehung* und *Sozialisation* und zeigt sich dann in einer immer eigenständigeren *Persönlichkeit*.

1.1 Entwicklung

Die körperliche und psychologische Entwicklung des Menschen geschieht nicht zufällig oder willkürlich, der Mensch entwickelt sich vielmehr im Rahmen der genetisch-hormonellen Bandbreite und in der Interaktion mit psychosozialen Einflüssen in sensiblen Phasen und sequentiellen Schritten. Entwicklung ist dabei weit mehr „als ein Kinderspiel".

1.1.1 Grundlagen und Theorien

Mit der Veröffentlichung der von Charles Darwin begründeten allgemeinen Entwicklungs- und Evolutionstheorie nahm auch das Interesse an der individuellen psychologischen Entwicklung deutlich zu.

(1) Gegenstand der Entwicklungspsychologie

Dabei stand **zunächst das Kinder- und Jugendalter im Zentrum des Interesses** (vgl. etwa Oerter & Montada 2008, 3 ff). Dem entsprach das herkömmliche Verständnis der Entwicklungspsychologie, wonach Entwicklung trotz aller Verschiedenheit der Kinder in bestimmten gleichen Phasen abläuft, die bei dem einen Kind früher, beim anderen später einsetzen können. Entwicklung ist danach *universell*, also für alle jungen Menschen geltend, *zeitlich geordnet*, also schrittweise aufeinander aufbauend und *zielgerichtet*, also sich auf bestimmte Veränderungen hin bewegend. Diese sehr knappe Beschreibung wesentlicher Inhalte lässt allerdings kaum erkennen, dass die

Diskussion des Selbstverständnisses der Entwicklungspsychologie von zahlreichen fundamentalen Streitfragen begleitet worden ist.

Auch heute sind noch nicht alle Punkte geklärt, doch lassen sich **wesentliche Linien der modernen Entwicklungspsychologie** erkennen (vgl. Gerrig & Zimbardo 2008, 362; Oerter & Montada 2008, 5 ff):

- Die zu Beginn der Forschung auf die kindliche Entwicklung bezogenen Untersuchungen haben nunmehr auch die lebenslange Entwicklung einschließlich der pränatalen Phase und der späteren Bewältigung von Lebensereignissen und des Älter- und Altwerdens in die Betrachtung einbezogen (Psychologie der Lebensspanne) und berücksichtigen dabei intraindividuelle und interindividuelle Variabilität.
- Die zunächst vorwiegend altersbezogene Betrachtung der Reifung der Organe ist einer Betrachtung gewichen, die auch die sukzessive Konstruktion, also die Reihenfolge als wesentliches Merkmal anerkennt. Grundsätzlich sind Sequenzmodelle nötig, die einerseits den Querschnitt als Vergleich verschiedener Menschen gleichen Alters und andererseits den Längsschnitt als die Einordnung des einzelnen Individuums in den eigenen Lebenslauf berücksichtigen.
- Die bei dem Psychoanalytiker Rene Spitz in der Mitte des 20. Jahrhunderts noch sehr auf das Verhältnis des Kindes zu seiner Mutter beschränkte Forschung (Spitz (1965/2005) hat den Blick auf andere Familienmitglieder wie den Vater und die Geschwister und das im Nahbereich wirksame Bezugssystem gerichtet und bezieht heute auch weitere Sozialisationsfaktoren wie Kindergarten und Schule ein.
- Die zunächst als einseitiger Beeinflussungsprozess durch die Eltern gesehene Entwicklung des Kindes ist einer Betrachtung gewichen, die die Entwicklung als interaktiven Prozess versteht. Das Kind beeinflusst also auch das Verhalten der Eltern, die Entwicklung erfolgt wechselseitig.
- Entwicklung bedeutet nicht nur einen Zuwachs an Fähigkeiten und Fertigkeiten, sondern setzt sich zusammen aus Gewinn (Wachstum) und Verlust (Abbau). So können Veränderungen innerhalb desselben Entwicklungsabschnitts darin bestehen, dass die Emotion abnimmt, die Intelligenz aber zunimmt.
- Die Existenz von kritischen Phasen, in denen sich psychische Entwicklung unumkehrbar vollziehe, wird zunehmend in Frage gestellt zugunsten von sensiblen Phasen, also Zeiträumen, in denen der Mensch für den Erwerb bestimmter Verhaltensweisen besonders empfänglich ist, die aber außerhalb dieses Zeitraumes bis zu einem gewissen Grad wieder verändert werden können.

Nach dem Gesagten dürfte klar sein, dass die Abgrenzung zwischen Entwicklung, Erziehung und Sozialisation und autonomer Persönlichkeit weniger inhaltlicher als pragmatischer Art ist. Zwar ergeben sich historisch insofern Unterschiede, als die Entwicklung immer eine Domäne der Psychologie war, die Erziehung immer das Feld der Pädagogik und die Sozialisation auch als Teil der Soziologie angesehen worden ist. Dahinter versteckt sich aber weniger eine klare Trennung als vielmehr eine unterschiedliche Perspektive, da die verschiedenen Sichtweisen meist nur mehrere Seiten desselben Phänomens darstellen. Soweit hier gleichwohl die unterschiedlichen Perspektiven beibehalten werden, erfolgt dies lediglich deswegen, weil dadurch eine bessere Durchdringung eines in seiner Komplexität sonst nur schwer darstellbaren Themas ermöglicht wird.

Unter dem **Begriff Entwicklung** werden hier die am Lebensalter oder Lebensereignissen orientierten, nachhaltig wirkenden Veränderungen und Stabilitäten von persönlichkeitsbildenden Merkmalen (wie Kompetenzen, Überzeugungen, Interessen, Motivationen, Selbstkonzepten) verstanden. Dabei wirken endogene (genetische Anlage), exogene (Umwelteinflüsse) und autogene Faktoren (Selbststeuerung) zusammen.

(2) Modelle und Theorien

In der Geschichte der Entwicklungspsychologie sind die unterschiedlichsten **Strukturen für Modelle** benutzt worden, so z.B. Stufen, Stadien, Spiralen, Schichten, Trichter, Sequenzen. Diese Bilder haben ihren Sinn darin, dass sie den Forschungsansätzen und Schulen helfen, ihren Ansatz auch optisch zu verdeutlichen, auch wenn sie nicht notwendig eine Vorhersage der Entwicklung im Einzelfall ermöglichen. **Inhaltlich** differenzierte Erklärungsmodelle gehen von einer körperlich vorgegebenen Bandbreite aus (vgl. dazu unten (3)) und beruhen vor allem auf psychoanalytischen, lernpsychologischen und kognitiven Konzepten, welche in letzter Zeit durch den aktionalen und systemischen Blick ergänzt worden sind. Dabei stehen hier zunächst die allgemeinen Zugänge und die allgemeine soziale Entwicklung im Vordergrund, die spezifische Entwicklungspsychologie für ausgewählte sozial relevante Verhaltensweisen ist vor allem im 2. Teil dieses Buches eingearbeitet (→ Attribution → Prosoziales Verhalten → Moral).

Entwicklungspsychologisches Modell Freuds

Freud versteht die **Triebe** als die psychische Energie. Aus seiner Sicht wird die Entwicklung (zumindest auch) durch diese Energie „angeschoben" (Schubtheorie). Agieren wir uns aus, so verbrauchen wir unsere Energie, halten wir uns zurück oder ist ein Ausagieren nicht möglich, staut sich die Triebenergie an und drängt zunehmend auf Triebabfuhr. Der wichtigste Trieb ist aus der Sicht Freuds der Sexualtrieb (libido), der aber nicht nur sexuell, sondern auch im übertragenen Sinne als Wunsch nach Lustgewinn i.S. einer allgemeinen Bedürfnisbefriedigung verstanden wird. Unter dem Eindruck der Grauen des 1. Weltkriegs hat Freud seine Theorie noch um einen Aggressionstrieb (destrudo) erweitert. Die in manchen Strafverfahren zu beurteilende Affekttat stellt sich damit als ein gewaltsamer Triebdurchbruch einer, z.B. durch Provokationen, stark angestauten Triebenergie, dar.

Im Laufe der weiteren Entwicklung bestimmen daneben einerseits der Reifestatus in der psychosexuellen Entwicklung, andererseits äußere, familiäre Erziehungsfaktoren das Geschehen. Die für das Unbewusste so wesentliche frühkindliche Entwicklung unterteilt Freud auf Grund seiner Fallbeobachtungen in **drei Phasen**, denen sich bis in die Pubertät zwei weitere

Phasen anschließen (Freud 1905, GW 1981, 27ff ; Freud 1915, GW 1991, 210ff, 214, 219; Freud 1923, GW 1987, 291ff; Freud 1924, GW 1987, 393) und deutet damit auch Bezüge zu psychischen Erkrankungen an (vgl. dazu insbesondere Kuiper 1966/2004, 105ff):

- orale Phase (etwa 1. und 2. Lebensjahr), in der der Mund das zentrale Lustorgan ist, so beim Saugen an der Brust oder am Fläschchen, wobei ein Zuviel oder ein Zuwenig an zärtlicher Berührung und Zuwendung als wichtig für Vertrauen und Beziehungsfähigkeit angesehen wird, so dass Störungen später neurotische Depressionen zur Folge haben können;
- anale Phase (etwa 2. und 3. Lebensjahr), in der der After als Organ im Zentrum steht und durch das Sauberwerden mit der Thematik des Hergebens und Behaltens, aber auch mit der Beherrschung des Körpers verknüpft ist, so dass bei Entwicklungsstörungen Auffälligkeiten wie penibel übergenaues Verhalten oder die Zwangsneurose die Folge sein können;
- ödipale (phallische) Phase (etwa 4. bis 6. Lebensjahr), in der das Kind zunächst die anatomische Differenz zwischen den Geschlechtern bewusst erlebt und dann entsprechend der griechischen Sage vom König *Ödipus*, der ohne es zu wissen, seinen Vater erschlagen und seine Mutter geheiratet hat, eine gegengeschlechtliche Zuneigung (Sohn – Mutter und Tochter – Vater) und eine eigengeschlechtliche Abneigung entwickelt, wobei Freud Störungen in dieser Phase zumindest in einigen seiner Aufsätze für Hysterien verantwortlich macht;
- Latenzphase (etwa 7. Lebensjahr bis Pubertät), in der zunächst bei normaler Entwicklung der *Ödipuskonflikt* durch eine Identifikation mit dem gleichgeschlechtlichen Elternteil aufgelöst wird, in der im Übrigen die Sexualentwicklung zu ruhen scheint, aber durch zunehmende Neugier gekennzeichnet ist;
- genitale Phase (Pubertät), in der – manchmal verbunden mit einer Neuauflage des Ödipuskomplexes – die Geschlechtsrolle gesucht und zunehmend gefunden und eine inzestfreie sexuelle Aktivität ermöglicht wird.

Freuds **Persönlichkeitsmodell** aus *Es-Ich-Überich* fasst schließlich die entwicklungspsychologischen Grundlinien zusammen. Das *Es* (die Triebstruktur, die Gefühle) entspricht den endogenen Faktoren, das *Überich* (gesellschaftliche Normen) entspricht den exogenen Faktoren und das Ich (die *bewusste* Abwägung) entspricht den autogenen Faktoren.

Das Bindungskonzept von Bowlby und Ainsworth

Die Bedeutung der frühkindlichen Bindungen ist insbesondere von John Bowlby (1969/1984) herausgearbeitet worden. Für ihn ist das **Bindungs- und Fürsorgesystem** allerdings aus der Evolution hervorgegangen, es richtet sich auf einzelne Individuen, dauert längere Zeit an und ist gekennzeichnet durch das immer komplexer werdende Zusammenwirken von Emotionen, Motivationen und Verhalten in sicheren und unsicheren Situationen. Bowlby unterscheidet vier Etappen des **Bindungsaufbaus:**

- die Vorphase (bis 6. Lebenswoche), in der das Kind noch nicht an eine spezifische Person gebunden ist,
- die zweite Phase (6 Wochen bis 7. Lebensmonat), in der nach Interaktionen sich die Fähigkeit zur Unterscheidung von Personen entwickelt,
- die eigentliche Bindungsphase (7 bis 18 Monate), in welcher das Kind eine spezifische Person (Mutter, Vater) erkennt, ihre Nähe sucht oder sie auch vermisst,
- die Phase der zielkorrigierten Partnerschaft (ab etwa 3 Jahren), in welcher das Verhalten je nach Situation differenziert wird.

Eine Weiterentwicklung des Konzeptes stammt von Mary Ainsworth, die die Bindungsqualität erforschte. Sie entwickelte zunächst einen Test namens **„Die fremde Situation"**, mit welchem sie u.a. untersuchte, wie kleine Kinder sich verhalten, wenn sie mit der Mutter zusammen sind, wenn eine fremde Person hinzukommt, wenn die Mutter sie verlässt und wenn die Mutter wiederkommt. Dann erarbeitete sie drei **Bindungsstile** (A–C), die später noch von Main und Solomon um einen vierten (D) ergänzt wurden (vgl. Oerter & Montada 2008, 217):

- Stil A: unsicher vermeidend: die Kinder suchen nicht die Nähe der Mutter, zeigen wenig Emotionen,
- Stil B: sicher balanciert: die Kinder sind eher stabil und nicht schnell zu verunsichern,
- Stil C: ambivalent unsicher: die Kinder reagieren auf Fremde empfindlich, zeigen ihren Kummer lautstark und wütend, reagieren auf eine Wiederannäherung der Mutter ärgerlich,
- Stil D: desorganisiertes Verhalten: die Kinder verhalten sich wenig vorhersehbar, sie schwanken zwischen mehreren Stilen, zeigen seltsames Verhalten.

Das Bindungskonzept ist nicht auf Mütter beschränkt, es lässt sich auch auf Väter oder z.B. Geschwister anwenden.

Die Differenzierung durch Erikson

Erik Erikson differenziert und pointiert in seinem Hauptwerk „Kindheit und Gesellschaft" (vgl. Erikson (1950/2005) das entwicklungspsychologische Modell Freuds durch phasenspezifische – auch nichtsexuelle – inhaltliche Schwerpunktthemen (Ambivalenzen).

orale Phase	Urvertrauen vs. Misstrauen
anale Phase	Autonomie vs. Scham und Zweifel
ödipale Phase	Initiative vs. Schuldgefühl
Latenzphase	Leistung vs. Minderwertigkeit
Pubertät	Identität vs. Unsicherheit (Rollenkonfusion)
frühes Erwachsensein	Nähe (Intimität) vs. Isolation
mittleres Erwachsensein	Selbstverwirklichung (Ich-Integrität) vs. Stagnation
reifes Alter	Ich-Integrität vs. Verzweiflung

Stetige Versorgung des Kindes führt zu Vertrauen, instabile Beziehungen führen zu Misstrauen. Angemessenes Sauberkeitstraining fördert Autonomie, überzogenes Training kann Überforderung und damit Scham und Zweifel nach sich ziehen. Das Erleben der Geschlechtsunterschiede führt zu Neugierde, die – wenn sie zu weit geht und sanktioniert wird – mit Schuldgefühlen verbunden sein kann. In der Latenzphase ist die Tätigkeit des Kindes leitungsorientiert; wird sie nicht anerkannt, kann sich ein Gefühl der Minderwertigkeit entwickeln. In der Pubertät führt die Ablösung von den Eltern zur Unsicherheit, die durch das Finden der neuen Identität bewältigt wird. Im jungen Erwachsenenalter besteht das Bedürfnis nach Nähe, später folgt der Wunsch nach Selbstverwirklichung, auch durch die Kinder, bis schließlich bei gesunden Personen das Gefühl der Integrität und Zufriedenheit erreicht wird.

Lernpsychologische Sicht

Die Lernpsychologen versuchten zunächst, Entwicklung durch mechanistische Reiz-Reaktionsmodelle zu erklären. Daran ist zutreffend, dass sich der Mensch auch durch Umweltreize und äußere Verstärker, z.B. Lob, entwickelt. Wichtiger aber noch wurden die Untersuchungen von Bandura zum Sozialen Lernen (Bandura 1976). Die Beobachtung und Nachahmung der Personen des kindlichen Nahbereichs sind danach grundlegende Entwicklungsmechanismen. So stehen unmittelbar nach der Geburt noch reflexartige Tätigkeiten wie das Saugen im Mittelpunkt, doch alsbald folgt das reaktive Verhalten auf Reize, wie der bewusste Griff nach einem Spielzeug, verstärkt durch eigene Neugier und fremde Unterstützung, bis dann durch das Nachahmungslernen soziokulturelle Verhaltensmuster übernommen werden; (vgl. Northoff, Kompetenzen der Arbeits- und Problembewältigung 2012).

Piagets kognitive Sicht

Besonders einflussreich waren die Untersuchungen des Schweizer Psychologen Jean Piaget (1947) zur Entwicklung des frühen Denkens. Ihm verdanken wir die stadienmäßig definierte Strukturierung kindlichen Verhaltens unter Zuhilfenahme auch mathematischer und logischer Überlegungen. Die Lernprozesse erfolgen nach seinem Verständnis als wechselseitige Anpassung von Organismus und Umwelt *(Adaption)*, einerseits als *Assimilation* (Einordnung der Umwelt in die eigene Denkstruktur), andererseits als Akkomodation (Anpassung der Denkstruktur an die neue Umwelt). Der Organismus strebt danach, Ungleichgewichte, Widersprüche, Konflikte abzubauen und in den Zustand der *Äquilibration* (des Gleichgewichtes) überzuführen. Dabei postuliert er zunächst drei, dann vier Stadien, die nacheinander durchlaufen werden und menschliche Denk- und Erscheinungsformen kennzeichnen sollen (vgl. Gerrig & Zimbardo 2008, 375; vgl. auch Ginsberg & Opper 2004):

- sensumotorisches Stadium (0–2. Lebensjahr)
- symbolisch voroperatives Stadium (etwa 2.–7. Lebensjahr)
- konkret operatives Stadium (etwa 7.–11. Lebensjahr)
- formal operatives Stadium (etwa ab dem 11. Lebensjahr)

Piagets sehr differenzierte Beobachtungen, Untersuchungen und Überlegungen lohnen das Nachlesen. Sehr verkürzt lässt sich die **sensumotorische Phase** so beschreiben, dass das Kind bereits zu Beginn seines Lebens über eine kleine Zahl von sensumotorischen Fähigkeiten (also über ein gewisses organisches Empfindungsvermögen) verfügt und langsam symbolisches (bildhaftes) Denken entwickelt. In der **symbolisch voroperativen Phase** ist das Kind von Egozentrismus geprägt und besitzt verbesserte Fähigkeiten des symbolischen Denkens, dies ist wichtig für den Erwerb von Sprache. In der **konkret operativen** Phase lernt das Kind ein neues bewegliches Denken, einen konstanten Mengenbegriff, einen von der Anordnung unabhängigen Zahlbegriff. Volumen wird unabhängig von der Art des Gefäßes nicht mehr als wechselnd, sondern als konstant verstanden. Das Kind erkennt an konkreten Beispielen, dass Rechnen und Denken reversible Transformationen sind, also rückgängig gemacht werden können, und es entdeckt Gruppen und Systeme unterschiedlicher Ordnung als Strukturhilfen. Verbunden ist damit der Weg von der Zentrierung zur Dezentrierung der Wahrnehmung, die erst vom Ich losgelöste konkrete Operationen erlaubt. In der formal operativen Phase geht es um Operationen, bei denen die Zeichen nicht mehr die Wirklichkeit abbilden müssen, sondern auch bloße Annahmen und Hypothesen wiedergeben können. Denken vollzieht sich auch deduktiv, umfasst die denkmöglichen Prozesse. Auch wenn Piaget später einige Aspekte modifiziert und ergänzt hat, so bleiben diese Untersuchungen doch grundlegend für unser entwicklungspsychologisches Verständnis.

Vigotski, transaktionale und systemische Sicht

Der auch von den oben genannten Autoren nicht bestrittene Einfluss autogener Selbststeuerung und von Umweltfaktoren ist schon früh durch den russischen Psychologen Lew **Vigotski** (1896–1934) erkannt worden (Vigotski 1978). Vigotski betonte u.a. die Komplexität der Entwicklungslinien, die dialogische Organisation (Frage-Antwort-Schema) und die kulturellen Muster der Entwicklung sowie die zunehmende Autostimulation und bewusste Kontrolle des späteren Entwicklungsgeschehens (vgl. auch Langfeldt & Nothdurft 2007, 93 ff). Neuere **Aktionale** und Transaktionale Konzeptionen betonen die Bedeutung des Entwicklungssubjekts und seines Handelns im jeweiligen Entwicklungskontext. Sie modifizieren z.B. auch Piagets Theorien, denn Forschungen zeigten, dass kleine Kinder teilweise kompetenter sind als Piaget annahm. **Systemische** Modelle betonen die Bedeutung der Familie und anderer sozialer Kontexte für die Entwicklung. Sie modifizieren die Ergebnisse von Piaget z.B. insofern, als kulturvergleichende Studien zeigten, dass sich die kognitive Entwicklung in anderen Kulturen nicht immer entsprechend den Erkenntnissen von Piaget entwickelt (Gerrig & Zimbardo 2008, 373 ff, 377, 378). Damit hat sich auch hier die Erkenntnis durchgesetzt, dass man Entwicklung zwar aus sehr unterschiedlichen Blickwinkeln betrachten kann, aber letztendlich nur als ganzheitlich interaktiven Prozess beurteilen sollte.

(3) Grundlegende Merkmale

Zentrale Prozesse der Entwicklung sind *Reifung* und *Lernen*. Als **Reifung** wird der Veränderungsprozess auf Grund von endogenen, also inneren, anlagemäßigen Faktoren bezeichnet. Als **Lernen** bezeichnen wir den durch exogene und autogene Faktoren, wie äußere Erfahrung und Selbststeuerung, bewirkten Veränderungsprozess. Die Reifung als gen-gesteuerte Veränderung mit neuronaler Aktivität führt zu körperlichen Veränderungen, die sich in Wechselwirkung mit dem Verhalten und der Umwelt und den daraus resultierenden Lernprozessen auswirken (vgl. Oerter & Montada 2008, 28 ff, vgl. Largo 2011, 171 ff; Hobmair Psychologie 2008, 220). So ist (ein bereits im ersten Lebensjahr) ohne Funktionsreife der Beckenmuskulatur einsetzendes Sauberkeitstraining erfolglos, andererseits kann eine danach einsetzende Einübung auch körperliche Auswirkungen haben.

(b) Entwicklungsmerkmale. Die Entwicklung eines Menschen sollte stets individuell betrachtet werden. Doch folgt sie auch gewissen allgemeinen Merkmalen (vgl. Hobmair 2008, 233 ff). Dazu gehören:

- Logische Reihenfolge: Entwicklungen treten typisch in einer bestimmten Reihenfolge auf; Kinder krabbeln, bevor sie aufrecht gehen, Kinder zeichnen Kreise früher als Quadrate.
- Unterschiedliches Tempo: Entwicklungsprozesse sind bei verschiedenen Menschen unterschiedlich schnell, es gibt aber auch bei derselben Person schnelle Entwicklungen (körperlicher Schub in der Pubertät) und langsame Entwicklungen (Identitätsfindung in der Pubertät).
- Differenzierung: Aus unklaren Lallmonologen werden deutliche Wörter, aus allgemeinen Wünschen wird ein bestimmter Wille.
- Integration: Aus zunächst getrennten motorischen Bewegungen und Sinnesleistungen (unkoordinierten Bewegungen) werden integrierte Vorgänge, die zueinander in Beziehung stehen; einzelne Worte werden zu sinnvollen Sätzen verbunden.
- Zentralisation: Zunehmend verlieren Handlungen ihre Zufälligkeit und werden von zentralen Instanzen koordiniert, so durch bewusste Überlegungen, Zielsetzungen und Bewertungen.
- Kanalisierung: Aus der Gesamtheit menschlicher Verhaltensweisen bilden sich bestimmte Verhaltensweisen beim Einzelnen besonders heraus (so benützt ein Kind von der Vielzahl gehörter und gelesener Wörter doch bevorzugt nur einige bestimmte).

- Stabilisierung: Durch die Situation des Einzelnen in seiner Umwelt werden allmählich bestimmte Gewohnheiten und Interessen entwickelt (z.B. Rollen, Hobbys oder auch Einstellungen).

1.1.2 Phasen und Schritte

Entwicklung lässt sich nach einzelnen Lebensabschnitten beschreiben (Oerter & Montada 2008, 147ff; Gerrig & Zimbardo 2008, 362ff; Langfeldt & Nothdurft 2007, 99ff; Atkinson u.a. 2001, 72ff). Jeder Versuch, typische körperliche, denkpsychologische, kommunikative und soziale Veränderungen des jungen und älteren Menschen mittels altersabhängiger Phasenmodelle zu verdeutlichen, muss sich aber seiner Unzulänglichkeiten klar sein, die vor allem darin bestehen, dass individuelle Unterschiede und Besonderheiten im Entwicklungstempo nivelliert werden. Gleichwohl ist es hilfreich so vorzugehen, weil wir komplexe Sachverhalte in linearen, vereinfachenden Beschreibungen eher nachvollziehen und in praktische Konsequenzen umsetzen können.

(1) Pränatale Zeit und frühe Kindheit

Die Befruchtung der weiblichen Eizelle durch den männlichen Samen führt im Laufe der etwa 40 Wochen dauernden Schwangerschaft nach etwa 8 Wochen zur Entwicklung des **Embryos** und nach etwa 3 Monaten zum Fötus. Nervenzellen und Synapsen vermehren sich, funktionsnotwendige Zellen werden ausgelesen, überschüssige Zellen sterben ab. Sinnesorgane und Gehirn entwickeln sich zunächst unabhängig voneinander und werden dann miteinander verschaltet. Der Fötus ist von früh an auch motorisch aktiv, später kann die Mutter auch einzelne Bewegungen spüren. Aus dem zunächst insgesamt weiblichen Fötus entwickeln sich bei den männlichen Föten durch zusätzliche Testosterongaben die männlichen Geschlechtsorgane. Schon zu dieser Zeit bestehen aber auch gesundheitliche Risiken, die nicht nur durch genetische Faktoren und Erkrankungen, sondern auch durch das Verhalten der Mutter (Alkoholgenuss, Drogenkonsum, Nikotingebrauch, falsche Ernährung) und Umwelteinflüsse (z.B. Stress, Strahlen) entstehen können.

Die **körperliche** Entwicklung ist im Säuglingsalter (Geburt bis etwa 18 Monate) und in der frühen Kindheit (etwa 18 Monate bis etwa 6 Jahre) wie auch später hinsichtlich Tempo, Reihenfolge und Ausprägung genetisch festgelegt, allerdings durch Ernährung und körperliche Betätigung in Grenzen beeinflussbar (vgl. zur frühen Kindheit: Haug-Schnabel & Bensel 2010). Mit der Geburt, dem Abnabeln und dem selbständigen Atmen tritt die körperliche Selbstfunktion ein und entwickelt sich eine körperliche Reifung von oben nach unten, zuerst am Kopf, dann an den Extremitäten. Es bilden sich die Fähigkeiten zu krabbeln, zu gehen und zu sprechen heraus, verbunden mit fortlaufendem körperlichem Wachstum. Schulfähigkeit wird unter dem Gesichtspunkt der körperlichen Reife auch getestet, indem man feststellt, ob es dem Kind gelingt, mit dem Arm über Kopf das gegenüberliegende Ohrläppchen zu erreichen.

Folgt man den **denkpsychologischen** Überlegungen Piagets, so ist dies die sensumotorische und symbolisch voroperative Phase, in der das Kind seine praktisch sensumotorischen Verhaltensweisen erlernt und mit der Sprache einen Fundus von Zeichen erwirbt, die Symbolfunktion haben. Denken wird als verinnerlichtes Handeln verstanden. Unter Kommunikationsgesichtspunkten entwickeln sich aus kindlichem Gurren und Lallen erste sprachähnliche Laute zu Silben, Worten und Sätzen. Vokabular und Grammatik ändern sich. Aus Kritzeleien werden Figuren, Kopffüßler und schließlich Menschen mit Körpern. Kinder zeichnen, was sie über die Welt wissen, nicht unbedingt, was sie sehen, Menschen sind noch transparent. Am Ende der Vorschulzeit weichen diese Gestaltungsformen langsam dem Realismus und enthalten auch Zeichen des persönlichen Ausdrucks.

Die **soziale Entwicklung des Kindes** (vgl. Seiffge-Krenke 1995, 352 ff) wird in den ersten Monaten durch das körperlich nahe Verhältnis des Kindes zu seinen engsten Bezugspersonen, im Falle des Stillens häufig die Mutter, bestimmt. Das Kind lernt mit etwa 6 Monaten Gesichter zu unterscheiden und reagiert mit einem Antwortlächeln, einer frühen Form des sozialen Verhaltens. Es entwickelt eine Bindung zu seinen nahen Bezugspersonen, fehlt diese, wie früher in Heimen mit Schichtdienst oder bei unvermittelten Trennungen, kann dies auch Auswirkungen auf sein späteres Sozialverhalten haben. Dann erweitert es seinen Bezugskreis, verbunden mit anfänglicher Angst vor Fremden („Fremdeln"). Bereits zur Kleinkindzeit bestehen soziale Wechselwirkungen; das Kind veranlasst die Erwachsenen zu sozialen Verhaltensweisen, die Erwachsenen können die Entwicklung des Kindes durch Stimulierungen und Sinneseindrücke fördern. Spiele sind vor allem Phantasiespiele, die, wenn man sie zulässt, kreatives Verhalten und auch das Lernen fördern und das Kind auf die Schule vorbereiten können. Folgt man den psychoanalytischen Überlegungen Freuds und Eriksons, so werden in der frühkindlichen Zeit wesentliche Grundlagen für das spätere Erleben und Verhalten gelegt. Demnach ist in der oralen Phase der Erwerb des Vertrauens, in der analen Phase der Erwerb der Selbstkontrolle und in der ödipalen Phase der Erwerb der gegengeschlechtlichen Beziehungsfähigkeit von besonderer Bedeutung. Im Kindergarten lernt das Kind mit Gleichaltrigen auszukommen und soziale Konflikte zu lösen.

(2) Späte Kindheit bis zur Pubertät

Diese Phase umfasst typisch die Zeit vom 7. Lebensjahr bis etwa zum 11. Lebensjahr. Die **körperliche** Entwicklung zeichnet sich durch weiteres großes Längen- und geringes Breitenwachstum aus, ein Ausfallen der sog. Milchzähne und Ersatz durch die bleibenden Zähne stellt bereits eine Vorbereitung auf das Erwachsensein dar. Der Beginn der Pubertät tritt mit etwa 11 Jahren bei Mädchen etwa ein bis zwei Jahre früher als bei Jungen ein (vgl. zur Zeit der Vorpubertät: Haug-Schnabel & Bensel 2010).

Die **denkpsychologische** Entwicklung nach Piaget geht mit dem 7. oder 8. Lebensjahr in die konkret operative Phase, in der das Kind die Fähigkeit erwirbt, Begriffshierarchien zu bilden und Rangordnungen herzustellen. Was die Kommunikation betrifft, so dient die Grundschule dazu, die gelesene und schriftliche Sprache in all ihren wichtigen Grundfunktionen zu vermitteln. Das Kommunikationsverhalten wird durch den Schulbesuch normalerweise verstärkt, denn der Kreis der Bezugspersonen erweitert sich deutlich. Kinder werden zunehmend selbstständiger und unabhängiger, auch bei sprachlicher Stellungnahme zu Dingen, die sie beobachtet haben.

Die **soziale Entwicklung** und das Gruppenverhalten werden durch die Erfahrungen in der Schule und den Kontakt mit Freunden geprägt (vgl. Seiffge-Krenke 1995, 352ff). Die sexuelle Entwicklung ist, wenn man Freud folgt, bis zum Beginn der Pubertät in einer Ruhezeit. In dieser Latenzphase erfolgen keine großen Entwicklungssprünge. Durch die Ablösung vom gegengeschlechtlichen Elternteil und die Identifikation mit dem gleichgeschlechtlichen Elternteil wird bei den meisten Kindern geschlechtsspezifisches Rollenverhalten erlernt. Nach Erikson entwickelt das Kind langsam ein Verhältnis zu seiner Leistung und erwirbt zunehmend ein bestimmtes Selbstwertgefühl.

(3) Jugend und Adoleszenz

Diese Zeit wird rechtlich meist zwischen 14 und 18 Jahren verortet (vgl. § 7 I 2 SGB VIII), sozialwissenschaftlich wird indes eine Ausdehnung der Lebensphase Jugend auf etwa 15 Jahre festgestellt. Sie beginnt mit der Pubertät, also abhängig vom Geschlecht etwa ab 11 Jahren, und endet mit dem Erwachsenwerden, meist gekennzeichnet durch Festigung der eigenen Identität und die Beendigung der Ausbildung, was sich immer häufiger bis zum 30. Lebensjahr hinauszieht (vgl. dazu Hurrelmann: Lebensphase Jugend 2010).

Entwicklungspsychologisch lassen sich vier große Aufgaben benennen: (1) die Entwicklung des inneren Bildes von der Geschlechtszugehörigkeit und die Ausrichtung auf eine wie auch immer strukturierte eigene Familie, (2) die Entwicklung einer intellektuellen und sozialen Kompetenz und die Ausrichtung auf eine ökonomische Selbstversorgung, (3) die Entwicklung selbstständiger Handlungsmuster für den Umgang mit Freizeit, Kultur und

Konsum und (4) die Entwicklung eines Werte- und Normsystems und eines ethischen und politischen Bewusstseins mit Ausrichtung auf eine gesellschaftliche Teilhabe (vgl. Hurrelmann 2010, 27f).

Entsprechend der **körperlichen** Reife wird die Pubertät dadurch ausgelöst, dass die Hirnanhangdrüse Hormone in den Blutkreislauf sendet. Der Beginn der Geschlechtsreifung ist individuell unterschiedlich; er kann zwischen dem 9. und dem 18. Lebensjahr stattfinden, das Durchschnittsalter liegt in Deutschland derzeit bei Mädchen (erste Menstruation) bei etwa 12 Jahren, bei Jungen (erster Samenerguss) bei etwa 13 Jahren (vgl. Oerter & Montada 2008, 292). Es kommt zum Wachstum der sekundären Merkmale wie Schamhaare, Brust, Körperhaare und zum Stimmbruch bei Jungen.

Denkpsychologisch geht es vom dritten Einschnitt an, der von Piaget für das Alter von etwa 11 Jahren angenommen wird und als Beginn der formal operativen Phase bezeichnet wird, zunehmend um abstraktes und von konkreten Gegenständen unabhängiges Denken. Die Kommunikation wird weiter verfeinert, der Wortschatz verselbständigt sich durch die Übernahme von Modewörtern und passt sich den gleichaltrigen Gruppenmitgliedern an (vgl. auch Hurrelmann 2010, 59).

Das gesamte Muster sozialer Beziehungen ändert sich (vgl. Seiffge-Krenke 1995, 352ff; vgl. Göppel 2005). Die erwachsene **Sexualität** erwacht, die Interessen orientieren sich neu – unter geschlechtlichen Gesichtspunkten, wobei die Mädchen auch hier einen Entwicklungsvorsprung haben. Aufklärung ist heute eine in Elternhäusern und Schulen weit verbreitete Vorbereitung. Mädchen suchen sich auch zunehmend Rat bei Ärztinnen und Ärzten, das Verhütungsverhalten ist verantwortlicher geworden, das Kondom hat sich dabei als Einstiegsmethode durchgesetzt (vgl. Rabe & Goeckenjan 2011, 9ff). Befragungen (wie eine Studie der Bundeszentrale für gesundheitliche Aufklärung 2006) zeigen, dass die Jugendlichen beim ersten Koitus durchschnittlich etwa 15 Jahre alt sind, etwa 10% der jungen Menschen hat schon mit 14 Jahren entsprechende Erfahrungen gemacht. Bei Migrantenfamilien scheinen die Jungen aktiver und die Mädchen zurückhaltender zu sein als ihre deutschen Freunde. Daneben dürfte nach wie vor die Selbstbefriedigung die häufigste sexuelle Aktivität darstellen, nicht selten verbunden mit Schuldgefühlen und Verheimlichung.

Die Eltern sind nicht mehr primäre Bezugspersonen, die Gleichaltrigen (Peers) gewinnen an Bedeutung (siehe auch 1.3.1). Durch die zunehmende Ausbildung einer eigenen Identität, verbunden mit der gleichzeitigen allmählichen Ablösung vom Elternhaus, entstehen Konflikte. Dabei sind allerdings diejenigen, die nach dem Haupt- oder Realschulabschluss eine Ausbildung beginnen und sich über berufliche Verantwortung definieren, lebensnäher entwickelt als diejenigen, die noch zur Schule gehen, und den Generationskonflikt voll ausleben. Neue eigenständige, manchmal auch subkulturelle, Wertesysteme entstehen, die Freizeitinteressen und Werte der Gleichaltrigen (Musik, Tanzen, Sport, Umweltengagement) werden wichtig.

(4) Erwachsensein und mittleres Erwachsenenalter

Körperlich ist diese Zeit durch das Fehlen weiterer Reifungsprozesse gekennzeichnet. Es erfolgt kein weiteres Längenwachstum. Für die Männer besteht fortlaufende Befruchtungsfähigkeit, für die Frauen ist diese bis zur Zeit der Menopause, die sich bei Frauen etwa zwischen dem 43. und 50. Lebensjahr (in den westlichen Gesellschaften aber zunehmend später) einstellt und durch die Hormonumstellung auch mit psychischen Veränderungen und eigenen Erlebensformen verbunden ist.

Die **denkpsychologische** Entwicklung ist zunächst abgeschlossen. Der Rückzug auf die familiäre Kleingruppe kann zu sich immer wiederholenden Erfahrungen und zur Abgrenzung von neuen und fremden Ideen und zur Verfestigung des Denkens in Form von Einstellungen, manchmal auch krassen Vorurteilen führen. Ähnliches gilt für die Kommunikation, die sich weiter ausprägen, aber auch verfestigen und sich nicht mehr weiter neuen Entwicklungen anpassen kann.

Die **Entwicklung** der Männer verläuft nicht selten entlang (beruflich und gesellschaftlich) vorgesteckten Karrierezielen, die zielstrebig verfolgt werden. Die Entwicklung der Frauen war in der Vergangenheit in nicht wenigen Fällen durch eine Zuordnung zu den männlichen Wegen gekennzeichnet und wegen der kinderbedingten Unterbrechungen eher weniger kontinuierlich. Gesellschaftliche Gegensteuerungen von Kinderbetreuungen bis hin zu Quotenregelungen zeigen aber deutliche Wirkung in Richtung auf eine größere Chancengleichheit.

(5) Hohes Alter und Sterben

Körperlich kommt es zu einem Abbau der Funktionstüchtigkeit mit zunehmender Anfälligkeit für Störungen und Krankheiten. Die Kommunikation wird durch Einschränkungen der Sinnesorgane (schlechtes Sehen und Hören) schwieriger und die Sprache ist häufig nicht mehr so flexibel, Gedächtnisfunktionen lassen nach. Sexualität behält bis ins hohe Alter ihren Lustanteil, findet allerdings in größeren Abständen statt. Die Denkprozesse können sich, individuell verschieden, verlangsamen und, bei krankhaften Prozessen (z.B. Alzheimer) auch zu einer Altersdemenz führen. Die sozialen Beziehungen können nach dem Tod des Partners durch Vereinsamung und Abschiebung gekennzeichnet sein. Schließlich kommt es zum Sterbeprozess, meist absehbar, manchmal auch überraschend, mit dem Erlöschen der Hirnfunktionen (und nach weiteren Kontrolluntersuchungen) wird der Tod angenommen.

1.1.3 Störungen der Beziehungsfähigkeit

Wer an sozialen Aufgabenstellungen arbeitet, für den sind insbesondere Störungen bzw. Retardierungen der Beziehungsfähigkeit und des Sozialverhaltens von Interesse. Derartige Störungen können sich, wie im späteren 4. Kapitel beschrieben, z.B. als Depression, Aggression oder Suchtverhalten zeigen. Die Hintergründe dieser Störungen sind regelmäßig komplex, einzelfallbezogen und störungsspezifisch, doch gibt es auch entwicklungspsychologische Auffälligkeiten, die man als grundlegend bezeichnen kann. Daher werden hier zunächst einige zentrale Risikofaktoren herausgearbeitet, die dann nachfolgend durch Schutzfaktoren ergänzt werden (vgl. Largo, 2011, 95ff; Schraml 1990; vgl. Hobmair 2008, 277, 281, 287).

(1) Das Erleben einer Benachteiligung

Das Erleben einer entwicklungsbedingten Benachteiligung, insbesondere das Erleben, etwas nicht oder nicht so gut zu können wie andere, kann eine entmutigende Entwicklung entstehen lassen und damit das Selbstwertgefühl beeinträchtigen. Kommen soziale Abwertungen oder gesellschaftliche Hindernisse (z.B. bei Behinderten) noch hinzu, können die Misserfolgserfahrungen noch verstärkt werden. Damit wird gleichzeitig die Chance, gleichberechtigte und unkomplizierte soziale Beziehungen aufzubauen, verringert. Derartige Benachteiligungen können unterschiedlichste (z.B. körperliche, kognitive, kommunikative und sexuelle) Ursachen haben. Körperliche **Retardierungen oder Behinderungen** können sich durch Frühgeburt, angeborene oder während der Geburt (z.B. durch Sauerstoffmangel) erlittene oder später erworbene Organfehler oder z.B. durch Hormonstörungen oder auch Unfälle an Zonen, die das Wachstum betreffen, ergeben. Kognitive Störungen, die das Erreichen der beschriebenen Entwicklungsstufen verhindern, können organisch bedingt sein, liegen aber häufig in umweltbedingten Aufmerksamkeitsprozessen und in der noch nicht ausgeprägten Fähigkeit zum vorausschauenden Denken. Störungen des darstellenden Sprechens selbst können darauf hindeuten, dass das Kind nicht weiß, dass Objekte auch dann weiter existieren, wenn sie außerhalb seines Blickfeldes sind, es fehlen, um mit Piaget zu sprechen, die vorstellungsmäßigen Repräsentationen. Mangelnde Ausprägung der Sprache deutet auf Störungen bzw. Verzögerungen in späterer Zeit hin, die letztlich während des ganzen Lebens erfolgen können (beobachtbar bei Auswanderern). Stottern kann unter Umständen auf überstarke Repression von Gefühlen (Affektausdruck) zurückzuführen sein. Sexuelle Retardierungen dürfen nicht zu früh angenommen werden, da in seltenen Fällen der Eintritt in die Pubertät erst im 18. Lebensjahr stattfindet. Auch (statistisch gesehen) außergewöhnliches Sexualverhalten ist, wenn man es als Suche nach der Identität versteht, keineswegs immer für die Zukunft aussagekräftig und darf daher nicht überbewertet werden, dauerhaftes sexuelles Anderssein (z.B. Transsexualismus) kann jedoch als Benachteiligung erlebt werden.

(2) Gestörte emotionale Zuwendung

Störungen des sozialen Verhaltens können auch auf mangelnde emotionale Zuwendung und fehlende Reizvermittlung in nicht tatsächlich präsenten oder verarmten oder strukturell unvollständigen und nicht kompensierten Beziehungen zurückzuführen sein (vgl. den Fall des Kaspar Hauser). Besonders problematisch ist die Unterbringung von Säuglingen und Kleinkindern in unpersönlichen Heimen und ihre Betreuung durch wechselnde Bezugspersonen. Spitz hatte bereits in den 40er Jahren bei intensiven Untersuchungen in Findelhäusern in den USA bemerkt, dass der partielle Entzug mütterlicher Liebe schon bei einer Dauer von drei Monaten zu einer **anaklitischen Depression** führen kann, bei der die Kinder weinerlich werden, sich gern an Beobachter klammern, dann vermehrt schreien, Gewicht verlieren, den Kontakt abbrechen und schließlich in Lethargie und Erstarrung übergehen (Spitz (1965/2005). Der völlige Entzug der mütterlichen Zuwendung über eine Dauer von mehr als sechs Monaten ohne einen ausreichenden Ersatz verstärkt diese Entwicklungsveränderungen und führt zu besonderer Infektionsanfälligkeit und geistig körperlichem Verfall, zum **Hospitalismus**. Typische Merkmale sind stereotype Verhaltensweisen auch noch älterer Kinder wie ständige Schaukelbewegungen des Oberkörpers, Beißen und Saugen an den Händen, drehende oder schwenkende Handbewegungen, Umherlaufen, Klopfen oder Schleudern mit Gegenständen. Die Kinder befinden sich dabei auf einer Ebene, die noch durch kindliche Zirkulärreaktionen gekennzeichnet ist. Störungen der emotionalen Zuwendung können aber auch später eintreten, so bei psychischen Erkrankungen, die jungen Menschen können darauf mit Irritationen, Niedergeschlagenheit oder auch Überagilität reagieren, Unruhe, Mutproben, die Suche nach sozialer Anerkennung bei Gleichaltrigen oder auch ein Interesse am Ausprobieren von Drogen können die Folge sein.

(3) Unaufgearbeitete Beziehungsabbrüche

Externe Konflikte durch einen einschneidenden Bruch in den sozialen Beziehungen (Tod oder **Verlust eines Elternteils oder des Partners**, Entlassung) bzw. widersprüchliche Einflüsse aus der Umwelt (wie das wechselseitige Zerren am Kind in Scheidungssituationen) und **interne Konflikte** durch widerstrebende Motive (z.B. zu Nähe oder Distanz gegenüber einzelnen Personen oder zur Wahl zwischen unterschiedlichen Lebenswegen) können zu Regressionen in frühkindliche Verhaltensweisen (z.B. Bettnässen oder Durchfall) führen. Insbesondere können sie auch Symptome des Stresses nach sich ziehen, der Körper ist erschöpft, das Denken wird durch die Gefühle blockiert oder durch die Unsicherheit der Lage und der Zukunft verwirrt, die Kommunikation wird gefühlsabhängig beeinflusst und zentriert und teilweise kommt es zur sozialen Isolation oder über das Empfinden von Frustration zur Aggression.

(4) Gestörter Kontakt zwischen Kind und Umwelt

Umwelteinflüsse können interaktiv und kumulativ zu den oben beschriebenen Störungen beitragen, aber auch für sich genommen – psychosomatische – Auswirkungen haben. So können z.B. externe Stressfaktoren (wie Industriesmog, Niederschlag bei Störfällen von Unternehmen, Ausdünstungen von chemisch behandelten Möbeln) zu allergischen Reaktionen und damit zu besonderer Sensibilität und Überempfindlichkeit und in Extremfällen auch zu sozialer Isolation führen. Auch einseitige Kontakte zur Umwelt, religiös begrenzt, medial fixiert, oder auch nur durch einseitige ungesunde Ernährung können zu Störungen der Konzentration, der Leistungsfähigkeit und des auch die Beziehungen zu anderen betreffenden Aktivierungsniveaus führen und damit ebenfalls Auswirkungen auf das Sozialverhalten haben (vgl. ICD-10: F9).

B: Der fünfjährige Olaf hat seit seiner Geburt von seiner nicht verheirateten und alleinlebenden Mutter nur wenig Zuwendung erfahren. Teilweise wurde er von der überforderten Oma versorgt, teilweise sprangen die unterschiedlichsten Nachbarn ein, damit „das Kind nicht ins Heim" müsse. Nunmehr zeigt er Auffälligkeiten: er lügt (weil er zu seiner Mutter nie ein Vertrauensverhältnis entwickeln konnte und Angst vor ihrer Unberechenbarkeit hat), er verprügelt Freunde (um seine Frustration über Aggression abzubauen) und er stiehlt (teils aus Not, teils aber auch, um auf sich aufmerksam zu machen). Auch als er in eine Pflegefamilie kommt, zeigt er diese Verhaltensweisen zunächst noch weiter; erst nach einigen Jahren ist die Bindung und das Vertrauen zu den Pflegeeltern so groß, dass die Auffälligkeiten verschwinden. Als auf einmal die leibliche Mutter erklärt, sie wolle nun den Sohn „zurückhaben", kommt es erneut zu Auffälligkeiten.

1.1.4 Förderung der Beziehungsfähigkeit

Was eine positive Entwicklung ausmacht, unterliegt naturgemäß der persönlichen und kulturellen Wertung, doch lassen sich durchaus verständigungsfähige Leitlinien finden. Der 13. Kinder- und Jugendhilfebericht 2009 nennt **Kompetenz** (kognitiv, beruflich, sozial), **„Charakter"** (definiert als Moral und Selbstkontrolle), **Empathie** (als Fürsorge und Mitgefühl), **Bindung** (als Beziehung zu anderen) und **Vertrauen** (einschließlich des Selbstwertgefühls) als zentrale Faktoren.

Betrachten wir speziell die Förderung der Beziehungsfähigkeit, so lassen sich drei zentrale strukturelle Botschaften erkennen. Zunächst sollten eventuelle **Benachteiligungen** (z. B. bei der sprachlichen Kommunikation) möglichst **früh abgebaut** werden. Auch würde ein längeres **gemeinsames Lernen** aller zunächst helfen. Es wäre zu ergänzen durch **inklusives Lernen** mit Behinderten. Eine so gestaltete Gemeinschaftsschule könnte entwicklungspsychologische Defizite zumindest teilweise kompensieren und im geschützten Lernraum ein erfolgreiches Sozialverhalten einüben.

Nehmen wir unter psychologischen Gesichtspunkten insbesondere den einzelnen jungen Menschen in den Blick, so lässt sich dies weiter konkretisieren (vgl. dazu die vielfältigen Hinweise im 13. Kinder- und Jugendhilfebericht, 2009; Largo 2011, 95 ff; oder auch Hobmair, Pädagogik, 2008, 227 ff).

(1) Abbau von Benachteiligungen

Körperliche Behinderungen, Retardierungen oder Stereotypien sind klassisches Arbeitsgebiet des Kinderarztes und anderer Fachärzte und bedürfen zunächst medizinischer Abklärung; spielen hormonelle Einflüsse eine Rolle, müssen allerdings ggf. (wie beim Stresserleben) auch die psychosozialen Ursachen kontrolliert werden. Auch das längere gemeinsame Lernen würde helfen, müsste aber heilpädagogisch, sozialpädagogisch und psychologisch unterstützt werden. Die Aufgabe der Psychologie liegt insofern vor allem in der Durchführung von Unterstützungs- und Fördermaßnahmen, um die individuellen Ressourcen dem Stand der Wissenschaft entsprechend optimal zu nutzen. Handelt es sich z. B. um körperliche Stereotypen, können intensive persönliche Zuwendung und entwicklungsstandgemäße Angebote helfen; reizangereicherte Räume unterstützen, unstrukturierte Materialien wie Sand oder Bälle oder ein Schaukelpferd beziehen die Umwelt sinnvoll mit ein.

Die **sexuelle** Entwicklung benötigt Zeit und Freiräume, so dass eine zu schnelle oder in den Intimbereich eingreifende Beeinflussung zumeist schädlich ist, weil sie dem Selbstverwirklichungsgedanken des Jugendlichen entgegenläuft und von ihm nicht angenommen werden kann. Beeinflussung sollte daher eher dazu dienen, dem Jugendlichen die notwendigen Informationen und Schutzräume zu verschaffen. Das erfordert allerdings großes Fingerspitzengefühl, welches gerade in solchen Familien, in denen sexuelle Probleme auftauchen, häufig nicht vorhanden ist. Es ist dann die Aufgabe der psychologischen Therapeutin oder staatlicher Stellen, lohnenswerte Alternativen anzubieten, die eine Selbstverwirklichung ermöglichen. *B: Erfahrungsgemäß ist es selten erfolgreich, wenn Eltern oder Lehrer versuchen, Kinder bzw. Jugendliche aus der Abhängigkeit älterer (straffällig gewordener) Freunde oder aus sexuell ausbeuterischen Beziehungen*

(Prostitution) zu lösen; jeder Versuch der Einflussnahme verstärkt vielmehr das Bedürfnis nach Abgrenzung und Selbstverwirklichung. Erfolgversprechender erscheinen in diesen Fällen alternative Verhaltensangebote für Freizeit, Ausbildung und Beruf, die durch ihre Attraktivität wirken, ohne dem Jugendlichen die eigene Entscheidung zu nehmen.

Denkpsychologische Fördermaßnahmen bedürfen zunächst einer individuellen Problemanalyse, bei der durch Beobachtung oder Tests festgestellt werden muss, in welcher Phase der Entwicklung sich ein Kind befindet. Da denk- und lernbehinderte Kinder nicht wie normale Kinder „nebenbei" lernen, sondern absichtlich und planmäßig lernen müssen, ohne dass zu große Einengungen erfolgen, ist es wichtig, dass die Lernangebote dem Entwicklungsalter entsprechen und dass erforderlichenfalls die notwendige heilpädagogische Unterstützung erfolgt. Nur dann kommt es weder zu Über- noch Unterforderung, und nur dann ist eine Weiterentwicklung möglich.

Bei **Sprachanbahnung** und -förderung ist zu unterscheiden. Fehlt es überhaupt an der Fähigkeit zur Sprache, so muss nach einer genauen medizinisch-psychologischen Analyse entsprechend den körperlichen Möglichkeiten und dem diagnostizierten Entwicklungsstand mit entsprechenden Förderungen begonnen werden, evtl. unter Ausnutzung nichtsprachlicher Kommunikation. Handelt es sich um Migrationsfolgen oder Lerndefizite, liegen möglichst frühe Fördermaßnahmen vor allem in den Bereichen Kindergarten und Schule nahe. Fördernd als Sprachlernstrategie wirken z.B. offene W-Fragen und intensive sprachliche Interaktion, die jedoch Antworten nicht vorgeben, sondern nur verstärken darf.

(2) Wertschätzende emotionale Zuwendung

Urvertrauen, emotionale Sicherheit und Beziehungsfähigkeit lassen sich nur auf der Basis eines **positiven Selbst- und Fremdbildes** herstellen und verlangen daher positive Beziehungserfahrungen durch liebevolle Zuwendung zumindest seitens einer festen Bezugsperson. Den ersten Lebensjahren kommt dabei angesichts der beim Säugling noch fehlenden kognitiven Strukturen, angesichts der altersbedingten großen Lernbereitschaft und angesichts des vor allem unbewusst und nicht rational geprüften Lernvorganges besonders große Bedeutung zu. Als erzieherische Grundhaltung empfehlen sich die von Rogers in seiner humanistischen Psychologie herausgearbeiteten Verhaltensmerkmale, also ***Wertschätzung*, Empathie, Wärme, auch Verstehen, *Kongruenz*, Einfühlen in die andere Person, und *Echtheit*, Authentizität, Aufrichtigkeit**. In den späteren Lebensjahren wird es zunehmend wichtiger, dass auch die selbst gestalteten Beziehungserfahrungen positiv erlebt werden; dies setzt das Vorhandensein entsprechender (vorzugsweise gleichaltriger) Personen und die Möglichkeit natürlicher und gewaltfreier Erfahrungen voraus.

(3) Persönlichkeitsbezogene Veränderungen

Eine wesentliche Voraussetzung der Beziehungsfähigkeit ist die in § 1 SGB VIII genannte **Eigenverantwortlichkeit**. Sie entsteht dadurch, dass im sozialen Umfeld die eigene Persönlichkeit als positiv und das eigene Tun als erfolgreich (selbstwirksam) erlebt wird. Dazu bedarf es positiver Lernerfahrungen durch ein Lernen am Vorbild in Elternhaus und Schule, aber auch durch gleichberechtigte Diskussionen, spielerische und ausprobierende kindliche Auseinandersetzungen oder durch gezielt eingesetzte Rollenspiele. Dabei geht es vor allem um eine Stärkung der Handlungs- und Entschlussfähigkeit, erkennbar an selbstständiger Initiative, planvollem Vorgehen, bewusster Aufgaben- und Rollenübernahme sowie um das Erkennen und das Berücksichtigen der Konsequenzen des eigenen Tuns, erkennbar an vorgeschalteten Überlegungen und am Einstehen für eingetretene Folgen. Die Fähigkeit zur Selbstdurchsetzung muss dabei verbunden sein mit der Fähigkeit zur Selbstkontrolle, erkennbar am Einhalten der von der Gruppe akzeptierten Regeln und an der Fähigkeit zur Selbstbeobachtung und zur Selbstkritik. Dazu zählt auch die **Kontrolle der Emotionen**, die (manchmal mit pharmakologischer Unterstützung) entweder durch kognitiv-verhaltenstherapeutisches Training oder aber auch Entspannungstechniken oder das Freudsche Konzept der Sublimierung (Ausleben in zulässiger Weise, z.B. beim Sport) erfolgen kann. Ein weiteres wichtiges Ziel ist eine gesunde **Frustrationstoleranz**: Ist die Anspruchshaltung zu groß (weil z.B. durch die Werbung oder durch Gleichaltrige hohe Ansprüche geweckt werden, die aber mit eigenen Ressourcen nicht erfüllt werden können), führt die Soll-Ist Differenz zu Enttäuschungen, die sich als Frustration in Aggression auswirken können. Hilfreich ist dann eine Haltung, die Bedürfnisse relativieren und zurückstellen lernt und Misserfolge ertragen und als Lernprozesse nutzen kann.

(4) Sozialpsychologische Veränderungen

Gleichwertig neben der Eigenverantwortlichkeit steht die in § 1 SGB VIII ebenfalls genannte **Gemeinschaftsfähigkeit**. Grundlage dafür ist neben der bereits erwähnten Fähigkeit zur Sprache insbesondere die **Fähigkeit zur wechselseitigen Kommunikation**, zum Zuhören, zum Darstellen und zum Verständnis der Körpersprache. Deswegen ist es gerade für Kinder von Migranten wichtig, dass sie frühzeitig die deutsche Sprache erlernen. Als sozialer Hintergrund ist eine allgemeine **Kontaktfähigkeit** hilfreich, die sich dadurch auszeichnet, dass der Betroffene auf der oben beschriebenen sicheren emotionalen Grundlage beziehungsfähig ist, Umgangsformen und Konventionen kennt und nutzt und in seinem Verhalten von einer aufgeschlossenen Toleranz (→ Vorurteil) getragen ist. Um Veränderungen zu erreichen, ist es wichtig zu motivieren und soziales Lernen zu fördern, also ähnliche und nahe Personen (z.B. die Bezugspersonen) zu vorbildhaftem Verhalten anzuregen, personenspezifische positive Verstärker einzusetzen („Was motiviert gerade diesen Jugendlichen?") und ganz allgemein Gemeinschaft in freien simulierenden Situationen (Spielen), kontrollierten therapeutischen Situationen und auch in komplexen realen Situationen positiv zu erleben. Orte können die Familie, ergänzend Kindergarten, Schule, Gleichaltrigengruppe, Arbeitsplatz, Wohnbereich und auch therapeutische Einrichtungen sein. Inhaltlich bedarf es der sozialen Sensibilität, der **Fähigkeit, sich in die Lage des anderen einzufühlen**, seine Bedürfnisse zu erkennen und mit Mitgefühl und Rücksichtnahme zu reagieren. Vor allem bei Benachteiligungen ist die Bereitschaft zur Unterstützung und Hilfe wichtig, wobei Solidarität aber durchaus als wechselseitiges Füreinandereinstehen verstanden werden kann (→ Prosoziales Verhalten). Ist Kooperation, also das gemeinsame Arbeiten unter Verzicht auf Konkurrenzgefühle nicht erreichbar oder sinnvoll, bedarf es des Konfliktbewusstseins, der Fähigkeit, Interessengegensätze zu erkennen, anzunehmen und auszuhalten, vor allem aber auch der Fähigkeit, diese **Konflikte in friedlicher Form** zu lösen oder zumindest zu bewältigen.

1.2 Erziehung

Wer soziale Herausforderungen zu bewältigen hat, kennt die Beschreibungen: Da kommt ein Klient aus *problematischen Familienverhältnissen*, der andere aus einem *guten Elternhaus*. Beiden Bildern ist eine Annahme gemeinsam, nämlich, dass die familiäre Erziehung ein zentraler Ursachenfaktor ist.

Es ist unbestritten, dass **strukturelle Rahmenbedingungen** die Erziehung beeinflussen (vgl. dazu den umfangreichen Familienreport 2010 des Bundesministeriums für Familie, Senioren, Frauen und Jugend). Die große Mehrheit der jungen Mütter und Väter will sich heute um die Kinder kümmern und dabei weiter im Beruf bleiben (die Erwerbstätigenquote der Mütter belief sich nach dem Mikrozensus 2008 auf etwa 65%). Die **Vereinbarkeit von Familie** und Beruf verlangt flexible Arbeitszeiten, Wiedereinstiegserleichterungen, Kinderbetreuungen, Teilzeitangebote. Andererseits ist in den letzten Jahren die **Kinderarmut** zu einem wachsenden Problem geworden. Geht man davon aus, dass Armut bei einem Einkommen von weniger als 60% des entsprechenden Durchschnittseinkommens (des medianen Äquivalenzeinkommens) besteht, so lag in Deutschland der Armutsschwellenwert für eine alleinerziehende Person mit einem Kind unter 14 Jahren bei 1201 Euro und für ein entsprechendes Paar mit einem Kind bei knapp 1663 Euro. Danach lebten in Deutschland zuletzt rund 2,5 Millionen Kinder in Haushalten mit einem Armutsrisiko, das entspricht einer Quote von 18% (Familienreport 2010, 54ff m.w.N.). Besonders betroffen sind Alleinerziehende und Erwerbslose; kostenlose Kindergärten, Ganztagesschulen und flexible Arbeitsplatzangebote würden helfen.

Aus psychologischer Sicht steht allerdings vor allem der konkrete Interaktionsprozess zwischen den Erziehungsinstanzen, den jungen Menschen und dem sozialen Umfeld im Blick. Traditionell sind die **Eltern die Erziehungsinstanz**, doch werden immer mehr Kinder in Deutschland auch außerhalb einer Ehe geboren. Zwar ist die Anzahl der jährlichen Eheschließungen (2010: etwa 380000) und der Ehescheidungen (2010: etwa 180000) in etwa gleich geblieben, der Anteil der außerehelichen Geburten an allen lebend geborenen Kindern hat sich nach Angaben des Statistischen Bundesamts (Destatis) in den letzten 20 Jahren aber mehr als verdoppelt: Er stieg von 15% im Jahr 1990 auf rund 33% im Jahr 2010. Der Verzicht auf die Heirat vor der Geburt, Trennungen und Scheidungen führen zunehmend zu strukturell unvollständigen Primärfamilien, so dass **auch Lehrerinnen, Ausbilderinnen und Trainerinnen** sowie Gleichaltrige und neue Partnerinnen verstärkt vor Erziehungsaufgaben stehen. Erzieherische Funktionen können auch **kompensatorisch durch Sozialarbeiterinnen**, Polizeibeamtinnen und Jugendrichterinnen übernommen werden.

1.2.1 Erziehungsgrundlagen und -inhalte

(1) Grundlagen der Erziehung

Knapp formuliert kann man Erziehung als den Versuch einer zielgerichteten Sozialisation betrachten.

Erziehung ist allerdings kein einseitiger Vermittlungsprozess, sondern **Erziehung erfolgt in sozialer Interaktion**. Auf dem Hintergrund gesellschaftlicher und situativer Einflüsse versucht einerseits die Erzieherin, ihre impliziten Erziehungstheorien in konkrete Erziehungsmaßnahmen umzusetzen, während andererseits die zu Erziehende die wahrgenommenen Erziehungsmaßnahmen mit ihren eigenen impliziten Entwicklungstheorien vergleicht und sie abhängig vom konkreten Überzeugungsgrad und Kräfteverhältnis berücksichtigt. Dies mag erklären, warum die aus elterlicher Sicht durchgeführte Erziehung häufig erfolglos ist, wenn sie die Perspektive der Kinder nicht beachtet (vgl. Lenzen 2004, 340ff). Erziehung setzt weiter voraus, dass zwischen den Parteien ein erfolgreicher **Motivations- und Lernprozess** in Gang kommt. Vor allem im familiären Zusammenleben dürfte dem *Modelllernen* große Bedeutung zukommen. Seine Auswirkungen werden häufig unterschätzt, weil Eltern aufgrund psychosozialer Verfestigungen und wegen der Alltäglichkeit der Lernsituationen ihre Vorbildfunktion kaum wahrnehmen und auch nur selten bewusst kontrollieren und weil auch Kinder ihr Nachahmungsverhalten jedenfalls in der vorpubertären Zeit nur selten nach rationalen Kriterien überprüfen. Im pädagogischen Bereich besonders üblich ist das *Verstärkungslernen*, sei es durch gute Zensuren, Lob oder Vertrauen, sei es durch schlechte Noten, Tadel oder Misstrauen. Das Risiko jeden Verstärkungslernens liegt darin, dass es zu einer Motivverschiebung kommt (so bereits Geißler 1982, 115ff), dass nicht mehr das Lernen für das Leben, sondern nur noch das Pauken für die Zensuren im Mittelpunkt steht, dass sich das Kind also nur noch am Verstärker, nicht aber an der Sache selbst orientiert. Schlechte Noten, Tadel oder Misstrauen können im Übrigen durch eine Beeinträchtigung des Selbstwertgefühls der zu Erziehenden zu Abwehrhaltung und Distanzierung führen, der persönliche Kontakt zur Lehrerin wird belastet, die Einsichtsbereitschaft und damit auch die Voraussetzungen zukünftiger Sachvermittlung können schwinden. Erfolgreiches Verstärkungslernen setzt insoweit fundamentales Vertrauen voraus, auf dessen Basis auch wohl dosierte Kritik als anregend empfunden werden kann. Besteht zwischen Lehrer und Schüler eine auf **Vertrauen gegründete Sympathierelation** (Geißler 1982, 144), so fällt auch das **Einsichtslernen** leichter. Wesentliche Medien eines derartigen Lernens sind Spiel und Arbeit. Spiele eröffnen spontane, lustbetonte, symbolfähige Einsichten und Arbeit (z.B. in Projekten) ermöglicht ganzheitliche Erfahrungen und eigenverantwortliche und kreative Lernprozesse (vgl. Northoff, Kompetenzen der Arbeits- und Problembewältigung 2012, dort das Kapitel Lernen).

(2) Erziehungsinhalte

Erziehungsinhalte sind seit jeher vom Zeitgeist und von den gesellschaftlichen Rahmenbedingungen abhängig. Deutlich wird dies beim sog. Generationenkonflikt, bei welchem – häufig während der pubertären Suche des Jugendlichen nach seiner eigenen Identität – der Bruch zwischen den Wertvorstellungen der Eltern und denen der nachfolgenden Generation deutlich wird. **Bis in die Mitte der 60er Jahre** waren vor allem zwei Tendenzen erkennbar. Einerseits wurden die traditionellen deutschen Werte wie Ordnungsliebe, Fleiß und Gehorsam transportiert, andererseits wurde auf die zunehmenden gesellschaftlichen Veränderungen mit verstärkter, nicht hinterfragter Wissensvermittlung reagiert. **Von den 70er Jahren** an versuchte man der zunehmenden und immer schneller sich entwickelnden Technisierung einerseits durch Spezialisierung des Unterrichts in der Oberstufe, andererseits durch eine verstärkte Vermittlung von wissensunabhängigen Fähigkeiten Herr zu werden. Tendenzen in Richtung auf einen laissez-faire Stil verbanden sich mit Versuchen, der zunehmenden Entfremdung kompensatorisch durch Tutoren, Schulsozialarbeiter und Schulpsychologen entgegenzuwirken. Die **PISA-Studien zu Anfang des 21. Jahrhunderts** machten dann deutliche Bildungsdefizite erkennbar, und der (unbefriedigende) Leistungsvergleich der Bundesländer untereinander und weltweit ließ Bildung zu einem politischen Topthema werden.

Derzeit lassen sich mehrere Entwicklungen identifizieren. Zum einen wird versucht, außerschulische Bildungsorte und Lernwelten zu verbinden **(praktisches Lernen)** und der schnellen Entwicklung durch beispielhaftes Lernen in ganzheitlicher und kreativer Arbeit an Projekten gerecht zu werden **(problem- und projektorientiertes Lernen)**. Der pädagogische Rückzug vieler Erzieherinnen und die Unsicherheit zahlreicher Schüler haben auch wieder die Forderung nach intervenierender und wertesetzender Erziehung und nach höheren Pädagogikanteilen bei der Ausbildung der Lehrerinnen laut werden lassen **(bewusste Erziehung)**. Diese Erziehung soll aber vor allem zu verantwortlichen Selbststeuerungsprozessen führen, die beim **selbstorganisierten Lernen** vermittelt werden. Die Bewältigung sozial abweichenden Verhaltens, die Chancengleichheit für Behinderte und die Probleme einer multikulturellen Gesellschaft verlangen einen sozialintegrativ wirkenden Unterricht, der auch soziale Fähigkeiten wie Kooperation und Konfliktbewältigung mit einübt, dies lässt sich insbesondere durch **längeres gemeinsames Lernen** und durch **inklusives Lernen** mit Behinderten erreichen, wobei jeweils individuelle Förderung, hilfreiche Netzwerke (Sozialarbeiterinnen, Heilpädagoginnen, ...) und eine entsprechende Vorbereitung der Pädagoginnen ergänzend erforderlich sind.

1.2.2 Erziehungsstile und -defizite

(1) Erziehungsstile

Zeiteinflüsse finden wir auch bei den Erziehungsstilen, bei denen entsprechend dem gewandelten Werteverständnis der in der Nachkriegsgesellschaft dominierende autoritäre Stil (Erziehung zu Disziplin, Ordnung und Sauberkeit) zunächst dem laissez-faire Stil der 68er Generation (totaler Verzicht auf direktive Erziehung wie in der Schule im englischen Summerhill) gewichen war, bevor er sich, auch mit einer pädagogischen Konsolidierung der neuen Bundesländer, seit etwa der Jahrtausendwende neu in Richtung auf einen demokratischen Erziehungsstil justiert hat. Erzieherisches Verhalten ist vielschichtig und – wenn wir einmal vom **Interaktionsprozess** absehen – so differenziert wie die Persönlichkeit des Erziehenden. Für die praktische Arbeit ist indes eine Verkürzung auf zentrale Strukturen hilfreich. Dies mag erklären, weshalb die von White und Lippitt (1969) aufgrund von Untersuchungen über das Verhalten von Jugendgruppenleitern in den USA postulierten drei Erziehungsstile „autoritär", „laissez-faire" und „demokratisch" nach wie vor die gebräuchlichsten Kategorien darstellen.

Erziehungsstile

Der autoritäre (oder autokratische) Erziehungsstil ist gekennzeichnet durch starke inhaltliche Lenkung, durch Betonung hergebrachter Tugenden wie Gehorsam, Ordnung und Sauberkeit, durch unbegründete Befehle und traditionell durch körperliche Züchtigung, durch Abgrenzung einerseits, aber auch Übernahme der Alleinverantwortung andererseits. Er gründet vor allem auf Fremdbestimmung und Kontrolle als Erziehungsmittel und ist nicht selten verbunden mit Zurückweisung und Kälte in den Beziehungen. Das Kind wird so zur Unselbstständigkeit erzogen, spontanes selbstbestimmtes Entscheiden wird erschwert, es kommt zu Feindseligkeiten und aggressiven Reaktionen und zu einer Überbetonung von Macht und Stärke. Die Folge sind autoritäre Persönlichkeiten, die auch im eigenen Leben Macht und Lenkung hoch schätzen, Liebe, Wärme und Zuneigung aber gering achten, ein kaltes Klima verbreiten und Aggression im Umgang akzeptieren. Die These, *Schläge und autoritäre Erziehung hätten noch niemand geschadet*, betont den erziehungsbedingten Anpassungseffekt als größten Vorteil, verkennt jedoch den Nachteil, dass autoritär Erzogene gegenüber Schwächeren die gleiche unterdrückende Rolle ausüben wie der autoritäre Elternteil und gegenüber Stärkeren in die Rolle des Kindes verfallen und mit blindem Gehorsam reagieren (das entspricht nach Schulz v. Thun der Radfahrermentalität, nämlich: *nach unten treten und nach oben buckeln*).
Der laissez-faire Stil oder antiautoritäre Stil stellt demgegenüber die freie, ungelenkte Entfaltung der Kinder in den Vordergrund und verzichtet auf nahezu jedwede beeinflussende oder bewertende Erziehungsmaßnahmen. Er minimiert die Kontrolle und bleibt auf den Polen Zuwendung versus Zurückweisung weitgehend neutral. So erzogene Kinder haben keine ablehnende Haltung gegenüber ihren Erziehern, sie beziehen ihre Erfahrungen im Umgang mit Gleichaltrigen, erleben die Freiheit des Handelns, können aber in anderen gesellschaftlichen Zusammenhängen als unangepasst auffallen. Modellprojekte wie die Schule in englischen Summerhill haben in besonderem Maße kreative Personen wie Künstler oder Schauspieler hervorgebracht, der Anteil von Schulabgängern, die Juristen oder Soldaten wurden, war demgegenüber gering (vgl. Neill 1969/2009, 45 ff, 310 ff).
Der demokratische Erziehungsstil ist gekennzeichnet durch freundlichen, verständnisvollen und partnerschaftlichen Umgang, durch eine altersgemäße Lenkung und Beaufsichtigung, die zunehmend die Interessen des Kindes berücksichtigt, durch Erziehung, die vor allem auf Überzeugung und Einsicht baut und deswegen ihr Vorgehen begründet, durch Unterstützung von Entscheidungen der Gruppe durch Vorschläge und Informationen und durch Berechenbarkeit als einer auch menschliche Unzulänglichkeiten berücksichtigenden Bestimmtheit bei getroffenen Entscheidungen. Er verlangt und verstärkt eine vertrauensgegründete Sympathierelation, erreichbar vor allem, wenn modellhafte Eltern Zuwendung geben und Liberalität leben. Eine solche Erziehung fördert aktives, selbstständiges, selbstreflektierendes und sozialverträgliches Verhalten.

(2) Bedenkliches Erziehungsverhalten

Der Wert einer Erziehung kann – wie oben dargelegt – nur im Rahmen der konkreten individuellen Interaktion verstanden werden. Immerhin lassen sich folgende prinzipielle Bedenken formulieren (vgl. auch Nieberg, 2010, 460 ff, der Elternverhalten anlässlich eines Elterntrainings untersucht hat):

Problematisches Erziehungsverhalten

Bedenklich erscheint der autoritäre Stil, weil er das Sozialverhalten erschwert und unkritisches Verhalten, Radfahrermentalität und Abhängigkeit in die jeweils nächste Generation transportiert. Nicht unproblematisch ist der laissez-faire Stil, weil er auf gesellschaftlich notwendige Anpassungsleistungen verzichtet und leicht die Grenze von der Gewährung größtmöglicher Freiheit zum elterlichen Desinteresse überschreitet. Möglicherweise verhindert der laissez-faire Stil auch die Entwicklung *„reifer Überich* Strukturen", so dass die (für kleine Kinder typischen) archaischen Selbstanklagen nicht durch elterliche und schulische Normen abgelöst werden, was wiederum wegen der großen Bedrohlichkeit der Selbstanklagen zur völligen Abwehr aller Gewissensansprüche führen kann.

Auch Überforderung und Unterforderung erscheinen – wenn wir auf das Konzept der Minderwertigkeit zurückgreifen (Adler 1930/1978) – problematisch, erstere, weil sie das positive Selbstbild gefährdet, letztere, weil sie die Entfaltungspotentiale vernachlässigt. Werden Kinder nur getadelt und nie gelobt, begrenzt dies ihre Entwicklungsmöglichkeiten und kann zu einem niedrigen und leicht verletzbaren Selbstwertgefühl führen, welches dann vor allem bei pubertierenden männlichen Jugendlichen zu aggressiven Überkompensationen ausarten kann.

Bedenklich sind schließlich vor allem der ambivalent schaukelnde Stil einer unter Erziehungsgesichtspunkten völlig unberechenbaren einzelnen Bezugsperson sowie der unvermittelt wechselnde Stil, bei dem sich mehrere gleichzeitig präsente Bezugspersonen widersprechen. Kinder können durchaus mit Grenzsetzungen leben, wenn sie denn begründet, angemessen und konsequent umgesetzt werden. Derartige Stilformen sind aber weder konsequent noch verlässlich. Nicht nur unter lernpsychologischen Gesichtspunkten, sondern auch nach dem psychoanalytischen Konzept der Identifikation mit den Eltern (Freud 1924, GW 1987, 393ff) können Kinder, die mit sich widersprechenden Werten, Forderungen und Vorbildern konfrontiert werden, nur schwer feste Beziehungs-, Werte- und Normstrukturen bilden; stattdessen treten bei ihnen Verunsicherung und Desinteresse bis hin zu neurotischen Störungen ein.

Weitere Hinweise finden sich im ICD 10: Z62, wo sonstige Probleme bei der Erziehung, so ungenügende elterliche Überwachung, elterliche Überfürsorglichkeit, Heimerziehung, Feindseligkeit, emotionale Vernachlässigung des Kindes und unangebrachter elterlicher Druck beschrieben sind.

B: Der nach dem frühen Tod der Mutter von seinem – episodenhaft alkoholkranken – Vater aufgezogene Michael erlebt, wie ihn sein Vater in Zeiten des extremen Alkoholkonsums (bis zum Hungern) vernachlässigt und ihn wahllos verprügelt, um ihn in Zeiten der vorübergehenden Genesung dafür in besonderem Maße mit Geschenken zu überschütten und all sein (Fehl-)Verhalten zu akzeptieren, ohne erzieherisch einzugreifen. Als Michael in die Schule kommt, wird er auffällig, indem er von seinen Klassenkameraden Geschenke erpresst (worin sich die Beziehung zu seinem Vater, wenn er nüchtern ist, widerspiegelt) und kleinere Kinder willkürlich mit Verletzungs- und Morddrohungen quält (wie er es bei seinem alkoholisierten Vater erlebt hat), ohne dabei irgendwelche Schuldgefühle zu haben (weil er wegen des wechselhaften Erziehungsstils nie verbindliche Werte erlebt hat).

(3) Unvollständigkeit und Elternersatz

Die Nachkriegszeit hat – vor allem in der ehemaligen DDR – mit zunehmender religiöser Liberalisierung und Emanzipation sowie ökonomischer Unabhängigkeit der Frau zur Auflösung der klassischen Familienstrukturen geführt. Die Zahl alleinerziehender Eltern wächst ständig weiter an, nach dem Mikrozensus 2009 sind von den etwa 8,4 Millionen Eltern mit noch nicht erwachsenen Kindern etwa 1,6 Millionen Alleinerziehende und etwa 694 000 Lebensgemeinschaften (vgl. BMFSFJ Familienreport 2010, 21). Fehlt ein Elternteil, werden Identifikations- und Lernmöglichkeiten für das Kind erschwert. Dieser Verlust kann durchaus kompensiert werden: in guten Kindertagesstätten oder Spielgruppen, durch positiv wirkende Lebensgefährten, in Ganztagsschulen, durch engagierte Lehrerinnen oder Trainerinnen oder andere Bezugspersonen wie die Großeltern. Fehlen diese Möglichkeiten, kann Kompensation auch durch staatliche Förderung und Hilfe nach dem Kinder- und Jugendhilfegesetz (Gruppen, Pflegeeltern, Heim) versucht werden (vgl. auch ICD-10: Z60, wo Probleme in Verbindung mit der sozialen Umgebung, so bei atypischen familiären Situationen und sozialen Zurückweisungen beschrieben sind).

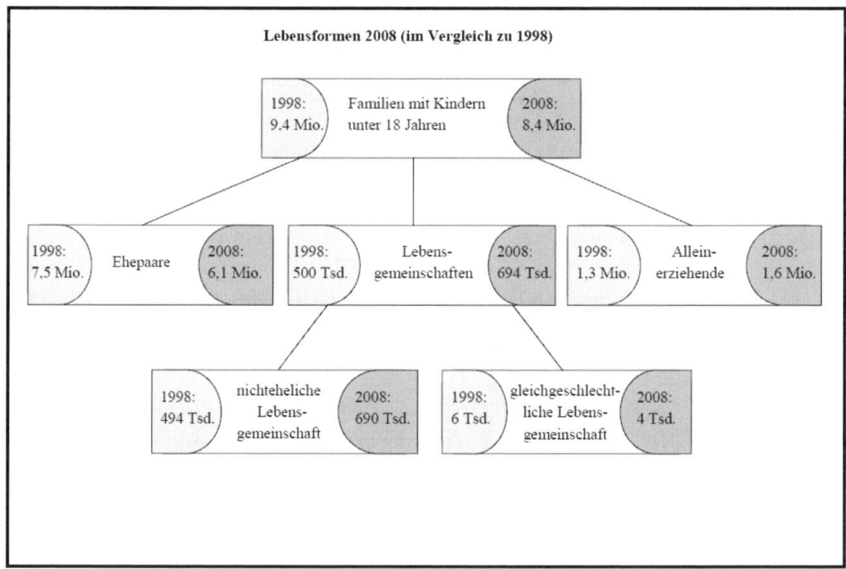

Quelle: BMFSFJ Familienreport 2010, 21

(4) Weitere Risikofaktoren

Zu den großen Risiken gehört **familiärer Stress**, der sich durch subjektive Überforderungsgefühle bei der Erziehung, durch Partnerschaftsstreit, durch beruflichen Stress, aber auch durch längere Arbeitslosigkeit und andere

Faktoren ergeben kann. Nicht unproblematisch ist insbesondere die pädagogisch nicht aufgefangene Erwerbstätigkeit der Bezugspersonen vor allem in den frühen Jahren. Sie ist teilweise ökonomische Notwendigkeit und stärkt nicht nur die elterliche Selbstentfaltung, sondern auch das Erleben einer größeren Gleichberechtigung zwischen Mann und Frau; sie bringt aber erhöhten Koordinationsaufwand, verstärkte Anspannungen und ein erhebliches Stressrisiko mit sich und kann damit auch Betreuungsdefizite nach sich ziehen, wenn sie nicht z.B. durch Kindergärten, Ganztagsschulen oder sorgsame Verwandte aufgefangen wird (vgl. Klepp, Buchebner-Ferstl & Kaindl, Eltern zwischen Anspruch und Überforderung, 2009, 140ff). Ein anderes Merkmal unseres Familienalltags ist das immer häufigere Aufwachsen als **Einzelkind**, welches diese Kinder einerseits selbstständiger, aufgeschlossener, ernsthafter, selbstsicherer und zärtlicher, andererseits aber auch streitsüchtiger und egoistischer und in sozialen Beziehungen weniger erfahren werden lässt, jedenfalls dann, wenn es den Kindern nicht gelingt, außerhalb der Familie soziale Kontakte zu knüpfen.

1.2.3 Erziehung und Gewaltanwendung

Eine rechtlich besonders relevante Form eines Erziehungsdefizits ist die körperliche und/oder sexuelle elterliche Gewalt durch Erziehungspersonen (→ Aggression → Sexuelle Devianz).

(1) Geschichtliche und rechtliche Einordnung

Erzieherische Gewalt hat geschichtlich eine große Tradition und ist auch in Deutschland bis Ende der 1970er Jahre seitens der Gerichte als **elterliches Züchtigungsrecht** als Rechtfertigungsgrund angesehen worden (vgl. BGHSt 6, 263; BGHSt 11, 241; vgl. Fischer StGB Kommentar 2011 § 223 Randnummer 17; Hafeneger 2011). Vor allem die von der Kinderschutzbewegung und der feministischen Bewegung intensivierte öffentliche Diskussion hat allerdings in den letzten Jahrzehnten zu einer zunehmenden Enttabuisierung und Neubewertung des Phänomens der erzieherischen und übrigen häuslichen Gewalt geführt. Schulgesetze und Anweisungen haben die Gewalt von Lehrern gegenüber Schülern untersagt (vgl. auch die Artikelserie in der Zeitschrift Erziehung und Wissenschaft 2010, 6), der Strafvollzug ist seit langem kein besonderes Gewaltverhältnis mehr, § 1631 II BGB hat Gewalt auch im familienrechtlichen Bereich geächtet, strafrechtlich ist eine neue Sensibilität eingetreten, nur bei kleineren und einmaligen Übergriffen (wie Klaps auf den Po) wird die Erheblichkeitsgrenze problematisiert und je nach Einzelfall von Sanktionen abgesehen. Im **Dunkelfeld geblieben** war zunächst die gelegentliche erzieherische Gewalt im Rahmen der kirchlichen Jugendarbeit, in Vereinen und privaten Schulen, sie ist erst durch öffentliche Berichte in den letzten Jahren (z.B. Canisius Kolleg oder Odenwaldschule) zum Thema geworden. Noch bis in die 1990er Jahre **hatten sich auch die Jugendämter eher rausgehalten** (Tabubereich, fehlendes Personal, Beweisschwierigkeiten), doch durch die öffentliche Skandalisierung des Todes einiger kleiner Kinder (z.B. durch ein desinteressiertes Verdursten lassen oder durch unmittelbare Gewalteinwirkungen wie das Schütteln von Babys oder das Eintauchen in gefüllte Badewannen) ist dies endlich geändert und teilweise auch aufgearbeitet worden. Der Gesetzgeber verlangt **nunmehr in jedem Fall eine Risikoabwägung und entsprechendes Handeln** (vgl. die §§ 8a, 42 SGB VIII), die Ämter haben sich neu organisiert und Ministerien haben manchenorts auch eine bessere soziale Unterstützung der Familien (z.B. durch die aufsuchende Arbeit von Familienhebammen) veranlasst.

(2) Erscheinungsform und Häufigkeit

Gewalt gegenüber Kindern kommt in den verschiedensten Ausprägungen vor. Dazu zählen Desinteresse, Vernachlässigung, Liebesentzug, körperliche Züchtigungen, entwürdigende Maßnahmen, bewusst oder im Affekt eingesetzte Prügel, Einsperren und Nötigung, Überschreitung sexueller Grenzen bis hin zum sexuellen Missbrauch und das Verdursten- bzw. Verhungern lassen. Wie häufig erzieherische Gewalt wirklich ist, lässt sich bereits wegen der Unschärfe des Begriffs kaum sagen; bei der Bewertung von Statistiken müssen die jeweilige statistische Grundgesamtheit (d.h. die Frage, auf welche Gruppe sich die Daten beziehen), die Dunkelfeldproblematik (z.B. bei der polizeilichen Kriminalstatistik PKS) und die Selektionsmechanismen (z.B. bei Polizei, Gerichten, Ämtern, Presse) beachtet werden. Es kann aber davon ausgegangen werden, dass über schützende Interventionen gegen den Willen des betroffenen Kindes (gewaltsames Verhindern, dass ein Kleinkind auf die Straße läuft) hinausgehend leichtere körperliche Züchtigungen (Ziehen an den Ohren, Klaps auf den Po) in nahezu allen Familien irgendwann einmal vorkommen, dass aber auch schwerere Formen nicht selten sind. Eine Untersuchung von Bussmann, Erthal & Schroth (2011) zeigte, dass deutsche Eltern den Klaps auf den Po zu 68%, die leichte Ohrfeige zu 43%, die schallende Ohrfeige zu 13% und die Tracht Prügel zu 9% einräumten. Nach den Erfahrungen der Praxis sollte vor allem in Familien mit einem Alkoholkranken, deren Anzahl auf etwa 2 Millionen geschätzt werden kann (→ Alkoholkrankheit), Gewaltanwendung immer in Betracht gezogen werden.

(3) Individuelle und gesellschaftliche Ursachen

Auf der Basis unterschiedlicher Definitionen und abhängig von der Schwerpunktsetzung ergeben sich unterschiedliche Ursachenbeschreibungen (→ Aggression):

Aus individueller Sicht stehen die Probleme der elterlichen Sozialisation, des Erziehungsstils und der Familienstruktur, insbesondere die mangelnde mütterliche und väterliche Fürsorge, im Vordergrund. Diese Ansätze betonen:

- die eigenen Gewalterfahrungen der Eltern als den Schlüssel, um die Gewalthandlungen psychologisch zu verstehen;
- die erlernte Hilflosigkeit der Erziehungspersonen, die auf Grund widersprüchlichen oder sonst gestörten Erziehungsverhaltens ihrer eigenen Eltern nie lernen konnten, Konflikte gewaltfrei zu lösen;
- die fehlenden Bindungen an das Kind, so dass eine egoistische und nur oberflächliche Beziehung zum Kind entstanden ist;
- das Ignorieren der Individualität des Kindes, welches einhergehen kann mit patriarchalen Machtstrukturen und dem Wunsch nach Kontrolle;
- die von der Erziehungsperson gesuchte Nähe und Gegenseitigkeit, die sie auf Grund ihrer eigenen Kontaktunfähigkeit bei Erwachsenen nicht erhalten kann und die daher vom Kind erzwungen wird.

Aus gesellschaftlicher Sicht stehen soziale Ungleichheit, ökonomische Armut, entfremdende Lebensbedingungen und die gesellschaftliche Akzeptanz von Gewaltanwendung im Vordergrund. Darauf basierende Ansätze betonen:

- familiären Stress, der durch Überforderungen, unverarbeitete Änderungen und fehlende Planungen entsteht;
- Arbeitslosigkeit und Wohnungsverlust, die zu familiärer Enge, Perspektivlosigkeit, Alkoholkonsum und Frustration und in der Folge zu Gewalt führen können;
- die trotz vieler Bemühungen (wie z. B. Elterngeld) bei Vergleichen mit dem Ausland (z. B. den Niederlanden) immer noch feststellbare strukturelle Vernachlässigung der Familie, das Fehlen ausreichender kinderstützender Maßnahmen;
- den Wegfall von Werten, Erziehungsleitlinien und sozialer Kontrolle, so dass Kinder orientierungslos aufwachsen;
- die Gewalt als in den unterhaltenden Massenmedien anerkanntes Konfliktlösungsinstrument und die gesellschaftlich akzeptierte Verharmlosung des Kampfes als extreme Ausprägung des Leistungsgedankens oder bei militärischen Abenteuern.

(4) Umgang mit gewaltsamer Erziehung

Gewalt von Erziehungspersonen ist zwar seit einigen Jahren zivilrechtlich geächtet (§ 1631 II BGB) und auch strafrechtlich als Körperverletzung grundsätzlich verboten (vgl. §§ 223, 225, 176 StGB), bleibt aber doch wegen des Dunkelfeldes häufig unbearbeitet. Der Umgang mit elterlicher Gewalt ist aber **auch in der psychologischen Beratung schwierig**, weil das erzieherische Verhalten häufig gar nicht als gewalttätig empfunden wird. Zu den aufzuarbeitenden Themen gehören z.B.:

- die gewalttätige Doppelmoral, die Gewalt beim Kind scharf bestraft, elterliche Gewalt aber beschönigt und Gewalt als *Instrument „gutgemeinter" Erziehung*, welche eine klare und auch konfrontative Erziehung mit der Erziehung mittels Prügelstrafe verwechselt;
- der *Missbrauch von elterlicher Macht* in einer Situation der kindlichen Ohnmacht, wobei elterliche Sorge aus egoistischen Motiven ausgenutzt, zumindest aber missverstanden wird oder die berechtigte sexuelle Neugier des Kindes durch den Erwachsenen ausgebeutet wird;
- das *Verhältnis von Hilfe zu strafrechtlicher Verfolgung*, wobei die Polizei zwar bei gewalttätigen Übergriffen vorübergehend Rettung bringen kann, was aber, wenn sie sich zurückgezogen hat, eine umso größere Gefahr, nämlich die der Rache des Gewalttäters, mit sich bringt.

Während grenzwertige Erziehungsmaßnahmen (wie leichtere Züchtigungen) normalerweise gar nicht öffentlich werden und jedenfalls auf dem Boden einer von Vertrauen getragenen Beziehung auch meist ohne größere Störungsfolge bleiben und daher allgemein beraten werden können, ist bei Gewaltanwendungen, die nicht vom Erziehungsgedanken getragen sind oder die Verletzungen herbeigeführt haben oder eine strafbare Handlung darstellen, immer **eine tiefergehende therapeutische Bearbeitung** notwendig. Manchmal gelingt es, durch eine kognitiv wirksame und die Konsequenzen aufzeigende Beratung den Erwachsenen von der Fehlerhaftigkeit seines Tuns zu überzeugen und ihn von seinem Verhalten abzubringen. Zumeist reicht dies aber nicht aus, da es sich bei der Gewaltanwendung vor allem um emotional gesteuerte Prozesse handelt, nicht selten auch noch zusätzlich **durch Alkohol, andere Drogen oder psychische Erkrankungen beeinflusst**. Sofern nicht Weiterungen drohen, und vor allem dann, wenn der Gewaltausübende einsichtig ist, kann nach dem Grundsatz Hilfe vor Strafe eine spezifische Beratung (z.B. durch Fachkräfte von Beratungsstellen wie Männer gegen Männergewalt) oder sogar eine Therapie angeregt werden (→ Aggression). Droht eine Wiederholung der Gewalt, kann **zum Schutz des Kindes außerdem** eine Entfernung des Täters aus der Familie durch eine richterliche oder polizeiliche Wegweisung (vgl. das Gewaltschutzgesetz) bzw. soweit dies nicht möglich ist, eine Inobhutnahme des

Kindes durch das Jugendamt (42 SGB VIII) erwogen werden. Reicht auch dies nicht, kann das Familiengericht eingeschaltet werden, damit das Recht zur persönlichen Sorge suspendiert wird (vgl. § 1666 BGB). In noch gravierenderen Fällen wird nur eine Strafanzeige übrig bleiben (vgl. auch Northoff, Methodisches Arbeiten & therapeutisches Intervenieren 2012).

1.2.4 Erziehungsberatung

(1) Überblick zu den Beratungssituationen

Nach dem Kinder- und Jugendhilfegesetz können sowohl die Erziehungsberechtigten als auch die Jugendlichen selbst sich an Beratungsstellen wenden (vgl. §§ 8 III, 18, 27, 28, § 42 II SGB VIII; vgl. auch Münder, Wiesner & Meysen 2011; vgl. Schellhorn, Fischer & Mann 2007). In der Praxis werden sie von Erziehungsberechtigten häufig dann aufgesucht, wenn Kinder oder Jugendliche möglicherweise auch rechtlich relevantes Verhalten zeigen, also stehlen, lügen und aggressiv sind, schulschwänzen und herumstreunen, Alkohol und andere Drogen konsumieren und sich sexuell auffällig benehmen, oder aber auch, wenn das Verhalten des Erziehungspartners nicht mehr akzeptiert werden kann, so bei häufigerer und erheblicher Gewaltanwendung, insbesondere unter Alkoholeinfluss, und bei sexuellen Übergriffen im Familienverband (vgl. auch das Klassifizierungssystem ICD-10, wo Beratungsaufgaben bei negativen Kindheitserlebnissen, so bei Verlust eines nahen Angehörigen, sexuellem Missbrauch und körperlicher Misshandlung – Z61– und sonstige Probleme in der primären Bezugsgruppe einschließlich familiärer Umstände, so Probleme in der Beziehung zum Partner, beim Tode eines Partners und bei Familienzerrüttung – Z63 – beschrieben sind).

Psychologische Erziehungsberatung verlangt dann eine sorgfältige Anamnese sowie möglicherweise auch psychologische Tests und familienbezogene Untersuchungsverfahren und versucht, Defizite in der → Entwicklung, → Erziehung und → Sozialisation zu erkennen und durch Rat sowie evtl. auch soziale, pädagogische und andere psychologische oder psychotherapeutische Interventionen zu beheben (vgl. Northoff, Methodisches Arbeiten & therapeutisches Intervenieren 2012). Ob die Beratung im Ergebnis erfolgreich ist, kann nur schwer gemessen werden. Äußere Anhaltspunkte wie die körperliche, soziale, schulische und strafrechtliche Unauffälligkeit können Indizien sein, sind aber auch gleichzeitig Ausdruck eines – nicht immer hilfreichen – gesellschaftlichen Anpassungsprozesses (vgl. Kurz-Adam 1995).

(2) Schritte eines Beratungsprozesses

Erziehungsberatung folgt den allgemeinen Schritten und Regeln der Beratung (vgl. Northoff, Methodisches Arbeiten & therapeutisches Intervenieren 2012). Dabei ist die Erziehungsberechtigte durch einfühlende Fragen zu ermutigen, über das Kind, sich selbst und die Familie zu berichten, so dass ein eigener und ein vom Kind getragener Lernprozess in Gang kommen.

Erziehungsberatung

Ist-Zustand und seine Probleme erkennen

- Zunächst ist das psychologische Problem einzukreisen: Was läuft in der Familie falsch? Wo liegen die Schwächen und Stärken der Eltern? Wo liegen die Schwächen des Kindes?
- Das Problem ist zu konkretisieren und Widerstand ist zu bearbeiten durch Fragen wie: Was sind konkret die Erfahrungen mit dem Kind? Wie wird konkret auf das Kind reagiert? Was sind dabei konkret die Gefühle?
- Verdeckte Probleme müssen erkannt werden: Sind alle ehrlich? Was ist den Betroffenen wirklich wichtig?
- Ursachenforschung muss geleistet werden: Was ist die Ursache der gezeigten Symptome? Welche Entwicklungsmängel zeigen sich? Welche Sozialisationsstörungen fallen auf? Wo gibt es systemische Zusammenhänge?

Soll-Zustand und seine Ziele erkennen

- Zukunftsbilder entwerfen: Was wünschen sich die Beteiligten? Wie soll es weitergehen? Welche Möglichkeiten der Förderung und Hilfe gibt es, insbesondere nach dem SGB VIII?
- Zukunftsbilder bewerten: Welche der Möglichkeiten gefällt den Beteiligten? Welche wird ihnen empfohlen? Was ergibt die Teamberatung der Beratungsstelle?
- Auswahlentscheidung treffen lassen: Welche Argumente, welche Vorschläge überzeugen? Sind Kosten-Nutzen Abwägungen berücksichtigt?

Handelnde Umsetzung des Soll-Zustandes in die Realität

- Handlungsstrategien entwickeln: Allgemeine Förderung nach den §§ 11ff SGB VIII. Entwicklung eines konkreten Hilfeplans nach den §§ 27, 28, 36 SGB VIII. Beteiligung von Eltern, Kind, Schule sichern.
- Handlungspläne formulieren und durchsetzen: Beginn und Ende der Hilfe festlegen. Die konkret helfende Sozialarbeiterin auswählen. Pläne ausführen.
- Rückkopplung ermöglichen: In angemessenen Abständen neue Gespräche vereinbaren. Hilfeplan aktualisieren. Krisenmanagement vereinbaren. Formalen und endgültigen Abschluss vereinbaren.

(3) Beratungsinhalte und Förderung des Sozialverhaltens

Wichtig ist es zunächst, dass eventuelle organische Störungen durch **ärztliche** Untersuchungen erkannt, behandelt oder aber jedenfalls ausgeschlossen worden sind. Von der Zielrichtung her geht es dann meist um das **Vermitteln von Informationen, um emotionale Unterstützung und um das Erlernen kooperativen Problemlösens**. In vielen Fällen wird der Abbau von sozialen Benachteiligungen (z.B. durch Kindergeld, Elterngeld oder Zuschüsse), die allgemeine **Förderung nach dem SGB VIII** (durch Jugendsozialarbeit oder einen Kindergartenplatz) und die konkrete Erziehungshilfe (z.B. durch Familienhilfe, Pflegeeltern oder Heimerziehung) im Vordergrund stehen. Frühkindliche Auffälligkeiten und **erhebliche psychosoziale Störungen** können den Verweis an einen entsprechend ausgebildeten Diplom-Psychologen und auch therapeutische Eingriffe erforderlich machen. Unerlässlich ist dabei immer eine Analyse des gesamten familiären Systems und eine umfassende Systemberatung der Familie, die die Defizite des Kindes nicht als allein von ihm verschuldet, sondern auch als Symptom eines defizitären familiären Systems versteht, welches sich im Kind als schwächstem Glied nur einen „Symptomträger“ gesucht hat.

Bei erheblichen Störungen des Sozialverhaltens, wenn also Kinder stehlen, nachhaltig lügen, oder aggressives Verhalten zeigen, sind meist komplexe und längerfristige Interventionen erforderlich, denn es müssen – neben sozialstrukturellen Defiziten – unerwünschte Lernprozesse bei schlechten Vorbildern, frühkindliche neurotische Störungen, Vertrauensverlust und kognitive Fehlentwicklungen wie eine fehlende Wertevermittlung (→ Moral) bearbeitet werden. Dafür kommen die **sozialpädagogische Familienhilfe in der Familie, ein Elterntraining oder auch ein Soziales Training mit dem jungen Menschen** (vgl. Petermann & Petermann 2008) in Betracht. Die Themen, um die es bei solchen Trainings geht, sind u.a. folgende (vgl. Northoff, Methodisches Arbeiten & therapeutisches Intervenieren 2012):

- das Training einer realistischen Wahrnehmung sozialer Interaktionen, die Förderung des Eindenkens und Einfühlens in andere, Empathieförderung,
- der Abbau egoistisch motivierter Handlungen durch eine kritische Aufarbeitung, die Stärkung der Selbstkontrolle im Sinne einer Verzögerung und Überprüfung von aggressiven Impulsen,
- die Unterstützung positiven Sozialverhaltens durch soziale Unterstützung und Einüben von Kooperation, bei Akzeptanz einer angemessenen Selbstbehauptung,
- die Vermittlung von Werten und der Aufbau eines Überichs (Gewissens), da bei diesen Jugendlichen Schuld- und Reuegefühle fehlen, die Planung eines strafrechtlich unauffälligen Lebens,

- systemische Hilfen wie die Arbeit am System Familie und am System Schule sowie der Aufbau von stabilen Freundschaften zu etwa Gleichaltrigen (→ Sozialisation),
- die Problematisierung zweifelhafter elterlicher Erziehungsstile und das Einüben gewaltfreier Konfliktbearbeitungen.

Exkurs: Schulverweigerung

Schulverweigerung kann vielfältige Ursachen haben, sie kann z. B. auf eine Flucht vor schulischen und familiären Über- und Unterforderungen, auf pubertäre Bedürfnisverschiebungen oder andere Interaktionsstörungen (mit Klassenkameraden oder Lehrern) zurückzuführen sein.

Ganz allgemein kann zur Vermeidung empfohlen werden:
- ein klarer und wohlwollender Erziehungsstil mit Berechenbarkeit, liebevoller Zuwendung und pädagogischem Optimismus;
- den Umgang mit Gleichaltrigen zu fördern, damit einerseits Rücksichtnahme und Durchsetzungsvermögen erlernt, andererseits Abhängigkeiten und Über- bzw. Unterforderungen vermieden werden;
- durch kleine Aufgaben und Pflichten (wie die Sorge für Blumen oder Tiere) das Verantwortungsgefühl, durch gemeinsame Erlebnisse (wie Ausflüge ins Museum) sowohl die Beziehungsfähigkeit als auch die Lerntiefe und durch selbstentdeckendes Lernen (im Garten oder im Kaufhaus) die Motivation und Kreativität zu fördern.

Erfahrungsgemäß ist es besonders wichtig:
- dass auf entsprechendes Verhalten ganz schnell reagiert wird (denn ansonsten würden Faulenzen und Fluchtverhalten lernpsychologisch verstärkt).
- Das bedarf (auch bei den älteren Jugendlichen) einer funktionierenden Kommunikation zwischen Schule und Eltern (da das Verhalten sonst gar nicht bemerkt werden könnte) und
- einer schnellen Intervention entweder durch Schulsozialarbeiterinnen selbst oder entsprechende projektorganisierte Fachkräfte.

Dabei ist hilfreich:
- bildungspolitisch eine Kultur und Strukturen der 2. und 3. Chance, die auch ein späteres Nachholen von Abschlüssen ermöglichen;
- eine sorgfältige Aufklärung der Ursachen und eine spezifische Analyse, soweit es konkrete Anhaltspunkte (spezifische Verhaltensweisen und Beziehungsstörungen) gibt;
- beratende, ggf. auch therapeutische und systemische Hilfe bei der Problembearbeitung, Stärkung eines gesunden, realistischen Selbstwertgefühls, Bearbeitung von subjektiven und objektiven Hindernissen;
- pragmatische intensive persönliche Betreuung, mit Weck- und Fahrdiensten, sie wird typischerweise umso intensiver sein müssen, je länger die Verweigerung schon andauerte;
- alternative Beschulungsformen und berufsvorbereitende Maßnahmen wie z. B. Produktionsschulen oder Lernwerkstätten, bei denen höhere praktische Anteile den jungen Menschen in ihrer aktuellen Situation eher gerecht werden können.

1.3 Sozialisation

Die Frage, ob (bzw. inwieweit) das gesellschaftliche Sein das menschliche Bewusstsein bestimmt, lässt sich nicht einfach beantworten, denn Gesellschaft und Individuum stehen nach heute weitgehend unbestrittener Auffassung in einem fortlaufenden Interaktionsprozess. Bei der Entwicklung der Persönlichkeit wirken also neben Entwicklungsaspekten und Erziehungsstilen insbesondere auch die Sozialisationsfaktoren und die autonomen Reaktionen mit.

1.3.1 Schwerpunkte und Problemfelder

Den Faktoren und Prozessen der Sozialisation kann man sich sowohl aus institutionell-soziologischer Sicht wie auch aus sozialpsychologischer Sicht annähern, denn beide Herangehensweisen haben inhaltlich eine große Schnittmenge. Konkret geht es dabei (neben der bereits oben diskutierten Erziehung in der Familie) vor allem um die Bereiche Schule, Arbeit, Freizeit, Geschlecht, sozialer Status, Kultur und Zeitepoche. Die früher teilweise sparsame Datenlage ist durch zahlreiche Berichte, Studien und Untersuchungen inzwischen deutlich besser, teilweise aber auch ziemlich unübersichtlich geworden, so dass hier nur einige Schwerpunkte dargestellt werden können (vgl. dazu die regelmäßigen Kinder- und Jugendberichte nach dem SGB VIII – z.B. den 13. Bericht 2009, die regelmäßigen Shellstudien z.B. zur Jugend 2010, oder auch übernationale Untersuchungen wie die PISA-Studien zur Bildung oder z.B. den Jugendgesundheitssurvey im Auftrag der WHO 2003).

(1) Schule

(a) Überblick. Für viele Familien ist der Kindergarten ein erster wichtiger Sozialisationsfaktor. Er bietet nicht nur Betreuung und die Möglichkeit zum sozialen Lernen, sondern soll spätestens im letzten Jahr auch auf die Schule vorbereiten. Etwa mit dem 7. Lebensjahr wird dann der Schulbesuch verpflichtend und tritt dabei neben das Elternhaus. Welche Funktion Schule hat, gehört zu den zentralen und fortlaufend diskutierten Fragen der Pädagogik. Ein Hilfsmittel zur Beantwortung dieser Frage sind die Leitfragen von Wolfgang Klafki (1985), der bei Schulthemen nach (1) ihrer Bedeutung für die Zukunft der Schüler und (2) nach ihrer exemplarischen Funktion fragt. Inhaltlich werden immer wieder zwei zentrale Funktionen von Schule genannt: Sie soll erstens **Fertigkeiten und Kenntnisse zur Lebensbewältigung** vermitteln wie Lesen, Schreiben, Rechnen, Fremdsprachen und Sachkunde, und sie soll zweitens die **gesellschaftliche und soziale Integration fördern**, also Werte und Gemeinschaft vermitteln. Moderne Klassiker wie

Hartmut von Hentig (1996) suchen nach noch allgemeineren Bildungskriterien wie **Menschlichkeit, Glück, Kommunikation, Geschichtsbewusstsein, Sensibilität und Verantwortung**. Der 12. Kinder- und Jugendbericht erweitert die Bildungsaufgaben über die **Schule hinaus in andere Lernwelten** (wie z.B. auch die des Berufs und der Sozialen Arbeit) und Bildung entwickelt sich weiter als **lebenslange Aufgabe**. Diese Öffnung ist grundsätzlich hilfreich, entledigt uns jedoch nicht der von Klafki gestellten Aufgabe, Bildung zukunftsrelevant und beispielhaft zu gestalten.

Auch die **Vermittlung der sozialen Integration** ist eine große Aufgabe, denn Bildung reproduziert (rein tatsächlich) in gewisser Weise die Sozialstruktur der Gesellschaft – über angebotene und gewählte Schulsysteme und durch die Kanalisierung der Berufschancen (zur Schulzufriedenheit und Fördermöglichkeiten vgl. Ittel & Merkens 2010, 11 ff). Die internationalen Schulleistungsstudien der Organisation für wirtschaftliche Zusammenarbeit und Entwicklung (bekannt als **PISA Studien der OECD**) zeigen, dass in kaum einem Land der Bildungserfolg so stark von der sozialen Herkunft abhängig ist wie in Deutschland. Dabei ist Deutschland angesichts seines föderalen Systems nicht nur ländermäßig mit einem gewissen Süd-Nord Gefälle unterschiedlich aufgestellt, sondern bewegt sich auch leistungsmäßig international nur im Mittelmaß, wobei die Spitzenleistungen sich einerseits in Finnland und andererseits in einigen asiatischen Ländern wie Südkorea (jeweils mit einem ausgeprägten System des längeren gemeinsamen Lernens, aber mit weniger Migranten in Finnland und stark auf Disziplin und Fleiß ausgerichtet in Südkorea) erreichen ließen (vgl. www.oecd.org/publishing: PISA 2009 Ergebnisse Zusammenfassung). Insbesondere bei den Hochqualifizierten (nach OECD sind das diejenigen mit Hochschul- oder Fachhochschulabschluss oder Meisterbrief) scheint Deutschland den Anschluss zu verlieren, denn dazu gehören in Deutschland nur 25,7%, in Südkorea aber 63,1% (OECD Internet-Veröffentlichung vom 13. September 2011). Bildung wird daher in den ersten 10 Jahren des Jahrtausends in den Bundesländern als politisches Top Thema gehandelt, was sich auch an vielen parteipolitischen Programmen festmachen lässt. Die Maßnahmen zeigen langsam Wirkung, es ist ein Anstieg des Bildungsstandes festzustellen, wobei die **Mädchen** die Jungen in nahezu allen Bereichen quantitativ überholen. So zeigt der im Auftrag der ständigen Konferenz der Kultusminister der Länder und des Bundesministeriums für Bildung und Forschung durch eine Autorengruppe erstellte Bildungsbericht (Bildung in Deutschland 2010) für das Jahr 2008, dass etwa 39% die Hochschulreife erreichen und etwa 21% einen Hochschulabschluss. In den meisten Bundesländern hat sich die Zahl der **Ganztagsschulen** erhöht, sie ermöglichen eine bessere Vereinbarkeit von Arbeit und Erziehung (a.a.O., 10, 7). Auch das **Gesamtschulsystem** wird vielerorts ausgebaut, es verzichtet auf frühzeitige Selektion und bietet den Vorteil, flexibel auf die Entwicklungsschritte und Bedürfnisse der einzelnen Schüler eingehen zu können und eröffnet dadurch benachteiligten

Kindern neue Chancen; soweit es dabei zu einer teilweisen Auflösung von Klassenverbänden kommt, kann dies allerdings den Aufbau sozialer Beziehungen auch erschweren. Die Umsetzung der **UN-Behindertenrechtskonvention** kommt langsam in Bewegung, erst wenige Bundesländer setzen verstärkt auf **Inklusion** und schulen möglichst viele Kinder mit besonderem Bedarf (Förderschüler) in allgemeinbildende Schulen ein.

(b) Probleme. Die lange Periode hoher Arbeitslosigkeit in den ersten 20 Jahren nach der Wiedervereinigung hat mit Quoten zwischen 10% und 20% insbesondere auch in den neuen Bundesländern ihre Spuren hinterlassen. Die Arbeitslosigkeit hat das **Armutsrisiko** erhöht, unvollständige Elternhäuser und kulturelle Brüche kommen als Risikofaktoren hinzu, insbesondere auch für Kinder, und es kann angenommen werden, dass diese jungen Menschen insgesamt ungünstigere Bildungschancen haben. Fast jedes dritte Kind unter 18 Jahren wuchs 2008 in einer sozialen, finanziellen oder/und kulturellen Risikolage auf, von den Kindern, die bei Alleinerziehenden lebten, waren es etwa 50%, von den Kindern mit Migrationshintergrund waren es etwa 40% (KMK und BMBF, Bildung in Deutschland 2010, 6). Auch die **demographische** Entwicklung wird Auswirkungen haben; die Geburtenzahl ging nach den statistischen Daten von 830000 Kindern im Jahre 1991 auf 683000 im Jahre 2008 und damit um 18% zurück, während gleichzeitig der Anteil der jungen Menschen mit Migrationshintergrund vor allem in den Ballungsräumen zugenommen hat (vgl. KMK und BMBF, Bildung in Deutschland 2010, 12). Das bedeutet, dass einerseits Schulen geschlossen werden oder kooperieren müssen, anderseits ist Schule anspruchsvoller geworden. Die Bildungschancen und -erfolge sind nach wie vor von der beruflichen Stellung der Eltern abhängig; die Wahrscheinlichkeit zu studieren ist deutlich größer, wenn zumindest ein Elternteil bereits ein Hochschulstudium abgeschlossen hat. Die Quote der **Schulabgänger ohne Hauptschulabschluss** ist auch im Jahre 2008 mit etwa 7,5% (und in einzelnen östlichen Bundesländern bei Jungen bei nahezu 15%) viel zu hoch, wobei ein Teil der Quote auf echte Abbrüche bei der Hauptschule, ein anderer Teil auf die hohe Zahl von Förderschulabschlüssen zurückzuführen ist (vgl. KMK und BMBF, Bildung in Deutschland 2010, 10), längeres gemeinsames und auch inklusives Lernen könnten hier Abhilfe schaffen. Leistungsaufgaben der Schule drängen den **Erziehungsgedanken** zurück und die Erziehungsmüdigkeit und -unfähigkeit vieler Familien verstärken die Erziehungsbedürftigkeit weiter. Psychosoziales Konfliktpotential ergibt sich aus der Lehrer-Schüler Beziehung, Schüler erleben Lehrer als wenig persönlich, mächtig, restriktiv und bei Schwächeren nur wenig engagiert, schulisches Lernen wird nach Art der Kommunikation und nach den Lerninhalten als dem außerschulischen Leben fern empfunden, Überforderungen und unterschiedliche Erziehungsstile wirken sich in Schulstress, Angst und Versagen aus und auch die Schüler-Schüler Beziehung wird manchmal als durch Aggression und andere Faktoren belastet erlebt, die pädagogischen Defizite in der **Lehrerausbildung** und die geringe Zahl von pädagogischem Personal mit Migrationshintergrund werden dann offensichtlich (vgl. a.a.O. 8, 13).

(2) Arbeit

(a) Überblick. Nach der Ausbildung folgt für viele Jugendliche die Zeit der Arbeit, der langsamen beruflichen Integration. Zu Beginn des beruflichen Lebens stehen nicht selten Einstiegspraktiken, die einerseits Persönlichkeitsmerkmale und Rangpositionen klären, andererseits aber auch das Zusammengehörigkeitsgefühl steigern sollen. Berufsanfänger werden mit lächerlich einfachen Aufgaben betraut oder aber sie werden durch unlösbare Fälle überfordert und damit eingepasst. Im weiteren Berufsleben kommt es zur Aneignung eines Fachjargons, häufig auch zur Identifikation mit dem Berufszweig, insbesondere wenn dort die berufliche Karriere gesucht wird. Die immer schnellere technische Entwicklung verlangt heute hohe Flexibilität und Anpassungsbereitschaft, technische Sensibilität für neuartige Funktionsweisen und die Fähigkeit zum eigenverantwortlichen Problemlösen bei Schwierigkeiten.

(b) Arbeitslosigkeit. Die **Arbeitslosenquote** hat sich lange auf hohem Stand bewegt; sie betrug nach den Daten der Bundesanstalt, jetzt Bundesagentur, in den besonders schwierigen Jahren 1997 und 2005 jeweils mehr als 4 Millionen, und ist erst in den letzten Jahren auf 2,96 Millionen (7,0%) Arbeitslose bundesweit im April 2012 gesunken, allerdings bei deutlichen regionalen Unterschieden; auch in einer Marktwirtschaft mit häufiger Fluktuation sind aber Werte über 4% nicht akzeptabel. Die damit verbundene **Dauerarbeitslosigkeit** erwachsener, insbesondere älterer Arbeitnehmerinnen und Arbeitnehmer und der ebenfalls damit verbundene häufige jugendliche Direkteinstieg in die Arbeitslosigkeit haben die ökonomische Armut und die Frage nach der Sinnhaftigkeit des Lebens für Viele in den Vordergrund gerückt. Für die Betroffenen wird Leben nicht mehr planbar, enttäuschte Hoffnungen und Lebensperspektiven führen zu Resignation. Verunsichertes Selbstbewusstsein, eruptive Affektentladungen, Flucht in kriminelles Verhalten, Radikalität oder gesellschaftliche Scheinwelten, Alkoholismus oder Drogenabhängigkeit und zunehmende Verschuldung sowie geringe Rentenansprüche sind die Folge. Der Aufbau einer sozialen und persönlichen Identität wird behindert, der soziale Reifeprozess wird verzögert. Insbesondere die oben bereits erwähnten Kinder aus Risikofamilien werden vielfach mit **Arbeitslosigkeit ihrer Eltern** konfrontiert. Damit werden nicht nur Sicherheit und Verlässlichkeit der Bezugspersonen in Frage gestellt, der eingeschränkte finanzielle Spielraum bietet die Gefahr der Isolation von Altersgenossen und fördert damit u.U. auch

Überlegungen, sich auf illegitimen Wegen über Konsumgüter Aufmerksamkeit und Anerkennung zu verschaffen (vgl. ICD 10: Z56). Supervisionen bei Jugendämtern zeigen, dass es inzwischen Gruppen von jungen Menschen gibt, denen regelmäßige Arbeit fremd ist und die sich **mit „Hartz IV" eingerichtet** haben und diese in einzelnen Fällen auch nicht mehr missen möchten. Die seit 2010 sich deutlich bessernde Konjunkturlage wird zukünftigen Schulabgängern helfen. Ob wir auch die verlorenen Jahrgänge der Langzeitarbeitslosen vollen Umfangs wieder motivieren können, bleibt abzuwarten.

(3) Freizeit

(a) Überblick. Die früher soziales und gruppenfreundliches Verhalten unterstützende Freizeit in kirchlichen Jugendgruppen ist seltener geworden, doch haben **Vereinssport und Musikgruppen** ihre große Bedeutung behalten. Streng organisierte Angebote sind durch freiere Formen (z.B. informelle Treffen von Roller-Skatern in Half-Pipes) und **neue Themen** (Arbeit in Umweltschutzgruppen wie Greenpeace) abgelöst worden, wobei Individualität und Ungebundenheit offenbar eine zunehmend größere Bedeutung zukommen. Dabei werden ältere Präferenzen wie das gemeinsame Spiel am Tisch, Fernsehen oder ins Kino gehen durch die modernen **Medien** modifiziert und abgelöst. Computerspiele, transportable Tonträger und Videoabspielgeräte anschauen und vor allem im Internet chatten oder Musik hören erscheint vielen interessanter als die Teilnahme in einer politischen Gruppe. Der Konsum von etwa zwei bis drei Stunden Fernsehen ist an einem normalen Wochentag bei Jugendlichen mit dem Altersdurchschnitt von 15 Jahren nicht ungewöhnlich, an Samstagen und Sonntagen beträgt der Durchschnittswert noch deutlich mehr. Vor allem aber hat der **Internetkonsum** zugenommen: Nahezu alle Schichten haben inzwischen Zugang, 2010 verbringt die/der Jugendliche etwa 13 Stunden/Woche im Netz, nutzt es für Spiele (25%), als Netzwerker z.B. zum Chatten (24%), für Mails oder Einkäufe oder als eigenständigen Freizeitort und als Informationsquelle mit multiplen Möglichkeiten (34%), nur 17% lassen sich als Funktionsuser (Nutzung des Internets für Dinge, die man nur dort erledigen kann) charakterisieren (so die Shellstudie 2010; Albert u.a. 2010, 101ff).

Insbesondere mit Eintritt der Pubertät werden **Gleichaltrigengruppen** (peer groups) zu einem wesentlichen Sozialisationsfaktor (vgl. Ittel, Merkens & Stecher 2011, 97ff). Ihre psychischen und sozialen Funktionen liegen darin, dass sie auf die situationsspezifischen Bedürfnisse der Jugendlichen eingehen, soziales Durchsetzen und Nachgeben einüben, gemeinsame Handlungsorientierungen und Sinnbezüge entwickeln und Möglichkeiten zur Selbstverwirklichung, zur sozialen Anerkennung und zur Solidarität eröffnen können. In den Medien (meist negativ eingeordnete) hochstilisierte Gruppen wie Punks, Skinheads oder Fußballhooligans spielen allerdings für die allermeisten Jugendlichen keine Rolle. Gruppen, die gesellschaftliche Probleme aufgreifen und politisch thematisieren (Umweltschutz, Ökobewegung, Friedensbewegung), erfahren (auch, wenn die tatsächliche Beteiligung häufig nur gering ist) im statistischen Durchschnitt ein hohes Maß an Zustimmung. Gruppierungen, denen auch Gewalt als soziale Durchsetzungs- und Konfliktlösungsstrategie dient (Skinheads, Hooligans), erfahren im statistischen Durchschnitt – jedenfalls bei Befragungen – eine klare Ablehnung.

Die unterschiedlichen Freizeittypen und Freizeitbeschäftigungen

	Kreative Freizeitelite	Gesellige Jugendliche	Medienfreaks	Engagierte Jugendliche
Im Internet surfen	42	56	77	60
Sich mit Leuten treffen	48	87	56	43
Musik hören	70	53	79	21
Fernsehen	42	40	84	48
Discos, Partys, Feten	4	57	30	26
Vereinssport	17	21	9	74
Freizeitsport	47	18	9	42
Bücher lesen	65	24	7	14
Computerspiele	22	3	27	36
Unternehmungen mit Familie	38	17	3	27
Videos/DVD	13	7	46	13
Shoppen	7	34	11	10
Rumhängen	5	12	33	6
Kreatives/Künstlerisches	30	14	1	6
Zeitschriften lesen	17	5	5	7
In die Kneipe gehen	1	14	7	3
Sich im Projekt engagieren	5	7	–	19
Jugendzentrum	4	6	3	9

Quelle: Prof. Dr. M. Albert, Prof. Dr. K. Hurrelmann, Dr. G. Quenzel u. a.: 16. Shell Jugendstudie: Jugend 2010. Frankfurt am Main 2010. In der Tabelle der Shell Jugendstudie 2010 werden die am häufigsten genannten Freizeitbeschäftigungen unterteilt in Freizeittypen der Jugendlichen im Alter von 12–15 Jahren aufgeführt. Die Angaben sind in %.

(b) Probleme. Folgen wir dem Jugendgesundheitssurvey aus dem Jahre 2003 (Hurrelmann u.a. 2003, 304ff), so geben **80%** der in diesem Zusammenhang befragten Jugendlichen eine **gute psychische Gesundheit** an, 90% fühlen sich von den Gleichaltrigen akzeptiert, mehr als die Hälfte schätzen ihre Beziehungen zu den Eltern positiv ein; als kritisch werden vor allem **schulische Überforderung, Probleme mit den Eltern und Trennungen von Freund oder Freundin** genannt. Daneben muss Freizeit insbesondere bei arbeitslosen Jugendlichen Ersatz für die Herausforderungen des Berufslebens sein; Freizeit wird „totgeschlagen" in den von der Gesellschaft angebotenen Formen, z.B. an Geldspielautomaten und im Kreis von randalierenden Fans in Fußballstadien. Die Entdeckung der Kinder und **Jugendlichen als Wirtschaftsfaktor** hat zu jugendspezifischer Werbung und zu hohem – Einkommensschwächere an die Grenzen ihrer Möglichkeiten bringendem – Konsumdruck geführt. Gleichzeitig ist dadurch ganz allgemein die Konsumentenhaltung der Jugendlichen erhöht worden, Versorgermentalität und passiver Freizeitgenuss scheinen zugenommen zu haben. Auch der **Medienkonsum** bietet Gefahren: Er eröffnet zwar einerseits leichteren Zugang zu Wissen und hat damit das Potential Benachteiligungen aufzubrechen, andererseits scheinen die konkreten Nutzungsmöglichkeiten und Nutzungen Bildungsbenachteiligungen zu verstärken (vgl. Theunert 2010, 7ff), denn Kinder und Jugendliche sind dabei häufig ungeschützt und unkontrolliert unterschiedlichsten Einflüssen ausgesetzt. Es spricht auch vieles dafür, dass – vor allem in Verbindung mit Erziehungsdefiziten – zumindest ein Teil der feststellbaren Gewaltbereitschaft von Kindern und Jugendlichen auch auf den Einfluss von Filmen zurückzuführen ist (→ Aggression), wenn nicht durch medienpädagogisches Handeln gegengesteuert wird. Vor allem, wenn Eltern und Schule ihrer Erziehungsaufgabe nicht gerecht werden (können), wenn die sozialen Verhältnisse (z.B. in unwirtlichen oder verwahrlosten Plattenbausiedlungen) das Aneignen von eigenen Lebens- und Erfahrungsräumen erschweren, wird **„Anerkennung" bei Gleichaltrigen** gesucht (vgl. Baumann 2011, 183ff). Mutproben steigern das Ansehen und jugendlicher Leichtsinn führt dann zum Autocrash, zum S-Bahn-Surfen oder ähnlichen lebensgefährlichen Unternehmungen. Psychologische Kristallisationspunkte derartiger Gruppen sind häufig Härte und Männlichkeit (manchmal erklärbar als Überkompensation von Kindern, die von alleinstehenden Müttern aufgezogen wurden), Gerissenheit, Ausstechen, Täuschen (als überzogene Kriterien der Eigenständigkeit), Erregung, Abenteuer, Aktion, Risiko (typisch für die jugendlich pubertäre Suche nach den eigenen Grenzen) sowie Autonomie, Zugehörigkeit und ständiges Aushandeln des Status (zur Selbstwertstabilisierung).

(4) Geschlecht

(a) Überblick. Die Frage, ob es neben den körperlichen Unterschieden auch psychologische Unterschiede zwischen den Geschlechtern gibt, ist in der Vergangenheit jahrhundertelang von den Männern und mit zunehmender Emanzipation in den letzten Jahrzehnten auch von den Frauen unter z.T. **ideologischen Prämissen** geführt worden. Dazu gehörte das männliche

Vorurteil, dass das im statistischen Durchschnitt geringere Gewicht des weiblichen Gehirns belege, dass Frauen weniger intelligent als Männer seien, was ersichtlich nicht zutrifft, weil es auf die Hirnwindungen und vor allem die inneren Strukturen und Zellverbindungen ankommt. Aus emanzipatorisch feministischer Sicht wurde pointiert, dass es neben kleineren körperlichen Unterschieden eine vollständige psychische Gleichheit gebe, die nur deswegen nicht in der Gesellschaft erkennbar werde, weil traditionell rollenspezifisch erzogen und sozialisiert werde (vgl. auch Hagemann-White, 1984, 9 ff, 42 ff, die bei ihrer Auswertung der empirischen Forschung in den letzten 30 Jahren zunehmend weniger Belege für Geschlechtsunterschiede fand). Die vor allem seit den 1990er Jahren laufende große **Gleichstellungsoffensive** hat inzwischen auch Wirkung gezeigt, inzwischen haben die **geschlechterspezifischen Normen deutlich an Verbindlichkeit verloren** (vgl. Hagemann-White 2006, 76; Albert 2010, 44 ff). Mädchen und junge Frauen sind in der Schule erfolgreicher, sie brechen im Durchschnitt seltener die Schule ab, sie haben bessere Noten, sie haben ähnliche Berufseinstiegsmöglichkeiten wie Jungen, werden teilweise wie bei einigen Parteien durch interne Quoten gefördert, können höchste politische Ämter als Bundeskanzlerin besetzen und finden dafür breite Anerkennung. Junge Männer können ihrerseits auch ehemals von Frauen dominierte Pflege- und Erziehungsberufe besetzen, doch ist dies meist nicht mit einer entsprechenden Steigerung der Anerkennung verbunden, so dass nach wie vor ein großer Mangel z. B. an männlichen Sozialpädagogen besteht.

(b) Sozialverhalten in der Genderperspektive. Interessant ist in diesem Zusammenhang die Frage, ob sich zwischen Frauen und Männern im **Sozialverhalten** Unterschiede feststellen lassen. Hagemann-White (1994, a. a. O.) führt die zumindest in der Vergangenheit konstatierten Unterschiede auf die Dimension **Herrschaft/Unterordnung** zurück und macht die Machtverhältnisse und den Machtmissbrauch in der Gesellschaft, die Mädchen und Frauen umgibt, für unterschiedliches Verhalten verantwortlich. Mit der zunehmenden Umsetzung des Gleichstellungsgedankens scheinen sich indes die Verhaltensweisen angenähert zu haben. Unterschiede scheint es immer noch in den **Konfliktbewältigungsmustern** zu geben. Männer scheinen vermehrt zu extravertierten, Frauen dagegen zu mehr introvertierten Formen abweichenden Verhaltens zu neigen. So ergab eine Befragung von 1632 Studentinnen und Studenten durch Krämer (1992, 327 ff, 330), dass 36,5 % der männlichen, aber nur 13 % der weiblichen Erstsemester berichtete, schon einmal an einer Schlägerei beteiligt gewesen zu sein, dass 35 % der Studentinnen und rund 45 % der Studenten einräumte, schon einmal einen Ladendiebstahl begangen zu haben und dass das „Schwarzfahren" geschlechtergleich von rund 75 % eingeräumt wird. Dem entspricht es, dass Frauen in den polizeilichen **Kriminalstatistiken** und in den Verurteilungsstatistiken bei Gewaltdelikten deutlich unterrepräsentiert sind (über

Jahre hinweg etwa in einem Verhältnis von 2:8), während sie bei psychischen Erkrankungen, die eine innere Störung betreffen, teilweise überrepräsentiert zu sein scheinen. Andere Untersuchungen zeigten, dass Männer in Provokationssituationen stärker zu aktiver Abwehr neigen, während Frauen eher passiv bleiben und zurückhaltend reagieren (vgl. Bornewasser 1993, 51 ff, 61). Beobachtbar sind auch **geschlechtsspezifische Kontaktmuster** (vgl. Schulz von Thun 1991/2010, 191 ff). Danach scheint bei Frauen der emotional geprägte Stil häufiger zu sein, ihre besonderen Stärken scheinen auf der Beziehungsebene zu liegen. Dies mag neben frühkindlichen Bindungserfahrungen darauf zurückzuführen sein, dass manche von ihnen noch immer ihr Rollenmuster mit Kind und Küche, also in der gefühlsmäßigen Familienwelt erlernen. Andererseits scheint bei Männern der distanzierende Stil häufiger anzufinden sein, ihre besonderen Stärken scheinen auf der Sachebene zu liegen, was wiederum neben frühkindlichen Loslösungserfahrungen darauf zurückzuführen sein mag, dass viele von ihnen ihr Rollenmuster im Beruf, also in einer distanzierenden, entfremdeten Welt, erlernen.

(c) Mit der **neuropsychologischen Forschung** der letzten Jahre eröffnen sich nun weitere Zugänge zur differenzierenden Betrachtung. Die Unterschiede beziehen sich zum einen auf die hormonelle Ausstattung. Im Allgemeinen haben Jungen einen höheren Anteil an Testosteron als Mädchen und höhere Testosteronspiegel korrelierten bei Jungen wie auch bei Mädchen mit schlechteren sozialen Beziehungen. Zum andern gibt es inzwischen zahlreiche Belege für Unterschiede der Gehirnaktivitäten bei Frauen und Männern. So zeigte sich bei Untersuchungen mit dem MRT, dass bei der Betrachtung emotional aufgeladener Bilder Frauen andere Speicherorte und Abrufmodi benutzten als Männer. Es ist zu vermuten, dass es (zumindest **im statistischen Durchschnitt gesehen) biologisch bedingte Persönlichkeitsunterschiede** der Geschlechter bezüglich Aggression, Aktivitätsniveau, Impulsivität, Angstbereitschaft, Leistung und Selbstkonzept gibt (vgl. Gerrig & Zimbardo 2008, 403 ff). Zu Recht weist Bornewasser (a.a.O.) allerdings darauf hin, dass die **Unterschiede innerhalb der Geschlechtsgruppen größer sein können als die Unterschiede zwischen den Geschlechtern** und dass auch **situative und systemische Einflüsse** für ein Verhalten eine größere Bedeutung als das Geschlecht haben können.

(5) Sozialer Status

(a) Überblick. Die Erfassung sozialer Ungleichheit über den sozialen Status steht einerseits in der Tradition des auf Karl Marx zurückzuführenden Klassengedanken und ist andererseits durch den auf Max Weber zurückzuführenden Begriff der **Schichtzugehörigkeit** gekennzeichnet. Sie erfolgt auch heute noch durch Unterteilungen in Unterschicht (Ungelernte, Arbeiter, Sozialhilfeempfänger), (untere, mittlere, obere) Mittelschicht (Angestellte,

Facharbeiter, studierte Berufsanfänger) und Oberschicht (Führungskräfte, erfolgreiche Selbständige, usw.). Nach der Shellstudie (Albert u.a. 2010, 56ff) sind von den Jugendlichen im Alter zwischen 12 und 25 Jahren 10% der Unterschicht, 24% der unteren Mittelschicht, 30% der mittleren Mittelschicht, 22% der oberen Mittelschicht und 14% der Oberschicht zuzuordnen. In den neuen Bundesländern sind die sozialen Unterschiede noch größer, vor allem bei Arbeitslosigkeit der Eltern sind sie auch verbunden mit echter Kinderarmut. Die Untersuchungen des Zusammenhangs zwischen **Schichtzugehörigkeit und familialer Sozialisation** sind zwar nicht immer eindeutig, legen aber doch einige Thesen nahe. So scheint es eine (schwache) Beziehung zwischen niedriger sozialer Schicht und der Anwendung von Zwang bzw. körperlicher Züchtigung zu geben. Ebenfalls scheint eine (schwache) Beziehung zwischen höherer sozialer Schicht und dem Umfang der liebevollen elterlichen Zuwendung und Unterstützung zu bestehen. Auch erscheint es plausibel, dass es Unterschiede im Sprachverhalten (elaborierter Code in der Mittelschicht – restringierter Code in der Unterschicht) gibt. Das Schichtmodell wird allerdings zunehmend von **komplexeren Lebensstil-Modellen und kategorialen Systemen** wie denen von Bronfenbrenner, der nach Mikro-, Meso- und Makrosystem unterscheidet, abgelöst (vgl. Northoff, Methodisches Arbeiten und Therapeutisches Intervenieren 2012; Steinkamp 1991, 255ff, 270ff).

(b) Probleme. Trotz sozialstaatlicher Leistungen hat der soziale Status seine **gesellschaftliche Brisanz und seine rein tatsächliche Bedeutung nicht verloren**. Feststellbar ist dies z.B. dann, wenn einzelne Antragsteller größere Schwierigkeiten beim Ausfüllen von mittelschichtsprachlich abgefassten Formularen haben, wenn die freie Anwaltswahl und das Klagen durch alle Instanzen trotz der Prozesskostenhilfevorschriften zur Geldfrage wird, wenn es um klassische oder eine private Krankenversicherung oder wenn es um die Wiedereingliederung von sozial benachteiligten Straffälligen geht. Niedriger sozialer Status wird dabei nicht selten über die **Wohnbedingungen** definiert. Krisengebiete sind zum einen baulich heruntergekommene Viertel (wie Slums, die es in Deutschland allerdings nur noch selten gibt, es sei denn, sie werden von Szenejugendlichen kultiviert), zum anderen Hochhausviertel (Schlafstädte). Unpersönliche, monofunktional gestaltete Betonsilos vermitteln eine künstliche, kalte, maschinenhafte Umwelt, in der Orientierungs- und Identifikationsmöglichkeiten fehlen und in der alles, was Spaß macht, durch Haus- oder Spielplatzordnungen verboten ist. Die mangelnde positive Identifikation mit dem Umfeld hat ein fehlendes Wertempfinden für das Umfeld zur Folge, Desinteresse an Verschönerung und mutwillige Zerstörung sind die Folge dieser fehlenden Quartiersbezogenheit. Nach der **Social Disability These** können unterschichttypische Sozialisationsdefizite zur Unfähigkeit mittelschichtbezogener Rollenerfüllung führen und damit den Anschluss an eine statusgleiche soziale Gruppe (z.B. eine

Gang), in der (nach einfachen Kriterien und Regeln) soziale Sicherheit gefunden wird, fördern. **Längeres gemeinsames Lernen** wäre hier ein Ansatz, der frühe Selektion verhindert und durch langjährige gemeinsame Lernprozesse z.B. bis zur 8. Klasse diese Unterschiede durch gemeinsame Lebenswelten und Erfahrungen etwas nivelliert.

(6) Kultur

(a) Überblick. Deutschland ist schon angesichts deutlicher kultureller Unterschiede zwischen den einzelnen Bundesländern geprägt durch kulturelle Vielfalt. Auch angesichts von Ende 2010 (nach Veröffentlichungen des statistischen Bundesamtes) 6,75 Millionen Ausländern (mit nur ausländischer Nationalität), davon etwa 1,63 Millionen Türken, von denen viele sich seit Jahrzehnten in Deutschland aufhalten und mit uns leben, wird man kaum mehr bestreiten können, dass Deutschland ein durch das Nebeneinander vieler Kulturen geprägter, schlagwortartig beschrieben also ein **multikultureller, Staat** ist. Dabei gehen kulturelle Grenzen nicht unbedingt mit Staatsgrenzen konform, wenn wir nur einmal bedenken, dass z.B. Österreicher und Bayern in vieler Hinsicht (z.B. historisch, sprachlich, religiös) größere Gemeinsamkeiten haben als Berliner und Bayern. Vielfalt zeigt sich dabei von ihrer besten Seite, wenn es um kulinarische Angebote, typische Feste oder scheinbar exotische Beziehungen geht, sie wird schwierig, wenn sprachliche Probleme oder religiöse Fundamentalismen aufeinander prallen. **Gemeinsame Kultur** hat insofern dieselben Wirkungen wie andere Großgruppen auch. Sie eint durch eigene Geschichte und eigene Werte und stärkt das individuelle Selbst durch seine kulturelle Identität. Fehlt diese Entwicklung, so kann die Ichfindung gestört sein, womit eine Voraussetzung für den Aufbau solider Beziehungen fehlt. Gemeinsame Kultur ist andererseits häufig verbunden mit Abgrenzungsbemühungen nach außen und mit Skepsis gegenüber Kultur fremden Einflüssen, wobei letztere nicht selten als Objekt vorurteilsbeladener Projektionen dienen. Eine so verstandene konservative **„Leitkultur“** ist daher nicht unproblematisch, aber Deutschland hat angesichts vielfältiger erfreulicher kultureller Werte (z.B. in der Musik, Kunst und Literatur) auch keinen Grund, sich kulturell „abzuschaffen“ oder sein Grundgesetz und zentrale Rechtsvorschriften fundamental in Zweifel zu ziehen. Auch bei Anwendung deutschen Rechts ist allerdings für die angemessene Würdigung von Streit- und Problemfällen häufig eine **Kenntnis des kulturellen Hintergrunds** erforderlich. *B: So ist die Entführung eines jungen türkischen Mädchens durch einen türkischen jungen Mann nicht notwendig als ein Akt der Gewalt zu verstehen, sondern kann als Akt der Liebe gemeint sein, weil eine – auch ohne sexuellen Kontakt – gemeinsam mit dem Mädchen verbrachte Nacht Anlass für die auch vom Mädchen ersehnte Heiratserlaubnis des Vaters des Mädchens sein kann.*

(b) Probleme von Migranten. Migrantinnen erleben ihren eigenen Kulturkonflikt zwischen Ausgrenzung, Integration und Assimilation häufig im **Drei-Generationen-Assimilationszyklus**. Aus patriarchalischen Heimatländern transportierte autoritäre Erziehungsstile verstärken vor allem für die mittlere – einerseits durch das Elternhaus, andererseits durch die Schule des Gastgeberlandes sozialisierte – Generation den Generationen- und Kulturkonflikt, wobei der bikulturelle Sozialisationsprozess zu Identitätsbeschädigungen führen kann (vgl. Northoff 1997, 3.1.4 Randnummer 24ff). Die sprachliche, kulturelle und häufig auch ökonomische Randständigkeit bedingt eine **sozialstrukturelle Benachteiligung**, die in sozialem Elend, Krankheiten, Selbstmordversuchen und manchmal auch Straftaten Ausdruck findet. Insbesondere aber werden die kulturellen und rechtlichen Unterschiede zur Mehrheit von ausländerfeindlichen und rechtsradikalen Gruppen zur Stigmatisierung benutzt (vgl. im Übrigen ergänzend ICD-10: Schwierigkeiten bei der kulturellen Eingewöhnung siehe Z60.3, soziale Zurückweisung und Ablehnung siehe Z60.4, Zielscheibe feindlicher Diskriminierung und Verfolgung siehe Z60.5). In letzter Zeit hat sich aber auch hier die öffentliche Wahrnehmung glücklicherweise etwas entspannt, viele **Ausländer sind in der Mitte der Gesellschaft angekommen**, es ist nicht mehr überraschend, wenn eine Person mit Migrationshintergrund bei Wahlen kandidiert, Parteivorsitzender oder sogar Wirtschaftsminister wird.

(7) Zeitepoche

(a) Überblick. Die Themen der Zeit sind naturgemäß im Wandel, Schwerpunktsetzungen haben stets hohe subjektive Freiheitsgrade (vgl. die Übersicht bei Ferchhoff 2007). Die Ende der 1990er Jahre postulierte **Individualisierung** ist teilweise durch **Szenegruppen** (von jungen Christen bis zum Satansrock, vom Breakdancer zum Leistungssportler) aufgefangen worden. Moderne Gesellschaften produzieren zwar durch ihre Arbeitsteilung und Ausdifferenzierung eine strukturelle Individualisierung und können damit auch einen Bindungsverlust des einzelnen bewirken (vgl. Heitmeyer & Sander 1992, 38ff, 58). **Neue soziale Netzwerke** z.B. des Internets wie Facebook (vgl. Kröger 2007, 106ff) oder auch ein modernes Berufsmanagement, z.B. durch Teamarbeit, können dem aber entgegenwirken (vgl. Northoff, Kompetenzen der Arbeits- und Problembearbeitung 2012, dort das Kapitel Führen).

(b) Probleme. Die Jugend zu Beginn des neuen Jahrhunderts ist vor allem in den neuen Bundesländern für viel zu viele geprägt durch **Arbeitslosigkeit** und Perspektivlosigkeit, das wird erst ab etwa 2010 besser. Viele Jugendliche ziehen es vor, im Hotel *„Mama"* zu verbleiben, sie reagieren enttäuscht, aber auch pragmatisch, *„rumhartzen"*, also rumgammeln wird für die Betroffenen zum Modewort. Es entsteht eine allgemeine Parteienverdrossenheit, nur 40% der 15 bis 24 Jahre alten deutschen Jugendlichen interessieren sich für Politik (Shellstudie 2010, Albert 2010, 131), sie wünschen sich **mehr Basisdemokratie** und mehr Bürgergesellschaft. Der Frieden in Europa ist zwar nach der Auflösung des Ost-West Konfliktes sicherer geworden, aber neue Zukunftssorgen sind entstanden, es geht um Staatsverschuldung, Generationsgerechtigkeit und Rentensicherheit und auch die **Umwelt**, vor Ort, als Klimawandel oder als Atomausstieg bewegt die Gemüter. Das Merkmal der Zeit ist aber wohl die rasant zunehmende **weltweite Vernetzung** insbesondere durch Handys und das Internet und die damit verbundenen Möglichkeiten, neue Netzwerke zu schaffen und Wissen für jedermann zu transportieren. Sie ist verbunden mit einer kaum mehr überschaubaren Informationsflut, mit Ängsten in einer angesichts der Medienrealität hautnah als bedrohlich vermittelten Welt. So können Ereignisse wie die Zerstörung der World Trade Tower durch Terroristen im Jahre 2001 in New York oder ein Amoklauf im Jahre 2011 in Norwegen einzelnen Ländern ihre Unschuld nehmen und andere in gigantische Überwachungsszenarien und sogar präventive Kriege treiben. Andererseits können **diese neuen medialen Möglichkeiten auch für Wissenschaft und Forschung** genutzt werden, Angebote wie Wikipedia ermöglichen nahezu barrierefrei Zugang zu großen Wissensdatenbanken, Kommunikationswege wie Twitter werden zu wichtigen Faktoren bei den im Jahre 2011 in der arabischen Welt aktiven Freiheitsbewegungen.

(8) Zusammenfassender Überblick

Die Erkenntnis, dass die menschliche Sozialisation multikausal und komplex ist, ist zwar ehrlich, aber für die praktische Arbeit wenig hilfreich. Daher sind hier nachfolgend zwei vereinfachende Übersichten eingefügt.

(a) Biologische, psychologische und soziale Risiko- und Schutzfaktoren in der Entwicklung von Kindern und Jugendlichen in unterschiedlichem Lebenskontext

	Risikofaktoren	Schutzfaktoren
Biologische Faktoren des Kindes	• Stressbelastung der Mutter während der Schwangerschaft durch Substanzkonsum • Ungünstiger Schwangerschafts- und Geburtsverlauf, welche ein niedriges Geburtsgewicht, extreme Frühgeburt, chronische Erkrankungen sowie Behinderungen des Kindes zu Folge hat	• Guter allgemeiner (körperlicher) Gesundheitszustand
Psychologische Faktoren des Kindes	• Unterdurchschnittliche Intelligenz • Motorische und sprachliche Entwicklungsdefizite • Mangelnde Aufmerksamkeits- und Konzentrationsfähigkeit • Mangelnde Emotionsregulation und Impulskontrolle • Eingeschränktes Problemlöseverhalten	• Intelligenz im Normbereich • Spezielle Talente • Positives Selbstwertgefühl • Aktives Bewältigungsverhalten • Fähigkeit, sich von ungünstigen Einflüssen zu distanzieren • Selbstbezogene Kontrollüberzeugung • Vorausplanendes Verhalten Selbsthilfefertigkeiten
Familie	• Unsichere Bindungserfahrungen • Trauma-Erfahrungen • Ungünstiges Erziehungsverhalten • Ungünstige Eltern-Kind Interaktionen • Niedriger sozioökonomischer Status und assoziierte Lebensbedingungen • Psychische Erkrankung in der Familie • Chronische eheliche Disharmonie	• Sichere Bindung zu mindestens einer Bezugsperson • Offenes, unterstützendes Erziehungsklima • Familiärer Zusammenhalt • Positives Bewältigungsverhalten der sozialen Umwelt
Sozialer Nahraum	• Unkritische Nutzung von Medienangeboten • Schulschwierigkeiten	• Soziale Unterstützung • Dauerhafte/unterstützende Freundschaften • Frühförderung, Angebote der Jugendhilfe
Gesellschaft Politik	• Kinderentwöhnte Gesellschaft/ Strukturelle Kinderfeindlichkeit • Gestiegene Leistungserwartungen	• Gesellschaftliche und politische Aktivitäten

Quelle: Deutscher Bundestag: Bericht über die Lebenssituation junger Menschen und die Leistungen der Kinder- und Jugendhilfe in Deutschland. 13. Kinder und Jugendbericht. Berlin 2009.

(b) Problem- und Beratungsfelder der Sozialisation nach dem ICD 10

Die von der Weltgesundheitsorganisation für die Vereinheitlichung der ärztlichen Diagnosen entwickelte → ICD-10 Klassifikation ist zwar vor allem auf die individuellen Probleme von Menschen bezogen (vgl. im Kapitel F die Beschreibung von Entwicklungsstörungen – F8 – und von Verhaltens- und emotionalen Störungen mit Beginn in der Kindheit und Jugend – F9 –), klassifiziert im Kapitel Z aber auch diverse Beratungsaufgaben, die vor allem Sozialisationsdefizite betreffen:

- Probleme in Verbindung mit Ausbildung und Bildung (Z55),
- Probleme in Verbindung mit Berufstätigkeit und Arbeitslosigkeit (Z56),
- Probleme in Verbindung mit Wohnbedingungen und ökonomischen Verhältnissen (Z59),
- Probleme in Verbindung mit der sozialen Umgebung (Z60),
- Probleme durch negative Kindheitserlebnisse (Z61),
- sonstige Probleme bei der Erziehung (Z62),
- sonstige Probleme in der primären Bezugsgruppe (Z63),
- Probleme bei bestimmten psychosozialen Umständen (Z64),
- Probleme bei sonstigen sozialen Umständen (Z65),
- Probleme bei der Lebensführung (Z72),
- Probleme verbunden mit Schwierigkeiten bei der Lebensbewältigung (Z73).

1.3.2 Der Anlage-Umwelt-Streit

Über Jahrzehnte hat in der Diskussion über die Bedeutung der Sozialisationsfaktoren die Fragestellung eine zentrale Rolle gespielt, welche Bedeutung die Erbanlagen und welche Bedeutung die Umwelteinflüsse für die Entwicklung und das Verhalten des Menschen haben (vgl. Neyer & Spinath 2008; vgl. Largo 2010, 87 ff). Dieser Streit wurde lange Zeit vor allem aus drei Gründen fundamental geführt:

- weil die Frage für das politische Weltbild bedeutsam ist, einerseits für eher rassistische und nationale Positionen, andererseits für offene, tolerante, andersartige Menschen akzeptierende Haltungen,
- weil für das soziale und insbesondere auch das kriminalitätsrelevante Verhalten damit entweder anlagebedingter Pessimismus oder milieubedingter Optimismus maßgeblich wurde, was wiederum für Veränderungsmöglichkeiten und politische Fördermaßnahmen bzw. für den Verzicht auf dieselben wichtig ist,
- weil er das auch durch Selbstbehauptungsbedürfnisse der Psychologie und Dominanzbedürfnisse der Ärzte geprägte Verhältnis zwischen Medizin und Psychologie betrifft.

(1) Die Bedeutung von Anlagefaktoren

Belege für die Bedeutung der Anlagefaktoren versuchte man auf verschiedenen Wegen zu erhalten.

(a) Zwillingsuntersuchungen: Meist werden Untersuchungsergebnisse bei eineiigen Zwillingen als Beweis für die dominante Bedeutung der Erbanlagen angeführt. So berichtete Lange (1929), dass bei 13 eineiigen straffällig gewordenen Zwillingen sich 10 Partner fanden, die ebenfalls bestraft worden waren, und er folgerte daraus, dass Kriminalität als anlagebedingtes Schicksal verstanden werden müsse. Diese schon im Kontext des aufziehenden Nationalsozialismus entstandenen Untersuchungen sind jedoch nicht beweiskräftig, sie leiden unter erheblichen methodischen Mängeln, teilweise wurde sogar versucht, die Eineiigkeit mittels Körpermessungen und Fingerabdrücken festzustellen. Vor allem aber sind die intervenierenden Variablen nicht ausreichend kontrolliert worden, und so stellt sich die Frage, ob die Erziehung durch unterschiedliche Personen und ggf. auch durch ein unterschiedliches Milieu erfolgte oder ob die eineiigen Zwillinge miteinander Kontakt und Bindungen hatten und sich dadurch gegenseitig in ihrem Verhalten verstärkten. So konnten die Ergebnisse Langes von Dalgard und Kringlen (1976, 213 ff) auch nicht bestätigt werden. Neuere Untersuchungen wie z.B. die mehrere Jahrzehnte dauernde Minnesota-Studie zeigten allerdings, dass es bei eineiigen Zwillingen teilweise deutliche Übereinstimmungen gibt, und zwar u.a. für Persönlichkeitsfaktoren wie Lebendigkeit und Kreativität und hinsichtlich einer Anfälligkeit für psychische Erkrankungen wie Depressionen. Auch gab es hinsichtlich Delinquenz und Kriminalität einige überzufällige Häufungen (vgl. Birbaumer & Schmidt 2010, 588 ff).

(b) Adoptionsuntersuchungen: Auch die Ergebnisse aus Adoptionsuntersuchungen werden als Beleg herangezogen. So stellte Crowe (1972, 600 ff) bei einer Untersuchung von 52 Personen, die im Alter von 1 Jahr oder weniger von ihren Müttern getrennt und adoptiert worden waren, Übereinstimmungen zwischen einer Straffälligkeit der leiblichen Mutter und Straftaten der adoptierten und in anderer Umgebung aufgewachsenen Kinder fest. Auch seine Untersuchung ist angesichts der Stichprobengröße und angesichts des Trends, dass gerade die Personen, die Übereinstimmungen zeigten, von ihren leiblichen Eltern später getrennt worden waren als die Übrigen, kein ausreichender Beleg für die Vererblichkeit von Verhalten. So kam Pongratz (1964) auch zu anderen Ergebnissen, denn nach ihren Untersuchungen von Prostituiertenkindern in Hamburg wurde deren Entwicklung primär von den jeweiligen Umweltbedingungen geprägt, unter denen die Kinder aufwuchsen. Eine von Birbaumer und Schmidt durchgeführte Metaanalyse von bekannten Adoptionsstudien (a.a.O.) fand allerdings ähnliche

Belege wie die Zwillingsforschung: Es gibt danach Hinweise für eine teilweise Erblichkeit von einigen Persönlichkeitsdispositionen, die sich mittelbar und im interaktiven Kontext auch auf Delinquenz und Kriminalität auswirken können.

(c) Züchtungsexperimente mit Menschen: Zur NS-Zeit wurde mit dem Projekt „Lebensborn" versucht, Kinder mit vermeintlich hervorragenden Erbanlagen für spätere hohe Stellungen und Aufgaben heranzuzüchten (vgl. Hellbrügge 1970). Zu diesem Zweck wurden ausgewählte Kinder in Heimen zusammengefasst. Diese Versuche endeten kläglich, die Kinder zeigten im Alter von 17 Jahren im Vergleich mit einer Kontrollgruppe zahlreiche psychische Auffälligkeiten, Lernschwierigkeiten, neurotische Symptome und geringere Intelligenz. Die (durch die Heimsituation geprägten ungünstigen) Umfeldfaktoren erwiesen sich als offenbar dominanter als das vermeintlich so hervorragende Erbgut.

(d) Kastensysteme: Das in Indien seit zwei Jahrtausenden verbreitete Kastensystem geht ebenfalls davon aus, dass wegen der Vererblichkeit des Charakters Beruf und Status (Krieger, Kaufmann, usw.) durch die Geburt vorbestimmt sei. Auch dieser religiös verbrämte Ansatz ist indes allenfalls als Machterhaltungsinstrument einer höheren Schicht brauchbar, nicht aber als Beleg für die Vererblichkeit, denn in der Praxis haben sich bei der Berufsausübung, sofern gegen Kastenregeln verstoßen wurde, Erfolge auch bei einer Herkunft aus einer niedrigeren Kaste ergeben, insbesondere bei entsprechender Ausbildung.

(e) Genieforschung: Andere Versuche bestanden in Untersuchungen berühmter Familien auf eine Häufigkeitsballung von Persönlichkeitsfaktoren (vgl. Galton 1869). So ist z.B. von der Familie Johann Sebastian Bachs bekannt, dass es dort in 5 Generationen 13 produktive Musiker gab. Ähnliche Häufungen finden sich im Übrigen auch bei einigen zu Psychosen neigenden Personen. Diese Versuche zur Genieforschung haben indes den Nachteil, dass die Stichproben klein und die Definitionen von Berühmtheit und Leistung vage und damit wenig aussagekräftig sind. Sie vernachlässigen, dass zahlreiche Personen auch ohne derartige Verwandtschaft zu großen Leistungen fähig waren und berühmt wurden. Außerdem sind die in vergangenen Jahrhunderten extrem unterschiedlichen Umweltbedingungen für reiche und arme Familien eine gleichfalls denkbare Erklärung für unterschiedliche Entwicklungswege.

(f) Chromosomenanomalien: Auch Anomalien – einige Männer verfügen neben der üblichen Ausstattung von 46 Chromosomen noch über ein 47. männliches Chromosom („XYY-Männer") – werden gelegentlich für die These von der angeborenen Kriminalität herangezogen. Die entsprechenden

Untersuchungen leiden aber an fehlerhaften Stichprobenauswahlen, weil die Körpergröße als Auswahlkriterium benutzt wurde, weil teils hospitalisierte (und damit auch schädigenden Umwelteinflüssen ausgesetzte) Männer untersucht wurden, weil Kontrollgruppen fehlen und weil vor allem die Wirkung von Sozialisationsfaktoren nicht ausreichend berücksichtigt worden ist (vgl. Walzer 1978, 563 ff).

(g) **Komplexere Varianzanalysen:** Die verbesserten Möglichkeiten der Genomanalyse und der statistischen Verfahren haben in den letzten Jahrzehnten zu Untersuchungen geführt, bei denen Zwillings- und Adoptionsdaten und andere Daten mit berücksichtigt wurden (vgl. Oerter & Montada 2008, 61 ff; Birbaumer & Schmidt 2010, 587 ff, jeweils auch m.w.N. und mit tabellarischen Übersichten). Gene wirken nicht direkt auf unser Verhalten, sie beeinflussen aber die neuronale Aktivität, die Grundlage des Erlebens und Verhaltens ist. Schätzungen des genetischen Anteils gehen hinsichtlich der **Intelligenz** von einem Anteil von etwa 40–50% aus, bei einer Fehlerquote von 10% (wobei allerdings schon die Intelligenzdefinition einer ziemlichen Schwankungsbreite unterliegt). Hinsichtlich der **Persönlichkeitseigenschaften** wie Extraversion, Neurotizismus, Verträglichkeit, Gewissenhaftigkeit und Offenheit wird ein genetischer Anteil von etwa 40% vermutet, bei einer 20%-igen Fehlerquote (wobei auch hier die Definitionsfragen nicht unwichtig sein dürften). Verhaltensgenetische Ansätze gehen davon aus, dass es evolutionsgeschichtlich und damit (auch) beziehungsübergreifend Beziehungsmerkmale gibt, wonach **Verwandtschaftsbeziehungen** vor allem durch Nähe-Regulation, **Kooperationsbeziehungen** durch Reziprozitätsaushandlung und **partnerschaftliche Beziehungen** durch Nähe-Regulation und Reziprozitätsbeziehungen charakterisiert sind (Neyer & Spinath 2008). Zur Delinquenz und zur **Kriminalität** gibt es wenig belastbare Belege, doch gibt es unterschiedliche Hormonausstattungen. So dürfte z.B. die Wahrscheinlichkeit, besonders stressempfänglich und/oder in besonders hohem Maße aktiv (und damit potentiell auch aggressiv) zu sein, teilweise auch genetisch mit bestimmt sein (vgl. dazu auch Kapitel 4.5).

(2) Zusammenwirken von endogenen, exogenen und autogenen Faktoren

Wenn also ausreichende Belege für eine primäre Abhängigkeit der Psyche des Menschen von Anlagefaktoren nicht vorliegen, so bleibt doch richtig, dass die **biologische und physiologische Ausstattung des Menschen die Reaktionsbreite** der sich zunehmend entwickelnden individuumspezifischen Persönlichkeitsfaktoren mit bestimmt. Der Einfluss von Persönlichkeit und Umwelt auf die Reaktionsbreite ist bei einigen grundlegenden körperlichen Ausstattungsmerkmalen wie Geschlecht, Hautfarbe, Augenfarbe nur sehr gering, aber bereits bei hormonbedingten Vorgängen wie Längenwachstum und Zeitpunkt der Geschlechtsreife können sich Faktoren wie gute Ernährung, Training oder Stressfaktoren auswirken. Unser Temperament scheint mit einer genetischen Grundausstattung zusammenzuhängen, doch kann dabei der Art und Weise der frühkindlichen Erziehung und insbesondere dem Einfluss bestimmter Kulturen (Unterschiede zwischen Süd- und Nordländern) größere Bedeutung zukommen. Die Reaktionsbreite von Persönlichkeit und Umwelt ist am größten bei allen sonstigen Verhaltensweisen, die ganz überwiegend von Motivations- und Sozialisationsfaktoren bestimmt werden.

Der alte Anlage-Umwelt-Streit, der die Bedeutung körperlicher Reifung und sozialen Lernens in unnötigen Widerspruch gebracht hat, lässt sich daher heute im Sinne einer differenzierenden Betrachtung dahingehend auflösen, dass der Mensch nur aus einer Gesamtbetrachtung der ihn bestimmenden **endogenen** (aus den Anlagen entstandenen), **exogenen** (aus Umwelteinflüssen entstandenen) und **autogenen** (aus seiner sich entwickelnden Persönlichkeit entstandenen) Faktoren verstanden werden kann. Die **Erbanlagen und die Umweltfaktoren können dabei als Potential** aufgefasst werden, welches im Zusammenwirken mit externen Förderungen und der sich zunehmend entwickelnden eigenen Persönlichkeit genutzt werden kann (Prinzip von Interaktion und Interdependenz).

1.3.3 Kriminogene Störungen

Rechtlich relevante Sozialisationsdefizite und Störungen werden in der Literatur abhängig von persönlicher Wertung, von disziplinspezifischen Kriterien und von der Weite des Ansatzes mit unterschiedlichsten Begriffen wie strafbares Verhalten, Kriminalität, Verbrechen, Delinquenz, Devianz oder abweichendes Verhalten belegt. Um einen wenig fruchtbaren akademischen Streit zu vermeiden, wird hier in Anlehnung an den in der Kriminologie eingeführten Begriff von kriminogenen Störungen gesprochen, also von **Störungen, die zu strafbarem Verhalten führen können**, wobei der Begriff theorieunabhängig verstanden wird als das überlappende Arbeitsthema von Kriminologen unterschiedlicher Ausbildung (z.B. als Psychologen, Pädagogen, Soziologen und Politologen).

Es kann kein Zweifel bestehen, dass die Ursachen derartiger Störungen sowohl in individuellen Faktoren wie auch in sozialen und gesellschaftlichen Interaktionen zu suchen sind. Im Interesse einer klareren Darstellung werden aber hier psychologische, soziologische, systemische und integrierende Ansätze zunächst in eigenen Blöcken dargestellt und erst abschließend zusammengeführt. Hinsichtlich deliktspezifischer Besonderheiten vergleiche die hinteren Kapitel, insbesondere → Sexualdelikte → Sucht → Aggression.

(1) Psychologisch orientierte Ansätze

Den psychologischen Ansätzen ist gemeinsam, dass sie das Individuum in seinem Nahbereich in das Zentrum der Überlegungen rücken.

(a) Persönlichkeitsorientierter Ansatz. Einen gleichermaßen biosozial gegründeten wie auch persönlichkeitsorientierten Ansatz verfolgt Eysenck. Er identifiziert drei zentrale Persönlichkeitseigenschaften, nämlich Extraversion, Neurotizismus und Psychotizismus (zu den Begriffen vgl. unten 1.4.1 (2)). Sie haben genetische Determinanten und wirken sich über die Prozesse des Limbischen Systems auf die Sozialisation aus. Hohe Werte bei diesen drei Eigenschaften beeinflussen die persönliche Erregbarkeit und führen nach seiner Analyse dazu, dass die Menschen normkonformes Verhalten schlechter lernen und daher leichter kriminell werden (Eysenck 1997; vgl. die Diskussion in Lösel & Schmucker 2008, 15 ff).

(b) Psychoanalytische Ansätze. Aus psychoanalytischer Sicht sind kriminogene Störungen Ausdruck einer vor allem auf frühkindlichen Beziehungsproblemen beruhenden Persönlichkeitsstörung (so bereits Aichhorn 1925 und Alexander & Healey 1935, aber auch Redl & Wineman 1951/ 1990 (1951), 60 ff, 79). Folgt man dem psychoanalytischen Persönlichkeitsmodell, welches nach Überich (nicht hinterfragte Normen, Gewissen), Es (Triebe, Gefühle, Lustprinzip) und Ich (bewusst abwägende Instanz) unterscheidet, so lassen sich drei Fallgruppen bilden:

- Neurotisch bedingte kriminogene Störungen (vgl. Alexander & Healey 1935) beruhen auf einem, häufig auf rigide Erziehung zurückzuführenden, zu ausgeprägten Überich, welches das natürliche Ausleben von Gefühlen und sexuellen Bedürfnissen verhindert und so einen Gefühlsstau und damit ein affekthaftes bzw. neurotisches Ausagieren fördert. *B: Der ohne Geschwister in einem puritanischen Elternhaus aufgewachsene Albert erlebt wegen der in der Familie typischen Tabuisierung Sexualität als etwas Dunkles und Schuldbeladenes. Die daraus erwachsenden Hemmungen verhindern, dass er normale Erfahrungen mit Mädchen machen kann. Nach Misserfolgen in der Pubertät schafft sich die aufgestaute Triebenergie Raum, indem er der Angebeteten ein Wäschestück stiehlt, um sich damit zu befriedigen.*
- Verwahrlosungsähnliche kriminogene Störungen (vgl. Aichhorn 1925) beruhen auf einem starken Es in Verbindung mit einem nur schwach ausgeprägten Überich. Mangelnde emotionale Zuwendung und gestörte Beziehungen zwischen dem Kind und seinen Bezugspersonen verhindern das Entstehen von Urvertrauen und Identifikation, so dass eine Übernahme familiärer und gesellschaftlicher Normen und damit die für die Gewissensbildung wichtige Entstehung von Schuldgefühlen unterbleiben. Ausgeprägte Abwehrmechanismen wie die Ursachenprojektion auf Sündenböcke verhindern dabei eine kritische Auseinandersetzung mit dem Es. *B: Der in einem Heim aufgewachsene Herbert hat nie feste und verlässliche Bindungen erlebt und sich widersprechende Normen vermittelt bekommen. Er hat kein schlechtes Gefühl und empfin-*

det keine Gewissensbisse, wenn er sich, wie er das im Heim gelernt hat, auch als 15jähriger mit anderen prügelt, um ihnen etwas abzunehmen, was er gerne haben möchte.

- Kriminogene Störungen, die auf eine Ichschwäche zurückzuführen sind, sind vor allem in neuerer Zeit beschrieben worden (Redl & Wineman 1951/1990). Überforderung und Unterforderung durch Bezugspersonen können die Frustrationstoleranz und Konfliktbewältigungsfähigkeit beeinträchtigen. Fehlendes Selbstwertgefühl kann zu kompensatorischer Geltungssucht sowie zur Hinwendung zu solchen Gruppen und Normen führen, die eine Aufwertung des Selbstwertgefühls ermöglichen. *B: Die von ihren Eltern immer überforderte 14jährige Brigitte fühlt sich aufgrund ihrer schulischen Erfolglosigkeit minderwertig und stiehlt deshalb eines Tages ein Motorrad, um durch die erfolgreiche Tatbegehung und das Motorrad selbst vor Freunden anzugeben.*

(c) Lernpsychologisch orientierte Ansätze. Aus lernpsychologischer Sicht sind kriminogene Störungen darauf zurückzuführen, dass anstelle des moralischen Verhaltens strafbares Verhalten gelernt wird:

- Strafbares Verhalten wird zunächst bei Bezugspersonen (Eltern, Verwandten, Freunden) beobachtet und durch ein Nachahmen dieser „Modelle" gelernt (Bandura 1979).
- Bei eigenen Erprobungen kommt es zu materiellen und sozialen Verstärkungen, die, wenn das Verhalten nicht entdeckt wird, zu weiteren Taten anregen, wenn es entdeckt wird, hemmend wirken können.
- Individuelle Neutralisationstechniken erleichtern den Verstoß gegen angelernte, aber nicht wirklich verinnerlichte Normen. Sykes und Matza (1975) beschreiben 5 Formen, nämlich die Verneinung der Verantwortlichkeit („Ich war es nicht! Meine Eltern, meine Freunde sind schuld!"), die Umdefinition des Unrechts (Diebstahl wird zum „Borgen", eine Schlägerei zum „privaten Streit"), die Schuldzuschreibung an das Opfer (der Homosexuelle, die Prostituierte hat sich die Tat „selbst zuzuschreiben"), die Verdammung der Verdammenden („Die Polizei ist doch korrupt, die Festnahme ist daher unberechtigt!") und die Berufung auf höhere Instanzen („Das war eine Entscheidung der Gruppe!").
- Art, Ausmaß und Richtung des Lernprozesses werden dabei auch beeinflusst durch Formen sozialer Wahrnehmung, Erinnerung und Motivationen sowie durch situative und systemische Faktoren.
- Darstellungen in den Medien, in denen strafbares Verhalten alltäglich wird und ungesühnt bleibt, können insbesondere bei diesbezüglich empfindsamen Jugendlichen zur „moralischen Desensibilisierung" führen (→ Medien, Aggression).
- Nach Eysenck (1980) kann das Gewissen und damit das rechtstreue Verhalten als konditionierte Angstreaktion verstanden werden, die durch klassische Konditionierung und durch Vermeidungslernen (Sanktionen) entstanden ist.

(d) Sozialkognitive Ansätze. Aus kognitiver Sicht handeln Menschen rational und entsprechend einer individuellen **Kosten-Nutzen Kalkulation**. Da der Mensch nach einer Befriedigung seiner Bedürfnisse sucht und Negativerlebnisse vermeiden will, wird die Begehung seiner strafbaren Handlungen einerseits durch die erwartbaren Vorteile, andererseits durch die Art und Höhe der Sanktionen beeinflusst. Dabei wird der aus der Straftat erreichbare Vorteil (z.B. eine größere Geldsumme) als Kurzzeitnutzen gegen die drohenden Sanktionen (z.B. Gefängnisaufenthalt) als Langzeitkosten abgewogen, wobei die Langzeitrisiken nicht selten verdrängt werden.

- Darauf aufbauend leiten Gottfredson und Hirschi (1990) ihr Konzept der Selbstkontrolle ab. Selbstkontrolle ist für sie ein wesentlicher Bestandteil der Persönlichkeit, der vor allem die Fähigkeit beschreibt, nicht nur den Kurzzeitnutzen, sondern auch die Langzeitfolgen in die jeweilige rationale Entscheidung mit einzubeziehen. Kriminalität tritt nach ihrer Vorstellung vor allem dann auf, wenn eine niedrige Selbstkontrolle vorliegt. Die Bedeutung der Sozialisationsfaktoren Familie, Gleichaltrige, Schule und Beruf ist bei ihnen insbesondere darin sind zu sehen, dass sie die Möglichkeit bieten, ein höheres Maß an Selbstkontrolle (so z.B. beim langzeitorientierten schulischen Lernen) zu internalisieren. *B: Der in seiner Kindheit von seinen Eltern stark vernachlässigte Alfred ist in Geldnot und stiehlt ein Auto, ohne daran zu denken, dass er deswegen bestraft und evtl. zum Schadensersatz verurteilt werden kann.* Positiv an ihrem – dem psychoanalytischen Überich-Konzept nachempfundenen – Ansatz ist zu werten, dass er die Verkürzung der Sozialkontrolle auf staatliche Sanktionen durchbrochen und die sozialisationsspezifischen und kognitiv-individuellen Aspekte herausgearbeitet hat. Kritisch ist anzumerken, dass situative und gesellschaftliche, v.a. ökonomische Faktoren bei ihren Überlegungen stark in den Hintergrund geraten.
- Kognitive Aspekte hat auch der Ansatz von Kohlberg (1974, 1978), der drei Ebenen des moralischen Urteils postuliert und annimmt, dass Kriminalität als Folge eines Zurückbleibens auf einem niedrigen Niveau der Moralentwicklung verstanden werden kann (→ Moral). Bei diesem Ansatz werden aber ebenfalls die Bedürfnisse des einzelnen sowie situative und gesellschaftliche Faktoren stark vernachlässigt.

(e) Lebensstilorientierte Ansätze. Eine andere Argumentationsrichtung verfolgen diejenigen Autoren, die den Lebensstil, verstanden als das über einen längeren Zeitraum relativ stabile, stark durch Dispositionen und Eigenschaften bestimmte, Verhalten, zur Erklärung für kriminogene Störungen heranziehen.

West und Farrington (1977; vgl. auch Füllgrabe 1997, 253 ff) untersuchten in einer Langzeitstudie in den 60er und 70er Jahren das Verhalten von rund 400 englischen Jungen. Dabei fiel ihnen auf, dass sich delinquente Jugendliche von nichtdelinquenten Jugendlichen vor allem durch eine geringere Selbstkontrolle und besonders impulsives Verhalten, also einen wenig nachdenklichen spontanen Lebensstil, auszeichneten. Unter Auswertung ihrer Beobachtungen erstellten sie eine „Skala antisozialer Tendenzen“, in der sie jeweils einen Punkt verteilten für:

- starke antibürgerliche Einstellungen,
- Benutzung von Drogen,
- unmäßiges Rauchen,
- starke sexuelle Aktivität,
- Autofahren nach Alkoholgenuss,
- häufig in antisozialen Gruppen,
- verbringt viel Zeit damit, herumzulungern,
- keine regelmäßige Berufstätigkeit,
- zeigt aggressives Verhalten, neigt zu Streitigkeiten,
- Tätowierung.

Jugendliche, die den höchsten Wert erreichten, waren nahezu ausnahmslos straffällig geworden, Jugendliche die vier und mehr Merkmale aufwiesen, waren in über 60% der Fälle straffällig geworden und Jugendliche, die keines dieser Merkmale aufwiesen, waren nur in etwa 5% der Fälle straffällig geworden.

Einen völlig anderen Lebensstil beschreibt Ianni (1972), der Kontakte zu einer amerikanischen Mafiafamilie knüpfen konnte (vgl. auch Füllgrabe 1997, 257ff). Die engen Bindungen innerhalb der Familie wirkten hier nicht kriminalitätsverhindernd, sondern fördernd. Ianni fand drei fundamentale Regeln:

- Loyalität gegenüber der Familie,
- verliere nie dein Gesicht oder das der Familie,
- behandele Familiengeschäfte stets vertraulich.

Daneben fiel ihm auf, dass ein derartiger Familienzusammenhalt mit autoritären Einstellungen und Erziehungsstilen, mit patriarchalischem Verhalten und einer ausgeprägten Betonung der Männerrolle, aber auch mit einem großen Interesse an einer gesellschaftlichen Anerkennung der Familie und vor allem an einer bürgerlichen Integration der Kinder (durch eine exzellente Schulausbildung und gutbürgerliche Heirat) verbunden war.

Diese das Verhalten über einen längeren Zeitraum analysierenden Lebensstilansätze haben für die strafrechtliche Praxis eine nicht zu unterschätzende Bedeutung, denn sie scheinen einfache Anhaltspunkte für eine allgemeine Gefahrerhöhung zu geben und damit die Vorhersage des zukünftigen Verhaltens des Angeklagten zu erleichtern. Dieses „alltagstheoretische" Vorgehen ist aber riskant, weil die unspezifischen Kategorien und Begriffe bereits die Zuordnung erschweren, weil situative Umstände und interaktive Faktoren kaum berücksichtigt werden und weil insbesondere der Kausalzusammenhang (Sind Delinquente häufiger tätowiert, oder sind Tätowierte häufiger delinquent?) keineswegs klar ist.

(2) Soziologisch orientierte Ansätze

Den soziologischen Ansätzen ist gemeinsam, dass sie sozialen und gesellschaftlichen Faktoren zentrale Bedeutung zumessen.

(a) Anomietheorie. Zu den klassischen Ansätzen gehört die Anomietheorie des französischen Soziologen Emile Durkheim (1893), die später von Robert Merton abgewandelt worden ist (Merton 1951). Durkheim betont die für die Jahrhundertwende neue Erfahrung der Arbeitsteilung und die darin begründeten sozialen Differenzierungen. Anomie als Regel- und Normlosigkeit entsteht danach einerseits durch Entfremdung und überstarke Individualisierung der Gesellschaftsmitglieder und äußert sich im Fehlen von gemeinsamen Verbindlichkeiten und Erwartungen. Andererseits kommt es zu Diskrepanzen zwischen dem Anspruchsniveau der einzelnen Gesellschaftsmitglieder und den nur begrenzt zu deren Befriedigung zur Verfügung stehenden Gütern. Die fehlenden Möglichkeiten des einzelnen, die kulturell vorgegebenen Ziele mit legitimen Mitteln zu erreichen, veranlassen das nach Bedürfnisbefriedigung suchende Individuum zur Anpassung an diese Situation und zur Anwendung illegitimer Mittel (z. B. Gewalt).

Durch diese Betonung der strukturellen Spannungen hat die Anomietheorie einen wesentlichen Leitgedanken moderner Kriminologie postuliert, wenngleich die inhaltliche Beschreibung der individuellen und gesellschaftlichen Anpassungsvorgänge zu knapp geraten ist. Die letzten Jahrzehnte allgemein und die Umstände der deutschen Einigung insbesondere können indes als Beleg für die Richtigkeit der Theorie herangezogen werden. *B: So hatte es in den neuen Bundesländern zunächst eine Zeit der Auflösung der früher engen Beziehungs- und Überwachungsstrukturen, der Arbeitslosigkeit und der Werteverunsicherung gegeben, es fehlten zunächst die Möglichkeiten, die im Westen üblichen Luxusgüter zu erwerben, die Kriminalität war stark angestiegen.*

(b) Subkulturtheorie. Diese Theorie beruht auf den Untersuchungen der Soziologen Whyte (1943) und Cohen (1955) in amerikanischen Slums und stellt die Beobachtung in den Mittelpunkt, dass es in großen, vermeintlich geschlossenen oder zumindest homogenen Kulturen doch immer auch Subsysteme gibt. Diese – insbesondere für Jugendliche typischen – Subkulturen übernehmen einige Normen der dominanten Kultur, bilden jedoch – im Interesse einer im Prinzip durchaus positiv zu wertenden Wir-Identität – eigene Werte und Normen aus, die sich ganz bewusst und deutlich von den herrschenden Normen unterscheiden. Die Bedeutung von alternativen Kulturen und Subkulturen lässt sich gut durch die Entwicklung der letzten Jahrzehnte belegen. Von der Hippie- über die Öko-Bewegung bis hin zur rechtsradikalen Szene finden sich neue Zusammenhänge und Identifikationsmuster für verunsicherte Jugendliche. Subkulturen, die die dominierenden Kulturen bewusst unterlaufen und sich davon distanzieren, finden sich z.B.:

- im Strafvollzug, der vor allem bei einer Unterbringung in Großgruppen auch macht- und gewaltorientierten Verhaltensweisen bis hin zu Drogenhandel, Erpressung und sexueller Nötigung Raum bietet;
- bei den Rockern, die in unterschiedlichsten gewaltfreien und gewalttätigen Zusammensetzungen versuchen zu provozieren und damit Aufsehen bei Bürgerlichen und Ansehen bei Gleichgesinnten zu gewinnen;
- in fanatisch religiösen Gruppen und im politisch radikalen Spektrum, das konspirativ agiert und den Staat und seine Repräsentanten als Feinde verfolgt;
- in der Drogenszene, die den Genuss von Heroin, Kokain und Designerdrogen teilt und ihre eigenen Bedürfnisse vom Spritzentausch bis hin zur Beschaffungskriminalität und zur Beschaffungsprostitution entwickelt;
- in der organisierten Kriminalität, die wie die Mafia ihre eigenen Gebote hat wie das Schweigegebot und ihre eigenen „Konfliktlösungsmethoden" wie Bestechung, Drohung und Mord.

Diese Theorie erklärt, wieso das Verhalten innerhalb einer subkulturellen Jugendgruppe durchaus angepasst und konform ist, gleichwohl aber mit gesamtgesellschaftlichen Normen (z.B. beim gemeinsamen Drogenkonsum) in Konflikt geraten und evtl. auch strafbar sein kann. Die Subkulturtheorie ist ein zentraler Strukturansatz für das Verständnis von Jugenddelinquenz, lässt allerdings inhaltliche Kriterien für das konkrete Verhalten weitgehend im Dunkeln.

(c) Theorie der differentiellen Assoziation. Diese Theorie stammt von Sutherland (1955). Sie trägt stark lernpsychologische Züge, denn sie geht davon aus, dass das abweichende Verhalten ebenso wie das konforme Verhalten sowie die zugrundeliegenden Einstellungen und Motive im Rahmen der Sozialisation gelernt werden. Ob konforme oder abweichende Verhaltensmuster erlernt werden, hängt von der Häufigkeit und Intensität mit differentiellen Kontakten (konform oder abweichend zu den gesellschaftlichen Hauptwerten) ab. Lernen erfolgt durch Interaktion, wobei Delinquenz auftritt, wenn die Delinquenz fördernden Interaktionen und Einstellungen überwiegen und/oder gesellschaftliche Sanktionen ausbleiben. Einen Beleg dafür bietet die erste Phase der deutschen Wiedervereinigung nach 1989, die dazu geführt hat, dass die sozialistischen Hauptwerte durch westliche Hauptwerte, insbesondere durch die Tendenz der „Individualisierung vor Gemeinsinn" ersetzt worden sind. Verantwortung in gesellschaftlichen Gruppen oder Parteien wird nicht mehr übernommen, Straftaten anderer, vor den eigenen Augen begangen, veranlassen zum Wegschauen, Hilfe wird nicht mehr gewährt und das demokratiestärkende Interesse an der Gesellschaft ist einer kapitalistischen Hemdsärmlichkeit in einer Welt, in der

der Stärkere gewinnt, gewichen. Nicht mehr die Gemeinschaft als solche und die von ihr gesetzten Werte, sondern individuelle Erfolge und Gefühle, häufig wenig stabil, bestimmen das Verhalten. Diese Erlebnisse und Lernerfahrungen fördern die Neigung zur Wirtschaftskriminalität, zur Steuerhinterziehung oder zum Subventionsbetrug und sind nur langsam durch in letzter Zeit wieder verstärkte Gemeinsinnforderungen (z.B. hinsichtlich einer verstärkten Bankenkontrolle) modifiziert worden.

(d) Kulturkonflikttheorien. Angesichts des lange Zeit anhaltenden Zustroms von Asylantragstellern, Kriegs- und Armutsflüchtlingen und auch angesichts der europäischen Einigung gewinnen zunehmend auch Kulturkonflikttheorien an praktischer Bedeutung. Sie problematisieren die **ethnischen Differenzen und weisen auf das Modernitätsgefälle** zwischen den Kulturen hin. Hat ein Mitglied einer Kultur deren Regeln internalisiert und tritt nun in ein anderes kulturelles System ein, dessen Normen den eigenen teilweise widersprechen, so entsteht ein Konflikt, der erst im Laufe der Zeit durch eine individuelle Vereinheitlichung des Normensystems gelöst wird (Sellin 1938). Insofern bietet die Überlegung vom **Drei-Generationen-Assimilationszyklus** ein brauchbares Modell (vgl. oben S. 56). Danach läuft die Akkulturation von Zuwanderern üblicherweise in 3 Generationen ab. Die 1. Generation reagiert auf die kulturelle Begegnung zum einen durch eine Überidentifikation mit der aufgegebenen Kultur oder durch eine Überidentifikation mit der neuen Kultur, so dass die inneren Spannungen zwar zunehmen und auch zu gelegentlichen Ausbrüchen führen können, ohne dass aber eine breite strafrechtliche Auffälligkeit erfolgt. In der 2. Generation bricht nun der Konflikt zwischen Aus- und Einwanderungsland hervor, hergebrachte Werte der Eltern und der Familie verlieren ihren Wert, die Normen der neuen Kultur sind aber noch nicht ausreichend verinnerlicht, so dass nicht selten Identität und Sicherheit in ethnischen Gleichaltrigengruppen gesucht wird, die sich ihrerseits wegen fehlender Alternativen nur über Straftaten eine Identität verschaffen können. In der 3. Generation ist die Bedeutung der Herkunftskultur nur noch gering und der Akkulturationsprozess weitgehend abgeschlossen, so dass eine besondere kriminelle Auffälligkeit nicht mehr feststellbar ist. Dieser Ansatz verfügt über große Alltagsplausibilität, lässt jedoch die soziale Situation von Nichtdeutschen weitgehend unberücksichtigt und kann daher nur einen Teil der Kriminalität erklären.

(e) Kritische Kriminologie. Dieser Ansatz ist der wohl konsequenteste Ausdruck einer Kriminologie, die aus einer konfliktorientierten, marxistischen und sozialistischen Grundperspektive heraus Kriminalität nicht als das zu isolierende Böse in einer an sich guten Gesellschaft versteht, sondern als Folge von Strukturentscheidungen des sozialen Systems (vgl. Lamnek, 2008, 15ff; Sack 1993, 332ff, 336). Nach dem klassischen Verständnis von

Tannenbaum (1953) wird der junge Delinquent schlecht, weil er von der Gesellschaft als schlecht definiert wird (Labelling Approach, Etikettierungsansatz). Vor allem die auf bestimmte Verhaltensweisen folgenden Reaktionen des Staates (von mit sozialer Macht ausgestatteten Gruppen oder von einzelnen Personen) sind es also, die abweichendes Verhalten produzieren. Dabei erfolgt die Zuschreibung des Etiketts „abweichend“ keineswegs gleichmäßig, sondern sie ist abhängig vom jeweiligen Auswahl-, Definitions- oder Verursachungslabelling, also selektiv. Erfolgt die Zuschreibung zudem verallgemeinernd oder rollenbezogen, kann bei den davon betroffenen „Abweichlern“ eine abweichende Karriere und schließlich eine abweichende Identität entstehen (vgl. auch Peters 1989). Dieser Ansatz hat eine wichtige Perspektivenergänzung herbeigeführt, dabei allerdings die individuelle Verantwortung und die darauf aufbauende Motivation zur Veränderung des eigenen Verhaltens aus dem Blick verloren. *B: So hängt die Frage, ob jemand für sein Verhalten „gelabelt“ und dieses Verhalten als Straftat sanktioniert wird, natürlich auch vom privaten bzw. polizeilichen Anzeigeverhalten, von der Ermittlungsintensität der Staatsanwaltschaft, vom Einstellungsverhalten der Staatsanwaltschaft, von der Erhebung der Anklage, von der Verurteilung, der Vollstreckung und schließlich dem Ausbleiben einer Begnadigung ab, aber eben auch davon, ob und was der Angeklagte getan hat.*

(3) Situative und systemische Ansätze

Die psychologisch und soziologisch ausgerichteten Erklärungsmodelle betonen einzelne Schwerpunkte der Ursachenerklärung und können damit einzelne Teilbereiche erklären. Sie vernachlässigen allerdings situative und systemische Faktoren. Nicht jede psychosoziale Störung oder strukturelle Benachteiligung führt später auch zu abweichendem Verhalten, eine Straftat konkretisiert sich immer erst in einer spezifischen Situation, mit einem spezifischen Opfer, als spezifisches Delikt. Für die Betrachtung der **Interaktion von Täter-Situation-Opfer-Delikt** haben sich insbesondere pragmatische Fallgruppenbildungen als fruchtbar erwiesen (vgl. Northoff 1997, 1.1.3.2, mit zahlreichen weiteren Nachweisen).

(a) Tätergruppen. So unterscheidet z.B. Kerner (1996, 45ff.) fünf potentielle Tätergruppen, nämlich:

- die „alltagskriminellen“ Kinder und Jugendlichen, deren Taten mit der pubertären Suche nach den Normgrenzen und gruppendynamischen Prozessen, insbesondere Gruppendruck, zusammenhängen und deren Straftaten sich häufig spontan erledigen;
- die alltagskriminellen Erwachsenen, die spontan ihren Bedürfnissen nachgeben, sei es, dass sie aggressive Impulse ausleben, unter Alkohol ein Fahrzeug führen, durch Werbung zum Ladendiebstahl verführt, durch die fehlende Kontrolle zum Schwarzfah-

ren verleitet oder durch fehlendes Unrechtsbewusstsein zum Versicherungsbetrug veranlasst werden;

- die, häufig randständigen, Gelegenheitstäter, deren Taten sich mehr oder minder ungeplant aus den situativen Umständen, aus dem Aufenthalt an „Hot Spots“ oder angesichts eines geeigneten Zielobjekts ergeben, wobei sich der Aktionsradius häufig nur einige Kilometer um den eigenen Lebensmittelpunkt dreht;
- die Lebensstil-Täter, bei denen sich soziale Benachteiligungen, schulische, familiäre und berufliche Probleme mit einem fehlenden Normgefüge verbinden und zu Mehrfachtaten führen; man kann mit Kerner (1996, 51) vermuten, dass zwischen 6 % und 8 % eines Geburtsjahrgangs ungefähr 60 % bis 70 % der Straftaten, die anfallen werden, verüben;
- die professionellen und organisierten Täter, die ihre Taten rational und berufsmäßig ausführen und als der harte Kern nur durch eine Erschwerung der Handlungsbedingungen und eine radikale Abschöpfung des Ertrags bzw. erforderlichenfalls durch ein „Aus-dem-Verkehr-ziehen“ getroffen werden können.

(b) Situation. Die situativen Umstände hängen naturgemäß von den jeweiligen Gegebenheiten vor Ort ab. Dennoch lassen sich einige übergreifende Fallgruppen bilden:

- die Situationen, die durch eine große Verfügbarkeit von illegalen Gütern wie z. B. Drogen, Waffen oder unversteuerten Zigaretten gekennzeichnet sind;
- die Situationen, die durch einen großen Tatanreiz und z. B. durch eine nahezu nötigende Werbung oder durch sozialen Druck („Das musst Du haben!“) gekennzeichnet sind;
- die Situationen, die durch verlockende Tatgelegenheiten und fehlende Aufsicht gekennzeichnet sind und die z. B. zum Ladendiebstahl oder zur Fahrgelderschleichung führen (s. u.);
- die Situationen, die wie z. B. Steuerhinterziehungen durch eine fehlende Sanktionierung gekennzeichnet sind und die so zu einer weiteren Verstärkung führen können.

(c) Sozialkontrolle. Ein Sonderfall der situativen Umstände ist die situationsbezogene Sozialkontrolle, die in spezifischen Situationen auch Verhaltensgeltung entwickeln kann. Dabei lassen sich vier Risikosituationen unterscheiden:

- Situationen, in denen durch Abbau von Personal wie z. B. im öffentlichen Nahverkehr, durch Schließung und Zentralisierung von Polizeidienststellen, durch Einsparung von Nachtwächtern, Rückzug von Straßensozialarbeitern kaum noch soziale kommunale Kontrolle ausgeübt wird;
- Situationen, in denen Entfremdung wie in unwirtlichen Hochhäusern dazu führt, dass Kontakt zwischen Nachbarn nicht entsteht, so dass nicht Geborgenheit und Verlässlichkeit, sondern Desinteresse oder gar Misstrauen den Boden für Straftaten darstellen;
- Situationen, in denen fehlende Sozialdisziplinierung bei Straftaten anderer Nachahmungseffekte nach sich zieht, wie bei Plünderungen oder auch bei Panikreaktionen;

- Situationen, in denen Bürger bei einer vor ihren Augen begangenen Straftat nicht eingreifen, wie im berühmten Fall der „Kitty Genovese" in New York, wo 38 Personen zumindest Teile eines tödlichen Überfalls beobachteten und bei einer Befragung zahlreiche Gründe fanden, warum sie nicht geholfen hatten (psychologisch erklärbar durch das Prinzip der geteilten Verantwortung; vgl. Northoff 1996, 614).

(d) Opfer. Für die opferorientierte Betrachtung lassen sich folgende Gruppen bilden:

- die gesellschaftlich erfolgreichen, häufig einer höheren Schicht angehörigen, älteren Opfer, die Opfer von Diebstahls- und Sachbeschädigungsdelikten werden;
- die sich in einem gefährdeten Milieu bewegenden, häufig jungen und männlichen Opfer, die Opfer von Gewalttaten und weiterer Delikte werden;
- die körperlich und psychisch vulnerablen (verletzbaren), häufig weiblichen oder sehr jungen oder sehr alten Opfer, die Opfer von Sexualdelikten oder Raubüberfällen werden;
- die Opfer aus dem Verwandten-, Bekannten oder Freundeskreis, die in Auseinandersetzungen Opfer eines Beziehungskonflikts werden.

(e) Delikt. Auch deliktspezifische Besonderheiten können eine eigene Betrachtung rechtfertigen. So zeigt die Erfahrung z.B.

- dass Betrugsdelikte eine hohe kommunikative Kompetenz voraussetzen,
- dass Gewaltdelikte stark mit pubertärer Unreife korrelieren und
- dass Steuerhinterziehungen auch von der Vermögenslage abhängig sind.

Diese Differenzierungen machen deutlich, dass der Blick auf situative und systemische Zusammenhänge insbesondere zur Abschätzung des konkreten Realisierungsrisikos sinnvoll ist.

(4) Ein integrativ interaktionistisches Modell

Die kriminologische Ursachenforschung war in den letzten Jahren weniger durch große neue Theorien als durch integrative Konzepte und Präventionsansätze gekennzeichnet (vgl. z.B. Lösel 1993, 264; Northoff 1997, 1.1.3 Randnummer 51). Dabei werden psychologische, soziologische und politische Modelle, ätiologische und sozialkontrollierende Faktoren, aber auch Zuschreibungen, prozessuale Erfahrungen und Lernprozesse im Zusammenhang gesehen.

Ein integrativ-interaktives Modell der Entstehung der Kriminalität

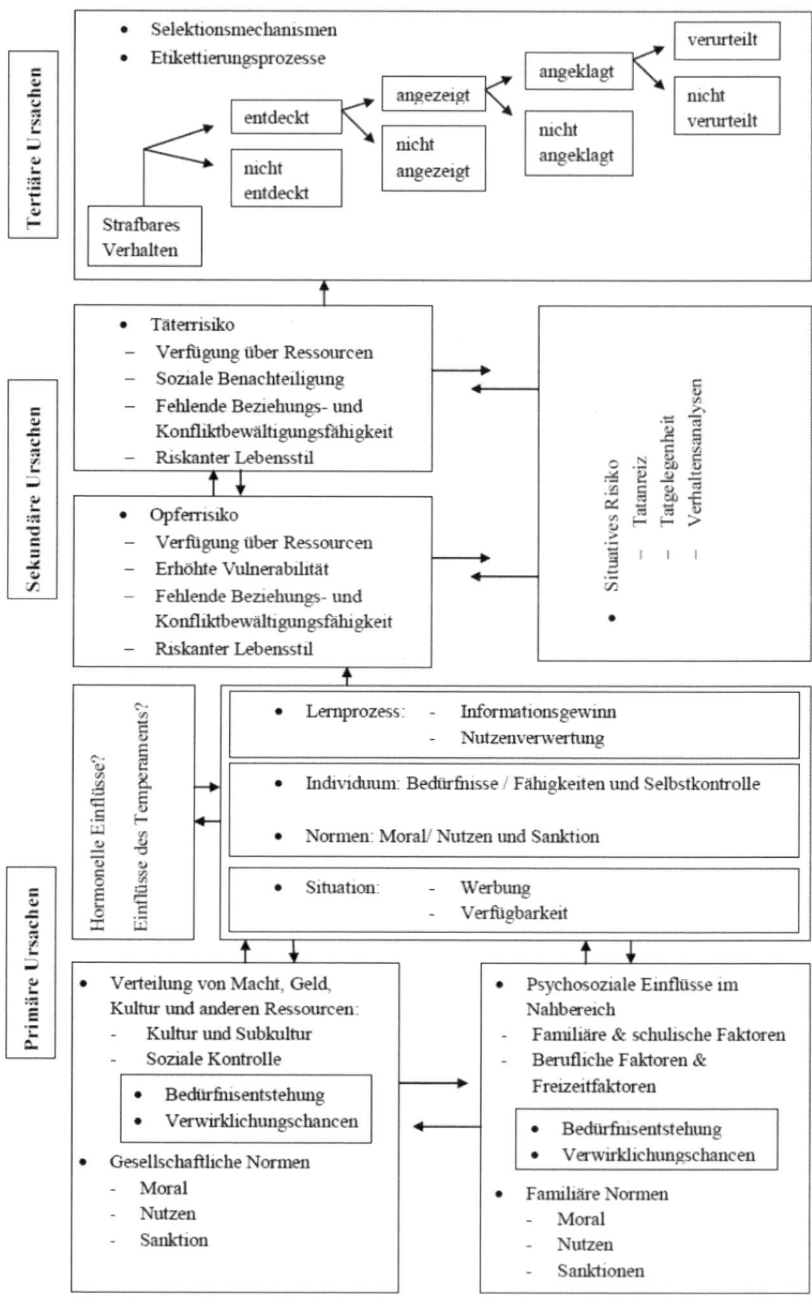

Einen Versuch, diese Überlegungen zu berücksichtigen, visualisiert das hier dargestellte Modell der Entstehung strafbaren Verhaltens. Zwischen den genannten Faktoren finden nicht nur einseitige Anpassungs- oder Zuschreibungsprozesse statt, sondern es besteht eine wechselseitige Beeinflussung im Sinne einer mehr oder weniger ausgeprägten Interaktion. Daneben findet eine Entwicklung auf der Zeitschiene statt, die strukturell durch Rückkopplungspfeile ausgedrückt sein soll und die inhaltlich Lernprozesse beschreibt.

1.3.4 Kinder- und Jugendhilfe

Die Kinder- und Jugendhilfe ist in zahlreichen Gesetzen verankert. Die Beseitigung von Sozialisationsmängeln ist zunächst eine **sozialpolitische Aufgabe**, die über gesetzliche Initiativen und Maßnahmen der Leistungsverwaltung die Bereitstellung von angemessenem Wohnraum, die Förderung von Ausbildung und Arbeitsmöglichkeiten bis hin zur wirksamen Gleichstellung benachteiligter Gruppen wie Alleinerziehende, Familien mit mehreren Kindern oder Minderheiten unterstützen muss. Dazu gehören auch Maßnahmen wie das Bundeselterngeldgesetz oder das Unterhaltsvorschussgesetz. Der Unterstützung und dem Schutz bei Ausbildung und Arbeit dienen das Bundesausbildungsförderungsgesetz bzw. das Berufsbildungsgesetz sowie das Jugendarbeitsschutzgesetz. Der Lösung familiärer Probleme dient aber z.B. auch das Gesetz über die religiöse Kindererziehung (maßgeblich ist zunächst Wille der Eltern, hilfsweise das Familiengericht; ab dem 12. bzw. 14. Lebensjahr ist die eigene Entscheidung des Kindes maßgeblich).

Daneben muss der Staat auch durch gesetzliche Maßnahmen seinem Wächteramt für das Wohl der Kinder und Jugendlichen nachkommen. Ein aktueller Ansatz dazu ist das **Bundeskinderschutzgesetz**, welches insbesonder sexuelle un dgewalttätige Übergriffe verhindern will. Das **Adoptionsvermittlungsgesetz** klar, dass die Adoptionsvermittlung grundsätzlich Aufgabe der Ämter ist und regelt im Einzelnen die Art und Weise und verbietet in der Vorschrift § 13c die geschäftliche Ersatzmuttervermittlung. Das **Jugendschutzgesetz** untersagt (in gewissen Fällen) Kindern und Jugendlichen den Besuch von Gaststätten, Tanzveranstaltungen, Filmveranstaltungen, Spielhallen, Videotheken und regelt, dass Medien, die geeignet sind, Kinder und Jugendliche sittlich (auch durch Gewaltverherrlichung oder Anstachelung zum Rassenhass) zu gefährden, in eine Liste aufzunehmen sind, mit der Folge, dass diese Schriften, Ton- oder Bildträger Kindern bzw. Jugendlichen nicht zugänglich gemacht werden dürfen. Darüber soll die Bundesprüfstelle wachen.

Die zentrale Vorschriftensammlung für Förder- und Hilfsmaßnahmen ist aber das SGB VIII, auch bekannt als Kinder- und Jugendhilfegesetz (vgl. dazu z.B. Münder, Wiesner & Meysen 2011; vgl. Schellhorn, Fischer & Mann 2007).

(1) Grundlagen und Überblick

(a) Eigenverantwortlichkeit und Gemeinschaftsfähigkeit. Zentrale Aufgabe der Kinder- und Jugendhilfe ist gem. § 1 SGB VIII die Erziehung zu einer eigenverantwortlichen und gemeinschaftsfähigen Persönlichkeit. Der Jugendarbeit obliegt es daher, in einem Spannungsverhältnis die Interessen des Einzelnen und der Gesellschaft zu berücksichtigen.

(b) Leistungen und andere Aufgaben. Nach § 2 umfasst die Jugendhilfe Leistungen und andere Aufgaben. Das Gesetz steht damit zwischen Sozialpädagogik (Leistungen durch Förderung und Hilfe) und Ordnungsrecht (Andere Aufgaben wie die Herausnahme des Kindes aus der Familie) und impliziert auch insofern ein Spannungsverhältnis. Leistungen der Jugendhilfe bestehen aus Fördermaßnahmen und Hilfen. Sie können von Trägern der freien Jugendhilfe und von Trägern der öffentlichen Jugendhilfe erbracht werden. Die Träger der freien Jugendhilfe bestimmen grundsätzlich Ausmaß, Inhalte und Zeitrahmen ihrer Betätigung selbst. Sie können nicht zu Leistungen verpflichtet werden (§ 3 Abs. 2 SGB VIII). Wenn und soweit sie Leistungen anbieten, gebührt ihnen aber der Vorrang; die Leistungen öffentlicher Träger sind subsidiär (§ 4 Abs. 2 SGB VIII). Andere Aufgaben werden, jedenfalls in ihrem hoheitlichen Kern, regelmäßig von Trägern der öffentlichen Jugendhilfe wahrgenommen. Insbesondere die damit verbundene nachfolgende Betreuung kann aber auch auf Träger der freien Jugendhilfe übertragen werden (§ 3 Abs. 3 SGB VIII).

(c) Leitvorstellungen des SGB VIII. Basierend auf den sich aus Art. 6 GG ergebenden Grundlinien, den Gesetzesbegründungen und einer Auslegung der einzelnen Vorschriften lassen sich – insbesondere zur Auflösung des oben beschriebenen Spannungsverhältnisses – Leitvorstellungen des SGB VIII herleiten:

- Jugendhilfe soll die Erziehung in der zentralen Institution „Familie" unterstützen, ergänzen und in Einzelfällen ersetzen;
- das bedeutet, dass dem Kind selbst kein subjektiv-öffentlicher Rechtsanspruch auf Erziehung (wohl aber nach § 8 auf Beratung) zukommt;
- das bedeutet, dass der Staat, vertreten durch das Jugendamt und das Familiengericht, nur bei einer Gefährdung des Kindeswohls eingreifen kann oder wenn bei delinquentem Verhalten der Jugendrichter Maßnahmen nach dem JGG getroffen hat;
- Jugendhilfe wird als gemeinsame Aufgabe der öffentlichen und der freien Träger verstanden, wobei die Prinzipien der Autonomie, der Zusammenarbeit und der Fachlichkeit in Einklang gebracht werden müssen;

- Jugendhilfe soll differenzierte Erziehungshilfen ermöglichen, ohne dabei Ausnahmesituationen und Entwicklungen auszuschließen.

(d) Psychologisch-sozialpädagogische Ziele. Vor allem bei der Auswahl einzelner Förder- und Hilfsmaßnahmen sind die psychologischen und sozialpädagogischen Ziele zu beachten. Dabei lassen sich als Standards zeitgemäßer Jugendhilfepraxis festhalten:

- Primäre, sekundäre und tertiäre Prävention (vor allem allgemeine Förder- und Vorbeugungsmaßnahmen sowie Resozialisationsmaßnahmen);
- Freiwilligkeit vor Zwang und Hilfe vor Sanktion (Beratung und Motivation wirken dauerhafter als Eingriffe und familienrichterliche oder strafrechtliche Gerichtsentscheidungen);
- Partizipation und Hilfe zur Selbsthilfe (die eigene Beteiligung motiviert und ist der erste Schritt zur Unabhängigkeit);
- Existenzsicherung (in Zeiten und Fällen zunehmender Existenzbedrohung sind Aufgaben wie die Beschaffung von Sozialhilfe, Wohnraum und Arbeit oder Schuldenregulierung zentral);
- Alltagsorientierung (nicht theoretische Elaborationen, sondern Aufgaben des täglichen Lebens sind zu bewältigen);
- lebensweltorientiertes Handeln (nicht die landesweite Arbeit vom Schreibtisch, sondern kommunales Streetwork ist gefragt);
- inklusiv-integrativer Ansatz (Behinderung oder soziale Benachteiligung werden nicht durch Ausschluss aus der Gesellschaft, sondern durch Integration in die Gesellschaft positiv beeinflusst);
- Einmischung (um Veränderungen auf allen Ebenen zu erreichen).

(2) Förderung von jungen Menschen

Der erste zentrale Bereich der Leistungen betrifft die als Angebote ausgestaltete Förderung (§§ 11–26 SGB VIII), auf die zwar nicht immer ein individueller Anspruch besteht, deren Struktur aber über den Jugendhilfeausschuss politisch beeinflusst werden kann.

(a) Jugendarbeit, Jugendsozialarbeit und erzieherischer Kinder- und Jugendschutz. Der 1. Abschnitt (§§ 11–15 SGB VIII) betrifft die an den Interessen junger Menschen orientierten und von diesen mitzugestaltenden Angebote der Jugendarbeit, die Förderung der Jugendverbände, die zum Ausgleich sozialer Benachteiligungen angebotene Jugendsozialarbeit sowie den erzieherischen Kinder- und Jugendschutz. Hier stehen weniger psychologische als pädagogische Maßnahmen der Bildung, der Freizeitgestaltung, des Abbaus von Benachteiligungen und der Beratung im Mittelpunkt.

(b) Förderung der Erziehung in der Familie. Nach § 16 SGB VIII ist die Erziehung in der Familie ganz allgemein zu fördern. Dabei knüpft das Gesetz nicht an den hergebrachten Familienbegriff, sondern an die gesamte Bandbreite familiärer Situationen (z.B. Ein-Eltern Familie, Stief-Eltern Familie, unverheiratete Eltern, erziehende Großeltern) an und verlangt Bildungs-, Beratungs- und Erholungsangebote. Die §§ 17, 18 SGB VIII verlangen die Beratung und Unterstützung (allerdings entsprechend dem Inhalt des SGB VIII nur von Müttern und Vätern) in Fragen der Partnerschaft, Trennung, Scheidung und Ausübung der Personensorge. Dem Jugendamt obliegt damit (neben der gutachtlichen Stellungnahme bei Gericht) ein eigenständiger Präventivauftrag im Vorfeld des Gerichtsverfahrens. § 19 SGB VIII betrifft das Angebot gemeinsamer Wohnformen für Mütter/Väter und Kinder. Bei § 20 SGB VIII ist an Fälle gedacht, bei denen ein Elternteil (durch Krankheit, Kur, Inhaftierung, Tod) ausfällt und eine Notsituation in der Betreuung eintritt. § 21 SGB VIII betrifft vor allem Binnenschiffer, Artisten und Schausteller und gewährt diesen nicht nur Anspruch auf Beratung und allgemeine Unterstützung, sondern in geeigneten Fällen auch finanzielle Unterstützung bei der Fremdunterbringung schulpflichtiger Kinder.

(c) Förderung von Kindern in Tageseinrichtungen und in Tagespflege. § 22 SGB VIII enthält die Grundsätze der Förderung von Kindern in Tageseinrichtungen und knüpft dabei an die Grundgedanken des SGB VIII (insbesondere die §§ 1, 2, 3, 8 SGB VIII) sowie an Betreuungs-, Erziehungs- und Bildungsaufgaben an. Tageseinrichtung ist dabei der Oberbegriff für Kinderkrippen bzw. Kinderkrabbelstuben (3 Monate bis 3 Jahre), Kindergärten (3–6 Jahre), Kinderhorte (Grundschulkinder) und Kindertagesstätten (verschiedene Altersgruppen, geöffnet entsprechend den Arbeitszeiten der Eltern). Auch Kinderspielplätze können nach dieser Norm gefördert werden. Die in § 23 SGB VIII geregelte Tagespflege beschreibt den Fall, dass ein Kind von einer einzelnen Person tagsüber zuhause oder woanders betreut wird. § 24 SGB VIII gewährt einen Anspruch (hat) auf den Besuch eines Kindergartens und verpflichtet die Träger der öffentlichen Jugendhilfe zur entsprechenden Vorsorge (vgl. aber § 24a mit Übergangsvorschriften). Daneben ist die selbstorganisierte Förderung von Kindern zu unterstützen (§ 25 SGB VIII). Einzelheiten der Förderung können von den Ländern in eigenen Gesetzen (Kindertagesstättengesetz, Kindergartengesetz, Spielplatzgesetz) geregelt werden (vgl. auch § 26 SGB VIII: Landesrechtsvorbehalt).

(3) Hilfen für junge Menschen

Die §§ 27–35 SGB VIII vermitteln einen einklagbaren Rechtsanspruch auf individuelle Hilfe, wenn eine dem Wohl des Minderjährigen entsprechende Erziehung nicht gewährleistet ist und die Hilfe notwendig und geeignet ist (vgl. § 27 SGB VIII). Der Anspruch steht jedoch unter Berücksichtigung von Art. 6 GG nur dem Personensorgeberechtigten (i.d.R. die Eltern) zu. Will der Jugendliche selbst Hilfe in Anspruch nehmen (ohne Unterstützung der Eltern bzw. gegen die Eltern), so können das Jugendamt und die Gerichte nur bei einer Gefährdung des Kindeswohls bzw. bei Straftaten eingreifen. Die Hilfen lassen sich einteilen in familienergänzende und -ersetzende Maßnahmen, wobei stets der Verhältnismäßigkeitsgrundsatz zu prüfen ist.

(a) Familienergänzende Hilfen. Die in § 28 geregelte Erziehungsberatung kann neben sozialpädagogischen, sozialarbeiterischen und psychologischen Fragen auch rechtliche Fragen betreffen (gem. § 8 Rechtsdienstleistungsgesetz, RDG, zulässig). Das Gesetz betont ausdrücklich die interdisziplinäre Zusammenarbeit von Ärztinnen, Psychologinnen, Therapeutinnen und Sozialarbeiterinnen bzw. Sozialpädagoginnen. Die in § 29 geregelte Soziale Gruppenarbeit betrifft sowohl erlebnisorientierte (Abenteuerpädagogik), handlungsorientierte (Renovierungsprojekte) als auch themenorientierte (integrative oder sozial trainierende) Konzepte, bei noch tragfähigem Familienverbund. Die in § 30 geregelte Erziehungsbeistandschaft ist als ambulante erzieherische Hilfe, die Betreuungshilfe als Ausführung einer Weisung nach § 10 Abs. 1 Nr. 5 JGG vorgesehen. Haupt- oder ehrenamtliche Mitarbeiter sollen die Personensorgeberechtigten bei der Erziehung unterstützen und dem Minderjährigen mit Rat und Tat zur Seite stehen und ggf. das Gericht unterrichten. Die in § 31 geregelte Sozialpädagogische Familienhilfe (spFH) betrifft häufig kinderreiche Familien, in denen durch eine manchmal auch täglich wirkende besoldete Kraft die Eltern in ihren Erziehungs- und Versorgungsaufgaben befähigt und unterstützt werden sollen. Die spFH eignet sich nicht für jede Familie, dürfte aber im Zweifel die weniger eingreifende und kostengünstigere Variante gegenüber der Fremdunterbringung sein. Die in § 32 geregelte Erziehung in einer Tagesgruppe soll als teilstationäre Hilfe Minderjährigen soziales Lernen in der Gruppe und schulische Betreuung ermöglichen, ohne den nachts und an den Wochenenden möglichen Kontakt zur Herkunftsfamilie zu unterbrechen.

(b) Familienersetzende Hilfen. Die in § 33 geregelte Vollzeitpflege kommt insbesondere bei Berufstätigkeit, Erziehungsschwierigkeiten, Gleichgültigkeit, Entzug des Sorgerechts und Tod der Eltern in Betracht. Pflegeeltern können strukturelle und inhaltliche Erziehungsdefizite ausgleichen und z.B. in Missbrauchsfällen auch kompensatorisch wirken. Bei Kleinkindern gehen die Wünsche und Erwartungen der Pflegeeltern oft in Richtung auf eine Adoption, so dass sozialarbeiterische Aufklärungsarbeit bei Eltern und Pflegeeltern geboten ist. Bei Jugendlichen wird eine Integration in eine Pflegefamilie wegen der zunehmenden Ablösungstendenzen schwierig sein, so dass nur ein betreutes Wohnen oder eine Heimeinweisung in Betracht kommen kann. Die in § 34 geregelte Heimerziehung und sonstige betreute

Wohnformen sollen den Minderjährigen in seiner Entwicklung fördern und möglichst eine Rückkehr in die Herkunftsfamilie vorbereiten. Soweit möglich wird es sich empfehlen, ambulante Maßnahmen durch Unterstützung der konfliktbeladenen oder strukturell unvollständigen Familie vorzuziehen. Erst wenn dies nicht mehr ausreicht oder wenn dies aus anderen Gründen (Fortdauer von Missbrauch oder Gewalt) unerlässlich erscheint, sollten Heimeinweisungen erwogen werden. Gerade bei Kleinkindern ist auf möglichst seltenen Wechsel der Bezugspersonen zu achten, damit eine ausreichende Stabilität der Beziehungen eintreten kann und die Hospitalismusgefahr gebannt wird. Mit zunehmender Adoleszenz ist die Ablösung in Richtung eigener Wohnungen oder Jugendwohnungen zu ermöglichen, wobei die jungen Menschen allerdings nach wie vor einer sozialpädagogischen Betreuung bedürfen. Die in § 35 beschriebene Intensive Sozialpädagogische Einzelbetreuung betrifft vor allem Nichtsesshafte, Drogenabhängige, Prostituierte und sonst besonders Gefährdete. Sie soll durch eine individuelle Betreuung (notfalls 1:1) bei der Lösung von Alltagsproblemen helfen und die eigenverantwortlichen Fähigkeiten, insbesondere die der Existenzsicherung, stärken. Die Betreuung muss der (häufig chaotischen) individuellen Lebenssituation gerecht werden und verlangt daher Erfahrung, Gelassenheit, Spontaneität und Risikobereitschaft.

Die in § 35a SGB VIII eingefügte Vorschrift zur **Eingliederungshilfe** für seelisch behinderte Kinder und Jugendliche bestimmt, dass diese Kinder Anspruch auf Eingliederungshilfe in ambulanter Form, in teilstationären Einrichtungen, durch geeignete Pflegepersonen und in Einrichtungen über Tag und Nacht haben. Durch die Einordnung im SGB VIII ist zum einen deutlich gemacht, dass die Eingliederungshilfe seelisch Behinderter nicht nur eine Frage der Grundversorgung nach dem SGB XII, sondern jedenfalls für Kinder und Jugendliche auch eine Frage der Förderung sowie der erzieherischen Hilfe ist. Zum andern folgt aus der Einordnung im SGB VIII und auch dem Wortlaut der Vorschrift, dass zumindest im Vorschulalter eine die Integration fördernde Einrichtung bevorzugt werden soll.

Geschlossene Heime für strafunmündige Kinder?

Ein Kind kann wegen bis zum 14. Lebensjahr begangener Straftaten strafrechtlich mangels Schuldfähigkeit nicht verfolgt werden (§ 19 StGB). Bis zu diesem Alter sind allein jugendhilferechtliche Maßnahmen nach dem SGB VIII möglich. In der ganz überwältigenden Zahl der Fälle sind die nach den §§ 27ff SGB VIII möglichen Maßnahmen der Hilfe innerhalb und außerhalb der Familie auch ausreichend. In Fällen schwerer Entwicklungs- und Sozialisationsdefizite, eventuell verbunden mit pubertärem Geltungsdrang und Gruppenzwängen, kann es allerdings auch bei Kindern zu wiederholten rechtswidrigen Taten kommen, so bei den Crash-Kids, die sich mit gestohlenen Fahrzeugen Rennen liefern, oder bei Jugendbanden, die von ihren jüngsten Mitgliedern Mutproben erwarten und manchmal auch verlangen. Auch in diesen – relativ seltenen Fällen – kann mit familienrichterlicher Unterstützung noch geholfen werden, wenn z.B. ein Vormund oder Pfleger eingesetzt wird und dieser den Aufenthaltsort des Kindes im Ausland (etwa in Polen oder Finnland) bestimmt, so dass die Eigendynamik der Taten gestoppt und negative Gruppeneinflüsse unterbunden werden. In der polizeilichen Praxis tauchen allerdings gelegentlich auch Kinder auf, die von ihren Eltern – nach einer Analyse der internationalen Rechtslage – in bewusster Ausnutzung einer erkannten Sanktionierungslücke als Trickdiebe eingesetzt oder als Drogenkuriere missbraucht werden. Auch bei manchen uneinsichtigen Jugendlichen und Eltern greifen familienrechtliche Maßnahmen nicht. Mehrfache Festnahmen und Entlassungen immer derselben, über die Rechtslage vollinformierten und daher nicht abzuschreckenden Kinder, frustriert Polizeibeamte und führt nicht nur regelmäßig zur Forderung nach geschlossenen Heimen, sondern fördert einerseits gewaltsame Selbstjustiz überforderter Polizeibeamter und andererseits eine Psychiatrisierung der Kinder, die dann mangels anderer Möglichkeiten wegen konstruierter Selbst- oder Fremdgefährdung in Kliniken landen. In diesen wenigen Fällen ist daher auch die Unterbringung in geschlossenen Heimen zu erwägen. Sie hat die bekannten Nachteile wie die Prisonisierungsaspekte, Anpassungsmechanismen und den Net-Widening Effekt, der dazu führen kann, dass schwierige Fälle leichten Herzens abgeschoben werden, ohne dass man sich vorher hinreichend gekümmert hat. Die Heimunterbringung kann aber der einzige Weg sein, den Betroffenen und sein Umfeld zu schützen und sollte, um eine kritische Selbstanalyse, ein Beziehungstraining und einen konstruktiven Lernprozess anzuschieben, stets durch einen hohen Betreuungsschlüssel begleitet, zeitlich eng begrenzt und mit zunehmenden Freiräumen verbunden werden.

(4) Schutzmaßnahmen und Interventionen

Das SGB VIII sieht eine Reihe von Schutzmaßnahmen und Interventionen vor.

(a) Vorläufige Maßnahmen zum Schutz von Kindern und Jugendlichen. Gemäß §§ 8a, 42 SGB VIII ist das Jugendamt bei Kenntnis von möglichen Kindeswohlgefährdungen berechtigt und verpflichtet, den Sachverhalt erforderlichenfalls durch Hausbesuche aufzuklären und Risikoabwägungen vorzunehmen sowie vorläufige Schutzmaßnahmen für einen Minderjährigen notfalls auch ohne Einwilligung der Personensorgeberechtigten und ohne vorherige richterliche Anordnung zu ergreifen. Die Eltern und ggf. auch das Familiengericht sind alsbald zu benachrichtigen. Geboten sind derartige Maßnahmen, wenn Kinder oder Jugendliche, zumeist aus gestörten familiären Bezügen oder aus wenig Nähe vermittelnden Heimbeziehungen entflohen, an Orten der Gefährdung wie im Prostitutionsmilieu, in der Rauschgiftszene oder in Spielhallen angetroffen werden und ein sofortiges und angemessenes Eingreifen der Personensorgeberechtigten nicht zu erwarten ist (mehr dazu in Northoff, Methodisches Arbeiten & therapeutisches Intervenieren 2012).

(b) Die Annahme Minderjähriger als Kind. Rechtliche Voraussetzungen und Folgen sind als familienrechtliche Frage im BGB (§§ 1741–1772 BGB) geregelt. Die vorbereitenden Maßnahmen der Prüfung, Beratung und Belehrung obliegen dem Jugendamt (§ 51 SGB VIII), welches hinsichtlich der Frage der Adoptionsgeeignetheit regelmäßig auch eine psychologische Stellungnahme einholt. Dabei spielen das Alter der Adoptionseltern und Kinder (Herstellung eines Eltern-Kind Verhältnisses), die pädagogischen Kompetenzen der Adoptionseltern, die Beziehungsfähigkeit und die Konfliktfähigkeit und insgesamt das Kindeswohl eine zentrale Rolle. Grundsätzlich besteht zum Schutze des/der Angenommenen hinsichtlich der Annahme ein Offenbarungs- und Ausforschungsverbot (§ 1758 BGB).

(c) Zusammenarbeit mit den Gerichten. Bei Trennung und Scheidung und damit zusammenhängenden Fällen zum Sorgerecht und Umgangsrecht (vgl. §§ 111 ff, 151 ff FamFG) wird das Jugendamt vom Familiengericht eingeschaltet und regelmäßig schriftlich, häufig auch mündlich angehört (vgl. § 50 SGB VIII, § 162 FamFG). Vom Jugendamt wird dabei eine gutachtliche Stellungnahme erwartet, die zur Vorgeschichte, zur derzeitigen Situation und zur Perspektive unter psychologischen, sozialpädagogischen, gesundheitlichen, finanziellen, juristischen und sonst maßgeblichen Aspekten ganzheitlich Stellung nehmen sollte. Eine ähnliche Zusammenarbeit erfolgt in Strafverfahren gegen Jugendliche und Heranwachsende (vgl. § 52 SGB VIII) mit dem **Jugendgericht**.

(d) Pflegschaft und Vormundschaft. Vormundschaft und Pflegschaft für Minderjährige sind in den §§ 53–58 SGB VIII sowie im Rahmen des Familienrechts in den §§ 1773–1921 BGB geregelt. Die Betreuung nach den §§ 1896 ff BGB betrifft jedoch nur Volljährige. Als Vormund oder Pfleger kommen Einzelpersonen, Vereine und hilfsweise auch das Jugendamt selbst in Betracht. Vormundschaft und Pflegschaft kommen sowohl bei struktureller Unvollständigkeit der Familie (z.B. Tod beider Eltern) als auch bei einer Gefährdung des Kindeswohls in Betracht. Psychologisch gesehen steht vor allem die Bestellung einer Vormundschaft oder Pflegschaft wegen Gefährdung des Kindeswohls im Spannungsverhältnis zwischen Kontrolle und Entmündigung. Einerseits soll die Gefährdung (regelmäßig durch Gewalt, Vernachlässigung oder Missbrauch) aufgehoben werden, andererseits soll das Interesse der leiblichen Eltern bzw. Elternteile an ihrem Kind und damit eine Motivation zur Verbesserung der eigenen Umstände erhalten bleiben. Eine Lösung des Dilemmas wird durch manche Richter versucht, indem sie – um die Eltern zu weiteren Kontakten zu motivieren – formal auf die Einrichtung einer Vormundschaft verzichten und sich auf eine inhaltsähnliche Pflegschaft mit einem weiten Wirkungskreis (Aufenthaltsbestimmungs- und Erziehungsrecht) beschränken.

Fasst man zusammen, so eröffnen sich mit dem SGB VIII vielfältige Möglichkeiten, jungen Menschen zu helfen und sie zu schützen. Der Erfolg eine Maßnahme hängt daher meist weniger von fehlenden rechtlichen Möglichkeiten als von den Finanzen der zuständigen Kommune und den Sozialkompetenzen der Helferinnen und Helfer ab.

1.4 Persönlichkeit

Wer im sozialen Bereich mit Menschen arbeitet, kennt die einfachen, aber vermeintlich vielsagenden Beschreibungen anderer: „Ein mieser Charakter!“ „Ein starker Typ!“ „So ein Penner!“ „Ein geiler Bock!“ Mit diesen Beschreibungen versuchen wir, andere Personen mit komplexen Bildern zu kennzeichnen, wobei wir allerdings nicht sicher sein können, dass unsere Gesprächspartnerinnen diese Begriffe genauso verstehen.

(1) Charakter, Persönlichkeit und Selbst

Auch die wissenschaftliche Psychologie hat sich um Typisierungen von Personen bemüht. In der älteren Psychologie ist diese Forschung eng mit der Untersuchung des **Charakters** und der ihn „charakterisierenden“, als stabil angenommenen, Wesensmerkmale verbunden. In der neueren Psychologie wird demgegenüber der aus der angloamerikanischen Literatur übernommene und neutralere Begriff der Persönlichkeit benutzt. Wie auch in anderen Bereichen der Psychologie macht allerdings bereits die Definition dieses Begriffes Schwierigkeiten. Einzelne Theorien bieten jeweils unterschiedliche Vorschläge an. Vereinfachend lässt sich **Persönlichkeit als ein aus relativ stabilen Merkmalen und Strukturen zusammengesetztes, von endogenen, exogenen und autogenen Faktoren und deren Wechselwirkungen beeinflusstes und Änderungen unterworfenes Konstrukt verstehen, welches das Erleben und Verhalten einer Person beeinflusst.** Auf das vollständige Gesamt der Persönlichkeit können wir von der Außensicht her nur schließen. Manche ziehen es daher vor, vom **Selbst** (Innensicht) zu sprechen. Beobachtungen, Fragebögen, Tests und Fallstudien ermöglichen uns psychologisch begründbare Annäherungen. Dabei lassen sich sog. objektive Tests wie das FPI (Freiburger Persönlichkeitsinventar) oder das amerikanische MMPI (Minnesota Multiphasic Personality Inventory), die gängige Persönlichkeitsdimensionen messen, von projektiven Verfahren wie dem Rorschachtest oder dem TAT (Thematic Apperception Test), die die Reaktion auf mehrdeutige Stimuli messen, unterscheiden.

(2) Biologische Grundlagen

Grundsätzlich besteht Einigkeit, dass die Grundanlage des genetischen Materials für den Organismus Möglichkeiten schafft, die durch die Begegnung mit bestimmten Umwelten und autonomen Prozessen realisiert werden. Als relativ gesichert können folgende Verbindungen zwischen Biologie und Persönlichkeit angenommen werden (Pervin, Cervone & John 2005, 418 ff):

- Die **Amygdala** als Teil des limbischen Systems ist die emotionale Reaktionszentrale des Gehirns, wichtig für das emotionale Lernen;
- **Dopamin**, ein Neurotransmitter, wird bei hohen Werten mit Belohnung, Freude und Lust assoziiert, niedrige Werte werden mit Angst und Einengung assoziiert;
- **Kortisol**, das Stresshormon, hilft kurzfristig der Anpassung an neue Situationen, führt aber bei langfristiger Ausschüttung zu Depressionen und Gedächtnisverlust;
- **Serotonin**, ein Neurotransmitter, und die entsprechenden Rezeptoren wirken sich auf unsere Emotionalität aus, so werden niedrige Werte mit Gewalt und Impulsivität in Verbindung gebracht, Störungen der Bindungsfähigkeit der Rezeptoren werden mit Depression in Verbindung gebracht (vgl. Birbaumer & Schmidt 2010, 737 ff);
- **Testosteron**, das vor allem männliche Sexualhormon, wird mit Dominanz, Konkurrenzstreben und Aggression in Verbindung gebracht;
- persönlichkeitsbezogene Auswirkungen können auch die unterschiedlichen Ausprägungen und Dominanzen der beiden **Gehirnhälften** haben; eine dominante rechte Hirnhälfte deutet auf nichtverbale, räumliche, kreative Fähigkeiten, aber auch auf eine stärkere Öffnung für negative Emotionen hin, eine dominante linke Hirnhälfte deutet auf sprachliche, logisch denkende Fähigkeiten hin, die offenbar auch zur Hemmung negativer Gefühle in der Lage sind.

Die biologischen Grundlagen der (komplexen) Persönlichkeit sind nach wie vor wenig erforscht, die Neurowissenschaften beschränken sich meist darauf, von einzelnen Emotionen oder vom Selbst und seiner Kontrolle zu sprechen. Derartige Zusammenhänge dürfte es vor allem für positive und negative Emotionalität sowie für Enthemmung und Beherrschung geben (vgl. Birbaumer & Schmidt 2010). Dabei besteht auch eine **umgekehrte Plastizität**, Umweltfaktoren können manche Neurotransmitter und Hormone (Serotoninspiegel, s. u.) beeinflussen und damit biologische Veränderungen nach sich ziehen.

1.4.1 Typen- und Faktorenmodelle

Die Bemühungen, die Menschen nach Typen einzuteilen, gingen zunächst von Ärzten aus und konzentrierten sich vor allem auf Unterschiede im Körperbau. Bereits der griechische Arzt Hippokrates teilte um 400 v. Chr. die Menschen nach einerseits schmal und lang und andererseits kurz und dick ein.

(1) Kretschmer

Der Psychiater Ernst Kretschmer nahm diese Überlegungen auch nach Beobachtungen an psychisch kranken Menschen auf und entwickelte daraus seine Konstitutionslehre, die einen Zusammenhang zwischen Körperbautypus und Temperament postuliert. Er unterscheidet Pykniker, Leptosome und Athleten (Rohracher 1969, 15 ff, 68 ff). Die **Pykniker** sind für ihn durch eine mittelgroße, gedrungene Gestalt mit mächtigem Fettbauch gekennzeichnet, und er ordnet ihnen ein freundliches und offenes, gemütliches und gutherziges Wesen zu. Die **Leptosomen** sind für ihn durch einen schmalen und hoch aufgeschossenen Körperbau gekennzeichnet, und er ordnet ihnen ein kontaktarmes und kühles, genaues und ausdauerndes Wesen zu. Die **Athleten** sind für ihn durch eine kräftige Muskulatur mit breiten Schultern gekennzeichnet, und er ordnet ihnen ein solides, aber wenig flexibles Wesen zu. Kretschmers Typologie fand jedenfalls in Deutschland bis in die 60er Jahre des letzten Jahrhunderts starke Beachtung, hat aber heute nur noch historische Bedeutung. Dieser biologistische Ansatz vernachlässigt die lebensgeschichtlichen Einflüsse und wird im Übrigen in seiner Dreiteilung den zahlreichen Mischformen und individuellen Ausprägungen nicht gerecht. Die Zuordnung zu den Typen ist häufig zweifelhaft, so dass empirische Belege kaum zu erbringen sind; die Untersuchungsergebnisse sind demgemäß auch widersprüchlich.

(2) Eysenck

Ansätze wie der des Psychologen Hans Jürgen Eysenck (1969) gehen ebenfalls von relativ konstanten Dispositionen, Eigenschaften und Merkmalen aus, beziehen sich dabei aber nicht auf Körperbaumerkmale, sondern versuchen, die Persönlichkeit des Menschen in einem an psychologischen Merkmalen orientierten faktorenanalytischen Modell zu beschreiben.

Die **Faktorenanalyse** stellt ein Verfahren dar, aus einer Vielzahl denkbarer menschlicher Beschreibungsdimensionen die zentralen und grundlegenden Faktoren herauszufinden. Ausgangspunkt waren Überlegungen des großen Psychologen Allport, der 1936 in einem Lexikon der englischen Sprache etwa 18 000, individuelle Unterschiede beschreibende, Adjektive fand. Mittels Testverfahren wird nun eine große Anzahl von Versuchspersonen nach Eigenschaften beurteilt, wobei sich über Korrelationsverfahren Ähnlichkeiten nicht nur zwischen den Personen, sondern auch zwischen den benutzten Eigenschaften ergeben, so dass sich schließlich einige wenige Faktoren bzw. Persönlichkeitsmerkmale herausschälen, die die Persönlichkeit der Menschen besonders treffend beschreiben. Diese Faktoren werden zumeist in Dimensionen dargestellt, die einerseits die beiden Pole eines Faktors repräsentieren, andererseits aber durch die dazwischenliegende Skalierung auch das Messen der individuellen Ausprägung ermöglichen. *B: Ruhig < 1 – 2 – 3 – 4 – 5 > Gesellig.*

Nach Eysenck (1969), einem der leidenschaftlichsten Vertreter der Faktorenanalyse, lassen sich Menschen vor allem hinsichtlich **dreier Dimensionen** unterscheiden. Eysenck und Rachman (1973) charakterisieren die Extrempole der Dimensionen wie folgt:

- Extraversion ↔ Introversion: Der Extravertierte ist lebhaft, neugierig, selbstbewusst und sorglos. Der Introvertierte ist ruhig, zurückhaltend und distanziert.
- Neurotizismus ↔ Stabilität: Neurotizismus bzw. Instabilität findet sich üblicherweise bei Menschen, die leicht verstimmbar, empfindlich, ängstlich und labil sind. Stabilität findet sich hingegen bei Menschen, die ruhig, ausgeglichen, gelassen und wenig empfindlich und flexibel sind.
- Psychotizismus: Psychotische Personen sind sehr aggressiv und wenig realitätsangepasst.

Eysencks Modell hat seinen Nutzen darin, dass es die Persönlichkeit mit nur drei Dimensionen beschreibbar werden lässt, diese Dimensionen aber über die dahinter stehenden Eigenschaften und Testfragen messbar werden lässt. Gegen seine weitergehende Überbetonung von Anlagefaktoren dürften indes zu Recht Bedenken angebracht sein, da sie exogene Faktoren (Umwelt) und autonome Faktoren (die eigenständigen Prozesse der Persönlichkeit) vernachlässigt.

(3) Cattell

Das wohl differenzierteste faktorenanalytische Modell stammt von Raymond B. Cattell (1965/1978). Für ihn ist menschliche Reaktion bzw. menschliches Verhalten (R) eine Funktion (f) aus situativen Umständen (S) und der Persönlichkeitsstruktur (P). Letztere kann durch Traits (Eigenschaften, Merkmale, Wesenszüge) beschrieben werden. Diese Traits werden aus sog. harten, also vergleichsweise objektiv feststellbaren Lebensdaten wie Alter, Eheschließung, Scheidung (Life-Daten), aus sog. weichen, also vergleichsweise subjektiven Daten aus Selbstauskünften (Questionaire-Daten) sowie aus vergleichsweise objektiven Untersuchungsdaten (Test-Daten) gewonnen.

Nach Cattells Grundgleichung (erläutert in Herrmann 1972, 284) lassen sich **sechs Merkmalsgruppen** unterscheiden, die nach seiner Auffassung – würde man die individuelle Ausprägung kennen – die Vorhersage menschlichen Verhaltens ermöglichen sollten, nämlich

- Fähigkeiten (z.B. Intelligenz),
- Temperamentsmerkmale (z.B. Verhaltensstile),

- biologisch determinierte Motivation (z. B. Ängstlichkeit),
- Einstellungen (z. B. zum Beruf),
- Rollenmerkmale (z. B. als Lehrer),
- temporäre Zustände (z. B. Erregung).

Weiter lassen sich nach seinem Ansatz **16 Persönlichkeitsdimensionen** (15 Temperamentsfaktoren und 1 Fähigkeitsfaktor) unterscheiden, die praktisch ausreichend seien, alle interessierenden Bereiche der Persönlichkeit deskriptiv (beschreibend) zu erfassen. Cattell bietet mit dem 16 P.F.Test und dem Motivationsanalysetest MAT Verfahren zur Analyse an. Zu den Polen gehören z. B.: Allgemeine Intelligenz ↔ Geistiger Defekt, Dominanz ↔ Unterwürfigkeit, Argwohn ↔ Vertrauen, Selbstkontrolle ↔ fehlende Kontrolliertheit.

Cattells Modell ist ein Kernstück empirischer psychologischer Forschung. Es eignet sich in Verbindung mit den entworfenen Tests gut, um größere Personengruppen nach vergleichbaren Kriterien zu beurteilen und war auch die theoretische Grundlage für deutsche Persönlichkeitstests wie den FPI.

(4) Fünf Faktoren Modell

In den letzten Jahren haben sich diese Ansätze zunehmend zu einem einfacher handhabbaren Fünf-Faktoren Modell kondensiert, welches von mehreren Forschergruppen beschrieben wird und genau genommen 5 Dimensionen mit je 2 Polen beschreibt (vgl. Gerrig & Zimbardo 2008, 509 m. w. N.).

Eine kompakte Struktur der Persönlichkeit, die Big Five:

- Extraversion (gesprächig, energiegeladen ↔ ruhig und zurückhaltend),
- Verträglichkeit (mitfühlend, freundlich ↔ kalt, streitsüchtig),
- Gewissenhaftigkeit (organisiert und verantwortlich ↔ sorglos und leichtsinnig),
- Neurotizismus (stabil, ruhig ↔ ängstlich, labil),
- Offenheit (kreativ, intellektuell offen ↔ einfach, oberflächlich).

(5) Stärken und Schwächen dieser Ansätze

Die zuletzt beschriebenen Dimensionen können heute als **relativ gesichert angesehen** werden und kommen dem menschlichen Bedürfnis entgegen, komplexe Phänomene wie den Menschen anhand einfacher Beschreibungen besser zu verstehen. Beschreibung ist indes noch nicht Erklärung der Entstehung; zahlreiche Untersuchungen belegen zudem, dass Menschen die genannten Eigenschaften durchaus unterschiedlich verstehen und ausfüllen. Außerdem sind die Umstände der konkreten Situation – wie Cattell selbst gesehen, aber nicht weiter untersucht hat – und die interaktiven Faktoren ebenfalls für das konkrete Verhalten bedeutsam.

Ob und inwieweit diese Persönlichkeitseigenschaften vererbt werden, lässt sich nicht einfach beantworten. Eine Untersuchung von 660 eineiigen und 304 zweieiigen Zwillingen in Deutschland und Polen zeigte substanzielle Erblichkeitsanteile hinsichtlich der oben genannten fünf Faktoren (Riemann u.a. 1997). Es ist also anzunehmen, dass es ein Zusammenspiel mit genetischen Faktoren gibt. Auch hier dürfte es sich also um einen interaktiven Prozess handeln.

Noch nicht beantwortet ist damit allerdings die Frage, **ob man über diese Persönlichkeitseigenschaften Verhalten (situationsübergreifend) vorhersagen kann**. Die Annahme, dass eine von der Persönlichkeitsstruktur her freundliche Person in allen Situationen freundlich sei, ist jedenfalls falsch (siehe unten 1.4.3).

1.4.2 Psychodynamische Modelle

Eine andere Annäherung unternehmen die psychodynamischen Persönlichkeitstheorien, die versuchen, die Ursprünge und den Verlauf der Persönlichkeitsentwicklung zu erklären.

(1) Das Persönlichkeitsmodell Freuds

Die Psychoanalyse, in ihren wesentlichen Linien entwickelt durch den Wiener Arzt Sigmund Freud (1856–1939), enthält vielschichtige, aus ärztlichen Fallanalysen abgeleitete, psychologische Annahmen, die auch die Entstehung und die innere Dynamik der Persönlichkeit erklären und die wie kaum ein anderer Ansatz die psychologische Diskussion beeinflusst haben (Freud 1938, GW 1983, 63 ff; Brenner 1994).

(a) Die Bedeutung des Unbewussten. Freud erkannte, dass unsere Persönlichkeit aus kognitiv durchdrungenen, **bewussten**, in Träumen und Hypnosesituationen erlebten, **vorbewussten**, und nicht verstandesmäßig kontrollierten, **unbewussten**, Anteilen besteht. Vor allem unsere frühkindlichen Erlebnisse sind uns nicht mehr bewusst. Diesen unbewussten frühkindlichen Erlebnissen kommt aber große Bedeutung zu, da sie für das spätere Leben grundlegend und außerdem wegen noch fehlender verstandesmäßiger Verarbeitungsmöglichkeiten stark emotional geprägt sind. Zugang zum Unbewussten kann man über das Vorbewusste durch Hypnosetechniken, über die Methode der freien unzensierten Assoziationen oder durch Traumdeutungen erreichen (Freud 1915, GW 1991, 264 ff). Einen weiteren (meist unerwünschten) Zugang eröffnen die sog. Freudschen Fehlleistungen, bei denen sich unbewusste Wünsche in das Gesagte einschleichen. *B: „Ich will* *sie doch unterstücken!"* Wobei sich hier *unterstützen* und *unterdrücken* miteinander vermischen.

(b) Persönlichkeit als innere Instanz. Im sogenannten Instanzenmodell der Persönlichkeit geht Freud von einer Aufteilung der Persönlichkeit in drei unabhängige Instanzen **Es-Ich-Überich** aus (Freud 1923, GW 1987, 237ff). Das **Es** ist von Geburt an vorhanden und unbewusst. Es ist die stärkste Ausprägung des Individuums, geprägt durch Gefühle und Triebe und funktioniert nach dem Lustprinzip: sein Ziel ist die private Triebbefriedigung und die Vermeidung von Unbehagen. Das **Überich** entsteht durch Sozialisation und ist gekennzeichnet durch die von den Eltern und anderen gesellschaftlichen Institutionen übernommenen und nicht mehr hinterfragten Normen und Wertvorstellungen. Es ist gekennzeichnet durch moralische, idealistische und befehlsmäßige Forderungen und entspricht in etwa dem, was wir umgangssprachlich als Gewissen bezeichnen. Das **Ich** stellt die Beziehung zur Außenwelt dar. Es ist gleichermaßen Anpassungs- und Selbsterhaltungsorgan und versucht in rational bewusster und abwägender Weise zwischen den Wünschen des Es und den Forderungen des Überichs zu vermitteln. Es vertritt das Realitätsprinzip. *B: Es: „Ich hätte mächtig Lust auf 'ne Prügelei. Wollen wir die da drüben nicht mal richtig aufmischen?" Überich: „Die haben uns doch gar nichts getan. Das geht doch nicht!" Ich: „Na gut, dann lass' uns mal mit ihnen reden. Vielleicht sind sie ja doch ganz nett."*

(c) Abwehrmechanismen. Wenn die Gefühle und Impulse des **Es** sehr intensiv und damit bedrohlich sind, entsteht beim **Ich** eine starke Angst, so dass die Impulse nicht mehr zugelassen und verstandesmäßig abgearbeitet, sondern abgewehrt werden. Die mit den Impulsen verbundenen belastenden Vorstellungen gelangen ins Unbewusste, während die mit den Impulsen verbundene Energie weiter wirkt (Dissoziation). Anna Freud, die nach dem Tod des Vaters sein Werk fortgeführt hat, nennt zehn verschiedene (neurotische) Abwehrmechanismen (1936), neuere Veröffentlichungen (König 2007) kommen auf bald 30 Fallgruppen. Dazu zählen u.a.:

- Verdrängung, als wegdrückendes Vergessen. *B: „Erinnere mich bloß nicht daran, das war so schrecklich ...!"*
- Projektion, als Zuschreibung der Gefühle und Ursachen auf eine andere Person oder Personengruppe. *B: „Die Ausländer sind schuld, dass ich arbeitslos bin!"*
- Reaktionsbildung, als eine Überbetonung des Gegenteils. *B: Der innerlich wutentbrannte Richter gibt sich in der Verhandlung aufgesetzt freundlich.*
- Regression, als einen Rückfall in eine frühkindliche Reaktionsweise. *B: „Ich habe ganz schreckliche Angst, komm, halt' mich ganz fest, drück' mich, ...!"*
- Fixierung als eine Flucht in eine angenehme frühkindliche Phase. *B: „Mein lieber Teddy muss immer dabei sein, dann fühle ich mich viel sicherer."*

Abwehrmechanismen sind damit auch ein der inneren Balance dienender Schutzmechanismus der Psyche. Allerdings kann sich die **(abgewehrte) innere Energie** auf verschiedene Weise zeigen, körperlich als störendes Symptom und als Tic, wahnhaft als Realitätsverzerrung oder Verleugnung, neurotisch als psychische Erkrankung, gesellschaftlich geachtet als Humor oder als Phantasie, in beruflichen Anstrengungen als Sublimierung (der Energie durch eine entsprechende Berufswahl) oder als Flucht aus den Gefühlen in den Altruismus.

(d) Neurosen. Freud entwickelt weiterhin ein Modell von psychischen Störungsbildern, die er Neurosen nennt (u. a. neurotische Depression, Zwangsneurose und Hysterie). Die Ursachen dieser Neurosen beruhen aber nicht so sehr auf einem aktuellen Triebstau, sondern sind nach psychoanalytischem Verständnis zumeist in **frühkindlichen Konflikten** begründet. Außerdem weisen Psychoanalytiker auf einen Zusammenhang zwischen einzelner Entwicklungsphase und Neurosenart hin (Freud 1894, GW 1972, 59ff; Kuiper 2004; → Psychosoziale Auffälligkeiten). So erscheint es durchaus plausibel, dass neurotische Depressionen ihre Ursache in der oralen Phase haben können, sofern diese nicht durch das Erleben persönlicher Nähe und Verlässlichkeit geprägt ist. Zwangsneurosen können ihre Ursache in Störungen der analen Phase haben, in der ein manchmal übertriebenes Sauberkeitstraining erfolgt. Hysterie und Angstneurosen schließlich werden durch Konflikte in der ödipalen Situation erklärt.

(e) Dynamik. Die Dynamik der Persönlichkeit ergibt sich aus der Interaktion zwischen den triebhaften Wünschen des Es, den moralischen Bewertungen des Überich und den Vermittlungs- und Anpassungsleistungen des Ich. Ein ausgeglichenes und starkes Ich, welches moralische Vorstellungen der Gemeinschaft und individuelle Bedürfnisse optimal verwirklicht, entspricht dabei einer gesunden Persönlichkeit, ein wechselhaftes oder schwaches Ich ist demgegenüber mit Angst vor den gestrengen Anforderungen des Überich und dem Druck des überwältigenden Es verbunden, so dass Abwehrmechanismen zum Schutz herangezogen werden müssen.

(f) Stellungnahme. Das psychoanalytische Modell hat gegenüber dem Eigenschaftenansatz den Nachteil, dass seine Konzepte nur durch Fallanalysen, nicht aber statistische Messungen belegt sind. Die Betonung frühkindlicher Erlebnisse erleichtert zwar die Analyse, ermöglicht aber, auch wegen der fehlenden Berücksichtigung aktueller Umstände, kaum Vorhersagen. Sein Wert erweist sich daher eher bei der Analyse und Interpretation von Persönlichkeitsstörungen, nicht aber für eine differenzierte Beschreibung und Auswahl gesunder Personen. Ein zentraler Vorteil des analytischen Modells liegt in der Analyse innerer Prozesse, für die – im Gegensatz zum empirischen Ansatz, der sich damit gar nicht auseinandersetzt, weil ihm diese Prozesse als nicht messbar und Aussagen darüber unwissenschaftlich erscheinen – die Psychoanalyse zumindest brauchbare Hypothesen liefert. Seine praktische Brauchbarkeit erweist sich daher vor allem im tieferen Verständnis des inneren Erlebens, so wenn wir uns fragen, warum bei einem jugendlichen Straftäter das Gewissen nicht funktioniert hat, wieso es bei einem anderen Täter zu einem Affektstau gekommen ist, warum so viele Deutsche ihre eigenen Schwächen und Mängel auf Ausländer projizieren.

(2) Das Persönlichkeitsmodell der Transaktionsanalyse

Das Instanzenmodell Freuds hat im Rahmen der Strukturanalyse des transaktionsanalytischen Ansatzes (Harris 1967/2010) eine fruchtbare Differenzierung erfahren.

(a) Überblick. Dort werden Kindheits-Ich (in etwa vergleichbar mit dem Es), Eltern-Ich (in etwa vergleichbar mit dem Überich) und Erwachsenen-Ich (in etwa vergleichbar mit dem Ich) unterschieden.

Kindheits-Ich. Es entwickelt sich als erster Ichzustand vor den anderen und beinhaltet die Impulse, Gefühle und Gedanken der frühen Kindheit. Es ist auch die Quelle unseres Selbstwertgefühls. Dabei werden das natürliche Kindheits-Ich, das rebellische Kindheits-Ich, das angepasste Kindheits-Ich und das pfiffige Kindheits-Ich unterschieden. Das natürliche Kindheits-Ich ist gekennzeichnet durch spontanes und natürliches Verhalten (z. B. Freude oder Trauer) und Worte wie „prima“ oder „schade“, verbunden mit locker lebendiger Gestik und Mimik. Das rebellische Kindheits-Ich ist gekennzeichnet durch Aufbegehren und Trotz und Worte wie „will nicht“ oder „nein“, verbunden mit trotziger Mimik und Gestik. Das angepasste Kindheits-Ich ist gekennzeichnet durch unauffälliges und außenorientiertes Verhalten und Worte wie „ja“ oder „man“, verbunden mit zurückhaltender, unsicherer Mimik und Gestik. Das pfiffige Kindheits-Ich ist gekennzeichnet durch kreative, aber auch listige Verhaltensweisen, verbunden mit einer aufgeweckt, neugierigen, lockeren Mimik und Gestik. Es hat den Vorteil, spontan und phantasievoll zu sein, den Nachteil, unkontrolliert und verletzend oder manipulativ zu wirken.

Eltern-Ich. Es entspricht dem gelernten Lebenskonzept. Es enthält zahlreiche mehr oder weniger gefestigte Wertungen, Normen, Gebote, Verbote und sonstige Einstellungen, die von den Eltern, der Schule und anderen gesellschaftlichen Institutionen (kindhaft) übernommen wurden und demgemäß im Wesentlichen ungeprüft das Verhalten beeinflussen. Dabei werden das kritisch wertende und das fürsorglich stützende Eltern-Ich unterschieden. Im Zustand des kritischen Eltern-Ich befindet man sich, wenn man zurechtweist, befiehlt, straft usw., also Wörter wie „sollte, muss, immer, falsch, sofort, Unsinn“ benutzt und dies durch Gestik und Mimik unterstützt. Im Zustand des fürsorglich-stützenden Eltern-Ichs befindet man sich, wenn man hilft, tröstet, ermutigt und beruhigt, also Worte wie „halt durch, macht nichts, Kopf hoch“ und eine entsprechende Mimik und Gestik benutzt. Das Eltern-Ich hat den Vorteil, rasche Entscheidungen zu treffen und Verantwortung zu übernehmen, es hat den Nachteil, dass es damit andere Meinungen unterdrückt und Abhängigkeiten schafft.

Erwachsenen-Ich. Es entwickelt sich etwa vom 3. Lebensjahr an und zeichnet sich durch eigene Nachdenklichkeit, eigene Überprüfungen, Sachlichkeit und Realitätsbezogenheit aus. Es überprüft die Angemessenheit einer Entscheidung auch unter Berücksichtigung der Konsequenzen, entscheidet also möglichst vernunftorientiert und benutzt Worte wie „ich denke“ oder „dafür spricht“ oder „dagegen spricht“ und hat einen sachlich neutralen Tonfall mit einer von Offenheit und Interesse gekennzeichneten Mimik und Gestik. Es hat den Vorteil, weitgehend objektiv und offen zu sein, kann sich aber in anderen Zusammenhängen als langweilig und fade herausstellen.

(b) Stellungnahme. Der Ansatz gibt zahlreiche individuell sehr brauchbare Ideen und wird in Fortbildungsveranstaltungen, so auch zeitweilig bei der Polizei in Hamburg, zum Erkennen des eigenen Ichzustandes (aus dem heraus ich gerade spreche), und zum Erkennen des Ichzustandes des aktuellen Gesprächspartners (wie verhält sich mein Gegenüber) sowie zum Einüben von Deeskalation (durch Rückkehr ins Erwachsenen-Ich) benutzt. Dabei kann der Titel von Harris' Buch *„Ich bin o.k., Du bist o.k.“* als Leitlinie dienen. Außerdem kann man versuchen, durch sog. **Skriptanalysen**, in denen die persönliche Vergangenheit und die entstandenen Verhaltensmuster analysiert werden, herauszufinden, welche Verhaltensweisen für eine bestimmte Person typisch sind. Der Ansatz lässt allerdings das Unbewusste weitgehend unberücksichtigt und ermöglicht auch nicht die schnelle Unterscheidung von Menschen nach Eigenschaften, die z.B. bei Auswahlverfahren für einen bestimmten Arbeitsplatz hilfreich wäre.

1.4.3 Kognitiv-interaktives Lernen

Weitere Annäherungen zum besseren Verständnis der Persönlichkeit betonen u.a. die lerntheoretischen und kognitiven Grundlagen und die situativen, sozialen und interaktiven Faktoren und ersetzen teilweise den Begriff der **Persönlichkeit** durch den des **Selbst**.

(1) Lerntheorien und Kognitive Theorien

Die Verbindung zwischen Persönlichkeitsmerkmalen und bestimmten Verhaltensweisen ist Forschungsgegenstand der Lerntheorien und der kognitiven Theorien.

(a) Lerntheorien. Lernen kann bekanntermaßen auf verschiedenen Wegen erfolgen, wir lernen z.B. durch soziale Nachahmung oder auch positive oder negative Verstärker (→ Erziehung). **Persönlichkeit wird danach verstanden als die Summe derjenigen Verhaltensweisen, die anhand der entsprechenden Vorbilder oder durch immer wiederkehrende Verstär-**

ker gelernt worden sind. *B: Wenn freundliches Verhalten des Kindes belohnt wird, wird sich Freundlichkeit als Persönlichkeitsmuster verfestigen.* Dieser Ansatz ist zur Analyse der Entstehungsgeschichte sehr hilfreich, biologische Merkmale, innere Prozesse und komplexe dynamische Wirkweisen werden damit aber nicht ohne weiteres erklärt.

(b) Kognitive Prozesse. Je älter der junge Mensch wird, umso wichtiger werden seine autonomen Denkprozesse. Grundlegend ist dabei die Erkenntnis, dass einzelne Persönlichkeitsmerkmale und Situationen für verschiedene Individuen durchaus unterschiedliche Wichtigkeit haben. Damit wird die **(1) Erwartung über die Konsequenzen (2) des persönlichen Verhaltens (3) in einer bestimmten Situation** zum maßgeblichen Untersuchungsgegenstand. Diese Erwartung wiederum wird durch Persönlichkeitsmerkmale wie Unterscheidungsfähigkeit, Verhaltenskonsistenz oder Ängstlichkeit bestimmt (vgl. Pervin u.a. 2005, 473 ff, 515 ff, in Anlehnung an die Theorie der Persönlichkeit als Konstrukt von **George Kelley** sowie die sozial-kognitive Theorie von Bandura und Mischel). Mit diesem integrierenden Ansatz ist eine weitere Differenzierung gelungen, die allerdings gleichzeitig auch den Abschied von einfachen und praktisch zu handhabenden Modellen der Vergangenheit bedeutet.

(2) Der situationsorientierte und interaktive Ansatz von Mischel

Die bisher beschriebenen Modelle haben den Nachteil, dass sie situative und interaktive Faktoren nur am Rande berücksichtigen. Mischel erregte daher mit einem 1968 erschienenen Buch große Aufmerksamkeit, als er die Stabilität von Eigenschaften in Frage stellte und darauf hinwies, dass Menschen mit denselben Charaktereigenschaften in unterschiedlichen Situationen völlig unterschiedlich handeln können. Die insbesondere von den empirisch arbeitenden Psychologen beschriebenen Dimensionen und Charaktermerkmale seien keineswegs ursächlich für das Verhalten, sondern seien auf eine verallgemeinernde Wahrnehmung zurückzuführen; ursächlich für menschliches Verhalten seien vor allem äußere situative Faktoren. Wichtiger als die Beschreibung nach Eigenschaften sei es also herauszufinden, wie sich eine Person in ähnlichen Situationen in der Vergangenheit verhalten habe (Mischel 1968/1996. *B: So ist die Begründung der Rückfallwahrscheinlichkeit eines Straftäters mit seinem schlechten Charakter (oder anderen negativen Eigenschaften) bedenklich, wenn nicht auch die Situationen berücksichtigt werden, in denen es zu Straftaten kam. Hilfreich ist es hingegen, Verhalten in Freiheit (bei Urlauben aus dem Vollzug oder besser noch bei einem länger andauernden Freigang) zu simulieren und das Ergebnis für eine Vorhersage zu nutzen.*

Eine Erweiterung des o.g. Ansatzes stammt ebenfalls von Mischel (1973), der in einem späteren Entwurf versucht, Persönlichkeit und Situation im Sinne einer Interaktionstheorie zu berücksichtigen. Danach sind interne und externe Faktoren maßgeblich, Verhalten hängt davon ab, welche Bedeutung eine bestimmte Person einer bestimmten Situation verleiht und welche Konsequenzen sie sieht. Insofern wird man von einer **Wenn-Dann Persönlichkeitssignatur** sprechen können: Wenn also ein Mensch eine bestimmte Persönlichkeitseigenschaft in eine spezifische Situation einbringt, dann wird er oder sie sich mit einer größeren Wahrscheinlichkeit auf eine bestimmte Art und Weise verhalten (Mischel 2004).

Der Wert dieses Ansatzes liegt darin, die Bedeutung situativer Faktoren und interaktiver Prozesse hervorgehoben zu haben. Welchen Anteil einerseits persönliche und andererseits situative Faktoren an der konkreten Entscheidung für ein bestimmtes Verhalten haben, lässt sich aber mit dieser Theorie nicht ergründen.

(3) Die Hinwendung zum Selbst als Innensicht der Persönlichkeit

In den letzten Jahrzehnten hat sich das forscherische Interesse am Selbst verstärkt. Ein erster großer Ansatz war die **Psychoanalytische Selbstpsychologie**. Sie ist durch den Analytiker Heinz Kohut (1913–1981) entwickelt worden, relativiert die von Freud betonte Bedeutung des seelischen Apparates und hält das Selbst für den inneren Kern der Persönlichkeit. Das Selbst entwickelt sich u.a. von der Verschmelzung mit dem Elternimago (durch die Eltern bestimmten Bild) zum selbstbestimmten Selbst, welches auch der Bestätigung durch andere bedarf (Kutter 2000).

Neuere Ansätze lösen sich vom psychoanalytischen Modell und vom Eigenschaftenmodell (vgl. Laux 2008, 246ff; Hobmair 2008, 424ff m.w.N.; Kutter 2000; vgl. Gerrig & Zimbardo 2008, 531ff). Es geht ihnen nicht mehr so sehr um eine möglichst objektive Beschreibung von Persönlichkeitsmerkmalen und -prozessen, sondern eher darum, wie man sich selbst wahrnimmt, welche Einflüsse dies hat und wie dies verändert werden kann. Meist wird das **Selbst verstanden als die geistige Struktur, die unser Verhalten motiviert, interpretiert, strukturiert und vermittelt**.

Das Selbst entsteht aus dem Zusammenwirken von **endogenen, exogenen und autogenen** Faktoren; genetische Veranlagungen und soziale Lernprozesse werden durch eigenständige geistige Prozesse gestaltet. Dabei spielen auch kulturelle Einflüsse eine Rolle. Je kollektivistischer eine Kultur ist, umso mehr spielt nicht nur das eigene Verständnis des Selbst, sondern auch die Wahrnehmung des Selbst durch andere eine Rolle. Das Selbst kann verschiedenste Blickwinkel und Facetten haben, so z.B. als ideales Selbst, welches wir am liebsten erreichen möchten oder als reales Selbst, welches wir als gegenwärtig ansehen, aber auch als eigenes Selbst oder fremdes Selbst (bzw. die Persönlichkeit eines anderen) oder als interpersonelles Selbst (z.B. von Frau und Mann). Das Selbstkonzept hat zwar eine schematische Verfestigung, es kann aber durch neue Lernerfahrungen oder

Bewertungen auch verändert werden, das kann auch therapeutisch genutzt werden.

Das **Selbstwertgefühl ist die generalisierte Bewertung des Selbst** und hat starken Einfluss auf unsere Gedanken, Stimmungen und unser Verhalten. Es entwickelt sich insbesondere bei einer wertschätzenden Erziehung. Die meisten Menschen versuchen, ein positives Selbstwertgefühl zu entwickeln und aufrechtzuerhalten, denn dies ist für ihre innere Balance wichtig. Menschen mit einem realistischen und positiven Selbstwertgefühl können neue Erfahrungen und Kritik konstruktiv in ihr Selbstkonzept integrieren, Menschen mit einem unrealistischen oder negativen Selbstwertgefühl empfinden neue Erfahrungen oder Kritik als bedrohlich, sie wehren diese Erfahrungen ab und es kann zu psychischen Störungen kommen (vgl. Ohana, 2010, zur Geschichte unseres Selbstwertgefühls und zur Aufgabe, das eigene Maß zu finden).

Die **Untersuchungen des Selbst haben einen weiteren Blickwinkel zum besseren Verständnis der Persönlichkeit** eröffnet. Die Betonung des Selbstwertgefühls ist zwar nicht neu, schon der Individualpsychologe Adler hatte die Bedeutung des *Minderwertigkeitskomplexes* für das Verständnis von abweichendem Verhalten erkannt (Adler 1930/1978). Die neuen Ansätze haben aber auch die Bedeutung eines realen und positiven Selbstbildes für die Erziehung herausgearbeitet, die ressourcenorientierte Wertschätzung ist eine wichtige Basis für ein späteres kongruentes Selbstkonzept.

(4) Das Modell der Selbstaktualisierung nach Rogers

Die genannten Ansätze werden teilweise von Carl Rogers, dem Vater der Gesprächspsychotherapie, aufgenommen. Zentral ist für ihn das **Selbstkonzept**, welches durch die Interaktion zwischen Organismus und Selbst geprägt wird (Rogers 1959/2009, 56ff).

Der Organismus ist der Ort der bewusst wahrgenommenen tatsächlichen Erfahrungen und des körperlichen Erlebens. Jedes Individuum hat dabei ein eigenes Wahrnehmungsfeld, eine eigene Realität, die den Organismus als organisiertes Ganzes prägt. **Das Selbst beinhaltet die bewussten oder unbewussten Wahrnehmungen der Beziehungen zwischen dem Ich und anderen und verschiedenen Lebensaspekten**, einschließlich der damit verbundenen Erfahrungen und Werte. Es hat eine fließend wechselnde Gestalt, die aber zumindest für bestimmte Zeitpunkte auch begrifflich erfassbar ist.

Besteht zwischen Organismus und Selbst **Kongruenz**, entsprechen also die tatsächlichen Erfahrungen des Organismus den Erfahrungen und Bewertungen des Selbst, so ist die Person integriert, ausgeglichen und psychisch gesund. Besteht zwischen Organismus und Selbst **Inkongruenz**, stimmen also die Erfahrungen des Organismus und des Selbst nicht überein oder werden sie geleugnet, so ist die Person nicht integriert, unausgeglichen

Drei wichtige theoretische Konzepte im Überblick

Autor / Theorie	Struktur	Prozess	Wachstum und Entwicklung	Pathologie	Verhaltensänderung
Freud	Es Ich Überich Unbewusstes Vorbewusstes Bewusstes	Lebens- und Lusttrieb (Libido) Todestrieb (Destrudo) Katharsis Angst- und Abwehrmechanismen	orale anale phallische (ödipale) Phase	Fixierung Regression Ödipuskomplex Neurotische Depression Zwangsneurose Hysterie Symptome	Übertragung Lösung des Konfliktes: „Wo das *Es* war, soll *Ich* sein"
Cattell	Persönlichkeits- und Wesenszüge	Einstellungen Motive Sentiments	Altersverlaufs-Kurven	Vererbung Und Umwelt Konflikte Angst	Veränderung der Struktur der Wesenszüge
Rogers	Selbst Ideal-Selbst	Selbst-verwirklichung Kongruenz zwischen Selbst und Erfahrung	Kongruenz und Selbstverwirklichung versus Inkongruenz	Defensives Beharren des Selbst: Inkongruenz	Therapeutische Atmosphäre Kongruenz unbedingte positive Verstärkung

und psychisch gefährdet. Zentraler Ansatz für eine Therapie ist dann nach Rogers die **menschliche Aktualisierungstendenz**, jenes Bestreben des Organismus, sich zu entfalten und die vorhandenen Potentiale auch zu nutzen. Gelingt es dem Therapeuten, diese Aktualisierungstendenz durch Wärme, Zuwendung und Echtheit zu fördern, so wird sich – nach Rogers – das

Individuum selbst besser erkennen und damit auch kongruenter werden können.

Die humanistische Grundannahme, dass der Mensch gut und seine *Aktualisierung* erstrebenswert sei, lässt sich in der Realität allerdings nicht immer wiederfinden, so dass Fremdinterventionen (z.B. Strafen) unerlässlich sein können. Nicht ganz klar ist auch das Vorgehen, wenn Organismus und Selbst zwar kongruent, aber mit gesellschaftsfeindlichen Inhalten besetzt sind.

Das Modell eignet sich daher insbesondere als Beratungs- und Unterstützungsmodell für hilfsbedürftige Personen mit einem schwachen Selbst, denen durch die therapeutischen Maßnahmen die Motivation zu einer positiven Selbstaktualisierung gegeben wird.

1.4.4 Stile, Störungen und Reaktionen

Eine Verbindung von Typenüberlegungen, dynamisch systemischer Betrachtungsweise und situationsbezogener Veränderung ist auch der Ansatz, Menschen nach Persönlichkeitsstilen in der Interaktion und in bestimmten Kontexten zu beschreiben. Hintergrund einer psychologischen Analyse der Persönlichkeitsstile ist die Erfahrung, dass Personen in bestimmten Situationen unterschiedliche eigenschaftenähnliche Verhaltensweisen zeigen, die Rückschlüsse auf ihre innere Verfassung, ihren Ichzustand, ihre Strömung, ihre Verhaltensmuster zulassen.

Vor allem in Fortbildungsveranstaltungen wird dieser Ansatz genutzt, so von Seiwert und Gay (2004), die ein DISG Modell vorschlagen, eine Unterscheidung nach dominantem, initiativem, stetigem und gewissenhaftem Teammitglied. Die nachfolgenden Darstellungen stützen sich im Kern auf den von Schulz von Thun (1991/2010) analysierten Zusammenhang zwischen acht idealtypischen Kommunikationsstilen und der Persönlichkeits- bzw. Beziehungsdynamik. Störungen, die sich insbesondere aus einem Zusammentreffen mit anderen Stilen ergeben, werden zur weiteren Verdeutlichung hier allerdings dreifach unterteilt:

- in neurotische Ergänzungen (psychisch gestörte und real unausgewogene, aber oberflächlich spannungsfreie und funktionierende Ergänzungen) zweier unterschiedlicher Stile,
- in adversiven Kampf (auf Gegnerschaft ausgerichteten Kampf) zweier ähnlicher Stile, und
- in konträren Widerspruch (mit Spannungen verbundenen Widerspruch) zweier unterschiedlicher Stile.

Für die einzelnen Stile gilt demnach:

(1) Der bedürftig-abhängige Stil

Merkmale: Er ist gekennzeichnet durch das Gefühl, hilflos, überfordert, bedürftig, abhängig zu sein. Seine Botschaften lauten: *„Du bist stärker! Hilf mir!“*

Entstehungsursachen können sein:

- Lernerfahrungen durch Vorbildlernen oder Verstärkung,
- Störungen in der oralen Phase, also im 1. Lebensjahr, so eine Vernachlässigung, die eine grundlegende Hoffnungslosigkeit des Kindes zur Folge hat oder eine Überbehütung, die das Selbstständigwerden verhindert hat.

Störungen, die sich aus dem Zusammentreffen mit anderen Stilen ergeben, sind vor allem als neurotische Ergänzung und als konträrer Widerspruch mit dem helfenden Stil problematisch.

- Der stark Hilfsbedürftige trifft auf einen sehr engagierten Helfer, so dass sich beide ergänzen. Bei neurotischer Ergänzung besteht das Risiko, dass dem Hilfebedürftigen kein Freiraum für eigenes Lernen mehr bleibt, und dass jede Hilfe zu einer weiteren Kränkung seines Selbstwertgefühles führt.
- Der Hilfsbedürftige trifft auf einen sich verweigernden Helfer. Dann kann dies zu einer verstärkten Enttäuschung führen.

Veränderung kann erreicht werden durch eine Stärkung von Autonomie und Verantwortung:

- durch einfache Techniken wie ein Lernen der Sprache der Verantwortung, statt *„Ich kann nicht“* besser *„Ich will nicht“*, statt *„Ich muss“* besser *„Ich entscheide mich für“*, statt *„Ich darf nicht“* besser *„Ich bin überzeugt, dass“*,
- durch eine sonstige Übernahme von Verantwortung bei der Problemdefinition, bei der Problemlösung, bei der Umsetzung,
- durch Unterstützungshandlungen Dritter wie einfache, nicht überfordernde Worte, indem keine Überlegenheit zur Schau gestellt und der Betroffene nicht lächerlich gemacht wird.

(2) Der helfende Stil

Merkmale: Er zeichnet sich aus durch aktive Zuwendung, hilft gern, zeigt Stärke und ist belastbar. Seine Botschaft lautet: *„Du brauchst Hilfe? Ich helfe gern!“*

Entstehungsursachen können sein:

- Lernerfahrungen und Rollenerlebnisse zum Beispiel als ältestes Kind, welches frühzeitig mit Aufgaben als Elternersatz betraut wird,
- die frühkindliche Erfahrung der Hilflosigkeit und der Suche nach Zuwendung und das Bedürfnis und der Wunsch, jetzt gegen diese Erfahrung anzugehen (Kompensation),
- die Ausbildung eines starken und moralischen Überichs.

Als **Störungen** kommen in Betracht:

- vor allem die Symptompflege, also ein Verhalten, was den anderen nicht ändert, sondern den Zustand der Bedürftigkeit und Pflege stabilisiert,
- so dass daraus sogar ein Co-Verhalten werden kann, also ein Verhalten, welches das originäre Verhalten unterstützt (→ Sucht),
- in der Folge ist der Helfer frustriert über den Misserfolg und der Bedürftige frustriert über die pausenlosen Ratschläge (Kränkungen), die wiederum sein negatives Selbstbild stärken.

Veränderung kann erreicht werden durch das „Erkennen des eigenen Anteils am Problem“:

- durch Fragen, wie: „Was habe ich davon, wenn ich helfe?“,
- durch das Nachsuchen des Helfers um Hilfe bei eigenen Problemen, also durch das Erkennen der eigenen Bedürftigkeit und Schwäche durch Verzicht auf eine Übertreibung der Hilfe,
- durch gelassene (nicht dramatisierende) Verweigerung und durch aushalten können ohne einzugreifen, also durch Verselbstständigung und Abgrenzung (Hilfe zur Selbsthilfe).

(3) Der selbstlose Stil

Merkmale: Er ist dem helfenden Stil verwandt, stellt sich auch in den Dienst des anderen, geht aber noch weiter, er unterwirft sich dem anderen, opfert sich ihm auf, übergeht sich dabei selbst, versucht es allen recht zu machen, kann auch angepasst, ängstlich und unsicher sein, sagt nie seine eigene Meinung. Seine Botschaft lautet: *„Ich zähle nichts. Meine Meinung ist unwichtig.“*

Entstehungsursache ist ein fehlendes Selbstwertgefühl, entstanden durch:

- Lernerfahrungen häufig schichtspezifischer oder rollenspezifischer Art (z.B.: Eine Nonne fühlt sich gegenüber Gott wertlos),
- Erlebnisse der Wertlosigkeit in der Kindheit, das Erlebnis, mit seinen Wünschen nie berücksichtigt zu werden, keine Anerkennung erfahren zu haben.

Störungen können eintreten:

- bei neurotischer Ergänzung, wenn also die Selbstlose nicht auf jemand wirklich Hilfsbedürftigen trifft (wie Mutter Theresa), sondern auf jemand, der sie ausnutzt,
- der Ausnutzer fühlt sich dann selbst sehr wohl, er ist überlegen, im Verhältnis zum anderen spürt er indes häufig nur Verachtung, bei Schmarotzern kann das auch längere Zeit so sein,
- die Selbstlose fühlt sich in ihrer Nichtigkeit bestätigt, dem anderen gegenüber aber evtl. moralisch überlegen, so dass die Beziehung aufrechterhalten bleibt.

Veränderung kann erreicht werden durch bessere Selbstbehauptung und Ich-Stärkung, denn Aufopferung, Hingabe, Unsicherheit kann psychologisch als ein zu geringes Selbstwertgefühl gedeutet werden, was wiederum wegen der Ausnutzungsmöglichkeit durch autoritäre Charaktere (oder diktatorische Systeme) auch politisch gefährlich ist. Konkret kann man versuchen,

- neue Sprachtechniken zu erlernen, also statt *„Man"* oder *„Wir"* häufiger *„Ich"* zu sagen, statt immer *„Ja"* auch einmal *„Nein"* zu sagen, und das *„Nein"* zu wiederholen und dabei standhaft zu bleiben,
- durch Unterstützungshandlungen zu helfen, also durch eine Stärkung des Selbstwertgefühls, durch emotionale Zuwendung, durch Förderung einer selbstbewussten Körpersprache, durch Stärkung von Konfliktfreudigkeit und Kampfgeist und durch Ermutigung bei vorsichtigen Fragen.

(4) Der aggressiv-entwertende Stil

Merkmale: Der andere wird als niedriger, fehlerhafter, erbärmlicher behandelt, die Grundhaltung ist beschuldigend und entwertend. Man stellt sich selbst als stark und unverletzlich dar, wittert allerdings überall gleich Widersacher. Dabei scheint es typisch für autoritäre Charaktere zu sein, dass sie nach unten austeilen und nach oben buckeln. Seine Botschaft lautet: *„Du bist schuld!"*

Entstehungsursachen dafür können sein:

- Lernerfahrungen durch Vorbildlernen und Verstärkungslernen,
- frühkindliche schwere Herabsetzungen und Demütigungen,
- das Fehlen an positiven und gleichberechtigten Grunderfahrungen und ein daraus abgeleitetes Minderwertigkeitsgefühl, welches kompensiert werden soll, häufig verbunden mit der Projektion der Minderwertigkeit auf andere Personen.

Störungen können vor allem entstehen:

- beim Aufeinandertreffen mit anderen Stilen als adversiver Kampf, wenn

beide Seiten den selben Stil benutzen und sich beschuldigen und entwerten und es zur Eskalation der Gewalt kommt,
- aber auch bei neurotischer Ergänzung, wenn in einer Diktatur der andere sich beugt und in der Unterdrückung verharrt,
- bei Benutzung von sog. Gesprächskillern wie Befehlen, Drohungen, Warnungen, persönlichen Angriffen, Beschimpfungen, Herabwürdigungen, Moralisierungen, Belehrungen, Vorhaltungen, inquisitorischem Befragen und ungehemmtem Interpretieren, Rückzug, Ablenkung und Empfindlichkeiten,
- bei Benutzung von sog. Oberhandtechniken durch ironische Entwertung des anderen, fortlaufende vorwurfsvolle Fragen, ein Hineinbringen in peinliche Situationen, moralisierendes Verhalten und Verteufelung des anderen.

Veränderungen können bei Beibehaltung einer gesunden und notwendigen Selbstbehauptung, Direktheit und Konfliktbereitschaft erreicht werden durch:
- Selbstwahrnehmung und Selbsterforschung, möglich z.B. in Selbsterfahrungsgruppen,
- Respekt vor dem anderen, also Toleranz seiner abweichenden Auffassung, Anerkennung des anderen durch Lob und in ähnlicher Form, evtl. auch durch positive Umdeutungen negativer Aspekte,
- taktvolles Vorgehen und erforderlichenfalls Metakommunikation, also Sprechen über das Gesprächsverhalten,
- interaktive Unterstützungshandlungen (höflich und gelassen bleiben, sich nicht provozieren lassen, zur Sache kommen, klar und präzise argumentieren, berechtigte Kritik ernstnehmen), die dem Betroffenen ein Lernen am Modell ermöglichen soll.

(5) Der sich beweisende Stil

Merkmale: Er zeichnet sich durch den Wunsch nach möglichst positiver Darstellung der eigenen Person aus, einerseits möglichst kompetent zu erscheinen, andererseits keine Fehler zu machen und erst recht nicht einzuräumen. Dazu gehören die Fassaden- und Imponiertechniken und Botschaften wie: *„Ich bin toll! Lobe mich!“*

Entstehungsursachen können sein:
- Lernerfahrungen durch Vorbildlernen und Verstärkungslernen,
- kindliche Überforderungen, also Anforderungen wurden gestellt, die zu Versagen geführt haben,
- gleichzeitig gab es wieder neue Ermutigungen, aber wieder kaum Erfolg, der ewige Wunsch, Erfolg zu haben wird gefördert, aber er ist immer mit Misserfolgen gespickt, so muss man sich pausenlos beweisen.

Störungen im Geschäftsleben zeigen sich im Typ des ruhelosen Aktivisten. Häufig ist die Misserfolgsschwelle gering und endet ein solches Verhalten im Alkohol.

- Adversiver Kampf mit demselben Stil führt zu Konkurrenzdruck, Rivalität, Hektik. Jeder will sich beweisen.
- Bei neurotischer Ergänzung produziert sich ein Partner pausenlos, manchmal auch auf Kosten des anderen, eine frustrierende, zumeist nicht dauerhafte Verbindung entsteht.

Die **Veränderung** sollte dann in Richtung auf eine stärkere „Besinnung" erfolgen. Dazu können helfen:

- einfache Übungen wie das bloße Dasitzen, Meditieren, Geschehenlassen, zur Ruhe kommen, Aushalten scheinbar peinlich langer Pausen,
- die prinzipielle Hinterfragung des Lebensstils, die Förderung des Bekenntnisses zu eigenen Mängeln und Blößen, also von Erkenntnissen, wie: *„Das weiß ich auch nicht! Da bin ich ratlos!"*,
- die Verdeutlichung der Ambivalenz aller Eigenschaften in Übungen, indem man immer auch das Gute am Schlechten darstellt und sich selbst damit akzeptabel macht, so dass man sich nicht immer wieder beweisen muss,
- Unterstützungshandlungen (nicht sofort kritisieren, durch präzise Fragen festnageln, fallbezogen argumentieren), die ermutigen, aber auch Grenzen aufzeigen.

(6) Der bestimmende-kontrollierende Stil

Merkmale: Er zeichnet sich dadurch aus, dass man lenken, bestimmen, besser wissen, korrigieren, bevormunden, kontrollieren, kurz Macht ausüben will. Anweisungen werden mit hergebrachten Normen und Regeln begründet, aber nicht mit persönlichen Bedürfnissen oder inhaltlichen Argumenten. Selbst hat der Machtorientierte Angst vor Überraschungen, spontanen Veränderungen, Chaos, vor Kontrollverlust. Macht wird deswegen manchmal auch definiert als die Fähigkeit, über andere Kontrolle auszuüben oder über begrenzte Ressourcen zu bestimmen. Zu diesem Stil gehören Botschaften wie: *„Ich weiß, was besser ist, Du hast keine Ahnung! Das macht man so!"*

Entstehungsursachen können liegen:

- in Lernerfahrungen durch Vorbildlernen und Verstärkungslernen
- in frühkindlichen Störungen in der analen Phase, durch übermäßige Kontrolle, möglicherweise mit Bezug auf zu frühes oder übertriebenes Sauberkeitstraining, übermäßige Verbote, wie das Verbot, sich dreckig zu machen, im Sand zu spielen,
- aber auch in der Unterdrückung der Gefühle, die als dreckig, obszön,

unsittlich angesehen werden; die Gefühle, „diese sündhaft chaotischen Impulse“ lassen sich allerdings nicht einfach vergessen, sie müssen abgewehrt werden und dafür benutzt man vorzugsweise die Projektion, wir schreiben den anderen dieses Chaos und die Sünde zu, müssen diese nun kontrollieren und durch die Kontrolle und Macht über andere bekämpfen und besiegen wir unser eigenes sündhaftes Chaos,
- nach Freud auch im menschlichen Lust- und Todestrieb (sehr streitig).

Störungen: Neurotische Ausprägungen führen zu zwanghaftem Verhalten, Pedanterie, Ritualen, starren Normen. Daneben finden sich aber auch die hilfreichen Prinzipien wie Planung, Ordnung und Genauigkeit. Störungen können erfolgen:
- im adversiven Kampf, wenn autoritäre Eltern in Trotzphasen oder in der Pubertät auf chaotisch rebellierende Kinder und Jugendliche treffen,
- oder als neurotische Ergänzung, wenn der große Guru seine ergebenen Diener oder Schüler trifft, auch bei Sekten, die die Hilfsbedürftigkeit von Bürgern ausnutzen.

Eine **Veränderung** sollte führen:
- weg von der befehlend direktiven hin zur nondirektiven Gesprächstechnik mit Echtheit, Akzeptanz, Empathie; nicht: *„Ich sage Euch, wo es lang geht!“*, sondern: *„Ich helfe euch bei der Nutzbarmachung eurer Potentiale!“*,
- hin zu Flexibilität und Improvisation; nicht: *„Du musst, du solltest ...“* (also kein Rückzug auf Normen und Zwang), sondern: *„Ich schlage vor, wir machen jetzt ..., weil“* (Bezugnahme auf inhaltliche Argumente),
- zum Erkennen des eigenen Anteils durch Selbstreflektion und Offenheit, zur größeren Freiheit sich selbst und seinen Gefühlen gegenüber und zum Zulassen von Gefühlen, damit nicht mehr so viel Abwehr nötig ist.

(7) Der sich distanzierende Stil

Merkmale: Er zeichnet sich aus durch räumliche und körperliche Distanz, durch Abstand halten voneinander, durch in Ruhe gelassen werden wollen, aber auch durch die förmliche und unpersönliche Art im Umgang. Es sind häufig die Rationalisierer, die stark der Sachebene verhaftet sind, aber bei denen die emotionale Ebene nur schwach ausgeprägt ist. Damit verbunden ist die Angst vor Nähe. Man wart einen Sicherheitsabstand, empfindet aber gleichzeitig auch eine gewisse Sehnsucht nach Geborgenheit und Nähe. Rollenmäßig finden wir den Stil häufiger bei Männern als bei Frauen. Viele Männer erscheinen stark auf der Sachebene, möglicherweise gefördert durch Anforderungen im Beruf, der nicht so sehr gefühlsmäßig, sondern eher sachorientiert ist. Viele Frauen erscheinen stark auf der Beziehungsebene, möglicherweise gefördert durch ihren Lebensmittelpunkt in der Familie, die eher als Hort der Gefühle gilt. Seine Botschaft lautet: *„Komme mir nicht zu nahe!"*

Entstehungsursache ist das Bedürfnis nach Abstand von den Gefühlen, insbesondere auch bei sich selbst. Darin erkennbar ist auch eine Unsicherheit im Umgang mit fremden und eigenen Gefühlen. Entstanden kann dies sein aus:

- Lernerfahrungen durch Vorbildlernen und Verstärkungslernen,
- seelischer Vernachlässigung als Säugling, der allein war und dies als normal erlebt hat und dies auch heute als gelernt so darstellt,
- aber auch als Überkompensation bei Überbehütung, wenn man den Wunsch nach Eigensinn und Selbständigkeit überkompensiert.

Störungen können eintreten:

- als neurotische Ergänzung mit dem selbstlosen Stil. Das führt in der Firma zu einem kalten Betriebsklima oder in einer Beziehung zu einer gefühlskalten Ehe,
- vor allem als konträrer Widerspruch zum bedürftigen Stil. Das Problem, welches entsteht, ist die Verklammerung von Distanz und Nähe, also einerseits die Suche nach Geborgenheit und Zuwendung, andererseits aber der Wunsch nach Distanz, der Wunsch, Gefühle eben nicht zuzulassen. Bei Liebesannäherungen zu einem solchen Partner wird die Situation schwierig, weil seine abweisende Haltung nicht eindeutig und durch die beschriebene Mischung aus Angst, Sehnsucht und Verletztheit widersprüchlich ist. Zum Teufelskreis wird die Beziehung vor allem dadurch, dass der bedürftige Partner immer wieder neue Versuche unternimmt, er will *„darüber reden"*, aber dadurch bedrängt er nur den anderen noch weiter und stört, so dass er erfolglos bleiben muss.

Veränderungen können erreicht werden:

- beim sich distanzierenden Partner durch verstärkt konstruktives Zusammenleben, durch Beobachtung und Anerkennung der eigenen Gefühle und durch verstärkte Öffnung gegenüber anderen,
- beim bedürftigen und Nähe suchenden Partner, indem er bei Distanz nicht persönlich verletzt ist, sondern versucht, natürlich und authentisch zu bleiben und sich nicht durch *„Ich muss reden!"* oder durch insistierende Analysen aufdrängt, – falls Anpassung nicht authentisch wäre, bleibt nur, sich zu trennen –,
- im Geschäftsleben durch ein Bemühen in Richtung auf ein Zulassen von Menschlichkeit, Zulassen von unbefangener Kontaktbereitschaft, Zeigen von Zuwendung und Wärme und Stärkung des Gemeinschaftsgefühls,
- durch Unterstützungshandlungen (Interesse ohne Aufdringlichkeit, Metakommunikation), die eine behutsame Annäherung ermöglichen.

(8) Der mitteilungsfreudig-dramatisierende Stil

Merkmale: Er ist nach außen mitteilungsfreudig, stark gefühlsbetont, leicht abschweifend, Nebensächlichkeiten überbewertend, spontan. Nach innen ist er der eigenen Gefühle nicht sicher und fühlt sich in der tiefsten Seele einsam. „Seid ihr alle da?“ lautet der Grundtenor. Dabei lässt er fremde Personen nur schwer an sich selbst heran, Ablenken gehört zum Typus, er muss sich dann nicht mit dem Unangenehmen, mit der eigenen inneren Leere befassen, kann sich aufregen und fühlt sich dann besser, wobei aber der Gefühlsausbruch Gefahr läuft, unecht und daneben zu sein. Dabei wird der Gesprächspartner ambivalent bedient, einerseits erhält er Zuwendung, andererseits wird er zum bloßen Resonanzboden. Zu Beginn sind die Beziehungen spannend und abwechslungsreich, aber wenn der Partner feststellt, dass er nur der Spiegel ist für die Selbstaufmunterung des anderen, dann führt dies zum Kontaktabbruch. Mitteilungsfreudig Dramatisierende sind also ichzentriert, wenig selektiv im Verhalten und nur scheinbar dialogfähig.

Entstehungsursachen können sein:
- Lernerfahrungen durch Vorbildlernen und Verstärkungslernen,
- der Umstand, dass Gefühle nicht ausgelebt oder geklärt werden konnten; dem liegen kindliche Erfahrung zu Grunde, dass man nicht beachtet, links liegengelassen wurde, es sei denn, man machte durch irgendein (störendes) Tun auf sich aufmerksam,
- nun holt man sich diese vermisste Aufmerksamkeit durch das Auffallen um jeden Preis wieder und schafft sich selbst die Zuwendung, die früher so gefehlt hat und füllt damit auch die innere gefühlsmäßige Leere aus,
- dadurch manipuliert man sein Selbstgefühl und versucht, sich ein anerkanntes und wichtiges Selbstbild zu erzeugen und die Situation zu kontrollieren.

Störungen können entstehen:
- als neurotische Ergänzung mit dem unsicheren Stil; solche Ergänzungen sind aber wenig erfolgreich und zumeist auch nicht dauerhaft,
- als adversiver Kampf, der aber zumeist alsbald zur Trennung führt, denn man findet im anderen nicht den ernsthaften Zuhörer,
- als konträrer Widerspruch mit dem sich distanzierenden Stil, was aber ebenfalls nicht von Dauer ist, weil der andere sich entzieht.

Eine **Veränderung** kann erreicht werden durch eine Verminderung der Geschwätzigkeit und Selbstbezogenheit:
- durch restriktive Redetechniken, die einüben: erst die Meinung des anderen zu wiederholen, bevor man anfängt; sich vor jedem Reden zu fragen, was man dabei fühlt; im Reden innezuhalten,
- durch Zuhörtechniken, die einüben: erst bis 10 zu zählen, bevor man re-

det; erst die Meinung des anderen zu wiederholen, bevor man anfängt; Pausen auszuhalten;

- durch Unterstützungshandlungen (distanziert zu bleiben, sich nicht einwickeln zu lassen, höflich und bestimmt zu unterbrechen, Wesentliches zusammenzufassen, die Gesprächsführung zu übernehmen), die verhindern, dass der Betroffene sich ungehemmt produziert und dadurch verstärkt.

Kapitel 2
Soziale Wahrnehmung

Unsere Interaktion mit anderen Menschen hängt von vielen Faktoren ab, wird aber vor allem durch unsere selektive Wahrnehmung organisiert, denn es ist uns unmöglich, den uns umgebenden sozialen Kontext vollständig zu erfassen. **Soziale Wahrnehmung bezeichnet dabei den Prozess, mit welchem wir soziale Informationen auswählen, interpretieren oder auch erinnern** (vgl. Gerrig & Zimbardo 2008, 636). Insbesondere Ursachen- und Schuldzuweisungen, Einstellungen und Vorurteile bestimmen unser Bild vom anderen. Pointiert gesprochen **konstruieren wir uns unsere eigene soziale Realität**, wobei unser Bild durch die realen Erfahrungen, die wir machen, fortlaufend beeinflusst wird.

2.1 Attribution

Es gehört zu den zentralen beruflichen Aufgaben von Sozialarbeiterinnen, Juristinnen, Lehrerinnen oder Polizeibeamtinnen, das Verhalten anderer Personen zu verstehen und die Ursachen dieses Verhaltens zu ergründen. Die **Suche nach den Ursachen, nach der Kausalität**, des Verhaltens ist allerdings vor allem bei psychischen Störungen sehr schwierig, da angesichts der Unterschiedlichkeit der Menschen der Kausalzusammenhang meist nicht sicher aufgeklärt werden kann und dann eine Indizienentscheidung oder auch nur ein hypothesengestütztes Vorgehen (ich nehme bis auf weiteres an, dass das so ist …) erforderlich werden. Dabei werden nun innere Prozesse und subjektive Wahrscheinlichkeitskalkulationen (Attributionen) wirksam, die man kennen muss, damit es nicht zu vereinfachenden Zuschreibungen der Kausalität kommt.

Unter Attribution wird in der Sozialpsychologie **die individuelle Zuschreibung von Zusammenhängen, insbesondere die Wahrnehmung von Kausalitäten verstanden.**

Die größte Beachtung hat der kovariationstheoretische Ansatz von Kelley (1973) erfahren. Kelley geht es darum, angesichts des in der Realität sehr komplexen Ursachengefüges subjektive Regelmäßigkeiten der Zuschreibung von Kausalitäten zu erkennen. Sein Vorgehen unterscheidet sich insofern von einer formalrechtlich objektiven Prüfung des Kausalitätszusammenhangs, wonach jede *conditio sine qua non* ursächlich ist, also jede Bedingung, ohne die es nicht zum Erfolg gekommen wäre.

Drei Arten von Attributionen nach Kelley:

- auf die Person (d. h. auf die handelnde Person),
- auf die Entität (d. h. auf andere interagierende Personen),
- auf die Modalität (d. h. auf konkrete Situationen).

B: Durch die nicht ganz geschlossenen Vorhänge eines Fensters sieht ein Zeuge, wie der im Nachbarhaus wohnende Mann seine Frau mit seinen Armen festhält. Bevor der Zeuge entscheiden kann, ob er auf Seiten der Frau eingreift, muss er sich überlegen,

- *ob der Mann der Störenfried ist, weil er gerade Gewalt anwendet (Attribution auf die handelnde Person),*
- *ob die Frau der Störenfried ist, weil sie den Mann vorher angegriffen hat, so dass er sich in einer Notwehrsituation befindet (Attribution auf die interagierende Person),*
- *ob es sich vielleicht nur um eine gestellte Situation handelt, die der Sohn der Angegriffenen gerade für einen Videofilm aufnehmen will (Attribution auf die konkrete Situation).*

Die im Rahmen dieser psychologischen Grundlagenforschung erarbeiteten Zusammenhänge lösen zwar nicht das für den Praktiker wichtige Problem, welcher Umstand im Einzelfall für das Verhalten des Mannes ursächlich war. Sie geben allerdings Auskunft über unsere soziale Wahrnehmung und können erklären, warum Personen wie z.B. Zeugen oder Richter auch bei nur unvollständiger Information über ein Geschehen gleichwohl zu einer bestimmten persönlichen Überzeugung neigen.

2.1.2 Attributionsprozess

Nach dem Kovariationsprinzip ist es psychologisch bedeutsam, welcher als Ursache denkbare Umstand gleichzeitig mit dem eingetretenen Erfolg vorhanden ist. Denn soweit wir die Ursächlichkeit nicht prozessual verfolgen können, neigen wir dazu, aus dem gemeinsamen Auftreten von Faktoren auf Zusammenhänge zwischen eben diesen Faktoren zu schließen.

Von Bedeutung ist dabei für uns weiter, wie häufig und in welcher Weise das fragliche Ereignis mit bestimmten anderen Faktoren kovariiert. Dazu benutzen wir insbesondere Informationen über früheres Verhalten und über das Verhalten anderer Menschen (vgl. Fischer & Wiswede 2009, 261 ff, 264).

Schematisch können sich folgende Konstellationen ergeben:

- Die Person verhält sich in vergleichbaren Situationen ähnlich/anders (= hohe/niedrige Konsistenz),
- Die Person verhält sich wie die meisten/wenigsten anderen Personen in ähnlichen Situationen (= hoher/niedriger Konsensus),
- Die Person verhält sich in anderen Situationen nicht so/häufig so (= hohe/niedrige Distinktheit).

Weiß man, wie sich die beobachtete Person in der Vergangenheit in ähnlichen und anderen Situationen verhalten hat, so erfolgen die Zuschreibungsprozesse entsprechend den beschriebenen Konstellationen entweder auf die handelnde Person oder auf den Interaktionspartner oder auf die Situation.

(a) Zuschreibung auf die handelnde Person: Verhält sich die handelnde Person in vergleichbaren Situationen ähnlich (zeigt sie also hohe Konsistenz), gibt es nur wenige Personen, die sich so verhalten (niedriger Konsensus), und verhält sich die Person auch in anderen Situationen häufig so (niedrige Distinktheit), so schreiben wir der handelnden Person (Person) die Ursache zu. *B: Der Mann hat sich schon häufig mit seiner Frau unter Anwendung körperlicher Gewalt auseinandergesetzt. Niemand anders hatte eine körperliche Auseinandersetzung mit seiner Frau. Der Mann hat sich auch schon mit anderen körperlich gestritten. Also: Er muss die Ursache sein.*

(b) Zuschreibung auf den Interaktionspartner: Verhält sich die handelnde Person in vergleichbaren Situationen ähnlich (hohe Konsistenz), verhalten sich die meisten anderen Personen ähnlich wie die handelnde Person (hoher Konsens) und verhält sich die handelnde Person in anderen Situationen nicht so (hohe Distinktheit), so schreiben wir dem Interaktionspartner (der Entität) die Ursache zu. *B: Der Mann hat häufiger körperliche Auseinandersetzungen mit seiner Frau. Aber auch viele andere Personen hatten bereits körperliche Auseinandersetzungen mit seiner Frau. Gegenüber anderen ist der Mann hingegen immer friedfertig. Also muss die Frau die Ursache sein.*

(c) Zuschreibung auf die Situation: Verhält sich die handelnde Person in vergleichbaren Situationen anders (niedrige Konsistenz), verhält sich die Person wie nur wenige andere (niedriger Konsensus) und verhält sich die Person in anderen Situationen nicht so (hohe Distinktheit), so werden die Ursachen der Situation (Modalität) zugeschrieben. *B: Der Mann hat bisher noch nie Gewalt gegenüber seiner Frau angewandt. Niemand hatte bisher eine körperliche Auseinandersetzung mit der Frau. Auch mit anderen Personen hatte der Mann noch nie körperlichen Streit. Es muss also an einem besonderen Vorkommnis liegen.*

2.1.3 Attributionsfehler

Die sich aufdrängende Frage, wie hoch die Wahrscheinlichkeit ist, trotz Kenntnis der beschriebenen drei Zuschreibungskriterien Fehlurteile zu produzieren, ist bisher noch nicht befriedigend psychologisch untersucht.

(1) Attributionen bei unvollständiger Information

Immerhin kann festgehalten werden, dass das Risiko, ein Fehlurteil zu fällen, deutlich steigt, wenn man, wie in der Praxis häufig, nur über einen Teil der oben beschriebenen Information verfügt. Es gelten dann folgende Regelmäßigkeiten:

Nur Information über:		dann Attribution auf:
Hohe Konsistenz	→	Person und/oder Interaktionspartner
Niedrige Konsistenz	→	Situation
Hoher Konsensus	→	Interaktionspartner
Niedriger Konsensus	→	Person und/oder Situation
Hohe Distinktheit	→	Interaktionspartner und/oder Situation
Niedrige Distinktheit	→	Person

Bezogen auf das obige Beispiel ist zu erwarten: Weiß man nur, dass

- der Mann sich in vergleichbaren Situationen gegenüber seiner Frau ähnlich verhält, dann nimmt man als Ursache an: den Mann oder die Frau;
- der Mann sich in vergleichbaren Situationen gegenüber seiner Frau anders verhält, dann nimmt man als Ursache an: besondere Umstände der Situation;
- der Mann sich wie die meisten anderen gegenüber der Frau verhält, dann nimmt man als Ursache an: die Frau;
- der Mann sich wie nur wenige andere gegenüber der Frau verhält, dann nimmt man als Ursache an: den Mann oder besondere Umstände der Situation;
- der Mann sich in anderen Situationen nicht so verhält, dann nimmt man als Ursache an: die Frau oder besondere Umstände der Situation;
- der Mann sich in anderen Situationen genauso verhält, dann nimmt man als Ursache an: den Mann.

Die hier beschriebenen Zuschreibungsprozesse entsprechen den in der Praxis immer wieder zu hörenden Schlussfolgerungen, die nicht auf eigener Wahrnehmung oder zumindest auf plausiblen Zusammenhängen gründen, sondern eher auf der Neigung beruhen dürften, offene Fragen auch bei unvollständiger Informationen für sich psycho-logisch zu klären und dafür auch Ursachen auszumachen.

(2) Typische Fehler beim Attributionsprozess

Der Prozess der Attribution hängt allerdings nicht nur von der verfügbaren Information, sondern auch von allgemeinen vorurteilsähnlichen Tendenzen ab, die sogar dann wirken, wenn wir über eine Person praktisch gar keine weitere Information haben. Drei Gruppen von Fehlern sind besonders häufig (vgl. Fischer & Wiswede 2009, 274ff; Gerrig & Zimbardo 2008, 638ff; vgl. Herkner 2004, 298ff):

(a) Der fundamentale Attributionsfehler. Die Ursachen für Ereignisse werden ganz allgemein eher Personen als den Umständen zugeschrieben. Wir neigen also dazu, Menschen verantwortlich zu machen und situative Faktoren unterzubewerten.

- Dies gilt für Erfolge. *B: „Diese Firma habe ich aufgebaut!" Die Insidertipps und die finanzielle Unterstützung der Eltern werden vernachlässigt.*
- Die Ursachen für das Versagen einer anderen Person werden dieser Person zugeschrieben. *B: „Die Sozialhilfeempfänger sind selbst schuld, wenn sie keine Arbeit finden!"*

(b) Die Self Serving Bias (Verzerrungen zugunsten der eigenen Person). Sie basieren vor allem darauf, dass wir unser Selbstbild nicht beeinträchtigen wollen. Wenn nicht ausnahmsweise (wie bei depressiven Personen) ein negatives Selbstbild vorherrscht (→ Depression), neigen wir entsprechend unserem Selbsterhaltungstrieb dazu, ein möglichst positives Selbstbild aufrechtzuerhalten. Daraus resultieren u.a. folgende Attributionsfehler:

- Das eigene Verhalten wird als üblich und normal bewertet (Falscher Konsensus-Effekt) *B: „Ich schaffe es doch, ohne Sozialhilfe und in Wohlstand zu leben, dann müssen auch alle anderen dies schaffen können."*
- Die Ursachen für eigenes Versagen werden nicht auf einen selbst, sondern auf andere Personen oder widrige Umstände zurückgeführt. *B: „Dass meine Firma jetzt pleite ist, liegt nicht an mir, sondern an den immer wieder streikenden Arbeitern und den fallenden Weltmarktpreisen."*

(c) Die Bestätigung von Erwartungen. Auch unsere Überzeugungen und Erwartungen können Zuschreibungsprozesse und sogar unser Verhalten beeinflussen.

- Eine Self-Fulfilling-Prophecy liegt vor, wenn wir das, was wir von vorneherein erwarten, durch mehr oder weniger bewusste Verhaltensweisen auch tatsächlich befördern. *B: Ich erwarte als erfolgreicher Bürger, dass ein Arbeitsloser auch kein Interesse an Arbeit hat, also unterlasse ich auch Arbeits- oder Förderangebote.*
- Erwartungsbestätigendes Verhalten. Manche Menschen scheinen auch dazu zu neigen, sich entsprechend den Erwartungen anderer zu verhalten, möglicherweise, weil sie ansonsten Dissonanzen fürchten.

2.1.4 Attribution und Selbstbild

In der angewandten Psychologie sind die Ergebnisse der Attributionsforschung insbesondere zur Analyse des Selbstbildes benutzt worden. Unter einem Selbstbild bzw. Selbstkonzept wird die gestalthafte Wahrnehmung des eigenen Ich einschließlich der bewertenden Meinung, die jemand von sich selbst hat, verstanden (→ Persönlichkeit). Das Selbstkonzept bildet sich heraus durch das, was andere über mich sagen, durch **Rollenzuweisungen in Institutionen wie Schule oder Arbeit und durch eigene Attributionsprozesse**.

Das durch seine Entwicklung und Sozialisation geprägte Selbstbild eines Erwachsenen kann erhebliche psychologische Auswirkungen haben. Hilfreich ist es meist, wenn ein positives Selbstbild von einem berechtigten Glauben an die eigene **Selbstwirksamkeit** getragen ist, wenn man also nach den bisherigen Erfahrungen davon ausgehen kann, dass man Aufgaben und Probleme durch eigenes Tun (Attribution auf das Selbst) bewältigen kann.

Passt die Realität nicht zum positiven Selbstbild, kann es allerdings auch zu **Wahrnehmungsverzerrungen** (falschen Attributionen) kommen, so kann es zu Angst vor Misserfolgen oder zur Überschätzung der eigenen Möglichkeiten und Fähigkeiten in kritischen Situationen führen; sogar Gefühle werden dem Selbstkonzept untergeordnet, man will sie nicht wahrhaben, wenn sie dem aktuellen Selbstkonzept widersprechen.

(1) Attributionen von Strafgefangenen

Zu denjenigen Personengruppen, die auf Grund ihres Selbstbildes besonders durch Wahrnehmungsverzerrungen gefährdet sind, gehören die Strafgefangenen. So ergab eine vor einigen Jahren durchgeführte Untersuchung der Kriterien für eine vorzeitige Entlassung aus dem Strafvollzug, dass die befragten Insassen ausreichende Wohnmöglichkeiten, einen gesicherten Arbeitsplatz und stabile Bindungen als entscheidende Kriterien ansehen, während der Anzahl und Art der Vorstrafen und dem früheren Bewährungsverhalten nur geringe Bedeutung zugemessen werden (Northoff 1985, 167ff, 219). Diese Attribution auf die situativen Umstände entspricht der beschriebenen Attributionstendenz, wonach bei eigenem Versagen die Fehler weniger in der eigenen Person als vielmehr in gesellschaftlichen Bedingungen gesehen werden. Dauerhafte Einstellungsänderungen werden sich daher nur erreichen lassen, wenn über ein Aufbrechen der Attributionen mehr Selbstkritik angeregt werden kann.

(2) Attributionen von Richtern

Auch Richter sind nicht frei von Wahrnehmungsverzerrungen, so dass es sinnvoll erscheint, ihr Selbstverständnis und ihre Alltagstheorien im Hinblick auf durch die Attributionstheorie erklärbare Würdigungsfehler zu hinterfragen und insofern **Trainingsprogramme** für Richter zu entwickeln (vgl. Haisch 1983, 121 ff).

Sehr **kritisch** wird man hingegen Ansätze betrachten müssen, das **Kovariationsprinzip als Kriterium für angemessenes richterliches Verhalten** bei der Urteilsfindung zu benutzen. Der dem Kovariationsprinzip zugrundeliegende Induktionsschluss beruht nur auf einer Korrelation, einem zeitlich und räumlich nahen gemeinsamen Auftreten der Tatumstände, nicht aber auf einer Kausalität, also einem rechtlich bedeutsamen ursächlichen Zusammenhang der Tatumstände. Es reicht eben, vereinfacht gesagt, nicht aus, dass der Beschuldigte am Tatort anwesend war, sondern es muss ausdrücklich festgestellt werden, dass es ohne sein Zutun nicht zur Straftat gekommen wäre.

Ein gewisses Paradoxon scheint sich bei Ablehnungen von Richtern im Gerichtsverfahren zu ergeben. Gerade in Sexualstrafverfahren stellen Verteidiger häufig derartige **Ablehnungsanträge**, auch wenn es keine entsprechenden Anhaltspunkte gibt. Die Verteidiger können sich damit einerseits gegenüber ihren Mandanten profilieren, andererseits führen derartige Anträge, auch wenn sie erfolglos sind, meist dazu, dass die Richter sich besonders bemühen, neutral und unvoreingenommen zu sein. Ein solcher Antrag kann dazu führen, dass die Richter Zusammenhänge, die nach allen Indizien eigentlich zwingend sind, aus Angst vor Attributionsfehlern doch nicht annehmen.

(3) Attributionen von Lehrern

Lehrerinnen und Lehrer neigen dazu, **schulisches Versagen von Schülerinnen und Schülern vor allem diesen oder ihren Eltern zuzuschreiben**. Eigene Defizite in der Didaktik oder situative Umstände wie ein unruhiges Klassenklima werden vernachlässigt. Das führt dann dazu, dass als Konsequenzen eher Strafarbeiten und das sog. Sitzenbleiben in Erwägung gezogen werden als z.B. eine Fortbildung in Didaktik oder eine Supervision zu schwierigen Fällen.

(4) Attributionen von Depressiven

Schwere Wahrnehmungsverzerrungen sind auch bei depressiven Personen festgestellt worden. Anders als üblicherweise zu erwarten, neigen Depressive auffällig dazu, der eigenen Person die Ursache für jedwedes (belastende) Ereignis zuzuschreiben. Dadurch wird ihr **negatives Selbstbild fortlau-**

fend stabilisiert. Beim helfenden Gespräch mit einer suizidgefährdeten Person oder in der Therapie ist es daher wichtig, diese verallgemeinernden „Schuldzuschreibungen“ auf die eigene Person aufzubrechen (→ Depression).

2.2 Einstellung

Wie wir mit einem sozialen Sachverhalt umgehen, insbesondere wie wir Menschen und Sachen bewerten, hängt zum einen von den konkreten Umständen, insbesondere aber auch von unseren **inneren Bewertungsmustern**, unseren Einstellungen ab.

2.2.1 Annäherung, Begriff und Theorien

(1) Ähnliche Rechtsbegriffe

Der Begriff Einstellung wird vor allem in der Psychologie benutzt, andere Berufsfelder wie das Recht benutzen andere Begriffe. So sind bei der für die Höhe des Strafmaßes bedeutsamen Strafzumessungsschuld die persönlichen Beweggründe und die **Gesinnung**, die aus der Tat spricht, zu beachten (§ 46 StGB). Einen ähnlichen Gedanken finden wir im Jugendgerichtsgesetz, wenn es die Verhängung von Jugendstrafe von schädlichen **Neigungen** des Jugendlichen abhängig macht (§ 17 JGG). Im Maßregelrecht ist die Unterbringung in einer Entziehungsanstalt (§ 64 StGB) davon abhängig, ob die Tat auf einen **Hang** (zur Sucht) zurückgeht. Die genannten Begriffe liegen nach wie vor unserer Rechtsprechung zugrunde, werden allerdings auch von Juristen kritisiert. So nennt Ostendorf (1994, § 17 Anm. 3) den Begriff „schädliche Neigung“ provozierend, weil damit eine biologistische Zuneigung zum Verbrechen unterstellt werde, weil er einen hohen Stigmatisierungseffekt habe und weil er zudem von Betroffenen als Kränkung empfunden werde. Auch aus psychologischer Sicht besteht dringender Anlass, diese Begriffe zu ersetzen, denn sie werden in der aktuellen Psychologie kaum mehr benutzt und stellen ebenso wie die **„Mängel der Charakterbildung“** (BGHSt 16, 261; BGH bei Holtz MDR 1985, 796) nur unnötige geistige Reminiszenzen an die biologistisch orientierte deutsche Vorkriegs- und mittelbare Nachkriegspsychologie dar.

(2) Ähnliche psychologische Begriffe

Als inhaltlich fundierter und ideologisch unbelasteter Begriff bietet sich anstelle der vom Gesetz gewählten Formulierungen das Konzept der Einstellung an, welches sowohl kognitive als auch behavioristische als auch (nachrangig) psychoanalytische Aspekte hat. Nachfolgend wird der kognitiv-behavioristische Einstellungsbegriff zugrunde gelegt, weil in diesem Bereich besonders intensiv geforscht worden ist und dieses Verständnis sich als herrschend durchgesetzt hat (vgl. Herkner 2004, 179ff; vgl. Atkinson, u.a. 2001, 599ff).

Einstellungen

sind danach im Verlaufe des Lebens erworbene, relativ stabile Bereitschaften, auf Personen und Objekte der Umwelt kognitiv, gefühlsmäßig und verhaltensmäßig in einer bestimmten beständigen Weise zu reagieren oder einfacher, Einstellungen sind Bewertungen von Menschen oder Sachen (vgl. Zimbardo 2008, 644). Einstellungen können bewusst oder auch unbewusst sein. Die verschiedenen Komponenten einer Einstellung und auch unterschiedliche Einstellungen stehen miteinander in Beziehung. Zumeist stimmen zumindest einige Einstellungen einer Person überein. Man spricht dann von einem konsistenten bzw. konsonanten Zustand des Einstellungssystems. *B: So kann ein Polizeibeamter nicht nur der Auffassung sein, dass Arbeitslose regelmäßig lediglich zu faul sind zu arbeiten, sondern auch die Einstellung haben, dass Arbeitslosigkeit kein Grund ist, die Strafe für einen Dieb zu ermäßigen und weiterhin vertreten, dass es im Strafvollzug vor allem um individuelle Veränderungen gehen muss.*

Stereotype. Ein verwandter und oft synonym verwendeter Begriff ist der des Stereotyps. Stereotype sind Einstellungen, die zu einer dauerhaften Bevorzugung von Informationen und Verhaltensweisen führen (Irle 1975, 103ff). Stereotype sind außerdem gekennzeichnet durch grobe Wahrnehmungskategorien und können daher Ausdruck unzulässiger Verallgemeinerungen sein. Eine extreme Form des Stereotyps ist das → Vorurteil.

Erfahrungen. Von Einstellungen und Stereotypen zu unterscheiden sind reale Erfahrungen. Erfahrungen beziehen sich auf beobachtete oder berichtete tatsächliche Wahrnehmungen. Da Wahrnehmungen selektiv sind und gestalthafter Verarbeitung sowie subjektiver Bewertung unterliegen, sind auch Erfahrungen nie völlig wertfrei; das schließt aber nicht aus, dass im Alltag und in der rechtlichen Praxis zahlreiche Erfahrungen durchaus übereinstimmend so beschrieben und vermittelt werden können, dass auch über ihr Verständnis ein praktisch brauchbarer Konsens entsteht.

(2) Einstellungstheorien

Die psychologische Einstellungsforschung hat zum einen allgemeine psychologische Theorien adaptiert, zum anderen aber auch eigene kognitiv orientierte Theorien hervorgebracht. Insofern lassen sich unterscheiden (vgl. Gerrig & Zimbardo 2008, 644ff):

- Konsistenztheorien, die davon ausgehen, dass der Mensch von Natur aus nach einem inneren Gleichgewichtszustand strebt. Dazu gehört u.a. die Theorie der kognitiven Dissonanz von Festinger (siehe nachfolgend).
- Nicht-Konsistenztheorien, die von einem Streben nach Anpassung an andere ausgehen, wie die lernpsychologischen Ansätze (s. u. 2.2.2).

Die vom amerikanischen Sozialpsychologen **Leon Festinger entwickelte Theorie der kognitiven Dissonanz** (1957, 1978; Herkner 2004, 265 ff), die die individuelle Entstehung und Stabilisierung von Einstellungen untersucht, ist breit rezipiert und auch außerhalb der Psychologie sehr bekannt geworden.

Danach wird unser Verhalten durch (a) solche kognitiven Elemente (Wissen, Meinungen, Überzeugungen über uns oder die Umwelt) bestimmt, die (b) zueinander in einer relevanten Beziehung stehen (also etwas übereinander aussagen). Die Beziehungen können (c) konsonant (gleichgerichtet, miteinander übereinstimmend) oder (d) dissonant sein (im Widerspruch zueinander stehen).

(a) Stehlen ist unmoralisch.
(b) Stehlen ist unmoralisch. Das betrifft auch mich.
(c) Stehlen ist unmoralisch. Ich stehle nicht.
(d) Stehlen ist unmoralisch. Ich stehle trotzdem.

Festinger geht davon aus, dass dissonante Zusammenhänge einen Zustand psychologischer Spannung erzeugen, der vom Individuum als unangenehm empfunden wird. Es besteht dann eine **Tendenz, Dissonanz möglichst zu vermeiden** oder zu beseitigen, und zwar mit dem geringstmöglichen Aufwand. Dies kann geschehen, indem wir (a) Situationen und Informationen vermeiden, die zu Dissonanzen führen könnten, (b) unsere aktuellen Wahrnehmungen durch neue kognitive Elemente umbewerten und an unsere Einstellung anpassen oder (c) unsere bisherige Einstellung ändern, so dass die neuen Wahrnehmungen wieder im Einklang mit der Einstellung sind.

(a) Ich werde nicht mehr stehlen, weil das unmoralisch ist.
(b) Eigentlich habe ich das Stehlgut nur mal ausgeliehen.
(c) Stehlen ist nur eine andere Art der Gerechtigkeit.

Festinger ermöglicht damit ein gutes Verständnis unserer Einstellungsprozesse. Die Grundannahme der Konsistenztheorien, dass Menschen dazu tendieren, Dissonanz möglichst zu vermeiden, gilt jedoch keineswegs ausnahmslos. Vor allem kreative Menschen sind neugierig und können Spannungen und „Challenges" gut aushalten, suchen sie sogar bewusst auf. Dies erklärt, dass kreative Menschen für vereinfachende Einstellungen wenig anfällig sind (vgl. Northoff 1994, 398 ff).

2.2.2 Entstehung und Stabilisierung

Einstellungen sind kaum ererbt, sondern werden erworben. Der Prozess des Lernens kann auf vielfältige Weise verlaufen. Typischerweise lassen sich folgende Phasen beobachten (vgl. Herkner 2004, 179 ff):

(1) Erste Lernprozesse und Erlebnisse

Bereits das kleine Kind erfährt und erlebt Verhaltensweisen und Gefühle. Lernprozesse und emotionale Erlebnisse werden abgespeichert. Später werden auch rationale Zusammenhänge erfasst, und die kognitive Einstellungskomponente wird ausgebildet. *B: Ein Kind erlebt und erfährt von seinen Eltern, dass Diebstahl nicht verwerflich, sondern ein Akt der sozialen Gerechtigkeit ist.*

(2) Generalisierung der Erfahrungen

Durch in der Erziehung liegende Selektionsprozesse und die Wiederholung gleicher oder ähnlicher Erfahrungen sowie durch eigene kognitive Prozesse verfestigen sich die zunächst von Einzelfällen ausgehenden Erfahrungen und Ansichten und führen in späteren Situationen zu ersten Generalisierungseffekten. *B: Das Kind gelangt in eine Gruppe von Freunden, in der Diebstähle aus der Einstellung heraus begangen werden, dass diese Welt ohnehin ungerecht ist.*

(3) Verfestigung durch Lernen am Modell

Unter dem Gesichtspunkt des Lernens am Modell verfestigen sich Einstellungen, wenn die sie vermittelnde Person attraktiv und glaubwürdig erscheint. *B: Der bewunderte, allgemein anerkannte Führer der Gang hat einem Unternehmer dessen Luxuskarosse gestohlen und beeindruckt damit die anderen derart nachdrücklich, dass diese ihm nacheifern.*

(4) Verfestigung durch Lernen durch Verstärker

Unter dem Gesichtspunkt des Lernens durch Verstärker verfestigen sich Einstellungen, wenn die sie vermittelnde Person soziale Macht ausüben kann. Da soziale Macht ebenso wie furchtauslösende Drohungen normalerweise nicht dauerhaft verfügbar ist und zudem bei selbstbewussten Personen Abwehr produziert, ist ihre Wirkung aber nur eingeschränkt. *B: Der*

Führer der Gang erklärt, dass diejenigen, die bei den Diebstahlstouren nicht mitmachen wollen, gefälligst ganz zu Hause bleiben sollen und aus der Gang herausgeworfen werden, dass diejenigen aber, die mitmachen, an der Beute beteiligt werden sollen.

(5) Weitere Stabilisierung

Aus der Sicht der Dissonanztheorie von Festinger (1957/1978) haben Einstellungen darüber hinaus die Tendenz, sich selbst zu stabilisieren, da abweichende Dissonanzen als unangenehm empfunden werden. Die Stabilisierung kann z.B. erreicht werden **durch selektive Wahrnehmung und Vermeidung** von Situationen, die Dissonanzen nach sich ziehen würden. *B: Der Kontakt mit Eltern, Sozialarbeitern oder Polizeibeamten wird von den jugendlichen Gangmitgliedern vermieden, da dies zu unangenehmen Diskussionen führen würde; Pressemitteilungen, die über die erfolgreiche Verhaftung von jugendlichen Autoknackerbanden berichten, werden nicht zur Kenntnis genommen, damit die eigene Einstellung nicht bedroht wird.* Eine Stabilisierung wird auch erreicht **durch Umdeutung bzw. Uminterpretation von Wahrnehmungen**, so dass sie in das bisherige Bild passen und mit der gegenwärtigen Einstellung konform (konsonant) sind. *B: Ist entgegen der Einstellung einmal eine arme Person das Diebstahlsopfer, so erscheint dies nicht so schlimm, denn „die war doch bestimmt auch versichert“.*

(6) Abwehr unangenehmer Gefühle

Das letzte Beispiel lässt sich im Übrigen auch aus psychoanalytischer Sicht erklären. Unser Ich neigt dazu, **unangenehme Gefühle abzuwehren** und sie zu verdrängen oder wie im obigen Beispiel Ausreden ermöglichende Rationalisierungen zu benutzen. Auch nutzt unser Ich die bekannten **Neutralisationstechniken** (Sykes & Matza; vgl. oben 1.3.3, S. 63), um Mahnungen eines eventuell noch vorhandenen Gewissens (Überichs) auszuschalten.

(7) Umsetzung in Verhalten?

Eine nach außen vermittelte Einstellung muss indes nicht immer zu entsprechendem Verhalten führen. Dies zeigte eine klassische sozialpsychologische **Felduntersuchung von La Pierre**. Er hatte im Jahre 1934 eine längere gemeinsame Reise mit einem chinesischen Ehepaar durch die noch von rassistischen Einstellungen geprägten USA unternommen und war nur in einem einzigen Fall in einem Hotel oder Restaurant abgewiesen worden. Bei einer späteren schriftlichen Befragung erklärten aber 92% der angeschriebenen Hotel- und Restaurantbesitzer, dass sie Chinesen keine Unterkunft gewähren würden (vgl. Herkner 2004, 211).

2.2.3 Funktionen von Einstellungen

Einstellungen haben für uns Menschen ambivalente Funktionen. Sie sind einerseits nützlich und hilfreich, wirken andererseits aber vereinfachend und abwehrend (vgl. Langfeldt & Nothdurft 2007, 174 ff). Einige wichtige, immer wieder im Alltag zu beobachtende, Funktionen sind:

- Identitätsfunktion: Einstellungen sind Teil der eigenen Identität und des Selbstbildes. Deutlich können wir dies in der pubertären Eigenwilligkeit von Jugendlichen oder in den für Anhänger politischer Parteien typischen Einstellungssystemen erkennen.
- Anpassungsfunktion: Gemeinsame Einstellungen helfen uns, Kontakt zu anderen zu finden, sie bringen Zustimmung, Sympathie und sozialen Erfolg. So sind gemeinsame Einstellungen ein grundlegender Bestandteil des gruppentypischen Wir-Gefühls.
- Vorhersagefunktion: Einstellungen können zur Vorhersage von neuen, noch nicht erfahrenen Situationen dienen und zu Vorsichtsmaßnahmen Anlass sein. Sie erleichtern den Umgang mit anderen Menschen und erhöhen die soziale Berechenbarkeit von Situationen.
- Ökonomiefunktion: Einstellungen sind das Ergebnis einer selektiven Wahrnehmung; sie sind angesichts der Vielzahl von Wahrnehmungen ökonomisch und wegen der begrenzten Verarbeitungskapazitäten des Menschen auch notwendig. Einstellungen bilden sich u. a. dann, wenn wir Wahrnehmungen nach Kriterien der Nähe und Ähnlichkeit abspeichern.
- Vereinfachungsfunktion: Die beschriebene Strukturierung von Informationen birgt jedoch gleichzeitig die Gefahr der unangebrachten Verkürzung in sich. Es besteht die Gefahr, dass sich Einstellungen zu pauschalen Stereotypen oder Vorurteilen verdichten.
- Isolationsfunktion: Außergewöhnliche Einstellungen können zur sozialen Isolation und Vereinsamung führen. Dieses Ergebnis kann gewollt sein wie bei der religiös motivierten Weltflucht des Einsiedlers oder aber unbewusst wie beim Psychotiker.
- Abwehrfunktion: Einstellungen können zur Verteidigung des Ichs herangezogen werden. Denn besteht nach Festinger die Tendenz, neue dissonante Wahrnehmungen durch Verdrängung, Rationalisierung oder Projektion abzuwehren. Dadurch steigt die Gefahr von Wahrnehmungsverzerrungen und Neurosen.

2.2.4 Veränderung von Einstellungen

Die Kenntnis der Entstehung von Einstellungen kann auch dazu genutzt werden, um Einstellungsänderungen zu befördern. Grundsätzlich kann das, was gelernt wurde, auch wieder verlernt werden.

Einstellungsänderungen stellen allerdings immer einen erheblichen Eingriff in die Persönlichkeit dar. Damit ergibt sich z. B. für das Rechtswesen bei Therapien im Strafvollzug das moralische Problem, inwieweit ein derartiger Eingriff zulässig ist. Die Psychologie als empirische Wissenschaft gibt darauf zunächst keine Antwort. Anhaltspunkte ergeben sich allerdings in der Klinischen Psychologie, insbesondere aus dem humanistischen Ansatz von Rogers. Rogers ist insofern zuzustimmen, dass Interventionen nur bei individuellem und sozialem Leidensdruck erfolgen und nur im Interesse einer Stärkung der jedem Menschen innewohnenden positiven Kräfte durchgeführt werden sollten. Unter dieser Prämisse kommen folgende Schritte in Betracht (vgl. Herkner 2004, 229 ff):

(1) Analyse der bisherigen Einstellung

Zunächst ist zu klären, wann und wie die Einstellung entstanden und verfestigt ist:
- Zeitpunkt/Zeitraum des Erwerbs der Einstellung?
- Zentralität der Einstellung im persönlichen Einstellungssystem?
- Wie sind die kognitiven Beziehungen verknüpft?
- Wie hängen Persönlichkeitsmerkmale und Wertvorstellungen zusammen?

B: Ist die Einstellung, Stehlen sei ein Akt sozialer Gerechtigkeit, bereits in der Kindheit erworben und erfolgt das Stehlen gewerbsmäßig (zentral), so ist die Einstellung nur schwer änderbar.

(2) Festlegung der Veränderungen

Einstellungsänderung sollte im helfenden Kontext erfolgen und nicht zur Manipulation dienen:
- vor allem bei Leidensdruck (der betroffenen Person),
- therapeutische Interventionen gegen den Willen sind problematisch,
- auf jeden Fall nur im Interesse der Förderung positiver Potentiale,
- im Zweifel möglichst nach wirksamer Zustimmung.

B: Der Täter ist nach mehrmaligem Strafvollzug ehrlich daran interessiert, sich ein gesetzestreues Leben aufzubauen.

(3) Dissonanzerzeugung zur bisherigen Einstellung

Ein zentraler Zugang besteht in der Erzeugung von Dissonanz zu der bisherigen unerwünschten Einstellung.

- Kognitiv durch neues, differenzierendes Wissen: *B: Dem Täter könnte vermittelt werden, dass individuelles Stehlen neues Unrecht setzt und nicht etwa die gesellschaftlichen Ursachen für soziale Ungerechtigkeit beseitigt.*
- Geänderte Kommunikation: Wechselseitige Kommunikation wirkt dabei überzeugender als einseitige, direkte Kommunikation ist wirksamer als Massenkommunikation, denkbar durch Übernahme positiver Gruppenwerte. *B: So könnte der Täter durch Diskussionen in Kleingruppen persönlich angesprochen und durch dieses Gesprächsverhalten zu Reflexionen über sein Tun angeregt werden.*

- Veränderte Vorbilder: Insbesondere glaubwürdige Vorbilder und attraktive Vorbilder. *B: So kann ein ehemals alkoholkranker Täter nach erfolgreicher Entziehungskur und Therapie als Leiter einer Selbsthilfegruppe glaubwürdig Einstellungsänderungen darstellen.*
- Einsatz von materiellen und immateriellen Verstärkern: Herstellen von sozialer Gerechtigkeit, durch Ansehen, Lob, wenn neues Denken offenbar wird.
- Soziale Macht, wobei die Dauerhaftigkeit wegen fehlender emotionaler Tiefe zweifelhaft ist. *B: So kann der Sozialtherapeut im Vollzug durch seine Macht, über Urlaub und Freigang des Insassen zu bestimmen, diesen zu angepasstem Vollzugsverhalten veranlassen, was aber noch nicht bedeutet, dass sich der Insasse auch außerhalb des Vollzugs rechtschaffen verhalten wird.*
- Eigene Erfahrungen, z.B. Soziales Training oder Rollenspiel. *B: Bei sozial therapeutischen Interventionen wie dem Anti-Gewalt Training im Strafvollzug werden zunächst die Einstellungen des Täters hinterfragt und dann wird alternatives Verhalten im Rollenspiel eingeübt (→ Aggression)*
- Emotionale Tiefe des Lernprozesses: *B: Harte Konfrontationen des Täters mit seinem Verhalten (z.B. durch eine keine Ausreden zulassende Diskussion mit dem auf einem „sog. heißen Stuhl" sitzenden Täter) und körperintensive Rollenspiele beeindrucken manche mehr als ein an rationales Vorgehen appellierender Vortrag.*

(4) Aufbrechen von Wahrnehmungsverzerrungen

Ein weiterer Ansatz kann sein, der menschlichen Neigung, mit möglichst geringem Aufwand Konsonanz mittels Wahrnehmungsverzerrungen herzustellen, entgegenzuwirken. *B: Wahrnehmungsverzerrungen eines Täters, der dazu neigt, sich unschuldig zu fühlen, weil er meint, immer nur von anderen angegriffen worden zu sein, müssen aufgedeckt und diskutiert werden.*

(5) Aufbrechen von verschleiernden Abwehrmechanismen

Bei psychoanalytischem Wissen kann man auch versuchen, die Abwehrmechanismen und Neutralisationstechniken durch aufdeckende Verfahren zu problematisieren und das Ich so zu stärken, dass keine Notwendigkeit mehr zur Abwehr durch Projektionen usw. besteht.

(6) Exkurs: Die Compliance im therapeutischen Bereich

Für den sozialen und medizinischen Bereich ist auch die Compliance, also die **Folgsamkeit**, wichtig. Diese kann erhöht werden, wenn man (a) ein für den Betroffenen wichtiges (für ihn knappes) Gut vermittelt und dabei seinerseits (b) verbindlich im Umgang und (c) gegenüber Wünschen des anderen zuvorkommend ist (Gerrig & Zimbardo 2008, 651 f).

(7) Exkurs: Das Elaboration-Likelihood Modell der Werbung

Der oben beschriebene Weg der Einstellungsänderung ist meist mühselig. Im Bereich der Werbung hat man dafür meist weder die Möglichkeiten noch die Zeit. Die Werbung geht daher vor allem zwei Wege: **Zum einen versucht sie, durch knappe, pointierte und gut begründete (elaborierte) Argumente zu überzeugen, zum andern kann man das beworbene Produkt einfach in einen erstrebenswerten Kontext setzen** (der zu bewerbende Rum wird auf einer Karibikinsel von einer leicht bekleideten Frau konsumiert). Ob man dabei den einen oder den anderen Weg geht, hängt davon ab, wie der Konsument eingeschätzt wird, und für wie wahrscheinlich es gehalten wird (Likelihood), dass der Konsument für eine sachliche Argumentation offen ist, was möglicherweise sogar von der Tageszeit der Werbung abhängig sein kann.

2.3 Vorurteil

Die Unterschiede zwischen Einstellungen und Vorurteilen sind nicht groß, aber gravierend. Wir erinnern Vorurteile aus der Zeit des Nationalsozialismus, die Millionen jüdischer Mitbürgerinnen und Mitbürger das Leben gekostet haben. Auch heute fällt es mancher Sozialarbeiterin, mancher Lehrerin oder auch manchem Polizisten und Juristen nicht immer leicht, Migrantinnen und Migranten und deren Kinder vorurteilsfrei zu behandeln. So kann ein Richter wegen Besorgnis der Befangenheit abgelehnt werden, wenn ein Grund vorliegt, der geeignet ist, Misstrauen gegen seine Unparteilichkeit zu rechtfertigen. Ein solcher Grund kann in Voreingenommenheit und Vorurteilen liegen. Demgemäß sind Richter, die sich bereits vor dienstlicher Befassung mit der Sache geäußert hatten, wie sie als Richter urteilen würden, zu Recht abgelehnt worden (RG 61,67; BGH NJW 61,789).

2.3.1 Vorurteil und Diskriminierung

(1) Die Entwicklung der Vorurteilsforschung

Die Vorurteilsforschung hat sich vor allem nach den schrecklichen Erfahrungen des 2. Weltkrieges entwickelt.

- Dabei stand nach dem 2. Weltkrieg zunächst die Betrachtung des Vorurteils aus individualtheoretischer Perspektive (Vorurteil als Ausdruck der Persönlichkeitsstruktur und der Einstellung) im Vordergrund (vgl. Adorno 1949/1950/1968),
- dann verstärkte sich die strukturtheoretische Perspektive (Vorurteile als Ansichten von Gruppen, Schichten, Organisationen), so z.B. durch die

Untersuchung von zwei wetteifernden Gruppen in einem Sommerlager (vgl. Sherif 1961/1988),
- um schließlich von der handlungstheoretischen Perspektive (Erklärung individuellen Handelns unter Einschluss der Situationseinflüsse) abgelöst zu werden (vgl. zu allem Markefka 1995).

(2) Vorurteil, Stereotyp, Diskriminierung, Stigmatisierung

Vorurteile lassen sich wie folgt definieren (vgl. auch Abels 2009, 240ff; Zimbardo 2008, 653; Güttler 2003, 111ff; grundlegend Markefka 1995):

Vorurteile

- Ein Vorurteil besteht aus erlernten Ansichten, Einstellungen, Wertvorstellungen, Stereotypen,
- wobei das Urteil aufgrund unvollständiger Informationen gebildet wurde und relativ immun gegen anderslautende Informationen ist,
- und in kategorischer Weise insbesondere Menschen bestimmten Klassen oder Gruppen zuordnet,
- die (typischerweise) negativ eingeschätzt werden, häufig verbunden mit der Absicht, die Gruppe zu vermeiden oder zu dominieren.

Vorurteile sind damit nicht prinzipiell etwas anderes als Einstellungen, sondern sind nur in besonderem Maße **gekennzeichnet durch ihre Stabilität, ihre Personenbezogenheit und ihr negatives Fremdbild**.

Die kognitive Komponente eines Vorurteils wird auch als **Stereotyp** bezeichnet. Die verhaltensmäßige Umsetzung von Vorurteilen in eine abwertende Behandlung, eine Benachteiligung, bezeichnet man auch als **Diskriminierung**. Werden Personen aus dem Bereich sozialer Akzeptanz völlig herausgenommen, so spricht man von **Stigmatisierung** (Schäfer & Petermann 1988, 45; Goffman 1990).

(3) Auswirkungen

Die praktischen Auswirkungen von Vorurteilen, Stereotypen, Diskriminierung und Stigmatisierung können sich – z.B. bezogen auf Migrantinnen und Migranten – dann auf mehreren Ebenen zeigen:
- Auf der kognitiven Ebene erfolgen Zuschreibungen (Ausländer sind dreckig, dumm, gewalttätig),
- auf der emotionalen Ebene wirken gefühlsmäßige Reaktionen (Hass, Verachtung, Ablehnung) und
- auf der Verhaltensebene kommt es zu menschenverachtenden Aktionen (so zum Anzünden von Häusern ausländischer Mitbewohner).

2.3.2 Autoritäre Persönlichkeit und Vorurteil

In der Nachkriegszeit hat zunächst die Theorie der autoritären Persönlichkeit große Bedeutung als Erklärungsmodell erlangt.

(1) Der autoritäre Charakter

Die Soziologen und Sozialpsychologen Adorno, Frenkel-Brunswik, Levinson und Sanford veröffentlichten 1950 in den USA ihre inzwischen berühmt gewordenen Studien zum autoritären Charakter (1968). Sie benutzten dazu die sog. F-Skala, um durch Aussagen über soziales Verhalten, Normen und Wertungen die geistige und soziale Rigidität und damit die Anfälligkeit für den Faschismus durch Punktewerte zu erfassen. Erweiterungen des Ansatzes erfolgten durch Rokeach, der in seiner Dogmatismustheorie u.a. die closed-mindedness, ein geschlossenes Orientierungssystem, herausstellt (Rokeach 1960). Folgen wir Adorno und seiner Forschungsgruppe, so kann das Denken und Verhalten der autoritären Persönlichkeit wie folgt umschrieben werden (vgl. auch Markefka 1995, 65 ff):

Merkmale einer autoritären Persönlichkeit

Gruppenabhängigkeit:
- als Prestigeorientierung, vor allem an der eigenen Gruppe,
- als Konformitätszwang, in der eigenen Gruppe, aber auch zur Abgrenzung gegenüber Fremden,
- als Differenzierung der Menschen in Starke und Schwache, wobei die eigene Gruppe als stark und mächtig angesehen wird, die anderen aber als schwach.

Neigung zur Projektion:
- eigenes Versagen wird anderen angelastet,
- die anderen müssen dafür auch bestraft werden.

Dogmatisches Denken:
- unduldsam gegenüber Mehrdeutigkeit,
- Neigung zur Vereinfachung der Wirklichkeit,
- Bereitwillige Übernahme von Stereotypen,
- Denken in „Personenkategorien" (z. B. die Ausländer).

(2) Sündenbockpraktiken

Zu der aus psychologischer Sicht besonders interessierenden Neigung zu Projektionen (das eigene Versagen wird Dritten zugeschrieben) gibt es bereits aus frühen Jahren sehr differenzierende Überlegungen von Gordon W. Allport (1951), der als einer der ersten Sozialpsychologen dafür den Begriff des „Sündenbocks" benutzt hat. Danach sind u.a. *ursächlich* für Sündenbockpraktiken:

- Hindernisse und Entbehrungen (die wir heute wohl als „Critical Life Events" bezeichnen würden), *B: Arbeitslosigkeit;*
- Ausflucht vor Schuld, *B: Eigenes Versagen bei der Berufsausbildung, Faulheit, Alkoholkonsum;*
- Furcht und Beklemmung, *B: Die Angst vor immer größerem Zuzug von Ausländern;*
- Übersteigertes Selbstbewusstsein, (zur Abwehr eigener Unsicherheit und des Gefühls der Minderwertigkeit) *B: Rassistische Größenphantasien;*
- Herdentrieb (was wir heute als Gruppenkonformität bezeichnen würden), *B: die Bereitschaft anderen blind zu folgen;*
- Denken in Verallgemeinerungen (weil es an differenzierten Denkstrukturen fehlt).

(3) Abwehr von Angst

Güttler (2003, 126) ordnet die autoritäre Reaktion in einen weiteren Zusammenhang ein: In Krisen- und Konfliktsituationen kommt es zu Gefühlen der Angst und Verunsicherung, was wiederum eine Orientierung an Sicherheit anbietende Autoritäten nach sich zieht. Dadurch kann die **Angst verringert, im psychoanalytischen Terminus *abgewehrt* werden**, der Konflikt wird aber so natürlich nicht verarbeitet, sondern nur delegiert.

2.3.3 Entstehung von Vorurteilen

Die Theorie der autoritären Persönlichkeit ist allerdings in den letzten Jahrzehnten zu Recht in die Kritik geraten. Ihre Beschränkung auf eine individualistische Sichtweise hat heute einem ganzheitlichen Ansatz Platz gemacht, der Autoritarismus aus dem Zusammenwirken von Persönlichkeitsmerkmalen, Motiven, ideologischen Orientierungen, Gruppenidentifikationen sowie sozialen und situativen Umfeldfaktoren erklärt (vgl. Petzel 2009). Die Entstehung von Vorurteilen erfolgt zudem prozesshaft und ist dabei nicht immer bewusst und reflektiert (vgl. Aronson, Wilson & Akert 2008, 429 ff).

(1) Entwicklungspsychologische Stufen

Vorurteile entstehen im Lauf der → Erziehung und → Sozialisation durch Lernprozesse. Dabei lassen sich drei Stufen unterscheiden (vgl. auch Markefka 1995, 93 ff):

- frühe Kindheit bis etwa zum 7. Lebensjahr: Übernahme vorurteilsrelevanter Kategorien, Begriffe und Sprachmuster von den Eltern, ohne bewusste Einordnung. *B: Der fünfjährige Adolf hält Ausländer insgesamt für faul und dreckig;*

- späte Kindheit bis etwa zum 12. Lebensjahr: gruppenspezifische Distanzierung von anderen, was mit verstärkten Vorurteilen einhergeht. *B: Adolf bevorzugt Deutsche als Spielkameraden;*
- Jugendzeit bis etwa zum 18. Lebensjahr: offenere und kritischere Auseinandersetzung, wobei allerdings die pubertäre Suche nach Identität bei fehlenden Vorbildern auch zur Nachfolge von einfachen Leitbildern führen kann. *B: Der inzwischen 16jährige arbeitslose Adolf geht zu den Skinheads, weil deren Anführer klar sagt, wer „Schuld" an der Arbeitslosigkeit ist.*

(2) Einstellungsstabilisierung

Vorhandene Vorurteile kommen unserem Bedürfnis nach Einfachheit und Harmonie entgegen und werden wie Einstellungen durch Wahrnehmungsverzerrungen stabilisiert (→ Einstellung). *B: Der inzwischen 18jährige Adolf liest bevorzugt Zeitungen mit ausländerfeindlichem Inhalt.*

(3) Attributionen von Ursachen

Vorurteilsbehaftete Personen neigen dazu, auch bei nur geringer Information subjektiv sichere Entscheidungen, vor allem über andere Volksgruppen, zu fällen (→ Attribution). *B: Adolf ist sich subjektiv sicher, dass seine Arbeitslosigkeit nur auf die Türken zurückzuführen ist.*

(4) Persönlichkeitsfaktoren

Vorurteilsbehaftet sind vor allem sog. autoritäre Persönlichkeiten (→ Persönlichkeit → Gehorsam). *B: Uneingeschränkter Gehorsam erscheint Adolf als wichtigstes Gut.*

(5) Die Bevorzugung von Eigengruppen

Positive In-Group Beziehungen wie traditionelle Freundschaften, gemeinsame Themen und ein gemeinsamer Gruppenname und feindselige Out-Group Beziehungen bei Demonstrationen oder im Wahlkampf wirken sich als strukturelle Verstärker aus, so dass Abgrenzungen und „Vorurteile" als eine gleichsam „selbstverständliche" Folge der sozialen Zugehörigkeit zu Gruppen verstanden werden können. *B: Adolf fühlt sich wohl im Kreise von Neonazis und grenzt sich von den „Linken" ab.*

(6) Kognitive und situative Aspekte

Auch kognitive und situative Aspekte können vorurteilsfördernd wirken. So sind aus handlungstheoretischer Sicht Vorurteile und Diskriminierungen vor allem als individuelle und zielbewusste Verhaltensweisen in konkreten Situationen zu verstehen, so dass für die Akzeptanz eines ausländischen Kollegen am Arbeitsplatz auch private Kosten-Nutzen Abwägungen und das berufliche Arbeitsklima von Bedeutung sind. *B: Adolf akzeptiert Türken als Hilfsarbeiter, die ihm schwere Arbeit abnehmen.*

(7) Opferfaktoren

Eine Stabilisierung von Vorurteilen kann auch, ohne dass hier Ursache und Wirkung vertauscht werden dürfen, auf eine **Self-Fulfilling-Prophecy** zurückzuführen sein, wenn die (in der Minderheit befindlichen) Opfer des Vorurteils sich in ihrem negativen Selbstbild der Mehrheit angleichen, um diese zu einem Verzicht auf aggressives Verhalten zu bewegen, so dass es dadurch zu einer Bestätigung der Vorurteilsträger kommt.

(8) Strukturelle Faktoren

Daneben tragen auch strukturelle und gesellschaftliche Faktoren zur Entstehung von Vorurteilen bei. Psychologische Untersuchungen lassen nach Markefka (1990, 93 ff) vermuten, dass:

- politisches Bekenntnis für Stereotypeninhalte mitverantwortlich ist,
- Mädchen gegenüber Fremdgruppen offener als Jungen urteilen,
- höhere Schichtzugehörigkeit zum Abbau negativer Fremdurteile beiträgt,
- höhere Bildung zu positiverer Fremdwahrnehmung führt,
- der Zusammenhang zwischen Konfession und Fremdurteil ungeklärt ist.

2.3.4 Abbau und Vermeidung von Vorurteilen

Für den Abbau und die Vermeidung von Vorurteilen gibt es keine Patentregel; vielmehr sind wir auf ein Maßnahmenbündel angewiesen.

(1) Strukturelle Verhinderung von Vorurteilen

Veränderungen können zunächst durch eine verstärkte **Durchsetzung des Gleichbehandlungsgedankens in Gesetzgebung und Rechtsprechung** (z.B. nach dem Allgemeinen Gleichbehandlungsgesetz mit seinen Schutz- und Schadensersatzvorschriften, durch Einsetzung von Gleichstellungsbeauftragten, Aufklärung und Information über andere Kulturen, Zugangserleichterungen für Minoritäten zu Arbeitsplätzen und staatlichen Institutionen, doppelte Staatsbürgerschaft), durch eine **Verbesserung der Sozialisationsbedingungen für deutsche und ausländische Kinder** (vorschulische Hilfe, schulische und soziale Stützung, partnerschaftliche und ideologiekritische Erziehung) und durch eine Beseitigung von Sozialisationsdefiziten (Vermeidung bzw. Abfederung von Entbehrungen und Critical Life Events wie Arbeitslosigkeit) erfolgen.

(2) Massenmediale Strategien

Massenmediale Strategien wie Kampagnen attraktiver Vorbilder *(B: Die deutsche Fußballnationalmannschaft wirbt mit Spielern verschiedener Herkunft und Hautfarbe)* oder vorurteilsfreie Fernsehsendungen über Minderheitenthemen oder das Auftreten von Minderheitenangehörigen als hohe Parteifunktionäre oder Fernsehmoderatoren lassen sich mit den lernpsychologischen Gesetzmäßigkeiten des Modelllernens begründen. Allerdings lässt sich die Wirkung von Medienkampagnen kaum empirisch überprüfen. Immerhin erscheint plausibel, dass die Wirkung von Medien von den jeweiligen psychosozialen Umständen mit beeinflusst wird. Dabei dürfte es auch auf die individuelle Aufnahmebereitschaft und die Tiefe des Umlernprozesses ankommen. Daher sollte die Benutzung von entsprechendem Filmmaterial in Schulen immer durch themenbezogene Vorbereitung und Diskussion im Unterricht begleitet werden.

(3) Veränderung des dogmatischen Denkens

Die Maßnahmen zur Veränderung des dogmatischen Denkens können sich anlehnen an die Schritte zur Veränderung von Einstellungen, so dass ausgehend von einer Analyse der Entstehung der Vorurteile Veränderungen in Richtung auf vorurteilsfreies Denken festzulegen sind, die dann z.B. durch Information, durch Soziales Training und Rollenspiel gefördert werden können (→ Einstellung).

(4) Veränderung der autoritären Persönlichkeit

Eine Veränderung der autoritären Persönlichkeit kann versucht werden durch Maßnahmen, die zum aggressiv – entwertenden und zum bestimmend – kontrollierenden Persönlichkeitsstil (→ Persönlichkeit) dargelegt worden sind, und die unter Beibehaltung einer gesunden Selbstbehauptung in Richtung verstärkte Selbstwahrnehmung, Wärme und Echtheit, Akzeptanz auch von Schwäche und von Nähe sowie Förderung von Flexibilität und Kreativität gehen sollten.

(5) Verminderung von Projektionsneigungen

Zur Verminderung von Neigungen zur Projektion ist an zwei Wege zu denken: zum einen an die Verwendung von aufdeckenden Verfahren, die die unbewussten Projektionstendenzen offen legen, zum andern an die Stärkung des Selbstwertgefühls, z.B. durch (möglichst auch berechtigtes) Lob und Zuwendung von Streetworkern, denn erhöhtes Selbstvertrauen immunisiert offensichtlich gegen negative Fremdbilder (→ Persönlichkeit).

(6) Aufbrechen von Gruppenfaktoren

Um Gruppenfaktoren aufzubrechen, hilft es, Konkurrenzen zwischen einzelnen Gruppen nicht durch negative Einschätzungen, sondern durch konstruktiv faire Betrachtungen zu ersetzen (Out-Group Verhältnis verbessern) und den Gruppendruck durch Rollentausch zwischen Gruppen und durch Kontakt mit Minoritäten aufzubrechen.

Das Sherif Ferienlager

Ein bekanntes Experiment zum Verlauf von Gruppenprozessen geht auf M. Sherif zurück. Dieser führte Anfang der 50er Jahre verschiedene Ferienlager mit etwa 12jährigen Jungen durch, die er in zwei Untergruppen einteilte, dann zunächst Gruppenfehden aussetzte und schließlich durch verschiedene Interventionen wieder zusammenzuführen versuchte. Nach Sherif wirken für die Beilegung von Gruppenfehden vor allem vier Situationen integrativ (vgl. Sherif 1966):

- gemeinsame Gegner (z.B. ein Fußballspiel deutscher und türkischer Jugendlicher gegen einen Verein aus einer anderen Stadt),
- gemeinsame Not (das Versagen der Wasserzufuhr für deutsche und türkische Jugendliche während eines Ferienurlaubs),
- der gemeinsame Vorteil (die gemeinsame Entleihung eines Spielfilms unter Heranziehung der gemeinsamen Ersparnisse),
- die gemeinsame Freude (gemeinsames Vorbereiten und Feiern eines Festes).

(7) Kontakt zwischen Vorurteilsträgern und Opfern

Derartige Kontakte sind in letzter Zeit mehrfach forciert worden. Dabei müssen allerdings die sog. Kontaktgesetzmäßigkeiten beachtet werden:

- Nur längere Kontakte zeigen Wirkung (eine kurze touristische Visite im Ausland reicht nicht aus).
- Häufige Kontakte erhöhen die Wirkung (regelmäßige Besuche auch in Alltagssituationen führen zueinander).
- Statusgleichheit der zusammengeführten Gruppen wirkt positiv (Besuche kommunaler Honoratioren in türkischen Armutsvierteln können wie „Zoobesuche“ wirken; vorzuziehen ist z.B. ein Treffen deutscher und türkischer Handwerker oder Schachspielerinnen oder Arbeitsloser).
- Gemeinsamkeiten der neuen Gruppe wirken positiv (Freude am gemeinsamen Sport oder Feiern).
- Vorbildfunktionen von dominanten Persönlichkeiten (z.B. Führern der Teilgruppen) sind zu beachten; können sie als Multiplikatoren für ein

vorurteilsfreies Zusammenleben gewonnen werden, kann die ganze Gruppe „nachziehen").

Ausländerfeindliche deutsche und türkische Jugendliche in der Türkei

So entstand im November 1992 im deutsch-türkischen Volkshaus in Kiel die Idee, deutsche Jugendliche, die an ausländerfeindlichen Ausschreitungen beteiligt waren, mit deutschen und türkischen Jugendlichen zusammenzubringen, damit sie sich über ihre Ängste und Vorstellungen von einem gemeinsamen Leben verständigen und die sich in Gewalttaten ausdrückende Sprachlosigkeit überwinden. Angesichts der aktuellen Bezüge und einer breiten Öffentlichkeit gelang es bereits bis Ende Februar 1993, über Land, Stadt, Betriebe, Medien, Einzelpersonen und andere Sponsoren die mit 80 000 DM kalkulierte Finanzierung sicherzustellen und schließlich die Gruppe sogar auf rund 41 Jugendliche und 8 Betreuer zu erweitern. Nach einem einwöchigen Aufenthalt und gemeinsamen Veranstaltungen in Kiel folgte eine zweiwöchige Reise in die Türkei, die durch ein wechselseitiges Kennenlernen, durch Informationen und durch Diskussionen mit türkischen Jugendlichen und Abgeordneten geprägt war. Das Ergebnis schildern die Initiatoren selbst wie folgt (zitiert nach Informationsheft des deutsch-türkischen Volkshauses in Kiel, Kaiserstr. 92, 24143 Kiel):

- Die Jugendlichen, die bis jetzt keinen Kontakt zu Ausländern hatten und jeglichen Kontakt zu ihnen ablehnten, kamen zum ersten Mal in ihrem Leben mit den ausländischen Jugendlichen in Kontakt. Sie mussten mit Erstaunen feststellen, dass sie mit ihnen große Ähnlichkeiten und Gemeinsamkeiten haben.
- Die deutschen Jugendlichen waren zum ersten Mal in einem fremden Land und dort selbst Ausländer. Sie lebten mit den türkischen Jugendlichen drei Wochen lang zusammen. Sie haben sich an die Fremden, die sie bis jetzt verachtet und gehasst haben, gewöhnen können.
- Es gab keine Gewaltanwendung und auch keine Neigung zur Gewaltanwendung. Die Begegnungen dieser Art leisten einen großen Beitrag zur Überwindung von Vorurteilen und Berührungsängsten. Sie senken außerdem die Gewaltbereitschaft.
- Sie haben das ihnen entgegengebrachte Vertrauen nicht enttäuscht, sondern es geschätzt und versucht es zu verdienen. Sie haben mit ihrer Selbstdisziplin, Geduld und Aufmerksamkeit alle Erwartungen übertroffen.
- Die Anwesenheit der Presse hat das gesamte Projekt gestört. Besonders die Mitarbeiter des NDR-Kiel haben die Jugendlichen durch tagtäglich gestellte, aufdringliche und bohrende Fragen immer wieder daran erinnert, dass sich bei ihnen nichts verändern darf. Für die Begegnungen, die in Zukunft organisiert werden sollen, raten wir von der Mitnahme der Presse dringend ab.
- Die Begegnung war ein großer Erfolg, weil durch sie bewiesen wurde, dass auch die sogenannten „gewaltbereiten" Jugendlichen auf Gewalt verzichten können, wenn dafür die Bedingungen geschaffen werden. Solche Begegnungen können jedoch keine Wunder bewirken, da sie keinesfalls die bestehenden Probleme in der Gesellschaft lösen. Für die endgültige Lösung sind tiefgreifende und langatmige, aber ernstgemeinte Maßnahmen notwendig.

Unter Kosten-Nutzen-Gesichtspunkten sind Reisen wie die oben beschriebene Fahrt allerdings nicht unproblematisch, denn zu Recht darf gefragt werden, ob nicht durch einen mit diesem Geld finanzierten mehrmonatigen Einsatz zweier Sozialarbeiter vor Ort ein größerer Effekt hätte erreicht werden können. Vergleichende Evaluierungen gibt es indes bisher noch nicht. Vertretbar erscheinen solche Reisen vor allem dann, wenn durch eine sorgfältige Auswahl der Teilnehmerinnen und Teilnehmer (Mitnahme von problemoffenen Gruppenführern) später ein Multiplikatoreffekt erreicht werden kann.

Kapitel 3
Sozialverhalten

Überall, wo Menschen zusammenleben, kommt der Art und Weise ihres Zusammenlebens eine zentrale Rolle zu. Dabei gibt es Interaktionen und Zeiträume, die harmonisch sind, so wenn bei frisch Verliebten der Mantel der Liebe die Differenzen zudeckt. Andererseits ist unser Leben aber auch voll von unterschiedlichen Bedürfnissen, die zu Konflikten ausarten können. Traditionell ist der Gehorsam ein Konfliktlösungsmittel, doch heute würden wir wohl eher auf Moral setzen. Dabei brauchen wir dann manchmal auch die Unterstützung Dritter und ihr Prosoziales Verhalten.

3.1 Konflikt

Wer als Sozialarbeiterin, Lehrerin, im Gesundheitswesen, als Juristin oder Polizeibeamtin arbeitet, hat immer wieder auch Streitigkeiten und Konflikte zu schlichten. Diese Konflikte können unterschiedlichste Ursachen haben; sie können in gesellschaftlichen Ungerechtigkeiten liegen, im systemischen Zusammenspiel in Gruppen, in widrigen situativen Umständen, in individuellem menschlichem Verhalten. Es gibt aber einige allgemeine Grunderkenntnisse, die zumindest aus psychologischer Sicht das Verständnis erleichtern.

3.1.1 Konflikt und Spieltheorie

(1) Die Bedeutung von Konflikten

Von Konflikt spricht man, wenn sich innere Bedürfnisse oder die Interessen von Einzelnen oder von Gruppen überschneiden und die Unvereinbarkeit der Handlungspläne zu einer Spannungssituation führt (vgl. Zuschlag & Thielke 1998, 33 ff mit weiteren Definitionsvorschlägen; vgl. Rüttinger & Sauer 2000, 1 ff).

Jeder Mensch hat seine eigenen Erlebnisse, Bedürfnisse, Motive. Es ist daher ein Glücksfall, wenn das Zusammenleben mit einem Partner durch eine weitgehende Übereinstimmung der Interessen und Motive oder zumindest durch eine harmonische Ergänzung der → Persönlichkeitsstile geprägt ist. Eine vollständige Identität aller Wünsche und Verhaltensweisen ist in der Wirklichkeit selbst bei eineiigen Zwillingen nicht vorhanden. Konflikte sind daher eine Folge menschlicher Individualität und **prinzipiell etwas Normales**. Da die Menschen unterschiedlich und „eigenwillig“ sind, sind Konflikte in zwischenmenschlichen Beziehungen praktisch unvermeidlich.

Konflikte haben den **Vorteil**, dass sie der Motor für Veränderungen sind und damit die fortlaufend notwendigen Anpassungen an neue Lebensbedingungen und aktuelle Probleme erleichtern. Nicht der Konflikt als solcher ist daher ein Problem, sondern allein die Frage, ob und wie der Konflikt angemessen gelöst werden kann. Konflikte haben den **Nachteil**, dass sie eine effektive Zusammenarbeit stören, dass sie eskalieren und zu Aggressionen und Straftaten führen können, und dass sie ganz allgemein wegen des menschlichen Bedürfnisses nach klarer Einordnung und Harmonie als unangenehm empfunden werden.

(2) Interpersonelle und interne Konflikte

Konflikte können zwischen mehreren Personen oder auch in derselben Person entstehen.

(a) Interpersonelle Konflikte entstehen, wenn zwei oder mehr Menschen, einzelne oder Gruppen, eine Gruppe oder die Gesellschaft ein unterschiedliches Erleben oder unterschiedliche Interessen haben und es auf Grund der Unvereinbarkeit zu einer (gewichtigen) verbalen Meinungsverschiedenheit oder gar zu einer körperlichen oder kriegerischen Auseinandersetzung kommt. *B: Konflikte können entstehen zwischen mehreren Schülern, zwischen zwei Fangruppen bei einem Fußballspiel, zwischen der Polizei und einem Straftäter, bei einer Routineverkehrskontrolle, zwischen dem Vorgesetzten und nachgeordneten Mitarbeitern oder auch unter gleichgeordneten Kollegen.* Bei interpersonellen zwischenmenschlichen Konflikten handelt es sich üblicherweise um:

- Verteilungskonflikte, vor allem bei knappen Ressourcen. *B: Ein Dieb stiehlt ein Fahrzeug, weil er nicht genügend Geld hat, sich selbst eines zu kaufen;*
- Bewertungs- bzw. Auftretenswahrscheinlichkeiten betreffende Beurteilungskonflikte. *B: Ein alkoholisierter Autofahrer hält seine Fahrweise für verkehrsgerecht und ungefährlich, der ihn kontrollierende Polizeibeamte will wegen Alkoholkonsums und gefährlicher Fahrweise den Führerschein beschlagnahmen.*

(b) Interne Konflikte entstehen, wenn sich bei einem Individuum bestimmte Bedürfnisse, Gefühle oder Motive gegenseitig hemmen. *B: Der Jugendliche A ist hin- und hergerissen, ob er denn nun das vor ihm stehende nicht abgeschlossene Fahrrad eines anderen stehlen soll. Einerseits hat* *er keine Lust, zu Fuß nach Hause zu gehen und kann er das Fahrrad vielleicht sogar verkaufen. Andererseits hat er Angst, erwischt zu werden und Ärger oder Bestrafung befürchten zu müssen.* Bei internen Konflikten können unterschieden werden:

- Aversions-Aversions Konflikte (sie führen bei zwei abstoßenden Zielen zur Vermeidung des abstoßenderen Ziels bzw. zur Flucht),
- Appetenz-Appetenz Konflikte (sie führen bei zwei anziehenden Zielen zum Aufsuchen des anziehenderen Ziels) und
- Appetenz-Aversions Konflikte (bezogen auf dasselbe Ziel, sie führen zu Neubewertungen oder auch zur Konfliktverschärfung).

(3) Kompetition vs. Kooperation

Konfliktbehaftete Interessen in zwischenmenschlichen Beziehungen lassen sich besonders gut mit der Spieltheorie (vgl. Rüttinger & Sauer 2000, 122 ff; vgl. Neumann & Morgenstern 1973) untersuchen. Dazu wird eine begrenzte Zahl von Versuchspersonen in einer laborähnlichen, kontrollierten Situation beim Spielen unter wechselnden Rahmenbedingungen beobachtet. Dabei lassen sich Nullsummenspiele, bei denen der Gewinn eines Spielers dem Verlust des anderen entspricht, von Nichtnullsummenspielen unterscheiden, bei denen die Erträge der einen Seite und die Kosten der anderen Seite sich nicht entsprechen.

Das Gefangenendilemma

Ein häufig verwendetes Spiel ist das von dem amerikanischen Sozialpsychologen M. Deutsch entwickelte sog. Gefangenendilemma. Es basiert im Kern auf folgender Geschichte: Zwei Personen, die des Raubes verdächtigt werden, befinden sich voneinander strikt getrennt in Untersuchungshaft. Da ausreichende Beweise fehlen, werden sie vom Untersuchungsrichter einzeln vernommen und jeweils vor die Wahl gestellt.

- Wenn einer das Verbrechen gesteht und der andere nicht, geht der Geständige nach der Kronzeugenregelung frei aus und der andere erhält zehn Jahre.
- Gestehen beide, erhalten Sie wegen ihrer Reue jeweils eine Strafe von acht Jahren.
- Wenn beide leugnen, so werden sie jeweils wegen Hausfriedensbruch zu einem Jahr Gefängnis verurteilt.

Das Gefangenendilemma verbindet **Nullsummenspiel und Nichtnullsummenspiel** miteinander und stellt eine Situation mit gemischten Motiven (mixed motive game) dar. Prinzipiell hat jeder Teilnehmer einerseits das kompetitive Motiv, auf Kosten des anderen die für ihn beste Alternative zu wählen, andererseits das kooperative Motiv, den Nutzen für alle Beteiligten zu optimieren. Damit entspricht das Gefangenendilemma zahlreichen Konflikt- und Verhandlungssituationen, in denen nicht nur momentane Profitmaximierung auf einer Seite, sondern dauerhafte Kooperation durch stabiles gegenseitiges Vertrauen erreicht werden soll. Die Ergebnisse aus Studien vom Typ des Gefangendilemmas zeigten, dass es über Kontaktaufnahme, Informationsaustausch und Berechenbarkeit im Umgang durchaus möglich ist, Vertrauen zu schaffen und dadurch die Wahrscheinlichkeit kooperativen Verhaltens zu beeinflussen.

3.1.2 Entstehung und Stabilisierung

(1) Entstehung von Konflikten

Angesichts unterschiedlicher Bewertungen und Interessenlagen sind Konflikte unvermeidlich. Wird der Konflikt nicht verdrängt, kommt es zu einem Prozess des subjektiven (dissonanten) Empfindens (vgl. Herkner 2004, 86 ff):

(a) Entstehungsphase. Die Entstehung eines Konfliktes wird als unangenehme Spannung erlebt. Die Konfliktstärke hängt dabei (am Beispiel eines Jugendrichters, der ein Urteil fällen soll) ab von:

- der Zahl der Verhaltensalternativen. *B: Für den Jugendrichter ergeben sich die Alternativen aus der Möglichkeit zum Freispruch oder zur Einstellung, den denkbaren Erziehungsmaßnahmen und den innerhalb des Strafrahmens möglichen Bestrafungsalternativen;*
- den absoluten Werten der Alternativen. *B: Für den Jugendrichter kann dies bei einem Verbrechen die Entscheidung zwischen Freispruch oder einer Jugendstrafe von 10 Jahren sein;* und
- den relativen Werten der Alternativen zueinander. *B: Angesichts aller Umstände muss sich der Jugendrichter z.B. für eine Jugendstrafe zwischen 5 Jahren oder 6 Jahren entscheiden.*

(b) Entscheidungsphase. In der Entscheidungsphase hängt die Konfliktstärke von der Gleichwertigkeit der Alternativen ab; relative Gleichwertigkeit verlängert die Reaktionszeit und erhöht die Schwierigkeit, den Konflikt zu entscheiden. *B: Sprechen im obigen Beispiel gleichermaßen Argumente für und gegen eine Täterschaft des eines Verbrechens angeklagten Jugendlichen, so ist die Konfliktstärke besonders groß, was nicht ausschließt, dass nach Abschluss aller konflikthaften Überlegungen nach der Regel „Im Zweifel für den Angeklagten" doch noch eine Lösung im Sinne eines Freispruchs gefunden werden kann.*

(c) Nachentscheidungsphase. Nach der Entscheidung vor allem von komplexen Konflikten verbleibt zunächst Dissonanz, denn man nimmt für die Entscheidung auch die negativen Aspekte in Kauf. *B: Der Jugendrichter* *fühlt sich nach dem Freispruch schlecht und macht sich Sorgen, dass der freigelassene Täter ein ähnliches Verbrechen noch einmal begehen wird.* Diese Dissonanz wird durch Änderung kognitiver Elemente vermindert (→ Einstellung). *B: Der Jugendrichter beruhigt sich, indem er sich einredet, dass schon alles gut gehen werde und rechtfertigt seine Entscheidung mit der gesetzlichen Vorgabe, der „in dubio pro reo" Regel.*

(2) Stabilisierung von Konflikten

Konflikte des täglichen Lebens lassen sich wegen ihrer Normalität kaum vermeiden. Ein Problem wird daraus vor allem dann, wenn die Konflikte länger andauern, also sich nicht alsbald erledigen. Dazu kann es kommen, wenn wir im Interesse einer möglichst schnell und einfach herbeigeführten Lösung eine große Anzahl von Techniken anwenden, die **nicht wirklich den Konflikt lösen**. Zu diesen Techniken gehören zum einen Verhaltensweisen, wie sie die Ethologie für die Tierwelt beschrieben hat, zum anderen Verhaltensweisen, die aus der Psychoanalyse bekannt sind (vgl. Martens 1990, 79ff):

- Kampf, offen oder verdeckt, also körperlicher oder verbaler Angriff auf ein erstrebtes Gut. *B: Der Straftäter macht sich nicht etwa Gedanken über die Ursachen seiner schlechten Finanzlage, sondern raubt ein Fahrzeug mit Gewalt, was allerdings bei Gegenwehr des Eigentümers und polizeilichem Eingreifen zu einer Festnahme und damit zu einer Konflikteskalation führen kann.*
- Rückzug und Unterwerfung. *B: Als sich die Polizei dem Tatort nähert, zieht sich der Räuber frustriert vom Ort der Tat zurück und hebt, auf frischer Tat ertappt, gegenüber der Polizei die Hände.*
- Gleichgültigkeit gegenüber dem Konflikt. *B: Bei der nachfolgenden Vernehmung zeigt sich der Räuber uneinsichtig und gleichgültig gegenüber den der Straftat zugrundeliegenden Problemen.*
- Abwehrmechanismen wie die Verdrängung von Problemen ins Unterbewusstsein, wie die Flucht in Traum- und Phantasiewelten. *B: Der Straftäter beginnt nicht etwa, über eine besser berufliche Ausbildung nachzudenken, sondern flieht in die Hoffnung auf „das ganz große Ding" beim nächsten Mal.*
- Rückfall in frühkindliche Verhaltensweisen, also Regression. *B: In der Untersuchungshaft kommt es beim Täter zu Wutausbrüchen, er weint, schreit und kauert sich zusammen.*
- Verallgemeinerungen, die durch pauschale Lösungen den wahren Konflikt verschleiern und die durch kognitive Umbewertungen Konsonanz herstellen (→ Einstellung). *B: Der Straftäter setzt sich mit seinen Straftaten nicht weiter auseinander, „weil die Welt ungerecht und die Justiz korrupt ist".*

3.1.3 Analyse von Konflikten

Will man den Konflikt nicht durch oberflächliche Verhaltensweisen ungelöst lassen und damit sogar stabilisieren, sondern ihn an der Wurzel kurieren, ist zunächst eine Analyse der Konfliktursachen unerlässlich.

(1) Komplexes Ursachengefüge

Konflikte haben meist eine komplexe Ursachenstruktur. So sind bei interpersonellen Konflikten zumindest zwei Personen, manchmal auch zwei Gruppen mit ihrer jeweiligen Vielfalt und ihren dahinter stehenden sozialen Systemen beteiligt. Bedeutsam sind auch situative Bedingungen, die sich wie im Experiment mit der *einspurigen Brücke* (vgl. die ähnliche Darstellung in Rüttinger & Sauer 2000, 130ff) nicht schnell verändern lassen. Vor allem aber haben Konflikte eine dynamische Komponente, sie entwickeln sich, einzelne Reaktionen können große Wirkungen haben.

Die einspurige Brücke

Die Auswirkungen von Drohungen untersuchten Deutsch und Krauss (1960) in einem abgewandelten Experiment. Bei ihrem Spiel sind die Versuchspersonen zwei Lastwagenfahrer, die durch schnellen Transport der Ware einen möglichst hohen finanziellen Gewinn erzielen sollen. Weil die Straße in einem Teilstück nur einspurig ist, sind beide im Interesse eines schnellen Transports auf eine Verständigung angewiesen. Die Autoren variierten nun die Bedingungen dieser Verständigung und versuchten auch, die Auswirkungen von Drohungen zu messen. Sie fanden heraus, dass nur in der Bedingung ohne Drohung die Spieler überhaupt einen finanziellen Gewinn erzielen konnten. Daraus kann gefolgert werden, dass in Verhandlungen insbesondere bei gleichstarken Partnern Drohungen schädlich sind und auf beiden Seiten zu Verlusten führen können.

(2) Tiefsitzende und verfestigte Konflikte

Eine besondere Schwierigkeit der Konfliktanalyse ergibt sich daraus, dass Konflikte nicht nur – eher episodisch – auf eine aktuelle Streitigkeit, sondern auch – dann dauerhafter – auf frühkindliche Erlebnisse oder auf die sozialen Lebensbedingungen zurückzuführen sein können. Während Konflikte, die sich aus aktuellen und offensichtlichen Gegebenheiten her verstehen lassen, zumeist schnell durch rationale Einsicht und spontane Abhilfe oder Intervention gelöst werden können,

- ist bei **Konflikten, die mit frühkindlichen Erlebnissen verwurzelt** und durch spätere Erfahrungen verschüttet worden sind, eine genaue Analyse der zutage getretenen Störung, des nach außen erkennbaren Symptoms, und erst recht eine Konfliktlösung regelmäßig nur in einem langwierigen psychotherapeutischen Prozess möglich. *B: Die Festnah-*

me eines Tatverdächtigen, die Bestrafung des Angeklagten und die nachfolgende Bewährungsaufsicht über einen Probanden bearbeiten noch nicht sein seit frühen Jahren gestörtes Verhältnis zum fremden Eigentum.

- Die Konfliktanalyse und -bearbeitung kann schließlich noch dadurch erschwert werden, dass der **persönliche Verhaltensstil** und vor allem mangelndes Vertrauen und fehlende Offenheit den Zugang zum anderen erschweren (→ Persönlichkeitsstil).
- Auch können die Lebensbedingungen und die Auswirkungen des sozialen Systems so bestimmend sein, dass eine individuelle Konfliktbearbeitung bei derjenigen Person, die durch eine Störung aufgefallen ist, nicht wirklich den Kern des Problems trifft, weil die betreffende **Person nur der „Symptomträger"** des gesamten Systems ist. Hier müssten also die familiären Verhältnisse in den Änderungsprozess mit einbezogen werden (vgl. Northoff, Methodisches Arbeiten und Therapeutisches Intervenieren 2012).

(3) Ein Grundmodell der Konfliktdiagnose

Dazu sind üblicherweise mehrere Schritte erforderlich, von der Diagnose zur Intervention:

Schritte zur Konfliktbearbeitung

- Wahrnehmung eines inter- oder intrapersonellen Konflikts. *B: Die zunächst freundliche Kollegin Annika wird im Umgang mit C plötzlich zickig und aggressiv.*
- Leidensdruck und Bedarf, den Konflikt zu bearbeiten. *B: C kann deswegen nachts nicht mehr schlafen und wünscht sich eine Bearbeitung.*
- Klärung und Benennung der Konfliktinhalte. *B: Bei einer Tasse Tee wird deutlich, dass Annika Angst um ihre Beförderung hat, weil ihr C vorgezogen werden könnte.*
- Klärung der Konfliktstruktur. *B: Es handelt sich um einen interpersonellen Konflikt zwischen A und C in der Form des Verteilungskonflikts. Möglicherweise gibt es dafür tiefer sitzende Gründe wie ein beschädigtes Selbstwertgefühl.*
- Klärung der jeweiligen Bedürfnisse und Wünsche. *B: Hat C gar kein Interesse an der Stelle, erledigt sich der Konflikt. Möchte C sich auch bewerben, eröffnen sich verschiedene Lösungswege.*
- Vereinbarung von kooperativen Lösungswegen. *B: A und C vereinbaren, auf jegliche persönliche Vorwürfe zu verzichten und sich sachlich mit ihren Vorzügen einzubringen. B Alt: Sie könnten auch vereinbaren, sich auf unterschiedliche Ziele hin auszurichten und sich dabei zu unterstützen. B Alt: Sie könnten auch gemeinsam Beratung, Supervision und Mediation in Anspruch nehmen, insbesondere auch dann, wenn die Konfliktursachen tiefer sitzen.*

(4) Verzerrungen bei Konfliktanalysen

Die Analyse von Konflikten kann auch durch Verzerrungen und subjektive Heuristiken erschwert sein. Unterschiedliche Informationen, Bewertungen und Prognosen erschweren dann kooperative Ansätze (vgl. Wagner 2008, 5ff).

3.1.4 Bewältigung von Konflikten

Rechtliche Konfliktlösungen sind manchmal unvermeidbar, sie sollten aber nachrangig sein. Die psychologische Bewältigung eines Konflikts dient nicht nur der Wiederherstellung der aktuellen Harmonie, sie verhindert auch erschwerende Eskalationen und vermeidet nachfolgende Auseinandersetzungen. Eine rechtliche und psychologische Aspekte verbindende Konfliktbearbeitungstechnik ist die Mediation, sie eignet sich aber nicht in allen Fällen (vgl. Northoff, Methodisches Arbeiten und therapeutisches Intervenieren 2012, Mediation). Ganz allgemein kann man aber wie folgt vorgehen:

(1) Notwendigkeit der Bearbeitung

Wird man mit einem Konflikt konfrontiert, ist zunächst zu prüfen, ob eine Konfliktbearbeitung überhaupt erforderlich und sinnvoll ist. Insofern lassen sich Meinungsverschiedenheiten des täglichen Lebens, also Konflikte, die weder von Gewicht sind noch prinzipielle Bedeutung haben, von gewichtigen Konflikten, die einen hohen „Streitwert" oder längerfristige Auswirkungen haben, unterscheiden. **Bei simplen Meinungsverschiedenheiten** empfiehlt es sich häufig, diese zur Kenntnis zu nehmen, sie in demokratischer Haltung zu tolerieren und sie (nur) bei konkretem Entscheidungsbedarf im Wege des pragmatischen wechselseitigen Nachgebens zu lösen. **Konflikte von Gewicht** müssen bearbeitet und gelöst werden. Zwar gibt es immer wieder Menschen, die Angst vor Konflikten haben und sich bemühen, Frieden um jeden Preis zu bewahren. Eine Nichtbearbeitung (Verdrängung) ist aber bei gewichtigen Konflikten keine Lösung, denn sie kann dazu führen, dass die allgemeine Unzufriedenheit sich entweder in störenden und ineffizienten Formen wie Meckern und Tratschen Raum schafft oder sich durch Übertragung auf andere Bereiche (z.B. ins Privatleben) verschiebt oder aber sich so lange aufstaut, bis sie plötzlich zum Ausbruch kommt.

(2) Formen der Konfliktbearbeitung

Das Ausmaß, in dem Verfahrens- und Arbeitsabläufe der Konfliktbearbeitung festgelegt sind, kann unterschiedlich sein. **Für gravierende Konflikte**

ist mit dem Rechtsweg eine formale Bearbeitung vorgesehen. Eine **hoheitliche Form** der Bearbeitung ist in den Verfahrensgesetzen festgelegt, so **für Straftaten** z.B. in der StPO. Dort finden sich Regelungen des prozessualen Ablaufs, von der polizeilichen Anzeigenaufnahme und Ermittlung über die Anklageerhebung durch die Staatsanwaltschaft bis hin zur Gerichtsverhandlung und Vollstreckung, wobei allerdings psychologische Hinweise fehlen. **Eine ebenfalls hoheitliche, aber nur halbformalisierte Konfliktbearbeitungsform,** stellt das Ordnungswidrigkeitenrecht mit seinem Opportunitätsprinzip dar, demzufolge es z.B. im pflichtgemäßen Ermessen einer Polizeibeamtin liegt, ob sie bei anstößigen Verhaltensweisen Jugendlicher wegen einer Gefährdung der öffentlichen Ordnung eingreift und diese in einem persönlichen Gespräch ermahnt oder aber ein förmliches Bußgeldverfahren einleitet. Ähnlich ist es in der Schule oder in Verwaltungen, wenn **Disziplinarmaßnahmen** erwogen werden. Nicht mit Strafe bewehrt, aber doch auch formalisiert, ist das **zivilrechtliche Verfahren zwischen Privatparteien**, sei es, dass es z.B. im Schuldrecht um wirtschaftliche Konflikte, im Familienrecht um persönliche Konflikte oder im Arbeitsrecht um berufliche Fragen geht. Ein **wenig formalisiertes öffentliches Angebot** der Konfliktbearbeitung eröffnen z.B. Ombudsfrauen, Beauftragte (z.B. Frauenbeauftragte) oder ähnliche Stellen. Die formloseste Art bieten meist **Beratungsstellen** an, die von öffentlichen Stellen oder Freien Trägern vorgehalten werden.

(3) Konfliktbewältigung durch Kommunikation

Kern der Konfliktbearbeitung ist die Kommunikation. Im **Rechtswesen ist sie stark geregelt** (z.B. hinsichtlich Form, Inhalt und Fristen für Schriftsätze). **Im nicht formalisierten sozialen Kontext folgt sie** zunächst traditionellen rhetorischen Regeln. Die klassische Methode dafür ist die **Dialektik,** die von den Griechen im Altertum entwickelte Kunst der Unterredung. Sie ist gekennzeichnet durch ein intensives, argumentatives Bemühen um die Überwindung von Widersprüchen im Denken und Sein mit dem Ziel, These und Antithese zur Synthese zusammenzuführen. In der einschlägigen Literatur finden sich demgemäß auch vorzugsweise Vorschläge zur Konfliktregulierung durch Dialoge (Dieckmann 1989, Zuschlag & Thielke 1998, 86ff). Moderne, **psychologiegeleitete Konfliktbewältigung** geht dabei über rein sprachliche Ansätze hinaus, nutzt nonverbale Ausdrucksformen, beachtet auch Persönlichkeitsmerkmale und berücksichtigt alle Kenntnisse und Techniken zur Gesprächsführung (vgl. dazu Northoff, Methodisches Arbeiten & therapeutisches Intervenieren 2012). Dazu gehören:

- partnerzentrierte Gesprächsführung *(B: um Zuhören zu lernen),*
- Beachtung der Körpersprache *(B: um Körpersprache zu verstehen),*
- angemessene Fragetechniken *(B: um Dinge besser aufzuklären),*
- Einwandtechniken *(B: um den Diskurs besser führen zu können),*

- Vermeiden von „Killerphrasen“ *(B: um das Gespräch nicht abbrechen zu lassen)*,
- Berücksichtigung von Persönlichkeitsanteilen *(B: um zukünftige Reaktionen besser vorhersagen zu können)*,
- Techniken der Mediation, die der Stärkung der eigenverantwortlich getragenen Konfliktbearbeitung dienen (s. u.).

(4) Stärkung kooperativer Lösungen

Untersuchungen zum oben erwähnten Gefangenendilemma ergaben, welche Bedingungen kooperatives Verhalten, z.B. bei zwei Verhandlungspartnern, beeinflussen können (Herkner 2004, 404ff):

- Kooperatives Verhalten wird durch **Kommunikationsmöglichkeiten** verstärkt; miteinander reden kann helfen.
- Tatsächliches oder zumindest **erwartbares kooperatives** Verhalten des Verhandlungspartners erhöht die eigene Kooperationsneigung, der andere Verhandlungspartner wirkt wie ein nachahmenswertes Vorbild; weisen Sie darauf hin, dass Ihnen an einer einvernehmlichen Lösung gelegen ist.
- **Je mehr „auf dem Spiel steht“**, desto eher handelt man kooperativ; die meisten Menschen scheuen ein großes Risiko und setzen dann lieber auf eine Win-Win Situation, denn „der Spatz in der Hand ist besser als die Taube auf dem Dach“.
- Autoritäre Einstellung hingegen ist nicht selten mit einer Tendenz zur Kompetition, zum Wettkampf verknüpft (→ Persönlichkeit).
- Machtungleichheit scheint dabei in besonderem Maße eine kompetitive Haltung zu fördern; ist eine Seite deutlich stärker und kann ihre Interessen mit Macht durchsetzen, sinkt die Kooperationsbereitschaft.

(5) Mediation als erprobte Technik

Für Trennungs- und Scheidungssituationen, aber auch andere Streitigkeiten wie Nachbarschaftskonflikte, hat sich in den letzten Jahrzehnten das Verfahren der Mediation bewährt. Die (meist rechtliche und psychologisch kompetente) **Mediatorin versucht Hilfe zur Selbsthilfe zu geben und die Parteien bei ihrer Konfliktlösung in einzelnen Phasen zu begleiten**. Dabei werden die inhaltlichen und emotionalen Ebenen bearbeitet (vgl. im einzelnen Northoff, Kompetenzen der Arbeits- und Problembewältigung 2012).

3.2 Gehorsam

Anders als in Ländern wie England oder Frankreich ist in Deutschland der Übergang vom Mittelalter zur Neuzeit nicht durch konstitutionelle Verfassungen oder eine erfolgreiche Revolution, sondern durch Zeiten der Disziplin wie im Kaiserreich und des unbedingten Gehorsams wie im Nationalsozialismus begleitet worden. Es ist daher wohl kein Zufall, dass gerade in Deutschland Gehorsam nach wie vor als eine große Tugend gilt, mit der sich alle Herausforderungen und Konflikte unter der Leitung eines großen Führers lösen lassen. Dabei bewegt sich dann die Diskussion in der ganzen Bandbreite von der notwendigen Einordnung ins Gemeinwesen bis hin zur seelenlosen Befehlsausübung.

3.2.1 Gehorsam und Rechtswesen

(1) Gehorsam als Element gesellschaftlichen Lebens

Gehorsam als der psychologische Mechanismus, durch den **individuelles Handeln an Regeln und Zwecke einer Gemeinschaft gebunden wird**, gehört zu den Grundelementen gesellschaftlichen Zusammenlebens. Gehorsam, der durch Koordination, Respekt und Autorität gekennzeichnet ist, verhindert das Chaos, welches sich der isoliert lebende Einzelne oder eine kleine Gruppe Gleichgesinnter leisten kann, welches aber besonderes in dichtbesiedelten Räumen unweigerlich zu sozialen Auseinandersetzungen führt.

Ob bei einem **Widerspruch zwischen Gehorsam und Gewissen** tatsächlich individueller Ungehorsam die tragenden Säulen der Gesellschaft bedroht, oder ob eine souveräne Gesellschaft individuelle Gewissensentscheidungen respektieren kann, ist Ausdruck des unauflösbaren Widerstreits zwischen Individuum und Gesellschaft und ein grundlegendes moralisches Problem, das spätestens seit Antigone die Menschheit beschäftigt, ohne einer einfachen Lösung zugeführt werden zu können. In einer funktionierenden Demokratie wird im Regelfall das Mehrheitssystem sinnvoll sein, welches sich auch sozialpsychologisch durch die generelle (nicht aber uneingeschränkte) Überlegenheit von Gruppenentscheidungen begründen lässt. Ein Zeichen der Demokratie ist es allerdings auch, dass sie – als Ausdruck des Minderheitenschutzes – stark genug ist, nicht unbedingten Gehorsam zu verlangen, sondern die Gewissensentscheidungen z. B. von Abgeordneten oder (ehemaligen) Wehrdienstverweigerern zu respektieren.

(2) Der Gehorsam der deutschen Justiz

Eine Analyse der Geschichte der deutschen Justiz, insbesondere der justiziellen Verstrickung in die millionenfache Ermordung der Juden im Zweiten Weltkrieg im nationalsozialistischen Deutschland, liefert andererseits genügend Belege für die Überzeugung, dass wahrscheinlich mehr Verbrechen als Folge von Gehorsam und Totalität, denn als Folge von Anarchie und Rebellion begangen worden sind. Staatstragende Institutionen wie Justiz, Polizei und öffentliche Fürsorge bzw. Sozialarbeit sind dabei mit schuldig geworden. Der vom (westdeutschen) Bundesministerium der Justiz (1989) herausgegebene Katalog zum Verhalten der deutschen Justiz im Nationalsozialismus enthält **zahlreiche Belege für diesen falschen und im Ergebnis zutiefst inhumanen Gehorsam.** Als Beispiel sei hier nur Roland Freisler (Präsident des Volksgerichtshofs ab August 1942) erwähnt, nach dessen Verständnis des Führerprinzips Strafrecht als soldatisches Recht angewandt werden musste, was nichts anderes bedeutete als die Aufhebung der Gewaltenteilung und die bedingungslose Unterordnung des politischen Strafrechts unter den Führerwillen.

Nur **wenige verweigerten sich dem nationalsozialistischen Gehorsam** wie der Justizjurist Martin Gauger, der aus christlicher Überzeugung den Eid auf Hitler nicht leisten wollte und später im KZ Buchenwald umgebracht wurde, wie Lothar Kreyssig, der sich als Vormundschaftsrichter ausdrücklich über die Euthanasieverbrechen beschwerte (und nach dem Krieg in der DDR lebte), wie der langjährige persönliche Referent des Reichsjustizministers Gürtner Hans von Dohnanyi, der auch im Widerstand wirkte und kurz vor Kriegsende, Anfang April 1945, ohne Verfahren zum Tode verurteilt und erschossen wurde, oder wie Hans Georg Calmeyer, der in Den Haag für rassische Zweifelsfragen zuständig war und sein Büro zur „amtlichen" Fälscherwerkstatt umbaute, um Juden zu Ariern zu machen und dadurch zu retten (vgl. Northoff 1994, 400f m. w. N.).

Auch im Nachkriegsdeutschland blieb der Gehorsam ein zentraler Faktor justizieller Arbeit. In der **DDR** nutzte Hilde Benjamin, Justizministerin unter Walter Ulbricht, die Justiz – nicht zuletzt während des Arbeiteraufstandes am 17. Juni 1953 als Instrument des Staates, denn entsprechend der Staatsidee der Diktatur des Proletariats war auch in der DDR die Justiz nicht etwa unabhängige dritte Gewalt, sondern vielmehr den politischen Organen, der SED als *Partei der Arbeiterklasse*, untergeordnet. **Im Westen** blieb in den alten Köpfen der preußische Untertanengeist und erst nach der 68er Studentenrevolte wich der *Muff aus den Talaren* der Professoren und auch Richter. Die in den Nachkriegsjahren mehr oder weniger tabuisierte Mitschuld der deutschen Justiz wurde endlich öffentlich diskutiert, eine neue Juristengeneration wie Reifner & Sonnen analysierte die „Strafjustiz und Polizei im Dritten Reich" (1984), das Fehlen, ja die Verweigerung einer juristischen Vergangenheitsbewältigung wurde angeklagt durch Ralph

Giordano (1987) in seinem Buch über „Die zweite Schuld“ und Ingo Müller fasste schließlich seine Untersuchungen in dem Titel „Furchtbare Juristen“ zusammen (1987).

3.2.2 Das Milgram-Experiment

Die psychologische Analyse des Gehorsams und die damit eng verbundene Frage nach den Ursachen blinden Gehorsams ist untrennbar mit den Untersuchungen von Stanley Milgram in den Jahren 1960 bis 1963 an der Yale University verbunden. Milgram selbst beschreibt sein Experiment wie folgt (1990, 19f):

Milgrams Bestrafungsexperiment

... Zwei Leute betreten ein Psychologie-Labor, um an einer Untersuchung über Erinnerungsvermögen und Lernfähigkeit teilzunehmen. Einer von ihnen wird zum „Lehrer“ bestimmt, der andere zum „Schüler“. Der Versuchsleiter erklärt ihnen, dass sich die Untersuchung mit den Auswirkungen von Strafe auf das Lernen befasst. Der Schüler wird in einen Raum gebracht, auf einen Stuhl gesetzt, seine Arme werden festgebunden, um übermäßige Bewegungen zu verhindern und an seinem Handgelenk wird eine Elektrode befestigt. Man erklärt ihm, dass er eine Reihe von Wortpaaren zu lernen habe und dass er bei jedem Fehler einen Elektroschock von wachsender Stärke erhalten werde. Im Mittelpunkt des Experiments steht die Versuchsperson als „Lehrer“. Nachdem sie zugesehen hat, wie der Schüler festgeschnallt wird, bringt man sie in den Hauptexperimentierraum und lässt sie vor einem eindrucksvollen Schockgenerator Platz nehmen. ... Der Lehrer-Versuchsperson wird erklärt, dass sie den Schüler im anderen Raum einem Lerntest zu unterziehen habe. Wenn der Schüler eine richtige Antwort gibt, soll die Lehrer-Versuchsperson zum nächsten Fragepunkt übergehen; wenn er eine falsche Antwort gibt, soll die Versuchsperson ihm einen elektrischen Schock versetzen. Sie soll mit der niedrigsten Schockstärke (15 Volt) beginnen und sie graduell bei jedem Fehler erhöhen, also auf 30 Volt, 45 Volt und entsprechend weiter. Der Schüler (oder „das Opfer“) spielt nur seine Rolle und erhält selbstverständlich keinerlei Schock. Ziel des Experiments ist es, herauszufinden, wie weit ein Mensch in einer konkreten, messbaren Situation geht, in der ihm befohlen wird, einem protestierenden „Opfer“ zunehmende Qualen zuzufügen. An welchem Punkt wird sich die Versuchsperson weigern, dem Versuchsleiter weiter zu gehorchen? Die Konfliktsituation wird deutlich, wenn das Opfer (der „Pseudo-Schüler“) beginnt Unbehagen auszudrücken. Bei 75 Volt murrt er, bei 120 Volt beklagt er sich ausdrücklich, bei 150 Volt bittet er darum, aus dem Experiment entlassen zu werden. Seine Proteste steigern sich, je höher die zugefügten Schocks steigen. Die Proteste werden heftiger und stärker emotional gefärbt. Bei 285 Volt kann die Reaktion nur noch als qualvolles Schreien bezeichnet werden. ... Jedes Mal, wenn [die Versuchsperson] zögert, den Schockknopf zu drücken, befiehlt ihr der Versuchsleiter fortzufahren. Um sich aus dieser Situation freizumachen, muss die Versuchsperson einen klaren Bruch mit der Autoritätsperson herbeiführen.

In einer vor dem eigentlichen Experiment durchgeführten Befragung äußerten Psychologen, Studenten und Erwachsene der Mittelschicht ganz überwiegend die Erwartung, dass kein größerer Schock als 150 Volt gegeben werden würde (Milgram 1990, 45). Die tatsächlichen Ergebnisse schockierten dann sowohl Laien als auch Fachleute:

- So waren bei einem Aufenthalt des Opfers in einem abgetrennten Raum 65% der Versuchspersonen und bei unmittelbarer „Berührungsnähe" des Opfers immerhin noch 30% der Versuchspersonen bis zum Ende gehorsam und auch die übrigen Versuchspersonen verteilten bei einem Aufenthalt des Opfers in einem abgetrennten Raum Schocks von über 300 Volt (Milgram 1990, 51).
- Das Ausmaß des Gehorsams bei Frauen war mit dem der Männer beinahe identisch (Milgram 1990, 79, 81)
- Gaben in Anwesenheit der Versuchsperson zwei weitere statusähnliche bzw. gleichrangige – vom Versuchsleiter eingeweihte – „Versuchspersonen" auch Schocks, so waren rund 92% der Versuchspersonen gehorsam (Milgram 1990, 141).
- Lehnten sich in Anwesenheit der Versuchsperson zwei weitere statusähnliche bzw. gleichrangige „Versuchspersonen" gegen den Versuchsleiter auf, so waren nur 10% gehorsam (Milgram 1990, 141).
- 80% der Versuchspersonen waren nach eigener Aussage davon überzeugt, tatsächlich schmerzhafte, also „echte" elektrische Schocks, zu verabreichen (Milgram 1990, 199).

Diese Versuche wurden mehrfach wiederholt, auch in Deutschland, und brachten ähnliche Ergebnisse zu Tage (vgl. dazu den über die zentralen Verleihstellen erreichbaren Lehrfilm „Abraham, ein Versuch"). Milgrams Experiment ist damit nicht nur eine eindringliche Demonstration der Tatsache, dass zahlreiche Menschen bedenkenlos das tun, was man ihnen befiehlt, sondern sie eröffnet auch den Weg, jene Bedingungen zu identifizieren, die den Gehorsam beeinflussen (s. u.).

Gefangene und Wärter

Ein weiteres Experiment stammt von Philipp Zimbardo (vgl. Haney u. a. 1973, 69 ff). Er unterteilte eine Gruppe freiwilliger Probanden nach dem Zufallsprinzip in „Gefängniswärter" und „Gefangene" und wies sie an, entsprechend ihren Rollen zwei Wochen ohne Versuchsleiter zusammenzuleben. Das Experiment musste nach einer Woche vorzeitig abgebrochen werden, weil die leitenden Psychologen wegen des teilweise äußerst inhumanen Verhaltens der Versuchspersonen irreparable körperliche und seelische Schäden für die Teilnehmer des Experiments befürchteten.

3.2.3 Ursachen unkritischen Gehorsams

Milgram (1990, 145 ff und 158 ff) und andere wie z. B. Baumann (1992) haben in Auswertung und theoretischer Vertiefung des Experiments Ursachen herausgearbeitet, die die situativen und interaktiven Aspekte des Gehorsams hervortreten lassen. In Anlehnung an ihre Überlegungen lassen sich folgende, teilweise miteinander zusammenhängende, Ursachen erkennen:

(1) Gehorsames Verhalten fördernde Sozialisation

Wenn wie im Milgram-Experiment bereits das bestimmte Auftreten eines scheinbaren Experten ausreicht, moralische und menschliche Verhaltensweisen von einem Moment auf den anderen zu vergessen, dann deutet dies zunächst auf ein autoritätsgläubiges Erziehungs- und Gesellschaftsklima hin. Dazu zählen u. a.

- die unkritische Unterwerfung unter Vorschriften, die Eltern und Schule gesetzt haben, die Forderung nach uneingeschränkter Disziplin in manchen Internaten oder Kasernen, hochritualisierte Aufnahmeprozeduren zu Schulen und Universitäten, die vom „Neuen“ durch Haarschnitt, Kleidungsvorschriften und Sprachregelungen Einordnung verlangen (→ Einstellung),
- Belohnungsmuster, denen zufolge Nachgiebigkeit gegen Autoritäten durch ein leicht herablassendes Wohlwollen, durch „Brot und Spiele“, aber auch z. B. durch Beförderungen und gute Noten, belohnt wird.

(2) Unmittelbare Vorbedingungen für Gehorsam

Die sozialisationsbedingte Neigung zum Gehorsam wird jedoch nicht gleichsam automatisch wirksam, sondern entfaltet sich nur unter bestimmten Bedingungen:

- bei bewusster oder unbewusster Wahrnehmung von Autorität bei einer Person, der man gesellschaftliche Macht zuschreibt,
- insbesondere bei Eintritt in ein geschlossenes Autoritätssystem, wie wir es aus totalen Institutionen wie Militär, Psychiatrie oder Sekten, aber auch aus dem Strafvollzug oder aus streng organisierten Verwaltungsapparaten kennen. Lässt sich der Einzelne in dieses System einordnen oder wird er gar daran beteiligt, so erwachsen aus der Autorität Befehle, aus den Befehlen wiederum erwächst Gehorsam.

(3) Suspendierte Verantwortung (Baumann 1992)

Autoritäre Organisationen stimmen ihre Mitglieder auf eine institutionelle Autorität ein, die einerseits Gehorsam bei der Erledigung aller dem Einzelnen übertragenen Aufgaben verlangt, andererseits aber die individuelle Verantwortung suspendiert und als Organisation allein Verantwortung für das Ergebnis trägt. In diesem Agens-Zustand (Milgram 1990, 167f) geht die Autonomie des Handelns verloren, der Einzelne ist ausschließlich auf die Organisation eingestimmt und empfindet Verantwortung nicht mehr bezogen auf Recht und Unrecht, sondern nur noch bezogen auf die Autorität.

(4) Bindungsfaktoren der Situation

Durch Autorität und Befehlsstrukturen gekennzeichnete Systeme zeichnen sich in ihrer Bestimmtheit weiter aus durch einen „konsequenten Charakter" des Handlungsablaufs, nicht Nachdenken und Hinterfragen, sondern Tun und Erledigen sind „angesagt". Wird aber das Tun zum Wert an sich, entwickelt es Eigendynamik; was angefangen worden ist, muss auch zu Ende gebracht werden, zum Nachdenken über Moral bleibt keine Zeit. Eine ähnliche Bindungswirkung entfalten (Selbst-)Verpflichtungen zu bestimmten, der Organisation dienenden Verhaltensweisen, wie sie von der Staatssicherheitsorganen der DDR durch das Versprechen beruflicher Vorteile oder auch unter Druck eingefordert worden sind. Ist die Verpflichtung zur Mitarbeit erst einmal unterzeichnet, sitzt vor allem der Autoritätsgläubige in der Falle und kann nicht mehr aussteigen, ohne sich selbst als wortbrüchig und damit schuldig zu fühlen.

(5) Funktionalität als Moralersatz

Autoritäre Institutionen vermitteln ihre eigene Moral: Was funktioniert, ist moralisch, was nichtfunktional ist, ist irrelevant. Die inhaltliche, humanistische, Moral des Einzelnen wird damit durch eine funktionale, das System in Bewegung haltende, Moral ersetzt. Deutlich wird das im Milgram-Experiment, wenn der Versuchsleiter auf moralische Bedenken der Probanden nur stereotyp antwortet: „Die Wissenschaft verlangt es!" Aber auch aus der beruflichen Praxis ist diese „Ersatzmoral" bekannt, so wenn der Leiter dem den Fall bearbeitenden Kollegen mit auf den Weg gibt: „Hauptsache, die Akte ist vom Tisch!", oder wenn im Büroalltag Gewissensbisse eines Mitarbeiters mit der schlanken Bemerkung: „Disziplin, Herr Kollege!" zurückgewiesen werden.

(6) Distanz zum Opfer und Gefühle

Milgrams Untersuchungen belegten, dass die Bereitschaft zum unkritischen Gehorsam auch von der Distanz zum Opfer und zu den Folgen der Tat abhängig ist. Wichtig ist zunächst die **räumliche Distanz** zum Opfer. Befindet sich das Opfer in einem anderen Raum, bestehen weniger Hemmungen, es zu quälen, als wenn es direkt neben der Versuchsperson sitzt. Daneben dürfte auch die Distanz zu gravierenden Folgen eine Rolle spielen, was sich daran erkennen lässt, dass die Gewissensbisse der Versuchspersonen zu Beginn des Experiments durchweg sehr gering waren, dann aber entsprechend der Höhe und Lebensbedrohlichkeit der Stromstöße zunahmen. Einen ähnlichen Effekt können wir bei mancher moderner, „klinisch sauberer", Kriegsführung erkennen, wenn auf irgendeinem Kriegsschiff eine Rakete ferngezündet wird und die Opfer nur noch als gigantischer „Volltreffer" wahrgenommen werden. Ganz allgemein erscheint es plausibel, dass die **emotionale Nähe** zum Opfer ein wesentlicher, den unbedingten Gehorsam hemmender, Faktor ist. Verlangt eine Autoritätsperson, dass ein guter Freund oder ein Familienmitglied bestraft, bespitzelt oder sonst benachteiligt werden soll, so stellen die freundschaftlichen oder familiären Bindungen ein Gegengewicht zur Bindung an die Autoritätsperson dar, und können unkritischem Gehorsam entgegenwirken. **Totale Institutionen diskreditieren daher jede „Gefühlsduselei"** und versuchen, den Kontakt mit dem Opfer zu vermeiden, um damit die aus der Gegenüberstellung mit dem Opfer erwachsende Konfrontation mit den moralischen Empfindungen zu verhindern. Den umgekehrten Weg nutzt insofern der Täter-Opfer Ausgleich oder auch ein Empathietraining als Teil eines sozialen Trainings: die Konfrontation mit dem konkreten Opfer oder konkreten Folgen hemmt unkritische Gewaltausübung.

(7) Das Verhalten der Mitmenschen

Wichtig ist schließlich der soziale Einfluss anderer. Wird der Einzelne einer Kleingruppe zugeordnet und gehorchen die anderen Gruppenmitglieder uneingeschränkt, so kann sich der Einzelne kaum entziehen, Häufigkeit und Ausmaß gehorsamen Verhaltens nehmen zu. Anderseits kann die oben beschriebene suspendierte Verantwortung durch individuelle Zivilcourage durchaus beeinflusst werden. Im Milgram-Experiment reichten bereits zwei weitere, den Gehorsam verweigernde, „Versuchspersonen" aus, um zahlreiche wahre Versuchspersonen von weiteren Stromstößen abzuhalten.

Gehorsam „Ost"

Bezieht man diese Ergebnisse auf die durch Gehorsam gegenüber der Partei geprägte Situation der Richter in der DDR, so finden sich zahlreiche praktische Belege (vgl. Northoff 1991, 167 ff): Staatstragende Erziehung, Selektion bereits bei der Zulassung zum Studium nach Kriterien wie Mitgliedschaft in FDJ oder SED, Vorlesungen mit einseitiger Politisierung, verbunden mit paramilitärischer Ausbildung (Sozialisation). Richtertätigkeit unter staatlicher Kontrolle durch Richterwahl auf Zeit, vorgegebene Anwesenheitszeiten ohne kritische wissenschaftliche Diskussionen in der Literatur (unmittelbare Vorbedingungen). Einflussnahme von Parteigenossen im Zwischendurchgespräch oder als knallharter Durchgriff über die Parteischiene, Recht hat sich den Parteiinteressen unterzuordnen (suspendierte Verantwortung). Fehlende Alternativen für Andersdenker und Aussteiger;

wer es dennoch versucht, bricht damit auch mit seiner sozialistischen Vergangenheit (Bindungsfaktoren der Situation). Der Sieg des Sozialismus wird zur neuen Moral (Funktionalität). Das Verbot von Westkontakten und von Westfernsehen verhindert – wenn es eingehalten wird – eine gegenläufige Information und eine emotionalisierende „Verbrüderung“ mit dem Feind (Vermeidung von Nähe). Die geschlossene Teilnahme an den Maidemonstrationen und der Vorbeimarsch vor den Ehrentribünen der Parteioberen zeigen und üben den kollektiven Gehorsam (Verhalten der Mitmenschen).

Gehorsam „West“

Aber auch in den alten Bundesländern kommt es zu richterlichen „Anpassungsleistungen“, die allerdings nicht so offensichtlich, sondern subtiler sind (vgl. Lamprecht 1995): Ämterpatronage bei der Stellenbesetzung und Beförderung jedenfalls bei höheren Gerichten, Sachzwänge des Apparats durch große Pensenschlüssel (sie bestimmen das Arbeitsmaß) und Fließbandarbeit, Zwänge der Hierarchie durch die Rollenverteilung im Spruchkörper und insbesondere den Einfluss des Vorsitzenden, strukturelle Zwänge durch dezente Belohnungen und Bestrafungen, *deformation professionelle* durch Kleiderordnung und Schweigepflicht oder sogar Furcht vor den Machthabern aus historischen Gründen oder bei öffentlichen Urteilsschelten.

3.2.4 Förderung der Unabhängigkeit

Die nach den deutschen Erfahrungen dringend gebotene Verhinderung unkritischen Gehorsams kann verschiedene Wege gehen.

(1) Demokratische Strukturen einüben

Sie muss frühzeitig beginnen und sollte auf einen **autoritären Erziehungsstil verzichten** (vgl. Largo 2011, 333 ff), denn Gehorsam nur aus Angst vor Macht hemmt die Entfaltung der Fähigkeiten, verhindert ein gesundes Selbstwertgefühl und erschwert die friedliche Lösung von Konflikten. Weitere Vorschläge stammen von Baumann (1992), der **Pluralismus als die beste Prophylaxe** dagegen ansieht, dass unbescholtene Menschen sich zu moralisch verwerflichem Handeln bereitfinden. Zeichen eines staatlichen Pluralismus können wir entdecken in einem an der Basis orientierten Mehrparteiensystem, in der **Aufteilung der Gewalten** auf Legislative, Exekutive und Judikative, in einer demokratischeren inneren Führung von Institutionen, worum auch die Bundeswehr bemüht ist und konkret im Demonstrationsrecht von Beamten, die nicht nur dem Vorgesetzten, sondern ausdrücklich auch Recht und Gesetz (Art. 1 Abs. 3 GG) unterworfen sind. Aber auch individueller Pluralismus erscheint unerlässlich. Dazu gehört u. a. die Toleranz gegenüber Abweichungen jeder Art, innere Gelassenheit und vor allem **Unabhängigkeit** von Außendruck, die ganz allgemein für eine professionelle Arbeit der Sozialarbeiterinnen, Polizeibeamtinnen und Juristinnen wichtig und für Richterinnen ganz unerlässlich ist.

(2) Sensibilität für problematischen Gehorsam stärken

Milgram (1990, 179f) folgert, dass Ungehorsam dann zu erwarten ist, wenn die inneren und äußeren Spannungszustände größer sind als die Bindungsfaktoren an die Autorität und die Situation.

Solche Sensibilitäten können sich ergeben:
- aus fehlendem Ansehen der „Autoritätsperson“,
- aus Schmerzschreien der Opfer, die das Gefühl aktivieren,
- aus einer Unvereinbarkeit mit einem humanistisch gefestigten Selbstbild,
- aus dem „ungehorsamen“ Verhalten von Mitmenschen,
- aber auch aus Angst vor Vergeltung bzw. Bestrafung.

Andererseits sind „Stoßdämpfer“ für Spannungszustände:
- eine große Entfernung zum Opfer,
- Abwehrmechanismen wie eine Projektion aller Schuld auf die Opfer (die es ja verdient haben),
- konformes Verhalten aller in einer Kleingruppe,
- auch eine physische Umwandlung der Spannungszustände in Unruhe und Stress ist denkbar.

Ist die Spannung aber groß genug, kommt es zum Dissens, innerer Zweifel erhält äußere Form, die Gehorsamsverweigerung wird angedroht und es kommt zur Verweigerung.

(3) Förderung der Unabhängigkeit durch Kreativitätstraining

Interessante Anregungen für eine Verringerung unkritischen Gehorsams bietet auch die Kreativitätsforschung, denn kreative Menschen zeichnen sich in besonderem Maße durch eine unabhängige Haltung aus (vgl. im einzelnen Northoff 1991, 167ff).

Kreativitätstraining als Strategie zur Verhinderung unkritischen Gehorsams

- Neugier und Problem-Sensitivität fördern. Eine wichtige Voraussetzung nicht nur für kreative, sondern auch für unabhängige Entscheidungen dürfte die Fähigkeit zur möglichst vorurteilsfreien zwischenmenschlichen Wahrnehmung sein. Hilfreich ist eine offene, aufnehmende Haltung gegenüber der Umwelt.
- Psychische Gesundheit und Ichstärke fördern. Kreative Menschen zeichnen sich durch eine nichtkonforme, unkonventionelle, autonome, feldunabhängige, selbstän-

dige, selbstsichere und konstruktiv-kritische Haltung aus. Man kann diese Haltungen, die auch unabhängige Menschen kennzeichnen, fördern, indem man individuelle Besonderheiten und Interessen akzeptiert und in ihrer Sinnhaftigkeit erkennt.

- Intrinsische Motivation stärken. Kreative und unabhängige Menschen zeichnen sich auch dadurch aus, dass sie sich weniger durch äußere Belohnungen (extrinsisch) als durch das Interesse an der Sache selbst (intrinsisch) motivieren lassen. Diese Motivation kann man stärken, indem man Lernprozesse nicht nur mit Belohnungen oder Geld, sondern durch Überzeugung und Vertiefung der Einsicht verstärkt.
- Aktivierung eigener „Produktionen". Kreativität und Unabhängigkeit haben Ähnlichkeiten auch darin, dass nicht nur fremdes Wissen reproduziert wird, sondern eigenständige Überlegungen produziert werden. Dies kann man z. B. erreichen, indem man Provokationsfragen fördert, den Wert von geäußerten Ideen bzw. Vorschlägen bestätigt und Spontaneität, Eigeninitiative und Selbstständigkeit akzeptiert.
- Abbau von Anpassungsmechanismen. Unabhängigkeit und Kreativität lassen sich auch fördern, wenn man unnötigen gesellschaftlichen Anpassungsmechanismen entgegensteuert. Dies setzt voraus, dass man Gruppendruck, Konformitätszwang, Normierungstendenz, soziale Hierarchien und Verdrängungsmechanismen erkennt und offenlegt und vielleicht auch mit Arbeitskollegen diskutiert.
- Konflikt- und Frustrationstoleranz steigern. Wer unabhängig entscheiden will, muss Komplexität aushalten und Konflikte, Frustrationen, Unsicherheit und Ungewissheit ertragen können, ohne sofort zu resignieren oder sich mit oberflächlichen Lösungen zufriedenzugeben.
- Freiheit bzw. Nutzbarmachung von Konflikten. Kreatives und unabhängiges Handeln gedeihen am besten, wenn es gelingt, Angst zu überwinden und Freiheit von Zwängen beruflicher Art sowie Freiheit von unnötigem Stress zu erreichen.
- Positive Gruppeneinflüsse stärken. Positive Gruppeneinflüsse können blinden Gehorsam hemmen und die Augen für Unrecht öffnen. Vorgesetzte müssen verhindern, dass Moral durch Funktionalität ersetzt wird, wozu auch die individuelle Konfrontation mit den Folgen des Tuns hilfreich ist. Insofern ist es durchaus ein Zeichen einer unabhängigen Moral, wenn sich ein Strafrichter in regelmäßigen Abständen im Strafvollzug über die Auswirkungen seiner Urteile ein eigenes Bild verschafft.

3.3 Moral

Die Auflösung von Konflikten unter Berücksichtigung auch der Bedürfnisse von anderen ist die Grundlage moralischen Verhaltens. Dabei kann man sich dem Begriff Moral aus verschiedenen Sichtweisen nähern.

So liegen Moral und Recht nahe beieinander, wenn man die Gemeinsamkeit beider Ideen betont, nämlich die Ausrichtung von **Moral und Recht im Hinblick auf richtiges Handeln und Leben** (vgl. zu Recht, Moral und Ethik: Vöneky 2010). Andererseits lässt sich ein erster Unterschied darin erkennen, dass die Moral den Inbegriff der gesellschaftlichen und religiösen Wertvorstellungen darstellt, während das Recht eine verbindliche Ordnung für das Zusammenleben der Menschen und auch deren Durchsetzung regelt (vgl. Orsi 1993). Angesichts der Pervertierung des Rechts im

Nationalsozialismus, der im Namen des Rechts unzählige Unrechtsurteile zuließ, ist darüber hinaus ein weiterer Aspekt darin erkennbar, dass unter Moral das einem Naturrecht innewohnende idealisierte „Gute per se" und unter Recht dessen möglicherweise sogar unmoralische Umsetzung in Gesetze und deren praktische Realisierung verstanden wird.

Betrachtet man Moral und Recht aus psychologischer Sicht, so steht die Frage nach der **individuellen Entwicklung der Moral** im Vordergrund. Dabei lassen sich weitere Unterscheidungen treffen in Moral, die man als ein äußeres System von durch die Gesellschaft vermittelten Werten bezeichnen kann und **Gewissen, das als innere Instanz** das menschliche Verhalten im Hinblick auf die Wertvorstellungen der Gesellschaft reguliert. Während das Recht kraft eines institutionellen Gewaltmonopols die Verletzung der Gebote ahndet, wirkt die Moral z. B. durch von anderen Mitmenschen ausgehende Kritik, ergänzt durch das Gewissen, welches sich im Inneren durch Schuldgefühle zeigt.

Allerdings ist die Verwendung der Begriffe in der Literatur nicht immer eindeutig; teilweise hat sich die moderne Sozialpsychologie auch vom Begriff der Moral getrennt und ihn durch vermeintlich „wertfreiere" Begriffe wie **Wert** bzw. Werthaltung ersetzt, was auf Grund der empirischen Schwerpunktsetzung auch nachvollziehbar ist (Herkner 2004, 68 ff, 86 ff, 96 ff, 181 ff). Wenn hier gleichwohl der Begriff Moral benutzt wird, so geschieht dies, weil sich der Begriff international eingebürgert hat (vgl. Gerrig & Zimbardo 2008, 405), in dem Verständnis, dass **Moral ein System von Überzeugungen und Werten für die Güte menschlichen Verhaltens** ist.

3.3.1 Theorien der Moral

Die Entwicklungsstufen der Moral bzw. des Gewissens sind einerseits aus sozialkognitiver Sicht, vor allem durch die bereits in den 30er Jahren begonnenen Experimente von Piaget (1954) bzw. durch die Erweiterungen von Kohlberg (1974, 1978, 1984) und Gilligan (1982), andererseits aus psychoanalytischer Sicht durch persönlichkeitspsychologische Überlegungen (vgl. Brenner 1994, 192 ff) untersucht worden.

(1) Das Entwicklungsstufenmodell nach Piaget

Die für die moderne Psychologie zweifellos wichtigste und folgenreichste Theorie ist die des schweizerischen Entwicklungspsychologen Jean Piaget gewesen. Er unterscheidet drei Stadien der kindlichen Moral (1954):

- Moral der Autorität (bis zum 7/8. Lebensjahr): Sie ist dadurch gekennzeichnet, dass das Kind seine Moralvorstellungen an denen der erwachsenen Autoritätspersonen

ausrichtet und sie nicht zuletzt als Folge von Belohnung und Bestrafung in einer heteronomen Orientierung von ihnen übernimmt.
- Moral der Gleichheit (etwa 8–12. Lebensjahr): In dieser Stufe ist der Kontakt zu Gleichaltrigen, zur Gleichaltrigengruppe, maßgeblich, gegenseitige Achtung und strikte Gleichheit treten an die Stelle der Autorität, Regeln werden aufgestellt und müssen von allen eingehalten werden.
- Moral der Billigkeit (etwa ab dem 12. Lebensjahr): Mit der Ausbildung des Gewissens wird die Moral autonom, das Kind geht von rigorosen Gleichheitsgrundsätzen ab, und es ist in der Lage, individuelle Beurteilungen unter Berücksichtigung persönlicher mildernder Umstände vorzunehmen.

Das Modell von Piaget ist in seinen Grundzügen plausibel und wird immer wieder durch Alltagserfahrungen bestätigt, ist aber noch relativ undifferenziert, was andere Forscher zu Weiterentwicklungen angeregt hat.

(2) Das Modell von Kohlberg

Der amerikanische Entwicklungspsychologe Kohlberg erarbeitete in den 70er Jahren ein differenzierteres, die Ideen von Piaget aufnehmendes Modell. Er schlägt vor, ein vorkonventionales, ein konventionales und ein postkonventionales Niveau zu unterscheiden. Vereinfachend können nach Kohlberg folgende Stufen unterschieden werden (vgl. Kohlberg 1984, 174ff, der die drei Ebenen formal allerdings nur zweifach unterteilt):

I. Niveau	
• Orientierung an Bestrafung.	Richtig ist, was nicht bestraft wird.
• Orientierung am Gehorsam.	Richtig ist, was die Eltern sagen.
• Orientierung am unmittelbaren Nutzen.	Richtig ist, was mir jetzt nützt.
II. Niveau	
• Orientierung am Wohlwollen der Eltern.	Richtig ist, was ihnen gefällt.
• Orientierung an Autoritätspersonen.	Richtig ist, was der Lehrer sagt.
• Orientierung an Gesetzen.	Richtig ist, was im Gesetz steht.
III. Niveau	
• Orientierung an allgemeiner Nützlichkeit.	Richtig ist, was allen nützt.
• Orientierung an ethischen Prinzipien.	Richtig ist, was gut ist.
• Orientierung am eigenen Gewissen.	Richtig ist, was das Gewissen erlaubt.

Kohlbergs Modell erlaubt eine genauere Beschreibung und Unterteilung des bei einem Kind oder Jugendlichen anzutreffenden Moralniveaus. Ihm zufolge würde man von einer **strafrechtlichen Verantwortlichkeit eines Jugendlichen** nach § 3 JGG erst ausgehen können, wenn zumindest eine Orientierung an Gesetzen erfolgt.

(3) Die geschlechtsspezifische Erweiterung durch Gilligan

Eine Erweiterung des Modells von Kohlberg aus der Sicht der Moral von Erwachsenen bezieht sich auf die Frage, ob Frauen und Männer eine unterschiedliche Moral haben. Gilligan führte dazu eine Reihe von Experimenten durch (1982) und kam zu dem Ergebnis, dass Frauen eine auf der Fürsorge für andere basierende Moral und Männer eine an Gerechtigkeitsüberlegungen ausgerichtete Moral bevorzugen. Dies könnte daran liegen, dass sich Frauen mehr an Harmonie in ihren sozialen Beziehungen orientieren und Männer stärker an Fairness orientiert sind. Allerdings hat Gilligan vor allem familiäre Dilemmasituationen untersucht, weitere Experimente legen die Vermutung nahe, dass in anderen sozialen Situationen (wie z.B. im Beruf oder in der Politik) keine so großen Unterschiede bestehen (vgl. Gerrig & Zimbardo 2008, 408).

(4) Der Ansatz der Psychoanalyse

Aus psychoanalytischer Sicht erscheint vor allem das **Persönlichkeitsmodell** Freuds ergiebig.

- In der 1. Phase, d.h. in den ersten Jahren nach der Geburt, herrscht das Es als lustorientiertes Leitprinzip, welches nur durch Sanktionen der Eltern kontrolliert wird, z.B. Klaps auf den Po, Liebesentzug *(B: „Ich will …“)*.
- In der 2. Phase, d.h. etwa ab dem 4. Lebensjahr, werden diese Sanktionen allmählich verinnerlicht und das Überich (Gewissen) wird zum Träger der Wertungen und der Moral *(B: „Das tut man nicht!“)*.
- In der 3. Phase, d.h. vor allem mit der Pubertät, wird das Ich zum dominierenden Zustand, und es kommt zu autonomen Abwägungen zwischen eigenen Bedürfnissen und gesellschaftlichen Normen *(B: „Dafür spricht, dagegen spricht, also …“)*.

Folgt man dem psychoanalytischen Gedankengang, so entsteht Moral mit ihren unbewussten Schuldgefühlen also bereits während der ödipalen Konfliktsituation (Brenner 1994, 191 ff). Sie wird weiter ausgeprägt durch die ab etwa dem 7. Lebensjahr erfolgende Identifikation mit dem gleichgeschlechtlichen Elternteil, bis sie sich schließlich während der Pubertät zunehmend verselbstständigt. Daraus lässt sich z.B. für Prognoseentscheidungen die Überlegung ableiten, dass es in unvollständigen Familien zu Störungen der Moralentwicklung kommen kann, wenn nicht neue Partner, Großeltern oder Lehrer als Ersatzvorbilder für positive Identifikationen zur Verfügung stehen.

Moralische Defizite erscheinen nach diesen Modellen als Störungen auf bestimmten Stufen der Entwicklung oder als konfliktbedingte Regression auf eine frühere Stufe. Feststellungen zur (moralischen) Entwicklungsstufe bedürfen allerdings einer sorgfältigen Beobachtung und einer Analyse des

Verhaltens in experimentellen Situationen, so dass in einem Gerichtsverfahren im Zweifel die Einschaltung eines psychologischen Sachverständigen erforderlich ist.

3.3.2 Moral als individuelle Entwicklung

Die oben beschriebenen Theorien analysieren zwar die allgemeinen Entwicklungsstufen der Moral sehr differenziert und ausführlich, erklären aber nur unzureichend die für die praktische Arbeit wichtigen Fragen, welche Moralvorstellungen und Wertinventare das Handeln von Jugendlichen prägen und wie diese Moralvorstellungen beim Einzelnen entstehen und (handlungstheoretisch) beeinflusst werden können.

(1) Persönliche Wertinventare

Unter Wertinventar wird das Gesamt der inneren Werthaltungen verstanden (vgl. Krieger 1995, 265 ff).

(a) Personenbezogene Werthaltung. Moral entsteht dabei durch die Verinnerlichung von **Idealbildern**, etwa von abstrakten Bildungsidealen (wie der preußische Offizier, der brasilianische Fußballer), von konkret vorgegebenen geschichtlichen Personen (wie Heiligen oder Staatsmännern) oder von konkret gewählten aktuellen idealisierten Personen (wie Popstars oder Fußballstars).

(b) Entwicklungsbezogene Werthaltung. Moral kann auch durch ein Konglomerat verschiedenster angestrebter Eigenschaften entstehen, die sich alterstypisch und gesellschaftsabhängig entwickeln. So legen erfahrungsgemäß **Grundschulkinder** vor allem Wert auf Ehrlichkeit, **Heranwachsende** betonen die Unabhängigkeit, alternde Menschen schätzen die Nachsichtigkeit. Moral kann aber auch durch Lebensentwürfe entstehen, wobei Traumwelten von Jugendlichen wie Traumvilla, Weltreise oder Leben im Weltraum mit zunehmendem Alter durch Werte wie den einer glücklichen Familie ersetzt werden.

(c) Erziehungsstilbezogene Werthaltung. Moral hängt auch von der Art der Erziehung ab; so wurde der während der Nachkriegszeit dominierende autoritäre Stil infolge der 68er Studentenrevolte im Westen durch stark antiautoritäre Tendenzen abgelöst mit der Folge, dass jetzt in Politik und Pädagogik verstärkt ein **erziehender** Stil propagiert wird.

(d) Auf gesellschaftliche Werte bezogene Werthaltung. Moral entsteht zunächst autoritätsorientiert durch die Übernahme elterlicher Werthaltungen, die dann durch eine Verfestigung konservativer Normen bei Statusübergängen verstärkt werden. Dies ist z.B. der Fall, wenn der Jugendliche zum Lehrling oder Soldat wird oder wenn der Erwachsene durch Beförderungen eine Statuserhöhung erreicht. Wichtige Ereignisse und **gesellschaftliche Umbrüche**, die die Aufmerksamkeit vieler erregen und zentrale Bereiche menschlicher Werte berühren, dürften dabei als Katalysatoren wirken. So haben die 68er Studentenrevolte oder die Atomkatastrophe von Japan 2011 bei vielen Menschen bisher vorhandene Einstellungen, Haltungen und Deutungen fragwürdig werden lassen und zu neuen Paradigmen (z.B. Ausstieg aus der Atomindustrie) geführt.

(e) Kulturspezifische Werte. Ein Vergleich der Antworten auf moralische Dilemmata in Indien und den USA belegte auch **interkulturelle Unterschiede**. So scheinen die Inder sich weitaus häufiger an zwischenmenschlicher Verantwortung zu orientieren, während die US-Amerikaner sich an Gerechtigkeit orientierten (Gerrig & Zimbardo 2008, 409).

(f) Klassische Wertedimensionen. Relativ zeitstabil scheint es allerdings einige Wertedimensionen zu geben, auf denen Menschen sich dann kulturell und individuell verorten (vgl. Schlöder 1993):

- Religion und Religiosität (jenseits ↔ diesseits),
- Natur und Leben (Instrumentalisierung der Natur ↔ Eigenwert),
- Technik und Wirtschaft (Wachstum ↔ Lebensqualität),
- Arbeit und Beruf (Leistungsethik ↔ Freizeitorientierung),
- Konsum (Wohlstand ↔ ökologische Verantwortbarkeit),
- Staat, Herrschaft und Politik (Kollektivismus ↔ Unabhängigkeit),
- Gesellschaftlich-mitmenschliches Zusammenleben (Ungleichheit ↔ Gleichheit),
- Persönlichkeit und Selbstverständnis (kollektive ↔ personale Identität).

(2) Handlungstheoretische Sicht

Fragt man sich, durch welche Prozesse individuelle Moral entsteht und beeinflusst werden kann, so kann es hilfreich sein, sich die pädagogisch handlungstheoretische Sicht zu vergegenwärtigen. Die Literatur verweist hier vor allem auf lernpsychologische Prozesse (Maier 1984, 107ff), wie wir sie bereits an anderer Stelle dieses Buches (→ Erziehung) beschrieben haben:

- kognitives Lernen durch die Einsicht in moralisches Verhalten und durch symmetrisch gleichberechtigte Kommunikation, da diese Ausdruck einer Moral der Toleranz und der wechselseitigen Akzeptanz ist;
- kreatives Lernen als Ausdruck des Respektes vor dem Anderssein, wobei durch das selbstentdeckende Lernen auch tiefere Lernprozesse erreicht werden;

- emotionales Lernen, so durch Rollenspiel und Konfrontation mit Unrecht, da Gefühl tiefere Lernprozesse ermöglicht und unmittelbare Nähe Unrecht deutlicher werden lässt (→ Gehorsam);
- klassisches Lernen am attraktiven und nahen moralischen Vorbild oder durch den Einsatz von Verstärkern für gezeigtes moralisches Verhalten;
- motivierendes Lernen unter Verzicht auf Moralisieren, das bedeutet, nicht zu viel zu reden, nicht zu selbstsicher aufzutreten, nicht unecht oder zu selbstsicher zu sein
- durch Stärkung moralischer und Veränderung unmoralischer, sich verfestigender → Einstellungen;
- durch praktisches Einüben moralischen Verhaltens im familiären und schulischen Bereich.

(3) Wertorientierungen von Jugendlichen

Einen guten Überblick über aktuelle Wertorientierungen von Jugendlichen ermöglicht die Shellstudie 2010 (Albert u.a. 2010, 197). Gute **Freunde, verlässliche Partner, ein gutes Familienleben stehen als Werte im Vordergrund.**

Wertorientierungen der Jugendlichen im Alter von 12 – 25 Jahren

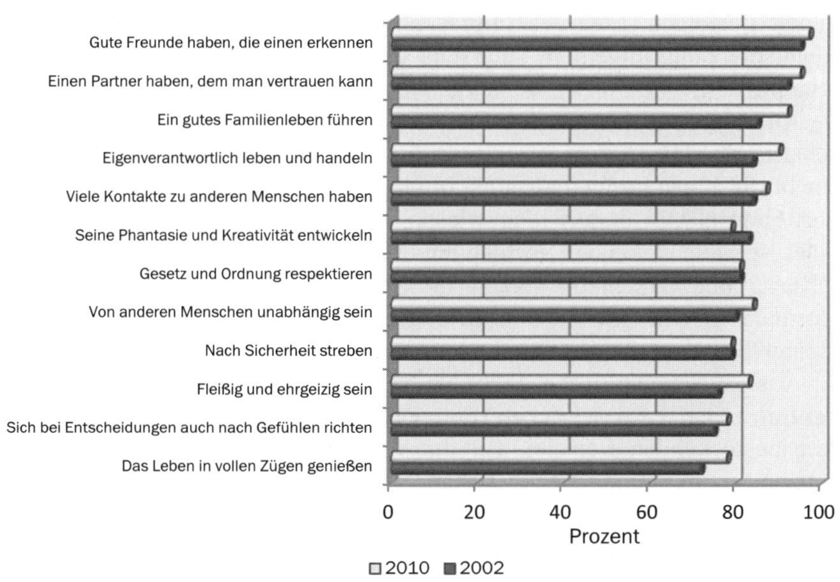

Quelle: 16. Shell Jugendstudie 2010

3.3.3 Moral und Strafe

Die im Bereich der Erziehung oder bei der Bewältigung von Konflikten immer wieder interessierende Frage, ob und inwieweit Strafandrohung und Strafe zu einer Stärkung der Moral beitragen, lässt sich angesichts unterschiedlicher Erfahrungen und forschungstechnischer Schwierigkeiten (Wie messen wir das Dunkelfeld?) empirisch bisher nicht abschließend beantworten. Kriminologisch reichen die Positionen vom „Plädoyer für die Abschaffung des Strafrechts“ (Plack 1974) bis zur Auffassung, dass Strafe eine bittere Notwendigkeit in einer Gesellschaft von unvollkommenen Wesen sei (Hauptmann 1993, 107). Psychologisch ergeben sich unterschiedliche Argumentationsschwerpunkte vor allem aus psychoanalytischer und aus lerntheoretischer Sicht.

(1) Generalpräventive Wirkung von Strafe

Im Rahmen eines zweckorientierten Strafrechts wird unter Generalprävention die **Verbrechensvorbeugung in Bezug auf die Gesamtheit** der potentiell zu Straftaten neigenden Rechtsgenossen verstanden; sie kann durch die gesetzlichen Strafandrohungen und die Bestrafung von anderen Delinquenten erfolgen. Eine generalpräventive Wirkung von Strafe wird in der Rechtsprechung allgemein unterstellt und ist auch psychologisch plausibel (Hauptmann, 1993, 62 m.w.N.; vgl. Northoff 1989).

Aus sozialpsychologischer Sicht kann Generalprävention als ein gesellschaftliches **Mittel zum Konformitätsdruck** angesehen werden, welches sowohl in Kleingruppen als auch in Großgruppen funktioniert. Bereits Allport hatte (1934) darauf hingewiesen, dass sich die Häufigkeitsverteilung eines Verhaltens von der Normalverteilung in Richtung auf eine umgekehrte J-Kurve hin verschiebt, sobald dieses Verhalten unter soziokulturellem Normdruck steht, d.h. die allermeisten halten sich an die Norm und nur ein kleiner Teil übertritt sie einmal oder mehrfach.

Aus psychoanalytischer Sicht hat Freud die **Wirkung von Generalprävention plastisch** beschrieben (Freud 1912, GW 1986, 89): „Die Angst vor dem ansteckenden Beispiel, vor der Versuchung zur Nachahmung, ... ist hier im Spiele. Wenn einer es zustande gebracht hat, das verdrängte Begehren zu befriedigen, so muss sich in allen Gesellschaftsgenossen das gleiche Begehren regen; um diese Versuchung niederzuhalten, muss der eigentlich Beneidete um die Frucht des Wagnisses gebracht werden ... .“ Generalprävention kann danach verstanden werden als eine externe Stärkung des Überichs im Streit mit dem Es, welches angesichts fehlender Schranken seine auf privaten Lustgewinn ausgerichteten Impulse andernfalls ausleben würde. Das auf das reale Leben orientierte Ich kann nun bei seinem Abwägungsprozess durch die Stärkung des Überichs leichter zu einem moralischen Verhalten kommen oder aber hat es zumindest leichter, unmoralische

Impulse abzuwehren. Zu Recht weist Böllinger (1993, 1, 3ff, 10) allerdings darauf hin, dass der Erfolg der Generalprävention damit von der Ausprägung des Überichs und daher auch von der Sozialisation des einzelnen abhängig ist.

Die Ausnutzung dieser psychischen Zusammenhänge durch die strafrechtliche Generalprävention bedeutet indes auch eine **Instrumentalisierung des Einzelnen** zur Herbeiführung eines gesellschaftlichen Erfolgs. Dies lässt sich allerdings dann rechtfertigen, wenn man Generalprävention auch als Mittel zur Gewährleistung einer funktionsfähigen gesellschaftlichen Interaktion versteht.

(2) Vergeltung und Sühne

Nach § 46 I S. 1 StGB ist die Schuld des Täters die Grundlage für die Zumessung der Strafe.

Zentraler Gedanke ist danach die **Vergeltung**, die sich aus grundlegenden Rachebedürfnissen des Menschen herleiten lässt. Sie zeigt sich in der Überzeugung von einer alttestamentarisch begründbaren Gerechtigkeit (Auge um Auge), die im symmetrischen oder zumindest symbolischen Austausch von Gütern ihren Ausdruck findet. Die psychologische Gesamtschadensbilanz ist allerdings doppelt negativ, weil die Negation des Rechts durch den Täter mit einer Negation des Täters vergolten wird: Am Ende fehlen zwei Augen, ist sowohl das Opfer als auch der Täter gestört (Amelang 1986, 244f).

Eng damit verbunden ist der Begriff der **Sühne**, der allerdings vornehmlich die innere Leistung, das Ja-Sagen zum Leiden aus der Erkenntnis einer sozialen Gerechtigkeitsidee beschreibt. Tiefenpsychologisch versteht sich Sühne als Ausdruck des Bemühens, zusätzliche Aktivität zur Verdrängung und Eindämmung der aus dem Es aufsteigenden, jedoch nicht akzeptierten Destruktionstriebe zu mobilisieren. Sühne dämpft das Strafbedürfnis der Gemeinschaft jedenfalls dann, wenn Sühne auch mit Reue verbunden ist (Amelang 1986, 245).

(3) Resozialisierende Wirkung von Strafe

Nach § 46 I S. 2 StGB sind aber auch die Wirkungen, die von der Strafe für das künftige Leben des Täters in der Gesellschaft zu erwarten sind, zu berücksichtigen. Insofern kann Strafe unter motivations- und lernpsychologischen Gesichtspunkten analysiert werden. Dabei zeigt sich, dass Strafe aus grundsätzlichen, verfahrenstechnischen und rechtsstaatlichen Gründen nur begrenzte resozialisierende Wirkung entfaltet.

(a) Strafe wirkt vor allem dann, wenn sie bereits beim ersten Verstoß verhängt wird, denn sonst wirkt die erfolgreiche Tatenbegehung als positiver Verstärker für weitere Straftaten. Angesichts eines hohen Dunkelfeldes und niedriger Aufklärungsquote ist die Polizei zu einer derartigen Straftatenaufdeckung aber auch nicht annähernd in der Lage. Außerdem gibt es gute Gründe, von einer Bestrafung jedes Ersttäters abzusehen. So ist bei Jugendlichen bekannt, dass delinquentes Verhalten in pubertärer Situation aus Neugier oder als Suche nach den Toleranzgrenzen unserer Gesellschaft nahezu bei allen Jugendlichen erfolgt und auch ohne jegliche Reaktion bei den meisten später nicht mehr vorkommt, so dass es einer staatlichen Sanktion gar nicht bedarf. Außerdem läuft man bei einer Bestrafung auch von Ersttätern Gefahr, durch Kriminalisierungstendenzen und bei Haftverbüßungen durch negative Kontakte andere unerwünschte Verstärker für rechtswidriges Verhalten zu setzen.

(b) Strafe wirkt vor allem, wenn sie unmittelbar nach der Tat verhängt und vollstreckt wird. Dies ist, sieht man von ganz leichten Verstößen, bei denen auch sofort Bußgelder verhängt und kassiert werden, ab, vor allem bei größeren Delikten, bei denen es besonders wichtig wäre, aus rechtsstaatlichen Gründen nicht möglich, insbesondere weil Verteidigerrechte unterlaufen würden; ganz abgesehen davon sind die Gerichte für ein solches Vorgehen nicht ausgerüstet.

(c) Strafe wirkt vor allem dann, wenn die strafende Person geschätzt oder zumindest respektiert wird. Kritik von Freunden ist regelmäßig wirksamer als Kritik von Personen, die einem gleichgültig sind. Der Status von Richtern ist bereits strukturell nicht so, dass sie vom Angeklagten als Freunde angesehen werden können und auch Charisma und Autorität können, sofern vorhanden, in einer Gerichtsverhandlung nur schwer vermittelt werden, ganz zu schweigen davon, dass Respekt gegenüber gerichtlichen Entscheidungen heute nicht mehr selbstverständlich ist.

(d) Die Strafe muss auch vor Beginn der strafbaren Handlung antizipiert werden und im Bewusstsein aktuell vorhanden sein. Versuche im Mittelalter und wie heute noch z.B. in China, diesen Effekt durch öffentliche Hinrichtungen zu erreichen, müssen differenziert betrachtet werden. Rational steuerbare Delikte wie Steuerhinterziehung oder Geschwindigkeitsüberschreitungen sind generalpräventiv beeinflussbar, Affekttaten wie Körperverletzungen oder Sexualdelikte hingegen kaum, denn dabei kommt es zu Wahrnehmungstäuschungen, Bewertungsfehlern und Impulshandlungen. Wer eine schwerwiegende Straftat begeht, geht im Übrigen davon aus, dass er nicht erwischt wird, würde er dies anders sehen, würde er die Straftat gar nicht begehen. Der Täter kann und will sich die eventuellen negativen Folgen nicht vorstellen.

Wirkung der Todesstrafe

Dass die Todesstrafe nicht generell abschreckend wirkt, lässt sich im Übrigen auch statistisch belegen. Erfahrungen aus den USA zeigten beim Vergleich von Staaten ähnlicher sozioökonomischer Struktur (für den Mittleren Westen und für einige New England Staaten) jedenfalls keine gravierenden Unterschiede. So betrugen die jährlichen Mordziffern als arithmetisches Mittel für die Zeit von 1940 bis 1955 in Michigan (ohne Todesstrafe) 3,5 und in Indiana (mit Todesstrafe) 3,5 und in Rhode Island (ohne Todesstrafe) 1,3 und in Massachusetts (mit Todesstrafe) 1,2.

(e) Übermäßige Bestrafung kann Rachegefühle freisetzen. Bei sehr intensiver Bestrafung werden Emotionen, insbesondere Angst, Ärger und Rachegefühle freigesetzt, die sich nicht mehr nur auf das bestrafte Verhalten, sondern auf die gesamte Situation beziehen und keinen verhaltensbezogenen Lernprozess mehr ermöglichen. Die Person sinnt nur noch dumpf auf Rache, alles andere ist ihr gleich.

(f) Strafe setzt die Möglichkeit zu alternativem Handeln voraus. Schließlich wirkt Strafe nur dann, wenn aus der subjektiven Sicht des Betroffenen ernstzunehmende Alternativen, also mögliche nicht bestrafte Verhaltensweisen existieren. Bei Tätern mit festgefahrenen Verhaltensmustern und in schwierigen Milieubedingungen ist aber gerade dies keine Selbstverständlichkeit, so dass auch aus diesem Grunde Strafe dann kaum Wirkung entfalten kann.

3.3.4 Stärkung der Moral

Die positive Beeinflussung der Moral und die Verhinderung bzw. Beseitigung von Sozialisationsstörungen ist – wie oben gezeigt – eine Aufgabe auf mehreren Ebenen.

(1) Auf gesellschaftlicher (Makro-)Ebene

Hier ist an **normsetzende Maßnahmen** der Entkriminalisierung (z.B. bei Bagatelldelikten), aber auch der Neusanktionierung (z.B. bei Umweltdelikten) zu denken, bei denen informelle Schritte (Werteveränderungen) formellen (Gesetzen) regelmäßig vorausgehen. Dilemmaprobleme können durch in den letzten Jahren verstärkt eingesetzte bzw. geforderte **Ethikkommissionen** (zur Sterbehilfe, zu Betreuungsentscheidungen, zum Atomausstieg, usw.) vorbereitet und grundsätzlich auch bei entsprechender Kompetenz und Aufgabenzuweisung übernommen werden. Daneben sind **situative Gegebenheiten**, die zu einer Überschreitung von Gesetzen und zur Begehung von Straftaten geradezu herausfordern, wie sie sich aus einer Konsum aufnötigenden Werbung („Die musst Du haben!"), aus ungeschützten Gütern (frei herumliegenden Waren, offenen Häusern, usw.) oder bei nicht informierten und wehrlosen Opfern (z.B. alten Menschen) ergeben, durch präventive Maßnahmen abzubauen. Vor allem aber muss die Politik ihre Verantwortung für eine **Vernachlässigung kriminalpräventiver Maßnahmen** erkennen und diese Defizite durch sozialpolitische Maßnahmen der Arbeitspolitik, der Wohnungspolitik, der Jugendpolitik und der Familienpolitik abbauen.

(2) Auf der Kleingruppen (Meso-)Ebene

Insofern muss vor allem die Sozialisation in Familie, Schule, Arbeit und Freizeit verbessert werden. Alle Maßnahmen, die im gesellschaftlichen Nahbereich Bindungsmöglichkeiten, Vertrauen, Berechenbarkeit fördern, wirken Störungen entgegen. Dazu gehören: **Schulischer Unterricht** im Klassenverband, der mit ausreichenden und ausgebildeten Lehrern soziale Ziele, Verbindlichkeit und Berechenbarkeit thematisiert und vorlebt, **Arbeit**, die nicht „hemdsärmelige Selbstsucht", sondern Rücksichtnahme vermittelt, die angemessene Anforderungen stellt, dauerhaft und kollegial gestaltet ist, **Familien**, die ökonomisch gesichert, demokratischer und verbindlicher Erziehung verpflichtet, stabil und sich ihrer Vorbildfunktion bewusst sind, und **Freizeitangebote**, die attraktiv, herausfordernd und eigenständig sind, ohne sich in subkultureller Gesellschaftsfeindlichkeit zu verlieren.

(3) Auf individueller (Mikro-)Ebene

Perspektivisches Verändern verlangt zunächst eine Ausbildung der Moral schon im Rahmen von Bildungsprogrammen (vgl. Lind 2009, vgl. schon Maier 1986), die **Bildung an sich** als zentralen Förderfaktor von Moral erkennen, **Ethikunterricht** als eigenes Fach oder als Teil der Philosophie institutionalisieren, moralische Dilemmata diskutieren und auflösen und durch **demokratisch ethische Schulstrukturen** überzeugen.

Spezifische Programme müssen allerdings das entwicklungspsychologische **Moralniveau beachten**, bei Interventionsversuchen müssen die Anforderungen diesem entsprechen. Daneben dürften **motivations- und lernpsychologische** Ansätze die brauchbarsten Verhaltensmodelle liefern (vgl. Northoff 1995, 54). Danach empfiehlt es sich, zur Stärkung von gesetzestreuem Verhalten vor allem positive Verstärker einzusetzen. Dabei kann man auch versuchen, ein **Bonussystem statt Strafe** als Mittel gesellschaftlicher Verhaltenssteuerung einzusetzen, wenngleich dies (so zutreffend Hauptmann 1993, 74) schwierige Probleme der juristischen Anknüpfung (welches gesetzestreue Verhalten soll gesondert belohnt werden?) und der Finanzierung nach sich ziehen dürfte.

Auch geht es um die primär kriminalpräventive Arbeit. Sie kann durch ein **Training der Beziehungsfähigkeit und der Konfliktbewältigung,** durch moralisches Verhalten verstärkende Hilfe und Beratungen oder den das Verantwortungsbewusstsein schärfenden Täter-Opfer Ausgleich erreicht werden. Außerdem sollten die positiven **Verstärker für gesetzwidriges Verhalten neutralisiert** werden. So kann man bei schweren Delikten eine unerwünschte Verstärkung des Verhaltens durch drastische Gewinnabschöpfung z.B. in Form der Vermögensstrafe, verhindern und bei Bagatelldelikten zur Vermeidung einer Demoralisierung durch Zuschreibungsprozesse verstärkt Strafverfahren einstellen oder Strafersetzungen betreiben.

3.4 Prosoziales Verhalten

In den letzten Jahrzehnten hat sich die Forschung zunehmend mit einer Thematisierung des prosozialen Verhaltens befasst. Nicht mehr nur der Kampf gegen das *Böse* und die Arbeit an den Defiziten, sondern das Befördern des *Guten,* die Orientierung an den Ressourcen wecken das Interesse. Dabei stehen zwei Teilaufgaben im Zentrum, zum einen die Frage, **ob und wie wir junge Menschen ganz allgemein zu sozialem Verhalten veranlassen** können (Altruismusdebatte und allgemeines prosoziales Verhalten), zum andern, unter **welchen Bedingungen diejenigen, die in sozialen Systemen unterstützend tätig sind** wie Sozialarbeiterinnen, Lehrerinnen, Pflegerinnen, Polizeibeamtinnen oder Juristinnen, erfolgreich in diesem Prozess als Helferinnen arbeiten können (Hilfebedingungen und spezielles prosoziales Verhalten).

3.4.1 Grundlagen des prosozialen Verhaltens

Um die Hintergründe des Eintretens für andere zu verstehen, kann man sowohl physiologische wie auch psychologische Erklärungen nutzen (vgl. Aronson, Wilson & Akert 2008, 349ff).

(1) Ein physiologisches Phänomen

Der Fall des Phineas Gage

Der Sprengmeister Phineas Gage war zunächst ein gewissenhafter Arbeiter und vorbildlicher Familienvater. Nach einer unkontrollierten Explosion drang ein runder Eisenstab so in seinen Kopf ein, dass er in der linken Wange eintrat und nach Durchdringung von Teilen des Gehirns (insbesondere des präfrontalen Kortex) oben im vorderen Teil des Kopfes wieder austrat. Nach der Genesung gab es keine Ausfälle hinsichtlich Intelligenz, Sinnesfunktionen und Bewegungsabläufen. Was sich stark änderte, war sein soziales Verhalten, er vernachlässigte die Arbeit und die Familie und lebte in den Tag hinein (zitiert nach Birbaumer & Schmidt 2010, 750, 789).

Durch diese Verletzung waren also offenbar kognitive Funktionen ausgefallen, die auch für die Selbstkontrolle und das Sozialverhalten von Bedeutung sind.

(2) Die Entdeckung der Spiegelneurone

Erst die biopsychologischen Erkenntnisse der neunziger Jahre des letzten Jahrhunderts brachten eine genauere Erklärung. Italienische Forscher stellten bei Untersuchungen fest, dass bestimmte Neuronen bereits dann feuern (aktiv werden), wenn man die Bewegungen anderer beobachtet oder auch nur vermutet, dass diese sich bald bewegen werden. Sie feuern im Übrigen auch bei eigenen gedachten Bewegungen, d.h. sie codieren abstrakte Inhalte (vgl. Zaboura 2009). Wir verfügen also grundsätzlich über die körperlichen Voraussetzungen, uns in andere Menschen hineinzudenken. Teilweise werden dann auch andere Gehirnareale beteiligt, so dass es zu einem intuitiven Verstehen von Handlungen und Gefühlen anderer kommen kann.

(3) Theory of Mind und Empathie

Weitere Untersuchungen zur sozialen Intelligenz konzentrierten sich auf die Frage, wie denn das Erkennen der Absichten anderer (Theory of Mind) und die Einfühlungsgabe (Empathie) funktionieren (vgl. Förstl 2007). Dies kann man z.B. mit speziellen Tests bei **autistischen** Kindern untersuchen. Dabei zeigte sich zunächst, dass es Unterschiede zwischen belebten und unbelebten Elementen gibt, was erklären kann, dass für Autisten der Umgang mit Menschen schwierig sein kann, während andere Wahrnehmungskompetenzen besonders ausgeprägt sein können (wie im Film Rain Man, in welchem der Protagonist Dustin Hofman die Wahrscheinlichkeiten bei einem Glücksspiel extrem schnell berechnen konnte). Darüber hinaus kommt es auf die Fähigkeiten zur selektiven Aufmerksamkeit und zur Ausdruckserkennung an, und es kann angenommen werden, dass Autismus nicht nur durch familiäre Ablehnung, sondern auch durch neurologische Störungen in diesen Bereichen erklärt werden kann (Dose 2007, 296ff).

(4) Indirekter reziproker Altruismus

Die bisherigen Ansätze erklären allerdings noch nicht die kognitiven Prozesse, die zum prosozialen Verhalten führen. Insofern hat die Psychologie das Basismodell des indirekten reziproken Altruismus entwickelt. Untersuchungen zeigten, dass die Wurzel unseres Sozialverhaltens die Annahme ist, dass, wenn wir jemand anderem helfen, auch uns selbst geholfen werden wird **(Reziprozität)**. Altruismus gibt es vor allem innerhalb von Familienverbänden, was sich auch damit erklären lässt, dass ein zentrales Grundbedürfnis, nämlich die eigene Fortpflanzung in diesem Kontext geschieht und familiäre Hilfe damit das eigene Überleben sichert. Altruismus gibt es aber auch gegenüber Fremden, weil für viele schon die indirekte Reziprozität ausreicht, also die Annahme, dass einem auch selbst in einer ähnlichen Situation von einem Fremden geholfen werde.

3.4.2 Motive der Helfer und Hilfe

Versuchen wir nun, diese allgemeinen theoretischen Erklärungen hinsichtlich des Verhaltens einzelner Personen nutzbar zu machen. Denn es gibt offenbar besondere persönliche Umstände, die zur Hilfe veranlassen.

(1) Motive der Helferinnen

Eine Untersuchung von Bierhoff (1994, 217ff) zeigte, dass sich altruistische Persönlichkeiten und Menschen mit hoher sozialer Verantwortung u.a. durch eine größere **Empathie, eine expressive Orientierung, stärkere internale Kontrollüberzeugungen und den größeren Glauben an eine gerechte Welt** auszeichneten. Daneben können aber im Einzelfall ganz unterschiedliche Motive wirksam sein.

- Hilfe aus rationalen Überlegungen. Dazu zählt die Hilfe nach einer Abwägung der Vor- und Nachteile oder z.B. die Entscheidung für den Helferberuf auf Grund eines Berufsinteressentests. Nicht selten sind allerdings hinter einer rationalen Entscheidung unbewusste Motive verborgen.
- Hilfe aus Solidarität. Darunter fällt die Hilfe, die Gruppenmitglieder einander wechselseitig aufgrund ihres Zusammengehörigkeitsgefühls gewähren. „Hilfst Du mir, so helfe ich Dir!“ lautet das Prinzip. Vereine und Gewerkschaften, auch intakte dörfliche Gemeinschaften, bauen auf diesen Gedanken.
- Hilfe nach Lernerfahrungen. Lernerfahrungen und Rollenerlebnisse beeinflussen ebenfalls die Hilfsbereitschaft. Dabei steht die Erziehung zur Eigenverantwortlichkeit der sozialen Hemmung entgegen und erleichtert ein Eingreifen. *B: Das älteste Kind wird frühzeitig mit Aufgaben als Elternersatz betraut und entwickelt eine ausgeprägte Hilfsbereitschaft.*
- Hilfe aus moralischen Gründen. Verfügt man über ein ausgeprägtes Überich, und ist in dieser moralischen Instanz auch der Beistand für bedürftige Menschen normativ verankert, so steigt die Wahrscheinlichkeit der Hilfe. Hintergrund dieser moralischen Überlegungen kann einerseits eine religiöse, z.B. christliche, Ethik sein, nach der aus Dankbarkeit für die Erlösung und aus der Hoffnung auf ein besseres Jenseits die Motivation zur Hilfe erwächst. Die Moral kann jedoch auch auf einem elterlich oder schu-

lisch vermittelten Pflichtbewusstsein im Sinne Kants beruhen, welches in einer Überwindung der eigennützigen privaten Interessen wahre Größe sieht.

- Hilfe aus Schuldgefühl. Moralischer Hintergrund kann auch ein Schuldgefühl sein, insbesondere das Gefühl vermeintlichen früheren Versagens; aktive Hilfeleistungen helfen dann, dieses Schuldgefühl zu mindern. *B: Eine Frau hat ihren Sohn durch Rauschgift verloren und nimmt fortan alle Tramper, die in ihre Stadt kommen, bei sich auf.*
- Hilfe als Suche nach Zuwendung. Wird ein Kind von seinen Eltern als störend angesehen oder sogar abgelehnt und empfindet sich das Kind als nicht geliebt, so reagiert es wegen der gleichzeitigen existenziellen Abhängigkeit von den Eltern häufig mit einem besonderen Bemühen, die Eltern zufrieden zu stellen. Die frühkindliche Erfahrung der Ablehnung kann dann auch im Erwachsenenalter zu einer verstärkten Suche nach Zuwendung führen, verbunden mit dem Bemühen, diese Zuwendung durch besonders anerkennungswürdige Hilfeleistungen zu erhalten.
- Hilfe als berufliche Verpflichtung. Für die Helferberufe kann sich auch durch die Rahmenbedingungen des Berufs eine Selbstverstärkung ergeben. Während der normale Bürger nur bei gemeiner Gefahr im Rahmen des Zumutbaren helfen muss (§ 323c StGB), ergibt sich z. B. für Sozialarbeiterinnen die Notwendigkeit zur Hilfe schon aus den beruflichen Herausforderungen wie sie sich z. B. im Arbeitsfeld der „sozialpädagogischen Familienhilfe“ zeigen. Sind sie z. B. als Vormund für die Eltern tätig, besteht darüber hinaus eine besondere Garantenstellung und Garantenpflicht, so dass schon ein Unterlassen bestimmter Unterstützungsmaßnahmen strafbar sein kann (§ 13 StGB) ab. Drohen erhebliche, insbesondere lebensbedrohliche Straftaten, kann sogar eine Anzeigepflicht bestehen (§ 138 StGB).

(2) Das Helfersyndrom

Professionelle Helfer wie Sozialarbeiterinnen oder Krankenschwestern, präventiv tätige Polizeibeamtinnen, das Erziehungsprinzip ernstnehmende Jugendrichterinnen oder an ganzheitlicher Problemlösung orientierte Anwältinnen erleben bei einer größeren Anzahl von Fällen allerdings zwangsläufig nicht nur Erfolg und Anerkennung, sondern auch Misserfolg und Enttäuschung.

Stabile und erfahrene Helferpersönlichkeiten reagieren darauf mit Gelassenheit und Stärke und scheinen sich auch allgemein durch emotionale Belastbarkeit auszuzeichnen. Viele Helfer machen allerdings zumindest zeitweilig die Erfahrung, dass ihr Beruf sie wütend und aggressiv, gestresst und ausgelaugt werden lässt. Der Psychoanalytiker Wolfgang Schmidtbauer (1977) hat dies in seinem Aufsehen erregenden Buch „Die hilflosen Helfer“ thematisiert.

(a) Merkmale und Ursachen. Schmidtbauer nennt insofern:

- ein übersteigertes Ich-Ideal, eine besondere Identifizierung mit hohen moralischen Ansprüchen, entstanden aus einer Verinnerlichung überzogener elterlicher Anforderungen,

- Hilfe geben aus einem Schuldgefühl heraus, welches durch früheres Versagen gespeist ist, und bei dem aktuelles Versagen das Schuldgefühl noch verstärkt,
- das Bedürfnis nach Anerkennung, welches mit dem insgeheimen Wunsch nach Lob durch andere verbunden ist und, wenn dieses nicht erfolgt, in noch größere Enttäuschung umschlägt,
- die Verleugnung (Abwehr) von Schwächen, da der Helfende durch die Helferrolle groß und stark erscheint und sich nicht mit den eigenen Schwächen auseinandersetzen muss.

(b) Folgen des Helfersyndroms. Ein solches (tendenziell neurotisches) Helfersyndrom zieht nicht selten drei Folgen nach sich:

- Gefühle wie Wut und Aggression, die aber wegen der hohen moralischen Anforderungen des Ideal-Ichs nur indirekt, so durch Vorwürfe, Besserwisserei, Ablehnung oder Rückzug gezeigt oder aber auf andere Kollegen oder Familienmitglieder projiziert werden,
- Überforderung, weil die übersteigerten Anforderungen des Ideal-Ichs nicht erfüllt, das Schuldgefühl nicht abgebaut und Anerkennung nicht erreicht werden kann,
- schließlich Stress und Burnout, die große Krise (siehe dazu Northoff, Kompetenzen der Arbeits- und Problembewältigung 2012).

(c) Vermeidung und Verringerung des Helfersyndroms. Einfache Lösungen gibt es für diese Helfer nicht. Schmidtbauer hat auch hier ein treffendes Bild gefunden, wenn er über die „Ware Nächstenliebe" (1983) schreibt und damit das strukturell ausweglose Dilemma aufzeigt, eine intensive persönliche Beziehung als bezahltes professionelles Austauschgut zu behandeln. Gleichwohl gibt es Optimierungsmöglichkeiten:

- vor einer endgültigen Berufsentscheidung können die oben beschriebenen unbewussten Motive für die Berufswahl durch selbstkritische Prüfung, psychologische Beratung oder sogar eine psychoanalytische Analyse erarbeitet und bewusst gemacht werden;
- das Bemühen um die innere Abgrenzung zum Problem; sie darf nicht verwechselt werden mit Gefühllosigkeit oder Desinteresse, denn die meisten Interventionen verlangen im Gegenteil einfühlendes Verstehen; gemeint ist eine gelassene innerliche Festigung und Abgrenzung, die nicht Abwehr bedeutet, sondern die Sicherheit, dass man sich gefahrlos, und ohne verletzt zu werden, öffnen kann;
- die Supervision, die die Möglichkeit zur professionelleren Fallbearbeitung und zur erleichternden Aussprache, insbesondere aber zur Ichstärkung bietet und die in Grenzfällen jene Abgrenzung erleichtert.

(d) Konkret kommt es darauf an, **dem Helfenden zur vertieften Selbsteinsicht** zu verhelfen

- durch Fragen, wie: „Was habe ich davon, wenn ich helfe?", also durch Fragen nach dem Motiv der eigenen Hilfe;
- ggf. durch Erkennen der eigenen Bedürftigkeit und Schwäche und Förderung der Bereitschaft, sich helfen zu lassen;
- durch eine Verhinderung von übertriebener Hilfe, also durch gelassene (nicht dramatisierende) Verweigerung und durch aushalten können, ohne einzugreifen;
- mit dem Ziel der Verselbstständigung und Abgrenzung als Hilfe zur Selbsthilfe für den Hilfsbedürftigen.

3.4.3 Intervention bei Hilfsbedürftigen

(1) Hilfsbedürftigkeit aus einer Notlage heraus

Hilfsbedürftigkeit kann aus einer **Situation körperlicher Not oder aus einer psychosozialen Notlage** heraus entstehen. Sie kann sich in einem Besucher einer Beratungsstelle offenbaren, bei einer Schülerin im Gespräch mit der Schulsozialarbeiterin, bei einer Person, die auf einer Polizeiwache erscheint oder in einem Ratsuchenden, der einen Anwalt aufsucht. Dann ist es die Aufgabe der beschriebenen Personen und Institutionen, professionell Hilfe zu leisten (vgl. dazu im einzelnen Northoff, Methodisches Arbeiten & therapeutisches Intervenieren 2012). Wird diese Hilfe angenommen und ist sie erfolgreich, sollte auch die Hilfsbedürftigkeit entfallen.

(2) Neurotische Hilfsbedürftigkeit

Es gibt allerdings Personen, die unabhängig von konkreten Anlässen in **fast neurotischer Art und Weise** hilfsbedürftig sind. Sie kommen immer wieder zur Beratung, zur Wache oder zum Anwalt, senden Botschaften aus wie: „Du bist stärker! Hilf mir!" Und es wird deutlich, dass sie sich hilflos, überfordert und bedürftig fühlen (Schulz von Thun 1991/2010, 61 ff). **Hilfsbedürftigkeit bedeutet für sie dreierlei** (vgl. Rudolf 1991, 286). Zum einen erhalten sie **Zuwendung**, zum anderen erwerben sie sich ein Anrecht auf **Schonung**, Rücksichtnahme und Verständnis, schließlich kann Hilfe mit der (unbewusst ersehnten) Verpflichtung verbunden sein, sich den helfenden Personen und Institutionen **unterzuordnen**.

Zwei Ursachen kommen vor allem in Betracht. Hintergrund der Hilfsbedürftigkeit können zum einen **frühkindliche Störungen** im ersten Lebensjahr sein, die nicht aufgearbeitet wurden und nachwirken, so eine frühkindliche Vernachlässigung, die eine grundlegende und fortdauernde Hoffnungslosigkeit des Kindes zur Folge hat, so die elterliche Überbehütung, die das Selbstständigwerden verhindert und Unselbstständigkeit produziert hat. Zum andern kann eine **erlernte Hilflosigkeit vorliegen**: Das Kind hat seine Eltern nur als fremdversorgte, schicksalsergebene Vorbilder erlebt. Alle Versuche, sich zu verselbständigen, sind (mangels eigener Erfahrungen und ohne fremde Verstärker) fehlgeschlagen. *B: Immer wieder gibt es in sozial benachteiligten Gebieten Familien, die seit Generationen von Sozialhilfe leben und die Angebote, dies zu ändern, nicht annehmen.*

(3) Symptompflege durch Co-Verhalten

Das Problem ist insbesondere aus der Arbeit mit Suchtkranken bekannt: Der Hilfsbedürftige ist psychisch am Boden, körperlich verwahrlost und sozial isoliert. Nun trifft er auf einen Helfer und klammert sich an ihn, der **Helfer fühlt sich verpflichtet**. In der Tat gebietet es dann bereits Art. 1 GG (das Grundrecht auf Menschenwürde), dass der Helfer zur körperlichen Gesundung beiträgt (Arztbesuch) und die soziale Grundversorgung (Sozialhilfe, Wohnung) in die Wege leitet. Es ist aber auch wichtig, dass der Helfer die weitere Hilfe nicht unreflektiert leistet. Chronische Hilfsbedürftigkeit sucht sich nicht selten ihre neurotische Ergänzung in einem engagierten, aber unerfahrenen Helfer. Bei neurotischer Ergänzung besteht das **Risiko der Symptompflege**, also ein Verhalten, was den anderen nicht ändert, sondern den Zustand der Bedürftigkeit und Pflege stabilisiert, so dass daraus sogar ein Co-Verhalten werden kann, also ein Verhalten, welches die Hilfsbedürftigkeit noch fördert. Dadurch bleibt dem Hilfsbedürftigen kein Freiraum für eigenes Lernen, auf Dauer gesehen ist die Hilfe erfolglos. Der Helfer ist frustriert über den Misserfolg, und der Hilfsbedürftige frustriert über die pausenlosen Ratschläge und damit verbundenen Kränkungen, die sein negatives Selbstbild nur noch stärken.

(4) Verringerung der Hilfsbedürftigkeit

Die Veränderung chronischer Hilfsbedürftigkeit gehört zu den schwierigsten Aufgaben sozialer Arbeit, denn nicht selten gewinnt der Hilfsbedürftige sein Symptom „lieb“ (sekundärer Krankheitsgewinn), gewährt es ihm doch ohne weitere Anstrengungen Zuwendung und Unterstützung. Eine Verringerung der Hilfsbedürftigkeit (Schulz von Thun 1991/2010, 61 ff) verlangt eine gezielte Stärkung von Autonomie und Verantwortung des Hilfsbedürftigen, die einerseits durch spezielle psychologische Trainingseinheiten, andererseits aber auch durch einfache Techniken wie das Lernen der Sprache der Verantwortung (Statt: „Ich kann nicht!“ Besser: „Ich will nicht!“), durch eine Einbindung und Übernahme von Verantwortung bei der Problemlösung und durch Unterstützungshandlungen wie realistische und konstruktive Anregungen gefördert werden kann (siehe zu einzelnen psychosozialen Auffälligkeiten die hinteren Kapitel dieses Buches; siehe auch Northoff, Methodisches Arbeiten und Therapeutisches Intervenieren 2012).

3.4.4 Förderung von Prosozialem Verhalten

Die Förderung prosozialen Verhaltens kann sowohl allgemein als auch spezifisch erfolgen.

(1) Allgemeine Förderung

So lassen sich Programme entwickeln, die allgemein prosoziales Verhalten lehren und stärken (vgl. Roth & Reichle 2008; vgl. Igl, Knopf & Merkle 2006 zur sozialen Kompetenz; vgl. Adam-Lauer 2005; vgl. auch Stürmer & Snyder 2010). Dabei geht es darum,

- frühzeitig bereits im Kindergarten und in der Schule durch gemeinsamen Unterricht, ein positives Lehrer-Schüler-Verhältnis und ein positives soziales Klima soziales Lernen zu befördern,
- und dabei auch das Verhältnis von In Groups und Out Groups, von Inklusion und Exklusion zu bearbeiten und
- geeignete Spiele und Unterrichtsstunden durch entsprechend fortgebildete Lehrerinnen und Lehrer schon in die Grundschulausbildung mit einzubringen.
- Konkret kann es dann dabei z.B. um Regeln, Rechte und Pflichten, um Körpersprache, Gefühlsverarbeitung, Ärgermanagement, Problemlösen gehen,
- aber auch Bedingungen der Hilfsbereitschaft und der Zivilcourage können Themen sein (vgl. Frohloff, Handbuch der Zivilcourage 2001),
- wie auch generell das bürgerschaftliche Engagement, z.B. als Bereitschaft zum *Fair Trade Kauf*, zum Spenden bei Not oder zum Ehrenamt (vgl. Adloff, Priller & Strachwitz 2010).

(2) Beachtung und Veränderung situativer Faktoren

Hilfe als komplexes psychologisches Phänomen ist nicht nur von der Persönlichkeit der Helferin und von der Persönlichkeit der Hilfsbedürftigen abhängig, sondern auch von situativen Faktoren. Selbst in Situationen, in denen erkennbar fremde Hilfe erforderlich ist, ist Hilfe nicht das Selbstverständlichste der Welt. Vielmehr gibt es interaktive und situative Faktoren, die darauf Einfluss haben, ob dann Hilfe geleistet wird (vgl. Güttler 2003, 29 ff; Aronson, Wilson & Akert 2008, 364 ff; auch Füllgrabe 1990, 18 ff).

(a) Das Prinzip der geteilten Verantwortung (auch bekannt als Bystander Effekt) war die Lehre aus einem Kriminalfall.

Der Mord an Kitty Genovese

Im berühmten Fall der „Kitty Genovese" (1935–1964) in New York sahen bzw. hörten 38 Personen, wie ein Mann im Hof eines Hauses bzw. vor ihrer Wohnung auf Kitty Genovese einstach und sie vergewaltigte. Ein Ruf eines Anwohners führte zwar dazu, dass der Täter zeitweilig von seinem Opfer abließ. Doch kam der Täter wieder und verletzte Kitty Genovese tödlich. Es dauerte mehr als eine halbe Stunde, bis endlich (wirksam) die Polizei benachrichtigt wurde.

Der Zeitungsbericht über diesen Mord schockierte das Land und führte zu einer sorgfältigen Untersuchung. Es wurde deutlich, dass die meisten Personen den Vorfall nur zeitweilig beobachtet hatten. Psychologisch interessant ist insofern die Befragung der Anwohner zu den Motiven für ihr Untätigsein. Einige Anwohner spielten den Vorfall herunter, andere meinten, dass ihre Nachbarn besser helfen könnten, wieder andere nahmen an, dass doch bestimmt bald auch Polizisten kommen würden. Daraus entwickelte sich die Einsicht in das Prinzip der geteilten Verantwortung: Beobachten mehrere Personen ein Ereignis, bei dem eine Hilfeleistung geboten wäre, kommen, wie in unserer dichtbevölkerten mitteleuropäischen Welt, mehrere Personen, insbesondere auch staatliche Organisationen, als Hilfeleistende in Betracht oder nimmt man an, dass staatliche Hilfe schnell zur Stelle sein könnte, so verteilt sich die Verantwortung auf verschiedene, u.U. viele Personen und keiner fühlt sich persönlich verantwortlich, dem Opfer zu helfen.

(b) Das Prinzip der sozialen Hemmung. Gerade in den, die Bedeutung des Individuums betonenden, westlichen Kulturen gilt es unter dem Gesichtspunkt der *Social Correctness* als gutes Benehmen, sich nicht in fremde Angelegenheiten einzumischen. Dies hat zur Folge, dass auch in Notsituationen oft Hilfe nicht geleistet wird, denn es entwickelt sich eine blockierende Angst, andere könnten die Situation falsch deuten und sie als unberechtigte Einmischung werten oder man könnte einen (womöglich zu rechtlichen Konsequenzen führenden) Fehler machen oder sich vor allen blamieren. *B: So war in der DDR die Bereitschaft zur Hilfe wegen der besonderen Betonung des Gemeinwesens besonders ausgeprägt; diese Bereitschaft scheint nach der Wende, möglicherweise auch angesichts der unklaren Rechtslage, zunächst deutlich zurückgegangen zu sein und muss jetzt wieder neu angeregt werden.*

(c) Keine Hilfe in unklaren Situationen. An unbekannten Orten oder in unklaren Situationen wird weniger Hilfe geleistet als in den Fällen, in denen die Situation als klar und der Ort als sicher eingeschätzt wird. *B: In Kolum-*

bien kam es zeitweise immer wieder zu straßenraubähnlichen Überfällen, bei denen eine vorgetäuschte Fahrzeugpanne die Überfallopfer zum Anhalten veranlassen sollte. Daher war die Hilfsbereitschaft in dafür bekannten unübersichtlichen Gegenden in solchen Fällen gering.

(d) Hilfe vorzugsweise für bestimmte Opfer. Bittet das Opfer ausdrücklich eine bestimmte Person um Hilfe, so erhöht dies die Wahrscheinlichkeit, ebenso, wenn der Helfer eine gewisse Sympathie oder Ähnlichkeit mit dem Opfer empfindet. Dies dürfte auf die persönliche Nähe und ein gruppentypisches Wir-Gefühl zurückzuführen sein, welches das Einstehen füreinander nahelegt. *B: Wer selbst Motorradfahrer ist, wird bei einem Unfall eines Bikers eher anhalten als bei einem anderen Unfall.*

(e) Hilfe vorzugsweise von professionellen Helfern. Wer bestimmte Fähigkeiten besitzt wie eine „Erste-Hilfe Ausbildung", wer Rettungsschwimmer oder Polizist ist, kann in unklaren Situationen eher erkennen, ob Hilfe nötig ist und ist eher bereit zu helfen. *B: Bei einem lebensbedrohlichen Asthma-Anfall auf dem Oktoberfest kümmerte sich trotz Dutzender Besucher erst ein vorbeigehender Arzt um den sich erbrechenden Hilfsbedürftigen.*

(f) Hilfe als Folge helfender Vorbilder. Beobachtet man aber einen Menschen, der hilft, so ist man auch selbst eher bereit zu helfen, insbesondere wenn die helfende Person als sympathisch erscheint und nahebei ist. Dies lässt sich lernpsychologisch erklären, denn sympathische und räumlich nahe Vorbilder haben Modellcharakter. *B: Spendenaufrufe haben dann besonders großen Erfolg, wenn ein berühmter Sportler oder Popsänger dazu aufruft.*

(g) Hilfe ist auch abhängig von Vorteilen und Nachteilen. Erwartet man durch die Hilfeleistung ein hohes Ansehen oder eine Belohnung, so steigt die Wahrscheinlichkeit der Hilfeleistung. Andererseits sinkt die Wahrscheinlichkeit in Situationen, in denen Nachteile wie eigene Verletzungen oder Beschädigung eigener Sachen zu erwarten sind. *B: Hat man Angst, sich das Fahrzeug mit Blut zu verschmieren, so schreckt man eher davor zurück, einem auf der Straße liegenden Verletzten zu helfen.*

Kapitel 4
Psychosoziale Auffälligkeiten

Helfer aller Berufsfelder werden in ihrer praktischen Arbeit immer wieder mit Menschen konfrontiert, die sich auffällig, ja scheinbar irrational verhalten. Dann ist es hilfreich zu wissen, ob es sich hier um ein bestimmtes, von der wissenschaftlichen Psychologie bereits beschriebenes Auffälligkeitsbild handelt und welche Ursachen und erfolgreichen Interventionen diesem Bild zugeordnet werden können. Zu den für die Praxis besonders relevanten psychosozialen Auffälligkeiten zählen aggressives Verhalten, sexuelle Übergriffe oder Suchterkrankungen, aber auch geistige Behinderungen, Psychosen und Neurosen, Angstzustände und Depressionen. Da nur in den wenigsten Fällen stationäre Hilfe geboten und therapeutische Hilfe keineswegs selbstverständlich ist, sind die Sozialarbeiterinnen, Lehrerinnen, Polizeibeamtinnen und andere Betroffene dann gehalten, die sich ergebenden Aufgabenstellungen und Konflikte mit eigenen Mitteln zu bewältigen. Dafür ist es wichtig, dass sie über Grundwissen zu diesen Störungen verfügen.

4.1 Normalität und Behinderung

Was normal ist, bestimmen im täglichen Leben nicht selten diejenigen, die die Macht haben. Psychologisch gesehen ist dies allerdings keineswegs so einfach.

4.1.1 Normalität und Auffälligkeit

Für die Unterscheidung zwischen Normalität und Auffälligkeit gibt es keine – unangreifbaren, interdisziplinär gültigen – Definitionen, sondern nur berufsspezifische Konventionen und Normen, die zudem gesellschaftlichen Veränderungen unterliegen. Herkömmlich unterscheiden Ärzte zwischen **Gesundheit** und **Krankheit** und Psychologen zwischen **normal** und **anormal**. In den letzten Jahrzehnten haben aber auch andere Begriffe zunehmend an Bedeutung gewonnen. So wird in der medizinischen Diagnostik häufig der Begriff **„Störung“** benutzt (vgl. zum ICD 10: Dilling, Mombour & Schmidt 2010, 22) und in der moderneren Psychologie scheint der Begriff **„Auffälligkeit“** eine gewisse Akzeptanz gewonnen zu haben. Aktuelle Diskussionen betonen den Weg von der störungsfixierten zur **ressourcenorientierten** Problembearbeitung, um damit Stigmatisierungen abzubauen und positiven Verstärkern (lernpsychologisch) mehr Raum zu geben. Allerdings macht ein ursachenorientierter Ansatz auch die deutliche Benennung von problematischen Sachverhalten erforderlich. Der Begriff „auffällig“ ist insofern der wohl am wenigsten stigmatisierende Begriff und wird daher nachfolgend vor allem für den nichtklinischen Bereich vorgezogen. Im klinischen Bereich (also soweit es nach herkömmlichem Verständnis um Erkrankungen geht) wird hier entsprechend der üblichen Konvention vorzugsweise der Begriff „Störung“ verwandt. Auf andere Begriffe wie „Krankheit“ oder auf entsprechende juristische Fachbegriffe wird vor allem dann Bezug genommen, wenn gesetzliche Vorgaben (z. B. des Versicherungsrechts oder des Strafrechts) dies nahelegen.

Seit jeher ist allerdings streitig, was nun **inhaltlich** im Einzelnen als normal und was als auffällig angesehen werden soll und wie festgestellt werden kann, ob ein Verhalten auffällig ist.

(1) Rechtlicher Ansatz

Sieht man das **Recht als allgemeines Normengefüge**, so gilt als normal die **Rechtstreue** gegenüber wirksamen Verträgen und Gesetzen, die über ein parlamentarisches Gesetzgebungsverfahren legitimiert und für alle verbindlich geworden und im Zweifel durch das Verfassungsgericht als grundgesetzkonform erklärt worden sind. Als Störung (hier im rechtlichen Sinne) wird ein Verstoß gegen Verträge, Schutzvorschriften und insbesondere Strafvorschriften angesehen (vgl. die §§ 311 ff BGB: Leistungsstörungen; 823 ff BGB: schädigende Handlungen; Vorschriften des StGB: Straftaten).

Versicherungsrechtlich hat die Rechtsprechung des Bundessozialgerichts die medizinische Unterscheidung von gesund und krank aufgenommen. **Krankheit i. S. des Rechts der gesetzlichen Krankenversicherung ist danach ein regelwidriger Körper- und Geisteszustand, der die Ausübung der normalen psychophysischen Funktionen beeinträchtigt und Behandlungsbedürftigkeit bzw. Arbeitsunfähigkeit zur Folge hat** (vgl. BSGE 62, 83; vgl. § 27 SGB V). Zentrale Kriterien sind dabei erstens die Regelwidrigkeit, also die Abweichung vom „Leitbild des gesunden Menschen“, zweitens die funktionale Betrachtung, also die Überlegung, ob der Versicherte die normalen psychophysischen Funktionen ausüben kann, und drittens der Leidensdruck, durch den sich die Regelwidrigkeit zur eigentlichen Krankheit qualifiziert. Die Konkretisierung dieser noch groben und inhaltlich ausfüllungsbedürftigen Unterscheidungen erfolgt rechtlich durch die Einzelfälle. Bloße Schönheitsfehler reichen daher nicht aus, wenn sie nicht auch die normalen Funktionen beinträchtigen; Altersgebrechlichkeit würde danach ebenfalls nicht ausreichen, weil eine natürliche Körper- und

Geistesentwicklung nicht regelwidrig ist. Bei Transsexualität hat das Bundessozialgericht darauf abgestellt, ob Leidensdruck gegeben ist.

(2) Psychologische Ansätze

Aus psychologischer Sicht lässt sich die Frage nach der Unterscheidung von Normalität und Auffälligkeit wegen der teilweise fehlenden Körperlichkeit und der fehlenden gesellschaftlichen Verbindlichkeit nicht mit einer einfachen oder gar unstreitigen Stellungnahme beantworten. Die Definitionen sind demgemäß mehr struktureller, denn inhaltlicher Art. Unterschiedliche Ansätze sind denkbar:

- Kybernetischer Ansatz. Auffällig ist eine Abweichung des Ist-Zustandes vom Soll-Zustand. Bei diesem Ansatz stellt sich das Problem, dass die Soll-Werte gesondert definiert werden müssen und nicht etwa aus Ist-Werten abgeleitet werden können.
- Statistischer Ansatz. Auffälligkeit wird verstanden als Abweichung von der quantitativ-statistisch errechneten Mehrheit. Die Schwäche dieses Ansatzes besteht darin, dass die soziale Bewertung offenbleibt; die Mehrheit muss nicht immer „psychisch gesund“ sein (wie uns die NS-Zeit drastisch gezeigt hat), und Minderheiten (wie Ausländer) sollten nicht allein deswegen als „auffällig“ definiert werden.
- Lerntheoretischer Ansatz. Auffällig ist ein auf das unerwünschte Erlernen von Verhaltensregeln zurückzuführendes, gesellschaftlich unerwünschtes Einstellungsmuster. Auch hier bleibt allerdings offen, welche Einstellungsmuster unerwünscht sind.
- Subjektiver Ansatz. Auffällig ist das, worunter das Individuum selbst leidet. Damit werden allerdings auch Hypochonder, eingebildete Kranke erfasst, und objektive Beurteilungen sind nicht möglich.
- Sozialpsychologischer Ansatz. Als auffällig anzusehen ist das, worunter die Mitmenschen leiden bzw. was als störend empfunden wird. Dieser Ansatz ist ebenfalls problematisch, weil damit das Kriterium des gesellschaftlichen Funktionierens in den Vordergrund tritt.
- Ressourcenorientierter Ansatz der WHO. Gesundheit ist ein Zustand des vollständigen körperlichen, geistigen und sozialen Wohlbefindens. Dieser Ansatz bleibt ebenfalls unklar, weil er sehr allgemein ist und den Krankheitsbegriff nur durch das Gegenteil beschreibt.
- Kulturspezifischer Ansatz. Dieser Ansatz weist darauf hin, dass in unterschiedlichen Ländern (und zu unterschiedlichen Zeiten) unterschiedliche Werte und Normen gelten. So ist z. B. in indianischen Kulturen der Medizinmann hoch angesehen, wenngleich sein Verhalten aus der Sicht mancher Deutscher als verrückt erscheint. Damit wird zwar die Begrenztheit der Normen erklärt, nicht aber ein brauchbares Kriterium angeboten.

Fasst man die obigen Überlegungen zusammen, so zeigt sich, dass jeder Ansatz für sich genommen Kriterien nennt, die für eine gewisse Zahl von Fallgruppen eine Annäherung an den Begriff der Auffälligkeit ermöglichen. Die Kriterien haben jedoch andererseits auch Lücken und Mängel und reichen daher allein nicht aus. Dies legt es nahe, Auffälligkeit kumulativ unter mehreren Gesichtspunkten zu beurteilen, wobei nicht in allen Fällen alle Gesichtspunkte eine gleich große Rolle spielen müssen. Um dies auch optisch zu verdeutlichen, kann man auf ein Modell der sich überlappenden Kreise zurückgreifen. Danach kann in einem bestimmten Fall von Auffälligkeit umso eher gesprochen werden, je mehr sich die Kreise (Kriterien) überschneiden und decken.

Psychologische Auffälligkeit

(3) Medizinische Klassifikationssysteme

Aus medizinischer Sicht hat es in den vergangenen Jahrzehnten im Interesse einer Vereinheitlichung und Vergleichbarkeit von Diagnose, Theorie und Abrechnung immer wieder Ansätze für verbindliche Klassifikationssysteme gegeben. Daraus sind auf internationaler Ebene Klassifikationsverfahren zur Kennzeichnung von Krankheiten entstanden. Soweit diese Erkrankungen im Grenzbereich zur Psychologie psychosomatisch oder psychiatrisch relevant sind, kann grundsätzlich einerseits auf Systeme der WHO, andererseits auf das amerikanische System DSM-IV-TR zurückgegriffen werden.

- ICD-10 (International Classification of Diseases). Die Weltgesundheitsorganisation WHO einigte sich Anfang der siebziger Jahre auf das ICD (International Classification of Diseases) und entwickelte ihr System bis zum heute geltenden ICD-10 fort (Dilling, Mombour & Schmidt 2010). Darin befinden sich Definitionen und diagnostische Kriterien für mit einzelnen Kennziffern versehene Krankheitsbilder (z. B.: ICD-10: F10.03 = akute Alkoholintoxikation mit Delir). Die zunächst sehr dem psychiatrischen Kategorienmodell verbundene Einteilung ist in der 10. Version zugunsten von konkreten Beschreibungen teilweise aufgegeben worden.

- DSM-IV-TR (Diagnostic and Statistical Manual of Mental Disorders – IV. Auflage, Textrevision). 1980 schied die American Psychiatric Association aus dieser weltweiten Einheitlichkeit aus und veröffentlichte ihre eigene Klassifikation, das DSM (Diagnostic and Statistical Manual of Mental Disorders), welches derzeit auf Deutsch in der IV Version mit Textrevision (2003) vorliegt. Das DSM verzichtet weitmöglichst auf alle theoretischen Begriffe, die zwischen Psychiatern streitig sind (wie z. B. endogen – psychogen) und enthält präzise Auflistungen, welche Symptome in welcher Häufigkeit und in welchen Zeiträumen vorliegen müssen, damit eine bestimmte Diagnose gestellt werden kann. Es ist insofern zumindest teilweise dem psychologischen Denken näher als das immer noch in psychiatrischen Kategorien verhaftete ICD-System. Allerdings werden dadurch ätiologische (ursächliche) Zusammenhänge auseinandergerissen.
- ICF (Internationale Klassifikation der Funktionsfähigkeit, Behinderung und Gesundheit). Diese erstmals 2001 von der WHO herausgegebene, und vom Deutschen Institut für medizinische Dokumentation und Information (DIMDI) übersetzte (2005) Kategoriensammlung ergänzt die ICD 10 und hilft insbesondere im frühkindlichen Bereich bei der Gesundheitsdiagnose bzw. bei der Diagnose von Behinderungen. Sie betrifft Körperfunktionen, Körperstrukturen, Aktivitäten wie das Lernen, die Partizipation am sozialen Leben und Umweltfaktoren wie z. B. Hilfesysteme.

Da **Deutschland Mitglied der Weltgesundheitsorganisation** ist, hat sich bei uns für psychische Störungen die ICD-10 weitgehend durchgesetzt. Sie wird bei frühkindlichen Gesundheitsdiagnosen oder auch bei späteren Behinderungen durch die ICF ergänzt. Insbesondere die Krankenkassen drängen auf eine vereinheitlichte Diagnosepraxis der Ärzte (vgl. auch § 295 I 2 SGB V) und die Kategorisierung erleichtert regelmäßig die Kommunikation. Es ist aber nicht unproblematisch, ätiologisch (ursächlich) zusammenhängende Krankheitsbilder auseinanderzureißen. Auch kann es zu einer Self-Fulfilling-Prophecy (sich selbst erfüllenden Prophezeiung) kommen, weil die verlangten frühen diagnostischen Festlegungen riskant sind und stigmatisierend wirken können. Insbesondere besteht die Gefahr des „gläsernen Patienten", da bei normalen Erkrankungen nicht mehr nur die Kassenärztlichen Vereinigungen, sondern auch die Krankenkassen ein vollständiges Bild über den Gesundheitszustand (und die Versicherbarkeit) des Patienten und seine möglicherweise intimen Erkrankungen erhalten.

(4) Die Ablehnung von Krankheitsmodellen im systemischen Ansatz

In letzter Zeit ist insbesondere aus systemischer Sicht der Krankheitsbegriff auch grundsätzlich in Frage gestellt worden (vgl. die gute Zusammenstellung in Haselmann 2008, 199 ff, 349 ff). Krankheitskategorien, ja das ganze Krankheitsmodell, werden als wenig hilfreiche **Zuschreibung von Krankheitssymptomen auf eine einzelne Person** angesehen, ursächlich erscheint vielmehr der systemische Zusammenhang. Im Blick sind daher vor allem die konkreten Interaktionen (Verhaltensweisen, Kommunikationen), Ziel ist das vom Betroffenen zu definierende gelungene (glücklichere, nützlichere) Leben.

Es ist ein Verdienst des systemischen Ansatzes, auf die familiären und systemischen Zusammenhänge bei psychosozialen Auffälligkeiten hinzuweisen. Es entsprach zwar auch schon früher der psychologischen Tradition, nicht so sehr wie die Psychiater alter Prägung einem an Krankheitsbildern orientierten Schubladendenken verhaftet zu sein, sondern immer den einzelnen Menschen mit all seinen komplexen Besonderheiten zu betrachten, doch fehlte diesem Verständnis der theoretische Überbau.

Andererseits erscheint ein radikaler Verzicht auf Kategorien (gleich ob man sie nun als Auffälligkeit oder Störung oder Krankheit bezeichnet) ebenfalls unsystematisch und unprofessionell. Er müsste auf all das Wissen, welches wir schon zu bestimmten Störungsbildern in der Fachliteratur haben, verzichten und würde nur noch eklektizistisch reagieren. Auch würde er dann, wenn kein Leidensdruck besteht und die eigenen Ressourcen des Betroffenen nicht ausreichend oder selbstzerstörerisch sind, keine Eingriffslegitimation haben und resignieren.

Richtig erscheint daher ein Mittelweg, der auch im Interesse der Helferkommunikation vorhandenes Wissen über Krankheitsbilder nutzt, dabei aber die betroffenen Person und ihr Bezugssystem im Blick hat.

Für andere Problemlöser wie die Justiz hat die Nutzung des Kategoriensystems im übrigen den Vorteil, dass Gutachten nachvollziehbarer und vergleichbarer werden, was im Ergebnis der Rechtssicherheit zu Gute kommen dürfte. Die gesetzlichen Vorschriften (z.B. § 20 StGB) sind allerdings noch nicht völlig auf die genannten medizinischen Kategorien abgestimmt, so dass deren Benutzung die Einführung eines weiteren eigensprachlichen Kategoriensystems zwischen psychologischer Theorie und rechtlicher Norm bedeutet, wodurch dann doch wieder ein gewisser Informationsverlust entstehen kann.

Nachfolgend wird – auch wegen der nicht nur beschreibenden, sondern auch erklärenden Betrachtung – vornehmlich auf die **eingebürgerten Begriffe der rechtlichen Praxis und die bekannten psychologischen Modelle Bezug genommen**; die Klassifikationen des ICD-Systems werden – soweit dies möglich und sinnvoll erscheint – zur Ergänzung herangezogen, um dem insoweit interessierten Leser eine bessere Vergleichbarkeit zu ermöglichen.

4.1.2 Psychiatrie im Wandel

Der Umgang mit psychisch kranken Menschen hat sich in den letzten Jahrzehnten deutlich verändert. Für die noch nicht abgeschlossene Entwicklung scheinen drei Tendenzen besonders kennzeichnend, die Hinwendung **von der verwahrenden Psychiatrie zur Therapie**, die Hinwendung **von der**

geschlossenen Anstalt zur Gemeindepsychiatrie und neuerdings auch die Hinwendung **vom subjektorientierten zum systemischen Ursachenverständnis**.

(1) Reformbewegung

Ausgehend von England hatte die **Reformbewegung** in der Psychiatrie auf einem Umweg über die Vereinigten Staaten und über Italien im Zusammenhang mit den Studentenprotesten 1968 und der dabei thematisierten Randgruppenproblematik auch Deutschland erreicht. Die im November 1975 dem Bundestag übergebene **Psychiatrie-Enquete** bezeichnete die Situation der psychisch Kranken in den stationären Großeinrichtungen als teilweise menschenunwürdig und stellte vier Prinzipien auf, die noch heute Geltung beanspruchen dürfen (Bauer u.a. 1991, 219ff, 221): (1) das Prinzip der gemeindenahen Versorgung, (2) das Prinzip der bedarfsgerechten und umfassenden Versorgung aller psychisch Kranken und Behinderten, (3) das Prinzip der bedarfsgerechten Koordination aller Versorgungsdienste, (4) das Prinzip der Gleichstellung psychisch Kranker mit körperlich Kranken.

Die damit eingeleitete Dezentralisierung wurde durch den 1988 vorgelegten Bericht einer **Expertenkommission** der Bundesregierung bestätigt, und es wurde gefordert, dass in Zukunft Psychiatrieplanung ein integraler Bestandteil der Sozial- und Gesundheitsplanung einer kommunalen Körperschaft zu werden habe. Diskussionen, Anregungen und Änderungsbedarf ergaben sich in den folgenden Jahren auch durch die deutsche Wiedervereinigung, denn die **DDR** hatte angesichts ihrer auf das Gemeinwesen ausgerichteten Grundhaltung die Psychologie und die Psychoanalyse, aber auch psychiatrische Kliniken, vernachlässigt und psychische Erkrankungen teilweise tabuisiert, andererseits mit ihren Gemeindeschwestern vor Ort aber auch ganz pragmatisch erste Hilfe vor Ort geleistet (vgl. Götze und Mohr 1992).

Viele der seinerzeitigen Forderungen sind inzwischen umgesetzt, mit einiger Verzögerung auch in den neuen Bundesländern. Zu den (weitgehend, aber nicht überall verwirklichten) **Bausteinen der gemeindepsychiatrischen Versorgung** gehören heute:

- stationäre Behandlung in finanziell tragfähigen, aber nicht zu großen, psychiatrischen Abteilungen am Allgemeinkrankenhaus mit möglichst kurzer Verweildauer und Abstufung hin zu Tages- und Nachtkliniken, um der Stigmatisierung und der Deindividualisierung entgegenzuwirken und eine soziale Lernprozesse ermöglichende Integration zu fördern;
- Tagesstätten, Kontaktstellen, ambulante Dienste, niedergelassene Ärzte, sozialpsychiatrische Dienste als ambulantes Netzwerk;

- beschütztes Wohnen, Arbeit und berufliche Rehabilitation, Selbsthilfegruppen und staatliche Förderung von Schwerbehinderten, um über Hilfe zur Selbsthilfe zur Verselbstständigung zu kommen.

In letzter Zeit ist neben den beschriebenen strukturellen Verbesserungen endlich auch die inhaltliche Neuausrichtung diskutiert und verbessert worden (vgl. Haselmann 2008). Haselmann **kritisiert das lange Zeit herrschende Fürsorgemodell**, bei welchem die psychiatrischen Experten bestimmen, was gut für den Klienten ist, notfalls ist er zu seinem Glück zu zwingen. Stattdessen wird entweder eine **subjektorientierte Arbeitsweise verlangt**, die ausgehend von einem biosozialen Krankheitsverständnis die Selbstbestimmung der Betroffenen achtet und fördert. Oder es wird ein **systemischer Ansatz gefordert**, der die Interaktion des Betroffenen in seinem Sozialsystem analysiert und Krankheitskategorien als „Zuschreibungsprozess" ablehnt, Selbsthilfefähigkeiten voraussetzt bzw. anregt und von der „Beraterin" eine neutrale Haltung verlangt. Haselmann (2008, 365 ff) versucht eine (idealtypische) Verbindung der beiden letzten Ansätze. Sie schlägt eine bedürfnisangepasste Behandlung nach skandinavischem Muster vor, die in der **Analyse** einerseits einen offenen und weit gesteckten systemischen Ansatz, andererseits aber auch die subjektorientierte Aufarbeitung der Lebensgeschichte unternimmt. Für **Interventionen** werden einerseits der subjektorientierten Begegnungsansatz, das persönliche Empowerment und die Selbsthilfe, andererseits aber auch die Arbeit mit Angehörigen und gemeindepsychiatrische Angebote vorgeschlagen.

(2) Psychiatrie und Recht

Auch die rechtliche Situation der psychisch Kranken in den allgemeinen Krankenhäusern und Anstalten hat sich inzwischen deutlich verändert. Die **Freiheitsrechte der Patienten** haben an Gewicht gewonnen. In den Bundesländern haben Gesetze zur Regelung des Umgangs mit psychisch Kranken das alte Ordnungsrecht zur Unterbringung psychisch Kranker abgelöst und damit die Erinnerung an ein „besonderes Gewaltverhältnis" in psychiatrischen Anstalten verblassen lassen. Durch die Einführung der **Strafvollstreckungskammern** sind regelmäßige Kontrollen der Notwendigkeit und Rechtmäßigkeit von Unterbringungen in psychiatrischen Kliniken sichergestellt. Eine weitere Verstärkung der Rechte der Patienten ist durch die gesetzlichen Vorgaben im **Betreuungsgesetz** erreicht worden (§§ 1896 ff BGB). Mit der im Jahre 2006 beschlossenen und im März 2009 in Deutschland in Kraft getretenen **UN-Behindertenrechtskonvention** sind die Gedanken der Gleichstellung (des barrierefreien Zugangs) und des Schutzes verstärkt ins Blickfeld der Öffentlichkeit gekommen. Dem entspricht die **Ergänzung des GG in Art. 3 III**, wonach niemand wegen seiner Behinderung benachteiligt werden darf. Damit ist – nach den Gesetzen – eine deutliche Verbesserung der individuellen Rechtssicherheit eingetreten.

Trotzdem bleiben – wie die praktische Erfahrung zeigt – **Problemfelder**:

- Richterinnen, Sozialarbeiterinnen und Lehrerinnen müssen – obwohl sie dazu meist nicht ausgebildet worden sind – über **grundlegende Kenntnisse von klinischen Krankheitsbildern** verfügen, bzw. sie benötigen zumindest das Vertrauen, besser noch die subjektive Sicherheit, dass eingeschaltete ärztlichen Gutachter sie unvoreingenommen informieren.
- Zum andern geht es um eine an sich **gesellschaftliche**, normativ aber nur oberflächliche geregelte, **Wertediskussion**, so wenn abgewogen werden muss, ob ein Verhalten selbst- oder fremdgefährdend oder aber nur gemeinlästig, und damit der Gesellschaft zumutbar ist.
- Auch treffen immer wieder **unterschiedliche Rollenverständnisse** von Ärzten und anderen Berufsgruppen aufeinander, so kann es z.B. entgegengesetzte Interessen geben, wenn Ärzte den Patienten medikamentös ruhig stellen, um niemand zu gefährden und/oder Ruhe zu haben und wenn Juristen ihre Prüfungspflicht ernst nehmen und mit dem Patienten reden wollen.
- Selbsthilfegruppen von Psychiatrieerfahrenen kritisieren, dass es auch nach den aktuellen Vorschriften **im Einzelfall möglich sei, gegen den Willen der Betroffenen** eine Betreuung oder eine Unterbringung anzuordnen, die Konvention der Vereinten Nationen zu den Behindertenrechten lasse dies nicht ausdrücklich zu – die Konvention ist in den Art. 12ff tatsächlich nicht völlig eindeutig, da man sich bei der Ausformulierung nicht einigen konnte.
- In einer positiv gemeinten Eugenik Diskussion stellt sich immer stärker die Frage, ob biologisch unerwünschte Merkmale medizinisch ausgeschlossen werden können (z.B. bei der **Präimplantationsdiagnostik**) und ob dies moralisch zulässig ist.

Diese Probleme sind im Kern strukturell, so dass für die beschriebenen Grenzsituationen weder rechtlich noch psychologisch eindeutige Handlungsanregungen gegeben werden können. Was bleibt, ist die gewissenhafte Fortbildung der Beteiligten, die sorgsame Entscheidung, bei der gegen den „Willen" der Betroffenen nur ausnahmsweise und in deren wohlverstandenem Interesse entschieden werden sollte und der kritische soziale Diskurs, bei welchem die verstärkte Vertretung der Untergebrachten durch Anwälte ein notwendiges Kontrollmittel ist.

4.1.3 Geistige Behinderung

Der Begriff *geistige Behinderung* ist jedenfalls im Recht nach wie vor geläufig, so hinsichtlich der rechtlichen Betreuung Erwachsener in § 1896 BGB, und bildet für Literatur und Praxis eine Art Oberbegriff; er wird daher auch hier als Strukturmerkmal genutzt.

(1) Lernbehinderung und Intelligenzminderung

Im Unterschied zu körperlichen und psychischen Behinderungen betreffen sogenannte geistige Behinderungen einen **kognitiven Entwicklungsrückstand**. Im Einzelnen ist die Wahl der Begrifflichkeiten und auch die Definition aber nicht einheitlich. Im sozialwissenschaftlichen Kontext werden zunehmend Begriffe wie **Lernbehinderung** und **Intelligenzminderung** vorgezogen und abgegrenzt von **Lernstörungen**, die nach der ICD-10 über eine Beschreibung der spezifischen Merkmale (z.B. als Lese- und Rechtschreib-, isolierte Rechtsschreib-, Rechenstörung) oder als kombinierte Störung definiert werden (F81).

Frühere psychiatrische Zugänge nutzten Begriffe wie Debilität und Idiotie zur **kategorialen Unterscheidung** im kognitiven Bereich. Modernere Ansätze und insbesondere psychologische Zugänge neigen aber immer mehr zu der Auffassung, dass sich Lernbehinderung und Intelligenzminderung (geistige Behinderung) **nicht primär inhaltlich, sondern vor allem graduell** unterscheiden (vgl. schon Witt 1993, 364f). Witt geht unter Bezugnahme auf den deutschen Bildungsrat von einer Lernbehinderung aus, wenn der Intelligenzwert bezogen auf einen Mittelwert der Bevölkerung von 100 im Bereich zwischen 85 und 55 IQ Punkten liegt und wenn zugleich ein erhebliches Schulversagen gegeben oder zu erwarten ist. Von einer geistigen Behinderung geht er aus, wenn ein IQ Wert von unter 55 Punkten gemessen wird und sich während des Entwicklungsalters Mängel im Anpassungsverhalten eingestellt haben. Andere gehen davon aus, dass eine Lernbehinderung bei einem IQ > 80, vorliege, dass der IQ-Bereich 68 bis 80 einen Grenzbereich darstelle und dass geistige Behinderungen bei einem IQ < 68 vorliegen (vgl. die Darstellung von Neuhäuser 1995, 321 ff), im angloamerikanischen Bereich wird von Lernbehinderung auch bei einem IQ unter 70 gesprochen (vgl. Nestler & Goldbeck 2009, 11 ff).

Die ICD-10 wiederum unterscheidet **Intelligenzminderung**, das ist eine sich in der Entwicklung manifestierende, stehen gebliebene oder unvollständige Entwicklung der geistigen Fähigkeiten wie z.B. Kognition und Sprache (ICD-10: F7) und **Entwicklungsstörungen**, das sind Störungen mit einem Beginn im Kleinkindalter oder in der Kindheit, die zu Entwicklungsverzögerungen z.B. der Sprache oder der schulischen Fähigkeiten führen und einen stetigen Verlauf zeigen (ICD-10: F8). Nach der ICD-10 lassen sich die **Intelligenzminderungen** (geistige Behinderungen) wie folgt unterscheiden (Dilling, Mombour & Schmidt 2010, F70–F79):

F70 leichte Intelligenzminderung (Debilität)	IQ 50–69,
F71 mittelgradige Intelligenzminderung (Imbezillität)	IQ 35–49,
F72 schwere Intelligenzminderung (Oligophrenie)	IQ 20–34,
F73 schwerste Intelligenzminderung (Idiotie)	IQ < 19.

Differenzierungen nach **Intelligenzquotienten** sind aber nicht unproblematisch. So können eindeutige Zuordnungen bereits wegen der Streubreite schulischer Beurteilungen und der Ungenauigkeiten der Intelligenztests schwierig sein; es empfiehlt sich daher immer, mehrere Tests anzuwenden und im Kontext mit Anamnesen und Interviews sowie mit körperlichen Untersuchungen eine ganzheitliche Analyse durchzuführen.

Die **Häufigkeit** der genannten Behinderungen kann angesichts dieser Unsicherheiten nur geschätzt werden, nimmt man den Besuch von entsprechenden Förderschulen als Anhaltspunkt, so dürften bundesweit etwa 2–3 % der Kinder und Jugendlichen betroffen sein, allerdings mit deutlichen (artifiziellen?) Diagnoseunterschieden in den einzelnen Bundesländern. Jungen scheinen im Verhältnis 2:3, manchenorts auch noch deutlicher, überrepräsentiert zu sein (vgl. Nestler & Goldbeck 2009, 13).

(2) Zur Kommunikation mit geistig Behinderten

Nicht einfach ist häufig die Kommunikation mit Behinderten. Grundlage ist regelmäßig zunächst ein **vertrauensvoller Beziehungsaufbau**. Es gelten einige Grundregeln, es empfiehlt sich, **gut strukturiert und in kurzen Sätzen** zu sprechen und die Reaktion des Gegenübers zu beobachten. Hilfreich sind **Tafeln der Bildersprache**, die wichtige Grundaussagen (wie den Toilettengang oder den Wunsch zu trinken) ausdrücken. Eine in der praktischen Arbeit mit geistig Behinderten nur schwer zu bewältigende Herausforderung ist die Frage, wie man als Helferin auf **sogenanntes herausforderndes Verhalten reagieren** sollte. Der holländische Psychologe Heijkoop (2009) erkennt darin vor allem festgefahrene Verhaltensweisen, die man mit einiger Erfahrung und Training aber zumindest teilweise aufbrechen könne. Wichtig sei es, *anders hinzuschauen*, wobei auch Videoaufnahmen helfen können, und zu ergründen, was den Gesprächspartner gerade beschäftigt, sich also mit *offener Haltung* in seine Welt zu begeben und *seinen inneren Stress* zu verstehen. Häufig liege eine Störung des Erregungsniveaus vor, bei zu niedriger, insbesondere aber zu hoher Spannung steige die Wahrscheinlichkeit für Problemverhalten.

Steht mehr Zeit zur Verfügung, schlägt er **vier Interventionen** vor: (1) Aufbau eines vertrauensvollen Verhältnisses, getragen durch Offenheit und Berechenbarkeit, (2) körperliche Regulierung des Erregungsniveaus z.B. durch geregelten Wach- und Schlafrhythmus und die Akzeptanz des Auslebens starker Gefühlsregungen in angemessener Weise, (3) gemeinsam zu versuchen und zu üben, mit dem Problemverhalten angemessener umzugehen, (4) die Sinne (Sehen, Hören, Fühlen, ...) neu zu erleben und die Einflussnahme darauf neu zu erfahren.

(3) Ursachen und Risikofaktoren

Intellektuelle Defizite sind regelmäßig auf ein **komplexes Ursachen- und Risikofaktorengefüge** zurückzuführen, bei welchem sich biologische, psychische und soziale Faktoren beeinflussen (vgl. Nestler & Goldbeck 2009, 13 ff).

(a) Biologische Ursachen. Wenngleich dies im Einzelfall nicht immer hilfreich sein muss, besteht über Plausibilitätsüberlegungen eine allgemeine Tendenz, mit zunehmender Intensität der Behinderung verstärkt nach biologischen Ursachen zu suchen. Insofern kommen (vgl. ICD-10: F00–F09 = Organische, einschließlich symptomatischer psychischer Störungen) insbesondere folgende Ursachen in Betracht:

- Chromosomenabnormalitäten wie das Down-Syndrom (Mongolismus),
- Infektionen und Vergiftungen, z.B. durch Röteln, Syphilis, Toxoplasmose, Enzephalitis, Meningitis,
- physische Beeinträchtigungen des Hirns vor, während oder nach der Geburt, Tumor, Strahlenwirkungen,
- verfrühte oder verspätete Geburt, z.B. unter Sauerstoffmangel,
- Stoffwechsel- und Ernährungsstörungen wie Phenylketonurie, Kretinismus und Placentainsuffizienz,
- spätere hirnorganische Störungen und organische Schäden wie Hirnverletzungen, Hirnkrankheiten, altersbedingte Hirnprozesse, die Alzheimer Krankheit, Multiple Sklerose, Epilepsie, Paralyse, Alkoholerkrankungen,
- Defekte von Sinnesorganen bzw. unbekannte Ursachen.

(b) Auch psychologisch psychiatrische Störungen werden diskutiert wie
- frühkindliche → Schizophrenie und ähnliche Störungen der Identität wie die → multiple Persönlichkeit,
- schwere → Neurosen und andere auf abnorme Erlebnisverarbeitungen zurückführbare Störungen,
- Autismus und vergleichbare Arten der Kontaktarmut (→ Entwicklung, Beziehungsfähigkeit)

(c) Zu den sozialen Risikofaktoren der Behinderung gehören:

- ungünstige sozioökonomische Lebensbedingungen, die eine optimale medizinische, psychologische und finanzielle Förderung erschweren,
- ungünstige familiäre Bedingungen, bei denen die erforderliche Betreuung nicht oder nur schlecht geleistet wird,
- Sinnesdeprivation durch Isolation oder Wegsperren schwieriger oder behinderter Menschen („Kaspar-Hauser Syndrom").

(4) Prävention und Förderung

Je früher die geistige Behinderung erkannt wird, umso besser kann **präventiv geholfen** werden. Ärztliche und klinisch-psychologische Beratung vor der Geburt, insbesondere über absehbare Risiken, Vorsorgeuntersuchungen während der Schwangerschaft und im Kleinkindalter und diagnostische Abklärung durch Verhaltensbeobachtung und Tests sind daher unerlässlich. Vorschnelle Zuordnungen sind dabei allerdings zu vermeiden, damit nicht unnötig soziale Ausgrenzungen und Stigmatisierungen sowie lernschädigende Überfürsorglichkeit bzw. demotivierende Selbstbildveränderungen eintreten.

Leider ist bei den letzten Änderungen des SGB VIII der **Förderung** und Hilfe bei geistigen Behinderungen keine eigene Vorschrift gewidmet worden. Damit bleibt die Eingliederungshilfe bei geistigen Behinderungen anders als bei psychischen Behinderungen, die in § 35 a SGB VIII geregelt sind, grundsätzlich dem SGB XII (Sozialhilfe, Grundversorgung) zugeordnet. Dessen ungeachtet hat sich allerdings vor allem bei Psychologen, Pädagogen und vielen Kinderärzten immer mehr die Auffassung durchgesetzt, dass auch Intelligenzminderungen und erst recht Lernbehinderungen in der vorgegebenen biologischen Bandbreite der Förderung offen stehen und demgemäß **frühzeitig gefördert** werden sollte.

Strukturell geht es dabei um integrativen, oder besser noch, inklusiven Unterricht in Gemeinschaftsschulen, um Ausgrenzungen möglichst zu vermeiden und wechselseitige Lernprozesse zu befördern, Förderung durch besonders geschulte Lehrerinnen, teilweise in besonderen Kursen, bei außergewöhnlichem Bedarf auch in eigenen Förderklassen, z.B. um die Blindenschrift zu lernen (vgl. dazu die zu Recht sehr differenzierenden Überlegungen bei Speck 2005, 211ff, der auch internationale Erfahrungen auswertet).

Daneben können weitere Maßnahmen erwogen werden:

- verhaltenstherapeutische Maßnahmen zur Förderung grundlegender Fähigkeiten wie Sozialverhalten und Arbeitsverhalten; gesprächspsychotherapeutische Maßnahmen zur Förderung der Kommunikationsfähigkeit, der Emotionalität und der Selbstständigkeit;

- Förderung der Lernumwelt über Medien (z.B. Kinderkanalsendungen oder „Sesamstraße") und Infrastrukturen im Nahbereich (z.B. Schul- und Stadtteilbibliotheken) sowie barrierefreie Zugänge;
- soziale Unterstützung nach dem SGB XII, Förderung nach allgemeinen Vorschriften des SGB VIII (z.B. Frühförderung nach den §§ 22ff SGB VIII und den Landesvorschriften), nach dem Schwerbehindertengesetz u.v.m.; soziale Unterstützung durch geschützte Arbeit, geschützte Wohngruppen, Freizeitangebote;
- familiäre Unterstützung (Familienresilienz) durch Beratung, Elterntrainings, Selbsthilfegruppen u.v.m.; zahlreiche Möglichkeiten, die Familie als Schutzfaktor zu nutzen, beschreibt Retzlaff, der bei seinem systemischen Ansatz auf der Basis eines gestärkten Gemeinsinns den Behinderten und ihren Familien vor allem ihre Handlungsfähigkeit zurückgeben und das Gefühl von Sinnhaftigkeit vermitteln will (2010, 179ff);
- im Erwachsenenalter auch rechtliche Unterstützung durch Pflegschaften und Betreuung (§§ 1896ff BGB), aber auch durch ambulante psychosoziale Hilfen.

Ein Beispiel für einen integrativen Ansatz ist das von Nestler & Goldbeck (2009, 51ff) beschriebene **psychosoziale Kompetenztraining** (SOKO), welches Ziele, Aufgaben und ihre Durchsetzung in individuellen Gesprächen, aber auch in Kleingruppen und größeren Gruppen vermitteln und einüben will.

4.1.4 Körperliche Behinderung

(1) Medizinische Abklärung

Störungen der körperlichen Entwicklung gehören zunächst zum klassischen Arbeitsfeld der **Kinderärztin und anderer medizinischer Spezialisten**, so dass typischerweise eine medizinische Abklärung geboten und eine ärztliche Zuständigkeit gegeben sind (vgl. ICD-10: Q00–Q99). **Psychologinnen können dabei** helfen durch den diagnostischen Ausschluss psychischer Ursachen.

(2) Hilfe bei Sekundärstörungen

Es ist heute unbestritten, dass psychische Faktoren und Umweltfaktoren für die mit körperlichen Behinderungen verbundenen **Sekundärstörungen wie Verhaltensauffälligkeiten, Lernschwierigkeiten, Motivationsstörungen und negatives Selbstbild** mit verantwortlich sind. Insofern können Sozialarbeiter und Psychologen helfen (vgl. auch Retzlaff 2010, 179ff), indem sie

- eine optimale Förderung der Ressourcen über allgemeine und störungsbezogene schulische und persönliche Hilfen, auch nach dem SGB VIII, veranlassen,

- die Suche nach dem Sinn des Lebens mit einer Behinderung unterstützen und den lebensbejahenden Gestaltungswillen befördern,
- Selbstbildstörungen im Hinblick auf den Erhalt der Selbstachtung (→ Persönlichkeit) abbauen helfen,
- mit Krankheiten und Behinderungen verbundene Kontaktstörungen bearbeiten helfen,
- die Therapiebereitschaft fördern und praktisches Verhaltenstraining und Empowerment durchführen.

4.2 Psychosen, Neurosen, Persönlichkeitsstörungen

Die Feststellung einer psychotischen, neurotischen oder sonstigen psychischen Erkrankung ist in der täglichen Praxis der Sozialen Arbeit wie auch im Gesundheitswesen, aber auch bei Auffälligkeiten in der allgemeinen pädagogischen Arbeit immer wieder von Interesse. Aus rechtspsychologischer Sicht ist sie vor allem für Entscheidungen zur Schuldfähigkeit im Strafrecht, aber auch für die Frage nach der rechtsgeschäftlichen Verantwortlichkeit oder nach der Fahrtüchtigkeit von Bedeutung.

Als Sachverständige berufen sind vornehmlich Fachärzte für Psychiatrie und Neurologie (für vor allem körperlich veranlasste Psychosen), Psychoanalytiker (für frühkindliche Neurosen und spätere neurotische Reaktionen) und klinische Psychologen (für Persönlichkeitsstörungen, ungesunde Lernprozesse), bei Grenzfällen alle zusammen.

4.2.1 Ätiologische Modelle psychischer Erkrankungen

Eine zentrale Besonderheit bei der ICD 10 Kategorisierung der Weltgesundheitsorganisation und mehr noch beim amerikanischen Kategorienmodell DSM-IV-TR liegt darin, dass vor allem äußere Erscheinungsformen der Erkrankungen beschrieben sind. Auf die ätiologische Sicht (Ursachenannahmen) wird verzichtet, weil es dazu immer wieder Streit gegeben hat. Nur die Kenntnis der theoretischen Zugänge ermöglicht aber ein tiefergehendes Verständnis, so dass hier zunächst ein entsprechender Ursachenüberblick gegeben wird und im weiteren Verlauf zwar grob der ICD Kennung gefolgt wird, aber auch die in Deutschland üblichen Ursachengruppierungen aufgegriffen werden.

(1) Das Psychosenmodell

Das Psychosenmodell wird vor allem in der psychiatrischen Diagnostik als Klassifikationsansatz genutzt (vgl. Cullberg 2008: Therapie der Psychosen) und schließt insbesondere auch körperliche Ursachen ein. Die **genauen**

körperlichen Zusammenhänge sind nach wie vor nicht klar, doch haben die biopsychologischen Untersuchungen der Psychosen in den letzten Jahren erhebliche Fortschritte gemacht (vgl. Birbaumer & Schmidt 2010, 733 ff, 797 ff). Immer mehr gelingt es, betroffene Hirnregionen zu verorten und neurochemische Prozesse zu beobachten. Andererseits ist auch klar, dass die persönliche Lebensgeschichte mit ihren frühen Erfahrungen, Lernprozessen und Denkweisen für das Krankheitsbild von Bedeutung ist.

Meist wird zunächst mit Medikamenten behandelt, um eine bessere Ansprechbarkeit zu erreichen. Ist dies erfolgt, versuchen erfahrene Psychiater in der Folge, mit psychoanalytisch und gesprächspsychotherapeutisch orientierten Verfahren weitere Ursachen zu ergründen und zu bearbeiten und mit lernpsychologischen Verstärkern, kognitiven Interventionen (Veränderungen des Denkens), familientherapeutischen Ansätzen sowie Trainings sozialer Fertigkeiten wichtige Erlebens- und Verhaltensänderungen zu erreichen (Cullberg 2008, 265 ff).

(2) Das Neurosenmodell

Das Neurosenmodell basiert auf der von Freud entwickelten Psychoanalyse. Danach werden vor allem innerpsychische Faktoren wie **frühkindliche Entwicklungsstörungen** für ein abnormes Erleben und Verhalten verantwortlich gemacht, daneben können auch körperliche Ursachen und Symptome und andere psychosoziale Einflüsse Bedeutung haben.

Für Neurosen (vornehmlich ICD-10: F4) ist kennzeichnend, dass eine verinnerlichte Konfliktsituation vorliegt, die in wesentlichen Anteilen unbewusst ist. Die Betroffenen zeigen ganz allgemein Verstimmungen, sie sind häufig selbstunsicher, ängstlich, gehemmt, es fehlen Spontanität und Hingabefähigkeit; im Übrigen gibt es bei den einzelnen Neurosen auch spezifische Symptome. Zu den klassischen Neurosen gehören Hysterie, Zwangsneurose und (neurotische) Depression, aber auch phobische (→ Angst), paranoide (→ Schizophrenie) und hypochondrische Fallgruppen und Essstörungen sowie Grenzfälle zur Psychose werden beschrieben (vgl. Mentzos 2008, 107 ff). Als Erklärungsmodelle werden insbesondere diskutiert (Eckhardt-Henn u.a. 2009; Mentzos 2008, 74 ff; Kutter 1977, 173 ff):

- Konfliktmodell (insbesondere gestörte Mutter-Kind Beziehungen und fehlgeschlagene Ablösungen von der Mutter, die reaktualisiert werden);
- Defizitmodell (erhaltene frühkindliche Entwicklungsdefizite), z.B. wenn sie zur (psychisch ungesunden) Abwehr von normalen Bedürfnissen geführt haben wie überzogener Gehorsam, unfreiwillige Keuschheit und übertriebene Sauberkeit;
- Traumamodell (fortwirkende traumatische Schädigungen);
- Lernmodell (mit fortwirkenden verfehlten Lernvorgängen);

- Stressmodell (Überforderungen sowie Belastungen in kritischen Lebenssituationen);
- Genetische Faktoren (vererbte Bereitschaften, die sich in Temperament, Empfindlichkeit oder Triebhaftigkeit zeigen können).

Es haben sich verschiedene psychotherapeutische Behandlungsverfahren durchgesetzt.

- Das klassische Verfahren ist die aufdeckende Analyse (Psychoanalyse). Dabei wird aus pragmatischen Gründen meist auf eine auf 10 bis 20 Stunden beschränkte psychoanalytische Kurztherapie zurückgegriffen, in der die aktuelle Lebensproblematik auf einem tiefenpsychologischen Hintergrund erfasst werden kann.
- Im ergänzend durchgeführten psychotherapeutischen Gespräch kann der Betroffene Zuwendung und Problemklärung erfahren (Gesprächspsychotherapie).
- Unterstützend wirken verhaltenstherapeutische Maßnahmen, die Lernprozesse beeinflussen und konkrete Lebenshilfen geben (Verhaltenstherapie).
- Durch die Einbeziehung der Angehörigen und die therapeutische Arbeit in der Familie können die sozialen Beziehungen aufgearbeitet werden (Familientherapie).
- Problem- oder berufsbezogene Konflikte können in sog. Balint Gruppen, die der Supervision dienen, besprochen werden.
- Falls auch körperliche Prozesse beteiligt sind, kann zusätzlich (zeitweilig) eine medikamentöse Unterstützung erfolgen.

Bei erfolgreicher Behandlung kann, anders als bei Psychosen, bei denen häufig eine längere Medikamentenabhängigkeit besteht, eine dauerhafte Besserung erreicht werden. In etwa 10–30% kommt es bei Neurosen auch zu Spontanheilungen. Chronische Verläufe mit einer Symptomdauer über fünf Jahre werden aber immerhin noch bei etwa 50–60% berichtet (Studt 1995, 177f).

(3) Lernpsychologische Modelle

In den letzten Jahrzehnten sind zunehmend auch lernpsychologische Erklärungen für psychische Erkrankungen entwickelt worden. Sie basieren u.a. darauf, dass

- möglicherweise schon in früher Kindheit „krank machendes“ Modellverhalten von Bezugspersonen erfolgte, z.B. durch sehr widersprüchliches Verhalten der Eltern,
- es bei den Erziehungsprozessen kaum zu positiven Verstärkungen kam, so dass sich kein positives Selbstbild entwickeln konnte,
- bestimmte ungesunde Erlebnis- und Verhaltensweisen wie z.B. Abhängigkeit und Hilflosigkeit als fortlaufender Lerninhalt erfahren wurden.

Die Lernprozesse können grundsätzlich bewusst oder unbewusst erfolgen. Je früher sie im Lebenslauf erfolgten, je mehr sie später verstärkt wurden, je stärker sie auf ähnliche Situationen generalisiert wurden, umso manifester dürften sie geworden sein, umso schwieriger dürfte es werden, sie durch neue Lernprozesse zu verändern.

Grundsätzlich können therapeutische Ansätze so erfolgen, dass erwünschtes (gesundes) Verhalten identifiziert (oder mit dem Patienten im Zusammenhang mit einer Leidenshierarchie erarbeitet) und dann immer wieder eingeübt und positiv verstärkt wird, bis schließlich die alten Lernerfahrungen immer mehr in den Hintergrund treten und dann nahezu erlöschen. Insofern sind kognitiv wirkende Prozesse (Änderungen der Wahrnehmung und des Denkens) und verhaltenstrainierende Ansätze hilfreich.

(4) Systemische Ursachen

Die genannten Modelle beziehen teils weniger, teils mehr auch situative, systemische und gesellschaftliche Ursachen mit ein. Es gibt auch Erkrankungen, bei denen **familiäre, berufliche oder gesellschaftliche Umstände** eine zentrale Rolle spielen. Besonders häufig sind familiäre Zusammenhänge, die bei Trennungen, Überforderungen und Stress psychische Störungen und eine Flucht in die innere Welt nach sich ziehen. Auch kann der häufig einem depressiven Erscheinungsbild ähnliche Burnout Prozess auf betriebliche Prozesse, die dabei mit persönlichen Faktoren zusammentreffen, zurückzuführen sein. Dann müssen in einem therapeutischen Prozess auch die systemischen Faktoren bearbeitet und Methoden zum Konfliktmanagement sowie soziale Trainings vermittelt werden.

(5) Die Verzahnung der Ursachen

Die genannten Ursachen können im Einzelfall relativ dominant sein, so dass es Sinn macht von Psychosen, Neurosen oder Lernprozessen zu sprechen. Die Ursachen können **sich aber auch überlagern, sie können zwischen den Modellen liegen**, es kann fließende Übergänge geben, weswegen es auch nicht verwundern kann, dass vor allem schnelle Diagnosen in etwa 20% der Fälle von Mischformen sprechen. Wenn hier gleichwohl nachfolgend die herkömmlichen Kategorien gewählt werden, so erfolgt dies nicht aus dogmatischen Gründen, sondern vor allem im Interesse der didaktischen Pointierung.

4.2.2 Psychosen: Depressionen und Manie, Schizophrenie

Betrachten wir zunächst das typische Psychosenbild. Traditionell werden zwei große Gruppen von Psychosen unterschieden: die Schizophrenien und der manisch-depressive Formenkreis (Zyklothymien). Vertreter der biologischen Psychologie wie Birbaumer & Schmidt (2010, 733 ff) ziehen es allerdings vor, statt von Zyklothymien von bipolaren Erkrankungen (Depressionen und mindestens eine manische Episode) und unipolaren Erkrankungen (nur depressive Episoden) zu sprechen. Daneben werden – teilweise schulenabhängig – zahllose Unterformen und auch Mischformen beschrieben (Huber 1981, Uexküll 1990, Faust 1995 m.w.N.).

4.2.2.1 Der manisch-depressive Formenkreis

Erscheinungsbild. Nach Huber (1981) ist der manisch-depressive Formenkreis durch unmotivierte, gewöhnlich mehrfach während des Lebens auftretende Verstimmungen depressiv-gehemmter oder manisch-erregter Art gekennzeichnet, die phasenhaft, d.h. zeitlich abgrenzbar (episodisch), innerhalb einer vorher und nachher normalen ausgeglichenen affektiven Verfassung auftreten. Die einzelnen Phasen heilen gewöhnlich recht gut aus.

Häufigkeiten. Schätzungen lassen vermuten, dass etwa 15% der Bevölkerung entsprechend erkranken (vgl. Hautzinger 2003, 3). Huber (a.a.O.) schätzt, dass etwa 2/3 aller Verläufe ausschließlich depressive Phasen haben, die in einigermaßen regelmäßigen oder mehr oder weniger unregelmäßigen Abständen wiederkehren. Gemischt depressiv-manische Phasen dürften weniger als 1/3 ausmachen, rein manische Phasen sind selten mit etwa 3% der Fälle. Die Phasendauer schwankt inter- und intraindividuell zwischen wenigen Wochen und vielen Jahren; am häufigsten sind Phasen von etwa 3–12 Monaten. Die Phasen beginnen in der Regel allmählich, seltener plötzlich oder unvorhersehbar. Das Lebensalter bei der Ersterkrankung reicht von der Pubertät bis ins hohe Alter. Das Verhältnis der erkrankten Frauen zu erkrankten Männern beträgt 7:3.

(1) Manie (ICD-10: vor allem F30)

Symptome der Manie sind eine allgemeine manische Verstimmung und Euphorie, verbunden mit einer Erregung des Denkens und manischen Wahneinfällen, begleitet durch eine Gehobenheit der körperlichen Gefühle, psychomotorische Erregung und psychosomatische Folgen wie wenig Schlafinteresse.

Die Ursachen werden körperlich vermutet, sind aber nach wie vor nicht hinreichend geklärt. Biopsychologisch findet man einen deutlichen

Anstieg noradrenerger Aktivität (Birbaumer & Schmidt 2010, 737), das Noradrenalin erhöht den Blutdruck.

Prognostisch sind zuverlässige Prädikatoren kaum bekannt. Anhaltspunkte können der Zeitpunkt der Ersterkrankung und die Anzahl der Phasen geben (Kröber 1995, 145).

Die Behandlung ist Aufgabe des Arztes, der zur allgemeinen Beruhigung z. B. Lithium geben und Neuroleptika verschreiben kann. Psychologen können mögliche entwicklungsbedingte Ursachen aufdecken, situative Einflüsse kontrollieren und verhaltenstherapeutische Unterstützung gewähren (→ Entwicklung; → Persönlichkeit; vgl. insofern: Northoff, Methodisches Arbeiten & therapeutisches Intervenieren 2012).

(2) Depression (ICD-10: vor allem F32 und F33)

Symptome der Depression sind die allgemeine Verstimmung und Niedergeschlagenheit, verbunden mit psychomotorischer Hemmung und Denkhemmung, aber auch depressiven Wahneinfällen, begleitet von leiblichen Missempfindungen (wie Druck- Schwere- und Schmerzempfindungen) und von körperlichen Symptomen wie Schlaf-, Appetit- und Verdauungsstörungen. Depressive Vorfälle scheinen sich in letzter Zeit zu einer Art Volkskrankheit zu entwickeln.

Das Ursachenbild ist besser untersucht als bei den Manien. Allerdings lässt sich nur ein Teil der Depressionen mehr oder weniger eindeutig in den manisch-depressiven Formenkreis einordnen. Bei der zyklothymen bzw. bipolaren Depression wird aus Untersuchungen mit eineiigen Zwillingen eine erbliche Varianz von 60–80% berichtet, bei der unipolaren eine Varianz von 30–50% (Birbaumer & Schmidt 2010, 734). Daneben werden frühkindliche neurotische Störungen in den Beziehungen vor allem zur Mutter, die in früheren aussichtslosen Situationen erlernte Hilflosigkeit und gestörte kognitive Prozesse, gekennzeichnet vor allem durch ein negatives Selbstbild, angenommen (vgl. für einen vertieften theorieübergreifenden Zugang Kapitel 4.4).

Prognostisch ungünstig sind schnell folgende, sich wiederholende Phasen, ein starkes Krankheitsgefühl, Suizidhandlungen, beeinträchtigte soziale Anpassung, Feindseligkeit gegenüber anderen verbunden mit klagenden Hilferufen, seelische Starrheit und negativistische Selbstunsicherheit (Faust u. a. 1995, 134).

Eine **Behandlung** gehört auch hier zunächst in die Hand des Arztes, der vor allem bei akuten Fällen Antidepressiva verschreiben kann. Psychologen können auch hier mögliche entwicklungsbedingte Ursachen aufdecken, Lernprozesse analysieren, situative Einflüsse kontrollieren und insbesondere verhaltenstherapeutische Unterstützung durch vielfältige positive Verstärker und eine Aufarbeitung der „erlernten“ Hilflosigkeit geben.

4.2.2.2 Die Schizophrenien (ICD-10: F20–F29)

Häufigkeit. In Deutschland erkranken jährlich etwa 15 000 Personen neu an Schizophrenie, das sind 0,01–0,02 % (Jahresinzidenz). Das Risiko, einmal im Leben an Schizophrenie zu erkranken, liegt in der Altersgruppe der 15- bis 60-Jährigen bei etwa 1 % (Robert Koch Institut 2010). Die Schizophrenie bricht in der Hälfte der Fälle im Zeitraum zwischen der Pubertät und dem 30. Lebensjahr aus, kann sich aber auch zu anderen Zeiten erstmals manifestieren (Mundt, 1995, 94). Etwa 2/3 der Verläufe sind phasenhaft oder schubweise; nach einer Dauer von etwa 20 Jahren erschienen bei Untersuchungen etwa 2/3 als entweder vollständig geheilt oder aber zumindest nicht mehr erkennbar psychotisch (Huber 1981).

Symptome: Die Gruppe der Schizophrenien bezeichnet seit Bleuler (Bleuler 1911; Scharfetter 2006) Personen mit einer Aufspaltung des Geistes, also einer Spaltung des Bewusstseins oder der Gesamtpersönlichkeit, einer mangelhaften Einheit des Denkens, Fühlens und Wollens. Symptome der Schizophrenie sind akustische Halluzinationen wie kommentierende, dialogische oder imperative Stimmen, leibliche Halluzinationen wie leibliche Beeinflussungserlebnisse, Halluzinationen auf anderen Sinnesgebieten, schizophrene Ichstörungen wie Gedankeneingebung, -entzug und -ausbreitung, Willensbeeinflussung und Wahnvorstellungen. Schwankende und schnell wechselnde, wahnhafte und halluzinatorische Erlebnisweisen und Verfolgungsbedrohungen werden auch als Untergruppe „Paranoia“ bezeichnet.

Ursachen: Die Ursachen der Schizophrenie galten lange Zeit als unbekannt. Heute nimmt man an, dass neurobiologische, psychologische und soziale Faktoren eine Rolle spielen.

Schizophrenie

Folgt man der psychologischen Double-Bind Theorie der Schizophreniegenese (Bateson 1956), so befinden sich Schizophrene in einer Beziehungsfalle, weil wichtige Bezugspersonen ambivalente Informationen aussenden. Dies führt zu einer Störung der Realitätswahrnehmung. *B: Die für das Kind besonders wichtige Mutter schaut das Kind vorwurfsvoll an und meint gequält: Das hast du aber schön gemacht!*
Aktuelle Untersuchungen der Neurobiologie ermöglichen inzwischen ein besseres Verständnis der körperlichen Prozesse. Wahrscheinlich sind bei der Schizophrenie verschiedene genetische Defekte beteiligt, die das Risiko für eine Wachstumsstörung der Nervenzellen erhöhen. Bei Schizophrenien ist die selektive Aufmerksamkeit gestört, es kommt zum einen zu einer Überflutung der Aufmerksamkeit, zum andern erhalten Reize, die für andere unwichtig sind, beim Schizophrenen eine subjektiv starke Bedeutungszuweisung. Das Arbeitsgedächtnis ist ebenfalls gestört, es wird zu viel irrelevante Information weitergeleitet, damit wird die kontrollierte Einordnung der neuen Erfahrungen er-

schwert und es kommt zu losen, teils originellen, nach allgemeinem Verständnis aber vor allem halluzinatorischen und wahnhaften, Assoziationen (Birbaumer & Schmidt 2010, 797ff).
Daraus lässt sich ein Vulnerabilitäts-Stress-Coping Modell ableiten, wonach eine biologische Vulnerabilität mit kritischen Lebensereignissen zusammentrifft, für die die betreffende Person über keine wirksamen Bewältigungsstrategien verfügt.

Prognose: Trotz zahlreicher Untersuchungen sind Prognosekriterien streitig (Mundt 1995, 102). Als günstige Prädikatoren gelten die prämorbid angepasste, kontaktfähige Persönlichkeit, ein plötzlicher Beginn mit (auf etwas anderes) reagierender Komponente, phasischer Verlauf, zerebrale Gesundheit, kurze Ersthospitalisation und gute soziale Einbindung.

Behandlung: Eine Behandlung kann durch Ärzte mit Psychopharmaka wie Neuroleptika erfolgen. Die das Aufmerksamkeitssystem stabilisierende Wirkung wird allerdings meist mit einem Apathie und Initiativlosigkeit verstärkenden Effekt erkauft. Die früher häufiger benutzten Methoden wie Elektroschock und Insulinschock sollten wegen erheblicher Nebenwirkungen nur noch in extremen Ausnahmefällen angewandt werden. Auch können Psychologen situative, insbesondere familiäre Einflüsse analysieren und ggf. kontrollieren und verhaltenstherapeutische Unterstützung gewähren (vgl. mit weiteren Details die sehr aufschlussreiche Broschüre des Robert Koch-Instituts 2010).

4.2.3 Neurosen und Reaktionen auf kritische Ereignisse

Psychologische Analysen betreffen die Suche nach eventuellen entwicklungsbedingten Ursachen und das Aufdecken, therapeutische Bewusstmachen und intellektuelle Durcharbeiten von Critical Life Events.

4.2.3.1 Neurosen

Als *Neurosen* werden entsprechend dem psychoanalytischen Krankheitsbild vor allem **frühkindlich entstandene Krankheitsbilder** beschrieben, wobei die von Freud beschriebenen Entwicklungsphasen (orale, anale, ödipale Phase) Erklärungshinweise geben können.

(1) Neurotische Depression (ICD-10: F34.1).

Sie zeigt sich in einer traurigen Verstimmung mit allgemeiner Hemmung und einem Rückzug von der Welt, manchmal begleitet von Kopfdruck, Beklemmungen, Mattigkeit und Ängsten. Typisch ist, dass die aus ambivalenten Beziehungen entstehende Aggression nicht nach außen, sondern nach innen gegen sich selbst gerichtet wird. In ursächlichem Zusammenhang können ererbte temperamenthafte Bereitschaften sowie vor allem Störungen aus der frühkindlichen oralen Phase, also dem 1. Lebensjahr, stehen; das Erleben einer zuverlässigen Versorgung führt zum Urvertrauen, andernfalls entsteht Urmisstrauen. Gestörte Abhängigkeitsbeziehungen zu den Eltern und Anklammerungstendenzen, aber auch ein überbehütender Erziehungsstil und Verwöhnung können depressive Bilder auslösen (vgl. Eckhardt-Henn 2009, 141 ff; Mentzos 2008, 182 ff; Kutter 1977, 205 ff). Neben der in akuten Situationen nötigen medikamentösen Unterstützung und gesprächstherapeutischen und analytischen Bemühungen kann man vor allem versuchen, die Ambivalenz der Beziehungen aufzubrechen und aggressionsabbauende sowie ichstärkende Aspekte zu berücksichtigen (vgl. theorieübergreifend dazu Kapitel 4.4).

(2) Zwangsneurose (ICD-10: F42).

Sie zeigt sich in gehemmtem, zähflüssigem, vor allem aber übergewissenhaftem peniblem skrupulösem, überplanendem, kontrollierendem Denken und Verhalten. Typisch ist, dass nicht nur bestimmte geeignete Situationen, sondern das gesamte Leben von zwanghafter Sauberkeit und Rechtschaffenheitsgedanken überzogen wird, was sich z. B. in dem Zwang, sich immer wieder die Hände waschen zu müssen oder aber bereits erledigte Aufgaben immer wieder kontrollieren zu müssen, zeigen kann. In ursächlichem Zusammenhang damit können neben biologischen Dispositionen Störungen aus der frühkindlichen analen Phase (2., 3. Lebensjahr) stehen wie eine überzogene Sauberkeitserziehung des Kleinkindes, aber auch ein autoritärer Erziehungsstil, der ein starres und unflexibles Überich schafft und akute Überforderungen, in denen spontanes und emotionales Handeln verlangt wird (vgl. Eckhardt-Henn 2009, 164 ff; Mentzos 2008, 159 ff). Im Rahmen gesprächspsychotherapeutischer und analytischer Bemühungen kann man versuchen, die festgefahrenen Einstellungen aufzulockern und dem Betroffenen näherzubringen, dass Gefühle auch zugelassen werden dürfen.

(3) Hysterie (ICD-10: F44).

Die Hysterie (manchmal auch als Konversionsneurose oder als histrionische Störung bezeichnet) zeigt sich in einem haltlosen und mittelpunktslosen Erleben und Handeln, bei welchem die Menschen sich von äußeren Einflüssen, und Angeboten zu plötzlichem, aber wenig dauerhaftem Handeln und wunschhaft, wenig konsequentem Denken bestimmen lassen. Typisch sind Abwehrmanöver wie die Verdrängung der eigenen Ich-Schwäche, Projektion aller Ursachen auf andere und eine Regression auf infantile Bedürfnisse und Verhaltensweisen. Damit verbinden sich Fähigkeiten zur Darstellung, insbesondere auch der eigenen Person und zur gesteigerten abwechslungsreichen Dramatisierung von Vorfällen. In ursächlichem Zusammenhang können neben möglichen biologischen Dispositionen vor allem etwaige Störungen aus frühkindlicher Zeit, insbesondere aus der ödipalen Phase (4. bis 6. Lebensjahr), stehen; dazu gehören nicht aufgelöste Rivalisierungsbeziehungen zwischen Geschwistern und zum gleichgeschlechtlichen Elternteil, die sich in Geltungsbedürfnis und narzisstischer Selbstbezogenheit darstellen können, aber auch ein unstetig wechselhafter, oder auch ein verwöhnender Erziehungsstil und nicht zuletzt akute Störungen in Beruf oder Partnerschaft, die zu einem Zusammenbruch der Wunschwelt führen (vgl. Mentzos 2008, 153 ff; vgl. Eckhardt-Henn 2009, 213 ff). Auch im Rahmen gesprächstherapeutischer und kognitiv-verhaltenstherapeutischer Bemühungen kann man versuchen, eine realistische Selbstwahrnehmung zu fördern und eine reale Sicht der Dinge zu verstärken, darf sich dabei aber nicht in das planlos, unberechenbare und wunschhafte Verhalten einbeziehen lassen, sondern muss u.a. versuchen, den in der Aufmerksamkeitszuwendung liegenden Krankheitsgewinn aufzubrechen (vgl. auch Fiedler 2001, 269 ff, 492 ff).

4.2.3.2 Konfliktreaktionen

Ein der Neurose ähnliches Krankheitsbild kann auch **als Reaktion auf einen Konflikt, insbesondere auf ein im weiteren Lebensverlauf eintretendes traumatisches Ereignis** erfolgen (vgl. ICD-10: F43).

Konfliktreaktionen zeichnen sich also vor allem dadurch aus, dass sie in verständlichem Zusammenhang mit einem konkreten Erlebnis stehen. Sie entstehen, wenn von außen eine außergewöhnliche Belastung an einen insofern überforderten Menschen herantritt. Diese Belastungen können berufliche oder private Belastungen, Todesfälle, Trennungen oder Wechselfälle des Berufs, Prüfungsanforderungen, Kriegssituationen, Bedrohungssituationen (auch durch Strafe) o.ä. sein (Bräutigam 1985). Die Betroffenen zeigen Unruhe, Reizbarkeit, Verstimmungen, Leistungsabfall und körperliche Beschwerden wie Schlafstörungen, Herzklopfen, Schwindel usw. In der Folge kann es zu Angstreaktionen und zu Suizidversuchen kommen (→ Angst → Depression).

Ursachen für das Andauern derartiger Konflikte sind personen- und problemspezifisch und können häufig nur durch psychologische Fachkräfte ergründet werden. Zumeist liegt den Konflikten eine ambivalente Situation zugrunde, also eine Situation, in der es gegensätzliche und unvereinbare Motivationen gibt, in denen eine Entscheidung zwischen mehreren gleich wichtigen Werten getroffen werden muss bzw. in denen das Verhältnis zu fremden Personen oder zur eigenen Person einerseits positiv, andererseits negativ besetzt ist (→ Konflikt).

Können die Ambivalenzen aufgearbeitet und die Umweltbedingungen verbessert werden, ist die Prognose gut. Psychotherapeutische Hilfe kann in einer Aussprache liegen, die eine emotionale Entlastung mit sich bringt, in der zumindest zeitweisen Entfernung aus dem Konfliktfeld, wenn dies möglich ist, in einer Gruppenarbeit, die die vermeintliche Einsamkeit mit dem Problem aufbricht, vor allem aber in der Konflikterhellung (Trauerarbeit), die die emotionalen und kognitiven Aspekte aufdecken und Hilfe zur Problemlösung mit sich bringen muss.

4.2.4 Allgemeine und dissoziale Persönlichkeitsstörungen

In der begutachtenden und der rechtlich-kriminologischen Literatur werden häufiger auch die Störungsbilder der **Psychopathie** und der **Soziopathie** erwähnt. Was genau darunter zu verstehen ist, bleibt indes nicht selten unklar. Die internationalen Klassifikationssysteme ICD-10 und DSM-IV-TR verwenden diese Begriffe nicht und sprechen stattdessen von „Persönlichkeits- und Verhaltensstörungen" (vgl. ICD-10: F6) oder von einer „antisozialen Persönlichkeitsstörung" (DSM-IV-TR: 301.7). Eine gewisse Einigkeit besteht aber zumindest darin, dass es sich **um mehr oder weniger verfestigte, pathologische, also krankhafte, Persönlichkeitsstörungen handelt, wobei die dissoziale Persönlichkeitsstörung häufig nur einen Unterfall darstellt** (vgl. Fiedler 2001; vgl. Birbaumer & Schmidt 2010, 745 ff, die kaum zwischen Psychopathie und Soziopathie unterscheiden; differenzierend Lösel 1993, 552 ff und kritisch Wegener 1992, 101 ff, der – heuristisch – ein massiv von der Norm abweichendes Verhalten annimmt).

Anhaltspunkte dafür können sich aus Störungen der alltäglichen sozialen Kompetenz ergeben, aus fehlender Arbeitsfähigkeit und Kontaktfähigkeit, aus Isolierung, Ausgliederung und Rückzug, aus einem gestörten Umgang mit Konflikten und ganz allgemein aus der Lebensführung, wobei vor allem impulsives, launisches und wenig geplantes Vorgehen und – durch Verantwortungslosigkeit, fehlende Reue und die Unfähigkeit zu lernen gekennzeichnete – festgefahrene Einstellungen und Verhaltensverhärtungen auffallen.

4.2.4.1 Allgemeine Persönlichkeitsstörungen

Darunter werden zumeist verfestigte Persönlichkeitsstörungen verstanden, die wegen ihrer Dauerhaftigkeit teils mit biologischen Prädispositionen in Verbindung gebracht werden (vgl. ICD-10: F07), wohl zutreffender aber als besonders ausgeprägte und besonders stabile Neurosen oder stark verfestigte Lernprozesse verstanden werden können. Daher werden sie auch als **Charakterneurosen** oder als **abnorme Persönlichkeit** bezeichnet (ICD-10: F4 und F6), wobei teilweise von einer Therapieresistenz auf eine psychopathische Störung rückgeschlossen wird. Dabei unterscheidet Fiedler (2001 171 ff; vgl. auch ICD-10: F60.1 und F60.31) u.a. die:

- schizoide bzw. schizotype Persönlichkeitsstruktur, das sind unterkühlte Individualisten mit Neigung zur Ich-Abgrenzung (Ursachenvermutung: Störungen in der oralen Phase);
- narzisstische Persönlichkeit, gekennzeichnet durch mangelndes Selbstwertgefühl bei leichter Kränkbarkeit und steter Suche nach Bestätigung (Ursachenvermutung: Störungen in der oralen Phase);
- Borderline-Persönlichkeit, den Grenzfall zwischen Neurose und Psychose mit erheblichen Ichstörungen (vgl. dazu unten 4.2.5);
- weitere Formen wie die paranoide Persönlichkeitsstörung mit starken Wahnanteilen, die histrionische (schauspielerisch hysterische), die selbstunsichere, abhängige, die passiv-aggressive, affektiv-depressive und die zwanghafte Persönlichkeitsstörung,
- sowie die unten gesondert erörterten dissozialen Persönlichkeitsstörungen.

Ursachen. Zur Ätiologie gelten zunächst ähnliche Überlegungen, wie sie zu den Neurosen dargelegt worden sind.

- Eine Verfestigung zu einer depressiven, zwanghaften oder hysterischen Persönlichkeitsstruktur kann sich vor allem dann ergeben, wenn die frühkindliche Störung weit zurückliegt bzw. tief verschüttet und von Abwehrmechanismen abgeschottet ist, oder
- wenn familiäre und soziale Bindungen reduziert oder gestört sind, so z.B. wenn neurotische Ergänzungen dazu geführt haben, dass vor allem der sog. Psychopath, aber auch sein Partner keinen Anlass für eine Veränderung gehabt haben, vielmehr aus der Situation jeweils einen eigenen Lustgewinn gezogen haben (→ Persönlichkeitsstile), oder
- Minderwertigkeitsgefühle und Machtstreben (nach Adler), Selbstaufgabe und Selbstentfremdung, Unsicherheit und Angst, zum Verlust der Beziehungsfähigkeit und interpersonellen bzw. gesellschaftlichen Konflikten geführt haben.
- Dabei dürften soziale, biologische, psychologische und genetische Faktoren zusammentreffen; so konnte bei biopsychologischen Untersuchungen festgestellt werden, dass das Furchtsystem und die Angst vor Strafreizen bei diesem Personenkreis vermindert sind (Birbaumer & Schmidt 2010, 745 ff).

Folgen. Derartige Persönlichkeitsstrukturen führen typischerweise zu auffälligem Verhalten mit Leidensdruck bei Dritten und/oder beim Betroffenen. Die Verfestigung der Symptombildung in Charakterstörungen erhöht einerseits den Krankheitswert, was zu einer Schuldminderung oder einem Schuldausschluss führen kann, verschlechtert andererseits aber die Prognose (→ Entwicklung → Persönlichkeit). Wegen der Vielfalt der Ursachen ist ärztliches, psychoanalytisches und psychologisches Therapeutenwissen gefragt und muss sinnvoll miteinander koordiniert werden. Das erschwert und verlängert das therapeutische Vorgehen. Was auf der einen Seite stört, kann allerdings auf der anderen Seite auch besondere Qualitäten offenbaren. So ist z. B. eine zwanghafte Persönlichkeitsstruktur nicht nur durch Gefühlsarmut und übermäßige Kontrolle, sondern auch durch gesellschaftlich als positiv bewertete Verhaltensweisen, wie wir sie von Buchhaltern kennen – wie Ordnungsliebe, Genauigkeit und Sparsamkeit –, gekennzeichnet.

4.2.4.2 Dissoziale Persönlichkeitsstörungen

Im Kern handelt es sich dabei ebenfalls um verfestigte Persönlichkeitsstörungen, die aber anders als Psychopathien sowohl über ihre Entstehung, so den Einfluss sozialer Faktoren, insbesondere von Lernprozessen, als auch über ihre Auswirkungen, so das sozialfeindliche Verhalten, definiert werden und häufig sinnverwandt mit dem Begriff **Soziopathien** (vgl. Fiedler 2001, 209 ff, 478 ff; Studt 1995, 173; Wegener 1992, 101 ff, Lösel 1993, 532) beschrieben werden.

Erscheinungsbild. Im Diagnoseschlüssel ICD-10 der Weltgesundheitsorganisation findet sich die dissoziale Persönlichkeitsstörung zusammen mit Begriffen wie amoralische, antisoziale, asoziale und psychopathische Persönlichkeitsstörung in der Kategorie F60.2. Danach ist sie u. a. charakterisiert durch herzloses Unbeteiligtsein gegenüber Gefühlen anderer, Missachtung sozialer Normen, Regeln und Verpflichtungen, Unvermögen zur Beibehaltung längerfristiger Beziehungen, sehr geringe Frustrationstoleranz und niedrige Schwelle für aggressives und gewalttätiges Verhalten, Unfähigkeit zum Erleben von Schuldbewusstsein und zum Lernen aus Erfahrung, besonders aus Bestrafung, Neigung, andere zu beschuldigen oder vordergründige Rationalisierungen für das eigene Verhalten anzubieten.

Ursachen. Derartige Störungen lassen sich auf kulturelle und persönliche Lern- und Beziehungserfahrungen, vor allem das erlernte Rollen- und Rangverständnis und situativ-interaktive Kontexte zurückführen.

- Kommt es auch nur andeutungsweise zu einer sozialen Konfrontation, so wird das Geschehen in einem Vergleich mit früheren Erlebnissen und Informationen als gefährlich oder unangenehm bewertet mit der Folge, dass eine allgemeine Reaktionsbereitschaft und (von früheren Bezugspersonen übernommene) aggressive Verhaltensweisen wie Schläge oder die Benutzung einer Waffe ausgelöst werden.
- Dabei kann ein nur schwach ausgeprägtes Selbstwertgefühl zu Überkompensationen führen, denn Kritik oder auch nur eine als solche empfundene „Anmache" werden als fundamentale Bedrohung empfunden bzw. eingeordnet, die einer sofortigen und heftigen (aggressiven) Reaktion bedürfen.

- Auch hier scheinen biologische Faktoren hinzuzukommen, die Betroffenen empfinden weniger Furcht und ihre inneren Systeme werden auch durch angedrohte Strafreize weniger aktiviert. Alkohol oder Drogen verstärken dies noch.

Folgen. Dissoziale Persönlichkeitsstörungen können trotz fehlender körperlicher Anhaltspunkte Krankheitswert haben und dann zu einer Schuldminderung, zusammen mit anderen Faktoren auch zu einem Schuldausschluss, führen. Therapeutische Interventionen müssen den Interaktionsprozess zwischen dem Einzelnen und seiner Umwelt beachten und einerseits Umweltstörungen beseitigen, andererseits aber auch die Beziehungsfähigkeit und Konfliktbewältigungsfähigkeit des so Gestörten (wieder) herstellen (→ Entwicklung → Erziehung → Sozialisation). Wegen des komplexen Ursachenbildes müssen auch hier unterschiedliche Disziplinen (Ärztinnen, Psychologinnen, Sozialarbeiterinnen) zusammenarbeiten, juristische Interventionen (Bestrafungen) können neue Rahmenbedingungen setzen und die Erreichbarkeit für Therapien erleichtern.

4.2.5 Borderline, Multiple Persönlichkeiten, Münchhausensyndrom

Psychosen, Neurosen, Reaktionen, Psychopathien kommen aber nicht immer nur als Reinformen, sondern auch als Mischformen und Grenzfälle vor.

4.2.5.1 Borderline Typus

Wohl einen Grenzfall zwischen Psychose und Neurose stellt das Borderline-Syndrom dar. Teilweise wird die Diagnose Borderline allerdings auch inflationär für alle ungeklärten Krankheitsfälle genutzt. Fehlt dem Arzt der Zugang, wird der Fall zum Borderline Fall.

Erscheinungsbild. Die ICD-10 (F60.31) nennt als Kennzeichen eine große emotionale Instabilität, wiederkehrende Impulsivität, übermäßige und unkontrollierte Wutausbrüche, ein unklares Selbstbild, teilweise mit Suiziddrohungen sowie eine chronische innere Leere.

Borderline

Ausführlicher ist das DSM-IV-TR, welches 9 Kriterien nennt, von den mindestens 5 erfüllt sein sollten (hier vereinfacht dargestellt): *(1) Bemühen, ein Verlassenwerden zu vermeiden (2) in den Beziehungen ein Wechsel zwischen extremer Idealisierung und extremer Entwertung (3) Störungen des Selbstbildes (4) impulsives Handeln z.B. bei Sexualität, Substanzmissbrauch, Autofahren (5) wiederholte suizidale Handlungen (6) affektive*

Instabilität und Reizbarkeit (7) Gefühl der chronischen Leere (8) unangemessene Wut und fehlende Kontrolle (9) vorübergehende dissoziative oder paranoide Symptome.

Der abrupte Wechsel zwischen extrem bedürftiger Haltung (z. B. dramatische Hilfebitten auch an Sonntagen) und extrem entwertender Haltung (beleidigende Vorwürfe der Inkompetenz) ist für Bezugspersonen enorm belastend, da das Verhalten unberechenbar erscheint. Auch unerfahrene Therapeuten führt dies schnell an ihre Grenzen. Das DSM-IV-TR (301.83) schätzt die Prävalenz (die Wahrscheinlichkeit des Auftretens) in der Allgemeinbevölkerung auf 2%, bei stationären psychiatrischen Patienten aber auf beachtliche 20%.

Ursachen. Als Grenzfall zwischen Psychose und Neurose mit psychopathischen Anteilen wird man von einem Ursachenbündel ausgehen müssen, körperliche Bereitschaften, frühkindliche Störungen und spätere Verfestigungen treffen zusammen (vgl. Fiedler 2001, 237ff, 482ff).

- Psychoanalytisch wird teilweise eine frühe Störung in den ersten Lebensjahren vermutet, bei der die Ablösung des Säuglings/Kleinkindes von der Mutter misslungen ist, so dass sich *Abhängigkeits- und Wutgefühle* verfestigt haben. Auf der Basis dieser Fehlentwicklung können spätere Erfahrungen zu Verfestigungen führen, wobei dann auch familiäre Einflüsse und Gruppenbeziehungen eine wichtige Rolle spielen (vgl. auch Kernberg 1983 und seine Objekt-Beziehungstheorie).

- Eine eher verhaltenstherapeutische Erklärung versucht Linehan, die das widersprüchliche Verhalten und die selbstdestruktive Impulsivität der Borderline-Patienten als Ausdruck einer gelernten (ungesunden) Problemlösungsstrategie ansieht, was darauf beruhe, dass der Patient in seiner Umgebung widersprüchliche Verhaltensweisen gelernt habe, wie *aktive Passivität, scheinbare Kompetenz, permanente Krisen oder gehemmte Trauer* (vgl. Linehan 1996; Fiedler 2001, 260f, 482ff).

- Damit lassen sich eher physiologische Ansätze verknüpfen (vgl. auch Förstl 2007, 256ff), die auf die Bedeutung von *Serotonin, Dopamin und Noradrenalin* für die Entstehung von Emotionen hinweisen und davon ausgehen, dass auch eine Dysfunktion vorliege, die im Zusammenhang mit einer ablehnenden Umwelt die Ausbildung eines stabilen Selbstregulationsmechanismus verhindere.

Therapie. Lässt man sich trotzdem auf eine Therapie ein, so ist ein therapeutischer Mehrfachansatz hilfreich, denn man nimmt an, dass neben einer medikamentösen Behandlung vor allem eine psychoanalytische Bearbeitung der Bindungsstörungen (vgl. Eckhardt-Henn 2009, 205ff; vgl. Mentzos 2008, 145) und andere supportive psychotherapeutische Verfahren (Training von Stresstoleranz, des Umgangs mit Gefühlen, des zwischenmenschlichen Verhaltens) helfen können. Die Prognose ist demgemäß schwierig; sie hängt vor allem von Krankheitseinsicht und Motivation sowie Mitarbeit und Kooperationsbereitschaft des Betroffenen ab.

4.2.5.2 Multiple Persönlichkeiten

Die multiple Persönlichkeit ist erst in den letzten Jahrzehnten als eigenständiges Krankheitsbild schärfer herausgearbeitet worden (vgl. Huber 2010; Schneider 1994). Sie hat eine phänomenologische und – wegen ihrer psychogenen Ätiologie – wohl auch inhaltliche Nähe zu den sog. Borderline-Fällen, die an der Grenze zwischen Psychose und Neurose angesiedelt werden (ICD 10 = F44.81).

Erscheinungsbild. Grundlegendes Merkmal ist das offensichtliche Vorhandensein von zwei oder mehr verschiedenen Persönlichkeiten in einem Individuum, wobei zu einem Zeitpunkt jeweils nur die eine sichtbar ist. Jede Persönlichkeit ist weitgehend vollständig, hat ihre eigenen Erinnerungen, Verhaltensweisen und Vorlieben (vgl. ICD 10 F44.81). Der Wechsel von einer Persönlichkeit zur anderen vollzieht sich meist plötzlich aufgrund von bestimmten psychisch-situativen Auslösern. Die Integration der Gesamtpersönlichkeit ist gestört, wenngleich Residuen wie z.B. permanente Angst, der Drang, sich verstellen zu müssen, der Wunsch, verschiedene Kleidungsstücke zu tragen und das Gefühl, nicht allein im Körper zu sein, noch vorhanden sein können.

Kontext. Wenngleich das oben beschriebene Erscheinungsbild dem der Schizophrenie ähnelt, ist anders als für die Psychosen für die multiplen Persönlichkeiten weitgehend unstreitig, dass die Störungen psychogene Ursachen haben können. Im ICD-10 werden sie demgemäß bei den neurotischen Störungen in Form der dissoziativen Störungen (Konversionsstörungen) eingeordnet. Huber (2010, 37ff) nennt vier Voraussetzungen für die Entstehung einer multiplen Persönlichkeit:

- Weibliches Geschlecht: Multiple Persönlichkeiten sind zumeist weiblich, was Huber auf die Rolle der Frauen in unserer Gesellschaft zurückführt; Frauen sind das Objekt der Männer, sie sind das gequälte Geschlecht, das besonders häufig sexuellen Traumata ausgesetzt ist.
- Gut dissoziieren können: Multiple Persönlichkeiten können gut dissoziieren, also eigentlich Zusammengehöriges abspalten und trennen und es unterschiedlich abspeichern. Diese Fähigkeit findet sich vor allem bei vorpubertären Kindern, deren Identitätsentwicklung noch nicht abgeschlossen ist.
- Schwerste Kindheitstraumata: Diese Traumata beruhen häufig auf einem sexuellen Missbrauch, evtl. verbunden mit rituellen Misshandlungen durch satanische Sekten, können aber auch auf andere Vorfälle, insbesondere exzessive körperliche Misshandlungen zurückzuführen sein.
- Niemand hilft: Wird das Trauma nun nicht aufgearbeitet, sondern – im obigen Beispielsfall noch durch die Mutter, die das Kind beschimpft, weil es ja an allem selbst

schuld sei – verfestigt, so bedeutet dies eine dauerhafte Stabilisierung der beiden Persönlichkeiten.

B: Erlebt das Kind Sarah einen sexuellen Missbrauch des Vaters als so bedrohlich und erniedrigend, dass es das damit verbundene Leiden nicht mehr ertragen kann, so wehrt sich seine Persönlichkeit durch Abwehrmechanismen und durch Dissoziation, also durch die Abspaltung der leidenden Persönlichkeit, die danach als jemand Fremdes erlebt wird, während die neu entstandene Persönlichkeit Jana z.B. als ferner Beobachter hinter einer sicheren Glaswand das erniedrigende Geschehen verfolgt.

Therapie. Die Therapie kann zur Beseitigung psychotischer Denkstörungen medizinisch einsteigen, erfolgt dann aber vor allem psychoanalytisch-aufdeckend, benutzt aber auch gesprächspsychotherapeutische und verhaltenstherapeutische Anteile. Nach Huber 2010, 187ff ist sie im Wesentlichen durch folgende Schritte gekennzeichnet:

- **Aufbau einer vertrauensvollen und glaubwürdig-authentischen Beziehung** zur Therapeutin, die es dann auch ermöglichen sollte, mit der Patientin (d.h. den Residuen der Gesamtpersönlichkeit oder der dominanten Persönlichkeit) die Diagnose zu besprechen; auch Abschluss eines Gewaltverzichtsvertrages zwischen der Therapeutin und den multiplen Persönlichkeiten, so dass diese sich verpflichten, von Selbst- und Fremdverletzungen Abstand zu nehmen;
- **Förderung der inneren Kommunikation, Kennenlernen der multiplen Persönlichkeiten**, wobei es zunächst darum geht, durch Tagebuchnotizen, eine die Möglichkeiten der Hypnose nutzende Hynotherapie oder in sonstiger Form die innere „Besetzungsliste“ und die psychosituativen Auslösungsreize für die jeweiligen Besetzungen kennenzulernen;
- **Lernpsychologische Analyse** der durch den Täter erfolgten *Programmierung* der Opfer dahingehend, dass diese keinen Widerstand leisten und sich quälen lassen, dann *Re-Programmierung* u.a. nach dem *PACEM Modell*, welches die traumatischen Anteile der Programmierung identifiziert, um sie dann integrieren und wieder wegpacken zu können;
- **Traumabearbeitung mit hypnotherapeutischen** und **psychoanalytischen Ansätzen**, Herausfinden der Auslöser, Traumasynthese durch Aufarbeitung und ein erneutes, diesmal bewusstes und therapeutisch begleitetes Durchleben der traumatischen Situation, bei der durch eine solidarische Identifikation der einzelnen Persönlichkeiten die Integration der Gesamtpersönlichkeit erreicht werden soll;
- **Stabilisierung**, Integration als innerer und sozialer Prozess und nachintegrative Arbeit.

Rechtliche Bedeutung. Angesichts des in den letzten Jahren wissenschaftlich solider herausgearbeiteten Krankheitsbildes wird es zukünftig häufiger als bisher notwendig sein, bei in der Kindheit missbrauchten weiblichen Tätern und einem schizophrenieähnlichen Erscheinungsbild auch an eine multiple Persönlichkeit zu denken. Das wird öfter zur Einschaltung eines tiefen- und entwicklungspsychologisch ausgebildeten (psychologischen) Sachverständigen führen müssen. Die – nach sorgfältiger sachverständiger Würdigung – multiple Persönlichkeit dürfte einerseits in einem akuten Zustand regelmäßig schuldunfähig sein, andererseits ist die Prognose besser als bei den Psychosen, da die Patientin dem Geschehen nicht schubweise ausgeliefert ist, sondern durch eine Behandlung eine alltagstaugliche Heilung – ohne das Erfordernis fortlaufenden Medikamentenkonsums – möglich wird.

4.2.5.3 Münchhausen-Syndrom

Erscheinungsform. Als **Münchhausen-Syndrom** wird ein Verhalten bezeichnet, bei welchem der Betroffene häufig und beständig Krankheitssymptome vortäuscht (und dazu in dramatischer Weise erlogene Geschichten erzählt), ohne dass tatsächlich eine körperliche oder andersartige psychische Erkrankung feststellbar wäre (ICD-10: F68.1). Das Vortäuschen kann so weit gehen, dass der Betroffene Schmerzen überzeugend nachahmt, sich selber Schnittwunden zufügt, sich toxische Instanzen injeziert. Als **Münchhausen by Proxy Syndrom** (Münchhausen Stellvertreter Syndrom) bezeichnet man Fälle bei denen ein typischerweise weiblicher Täter sogar sein Kind mit einbezieht (z.B. das Kind vergiftet oder dem Urin des Kindes Blut von sich selbst beimischt), um eine Erkrankung vorzutäuschen. Insofern handelt es sich um eine subtile, aber auch sehr seltene Form der Kindesmisshandlung (Schätzungen gehen von 3 Fällen auf 100000 Kinder/Jugendliche aus).

Ursachen. Die Motivation für dieses Verhalten kann unterschiedlich sein.

- Sie kann in innerpsychischen Prozessen liegen, bei denen von einem gestörten (schwachen) Selbstbild in dramatischer Weise Aufmerksamkeit (zur Aufwertung) und Zuwendung Dritter gesucht wird.
- Dies gilt insbesondere auch für das Stellvertreter Syndrom, bei welchem meist zusätzlich gestörte Mutter-Kind Beziehungen vorliegen, aber auch frühere Selbstbeschädigungen der Mutter, die nunmehr beim Kind als Stellvertreter ausgelebt werden.
- Denkbar sind aber auch rational kontrollierte Motive wie die Vermeidung von Strafverfolgung oder der Versuch des Erhalts von Vorteilen durch das Kranksein. Eine Differentialdiagnose kann nur im Einzelfall erfolgen.

Folgen. Eine Behandlung wird dadurch erschwert, dass die Täuschung zunächst einmal erkannt werden muss. Ist sie erkannt, lehnen die Betroffenen bzw. die Mütter meist ärztliche Hilfe ab und beharren auf ihren Symptomen. Eine günstige Prognose wird man daher nur dann geben können, wenn die Betroffene sich von ihrem Verhalten innerlich distanziert und eine – möglicherweise psychoanalytische Aufarbeitung – zulässt. Sind Kinder betroffen, kann es notwendig werden, die Kinder aus der Wohnung weg und in Obhut zu nehmen.

4.3 Angst und Phobien

Angst kann einerseits das eigene Verhalten und die eigene Arbeit beeinträchtigen, andererseits aber auch das Verhalten des Interaktionspartners beeinflussen.

Eigene Angst kann sich z. B. in der Arbeit der Sozialarbeiterin oder anderer Mitarbeiter von Ämtern und Freien Trägern ergeben, wenn die Situation unsicher und das Verhalten von beteiligten Personen bedrohlich oder unberechenbar ist; sie kann aber z. B. auch das Verhalten gegenüber einem Prüfer oder einem Vorgesetzten bestimmen, wenn dieser über die eigene Leistung und das berufliche Fortkommen zu entscheiden hat. Auf der anderen Seite steht die Angst der Bürger vor entscheidungsbefugten Autoritäten, die – als Sozialarbeiter über staatliche Leistungen verfügen, – als Polizeibeamter Bußgelder aussprechen – als Lehrer Noten vergeben oder als Richter sogar Urteile verhängen können. Manchmal wird Angst aber auch als Drohmittel instrumentalisiert, um andere Menschen in eine bestimmte Richtung zu beeinflussen.

Krankheitswert kommt der Angst vor allem dann zu, wenn reale Bedrohungen als eine überwältigende Gefährdung erlebt werden, wenn Situationen in ihrer Gefährlichkeit maßlos überschätzt werden oder wenn „diffuse“ Angst auch ohne konkrete Gefahr auftritt. In seltenen Fällen kann Angst dann auch zur Einschränkung der Schuldfähigkeit und Verantwortlichkeit führen.

4.3.1 Definitionen und Funktionen

Angst wird typischerweise verstanden als eine mit körperlichen Symptomen verbundene Erlebens- und Verhaltensweise, die der Bewältigung von als unangenehm und gefährlich erlebter, äußerer oder innerer Bedrohung dient.

(1) Definitionen

Was genau Angst ist, wird im Übrigen von den verschiedenen Disziplinen und Richtungen unterschiedlich definiert, erklärt und behandelt. Herkömmliche medizinische Sichtweisen unterscheiden nach psychotischer und neurotischer Angst, Psychoanalytiker benutzen den Begriff Angstneurose als Oberbegriff für Phobien, Angstneurose i.e.S. und traumatische Neurosen, die Lernpsychologie versteht Angst als Ergebnis eines (umkehrbaren) Lernprozesses, die differentielle Psychologie betont die bei den Menschen unterschiedlichen Angstneigungen und Angstbereitschaften und das Klassifikationssystem ICD-10 unterscheidet die phobischen Störungen (F40) von sonstigen Angststörungen (F41) (vgl. Reinecker 2003, 77ff; Strian 1995, 463ff). Fasst man diese Überlegungen zusammen, so lassen sich vor allem vier Arten von Angst unterscheiden:

Angst

Normalangst (Furcht). Sie ist die normale Angst oder berechtigte Furcht vor einem bedrohlichen Objekt, einer bedrohlichen Person oder Situation, so vor einem hungrigen Raubtier in freier Wildbahn, vor einem Geiselnehmer in einer Bank oder vor einer Atomkatastrophe in einem Kernkraftwerk.

(Objektbezogene) Phobie. Die phobische Angst wird ebenfalls durch die Konfrontation mit einem bestimmten Objekt, Subjekt oder einer Situation hervorgerufen; bei Phobien steht aber das Ausmaß der Angst in keinem Verhältnis zur objektiven Bedrohung durch die auslösende Situation. Die Angst ist dabei so stark, dass sie das tägliche Leben des Individuums nachhaltig beeinträchtigt (vgl. ICD 10: F40). Phobien können sich als Angst vor Spinnen, Schlangen oder als Angst vor Höhe darstellen, sie können sich auch auf die Öffentlichkeit (Lampenfieber) und allgemein auf als unsicher empfundene Situationen wie offene Plätze oder Aufzüge beziehen (Agoraphobie), sie können die Kommunikation mit Menschen betreffen (Soziophobie), oder sich darstellen als Angst vor der Schule, vor dem Beruf oder vor dem Examen, als sexuelle Ängste und sogar bezogen auf Organe (Herzphobie).

Spontanangst, Panikangst. Diese manchmal auch als Angstneurose oder frei flottierende Angst bezeichnete generalisierte Angststörung zeichnet sich dadurch aus, dass sie nicht von der Wahrnehmung einer bestimmten Situation abhängt, sondern von scheinbaren Gefahren losgelöst entsteht und ohne Bindung an eine bestimmte Situation über längere Zeit andauert (vgl. ICD-10: F41).

Posttraumatische Angst. Sie kann nach außergewöhnlichen traumatisierenden Ereignissen wie Flugzeugabstürzen, Erdbeben, Fast-Unfällen oder Todesfällen naher Bezugspersonen eintreten, aber auch die Folge von Straftaten wie Vergewaltigungen, Geiselnahmen, Folter, Isolationshaft, Konzentrationslagern oder sonstiger Verfolgungen sein. Das Trauma besteht vor allem in der Erfahrung der Hilflosigkeit und der Erfahrung der Hoffnungs- und Zukunftslosigkeit, die zunächst nicht verarbeitet werden kann und immer wieder neu erlebt wird. Die Angst führt zu einem Verlust an Zuwendung, an Resonanz und an Anteilnahme an der Umwelt, verbunden mit vegetativen Reaktionen, Depressionen und Leistungsstörungen (vgl. ICD-10: F43.1 und F43.22).

(2) Funktionen von Angst

Angst ist ein komplexes Phänomen, an dem verschiedene Bereiche beteiligt sind, unser kognitives System (wenn wir eine bestimmte Gefahr erwarten), unser physiologisches System (wenn wir zittern und schwitzen), unser emotionales System (wenn wir erschrecken und uns schlecht fühlen) und unser verhaltensorientiertes System (wenn wir angstbesetzte Situationen vermeiden). Angst hat dabei vor allem *Signal-, Bearbeitungs- und Bedrohungsfunktion*, so:

- als Schutzfunktion vor real drohenden Gefahren – verbunden mit der Adrenalinausschüttung als Auslöser von Leistungssteigerungen – aber nur bis zum individuellen Optimum,
- als Ausdruck einer misslungenen, inneren Konfliktbearbeitung und als überflutende Angst, die zur Lähmung und zur Unfähigkeit führt,
- als bedrohliche Angst, die zur Vermeidung und zur Kontaktarmut führt und wegen der psychosomatischen Störungen wie Schlafstörungen, Nervosität und Konzentrationsmangel körperliche Erkrankungen zur Folge hat.

Strian (1996) weist darauf hin, dass Angst auch eine **Begleitfunktion** hat, also bei psychischen Belastungen (Trauma), psychiatrischen Krankheiten (Schizophrenie, Depression, Zwänge) und körperlichen Grunderkrankungen (Herzproblemen, Hormon- und Stoffwechselstörungen, epileptischen Anfällen) als begleitende Sekundärangst auftreten kann.

4.3.2 Entstehung von Angst

Bei der Suche nach den Ursachen ist zu unterscheiden. Die **frei flottierende Spontanangst** ist als Teil einer Psychose nach wie vor nicht eindeutig geklärt, wahrscheinlich kann man sie biopsychologisch als ungerichtete physiologische Überaktivierung verstehen (Birbaumer & Schmidt 2010, 722 ff). Die auf **real oder vermeintlich bedrohliche Objekte** oder Erfahrungen bezogene Angst (Phobie) dürfte in einem physiologischen Furchtnetzwerk entstehen, in welchem Noradrenalin die Aufmerksamkeit auf Furchtreize erhöht. Hintergrund dieser Prozesse dürfte vor allem eine emotionale Konditionierung sein.

(1) Gefühlsauslösende Sinnesreize tauchen auf:

- Die auslösenden Situationen können in möglicherweise vererbten archetypischen Urerfahrungen bestehen. *B: So haben viele Menschen Angst vor wilden Tieren.* Die Angst vor („moderner") Radioaktivität ist demgegenüber wenig ausgeprägt.

- Angst kann nach Adler auf (früh)kindliche Erlebnisse zurückzuführen sein, in denen das Kind sich gegenüber den gesellschaftlichen Anforderungen als minderwertig und unzulänglich empfunden hat.
- Aus psychoanalytischer Sicht kann die ursprüngliche Entstehung der Angst auf innere Spannungszustände zurückzuführen sein, die durch die Angstreaktion abreagiert werden.
- Aus lernpsychologischer Sicht handelt es sich um die Aktivierung einer früher einmal mit negativen Erfahrungen verbundenen Situation. *B: Ein Polizeibeamter sieht sich bei einer Veranstaltung Demonstranten gegenüber, deren Aggressivität er bei früheren Einsätzen schmerzlich hat erfahren müssen.*

(2) Die Sinnesreize werden als bedrohlich bewertet:

Angst entsteht, wenn wir eine bestimmte Situation als bedrohlich einschätzen und spontan keine Möglichkeit der Bewältigung erkennen. Die Bewertung erfolgt normalerweise nicht bewusst kontrolliert. Nicht selten stimmt sie mit der objektiven Gefährlichkeit der Situation nicht überein.

- Die Art der Bewertung hängt von den negativen Begleitumständen des eigenen (früh)kindlichen Erlebens ab.
- Sie kann Ausdruck einer besonderen individuellen persönlichen Angstbereitschaft und Labilität sein.
- Angstfördernde Lernprozesse können erlernt werden. Durch Konditionierung: *B: „In der Gastwirtschaft bin ich schon mal zusammengeschlagen worden, da gehe ich nicht mehr hin!"* Durch Lernen am Modell: *B: „Meine Mutter geht nicht gern allein in den Keller, da habe ich auch Angst!"* Durch Verstärkung.

(3) Es erfolgt eine innere (vor allem emotionale) Stellungnahme:

Diese Stellungnahme ist sowohl psychischer als auch physischer Art.

- Die gedankliche Vorwegnahme der Nicht-Bewältigung des „Problems" blockiert das „Denken" und das adäquate Problemlösen.
- Die Empfindungen werden dem Gefühlskomplex Angst zugeordnet, und es werden die physiologischen Begleiterscheinungen der Angst ausgelöst. Dazu zählen Vorgänge wie Schwitzen, Herzklopfen, Magendrücken, Zittern, Erröten oder Erbleichen, u. a.

(4) Die im Gehirn angelegten Verhaltensmuster werden ausgelöst:

Die aus der Frühzeit menschlicher Entwicklung übernommene „klassische" Auswahlentscheidung lautet: *fight or flight.*

- Bei Angst ist die gefühlsmäßige Stellungnahme die Entscheidung zur Flucht. Diese Entscheidung wird durch körperinterne Botschaften an die Ausführungsorgane transportiert und führt zu entsprechendem Verhalten.
- Kann man der angstbesetzten Situation nicht ausweichen, kommt es bei fehlender Bewältigung zu lawinenartigen Gefühlssteigerungen. *B: Ein in einer Demonstration eingekeilter Polizeibeamter zieht sich, rückwärtsgehend, zurück, wird aber vom Vorgesetzten zum Bleiben aufgefordert und bekommt starkes Herzklopfen oder wird erst recht aggressiv.*

(5) Weitere Vermeidung führt zu Angststabilisierung:

Durch den Rückzug wird zunächst einmal Angst abgebaut. Dies wird als positiv empfunden.

- Dieses positive Erleben verstärkt aber andererseits zukünftiges Vermeidungsverhalten, es besteht nunmehr Angst vor der Angst.
- Darin liegt ein wesentlicher Grund für die Fortdauer von Angst, denn durch die zukünftige Vermeidung der angstbesetzten Situation können keine positiven Erfahrungen mit ähnlichen Situationen mehr gemacht werden.

4.3.3 Theorien der Angst

(1) Neurobiologische Annahmen

Angst und Furcht scheinen vor allem durch die Amygdala (emotionale Reaktionszentrale des Gehirns) gesteuert zu werden, dort werden bedrohliche Erfahrungen mit Angstreaktionen verbunden und die entsprechenden Reaktionen ausgelöst, aber auch der Frontalkortex und andere Regionen scheinen beteiligt zu sein (vgl. Birbaumer & Schmidt 2010, 82, 722ff). Neurochemisch erhöht Noradrenalin die Aufmerksamkeit auf Furchtreize, langanhaltende Ausschüttungen von Stresshormonen können zu Störungen der Neuronen und der Neurogenese führen.

(2) Angstbereitschaft als Eigenschaft

Manche Forscher betrachten daher Angst als eine relativ stabile, eventuell sogar genetisch beeinflusste, **Eigenschaft**. Angstbereite Menschen nehmen negativ selegierend Risiken wahr, die normale Menschen gar nicht als Gefahr erkennen würden. Dies dürfte zunächst auf Lernprozessen beruhen, aber auch Veränderungen der Amygdala, dem physiologischen Herz der Furchtreaktion, können zu Grunde liegen. Die wahrgenommene Angst produziert noch mehr Angstgedanken, und es kommt zu einer Angstspirale (so schon Schonecke & Herrmann 1990, 165 m. w. N.).

(3) Der psychoanalytische Ansatz Freuds

Erste Angsttheorie. Freuds ursprüngliche Angsttheorie besagte, dass die Angst aus der Aufstauung und ungenügenden Entladung körperlicher Energie (der Libido) resultiere (Freud 1894, GW 1972, 313 ff; Brenner 1994, 72 ff).

Zweite Angsttheorie. In dieser Angsttheorie, die er 1926 in seiner Monographie mit dem „Titel Hemmung, Symptom und Angst" veröffentlichte (Freud 1926, GW 1972, 111 ff; Brenner 1994, 72 ff), gab Freud diesen Ansatz aber wieder auf und betonte, dass die Angst auf einer biologischen Basis einerseits mit traumatischen Situationen, andererseits mit Gefahrsituationen verknüpft sei. Als Prototyp des traumatischen Erlebnisses erschien ihm die Geburt, in der das Kind von den äußeren Einflüssen völlig überwältigt wird. Auch ein unbewältigter Ödipuskomplex soll Phobien auslösen können. In späteren Situationen wird das Angstgefühl dann reaktiviert:

- als Realangst, die dann auftritt, wenn eine Bestrafung der Triebwünsche durch die Umwelt droht,
- als Moralangst, wenn die Triebwünsche gegen das im Überich verankerte Gewissen und die Moralvorstellungen verstoßen,
- als neurotische Angst, die auftritt, wenn das Ich durch die aus dem Es kommenden Triebansprüche überwältigt und zerstört zu werden droht.

Um diese Ängste zu vermeiden, setzt das Individuum Abwehrmechanismen wie Verdrängung ein.

Signalangst. Davon zu unterscheiden ist nach Freud die Angst vor realen Gefahrensituationen, die Freud als Signalangst beschreibt, und die dazu dient, die dem Ich zur Verfügung stehenden Kräfte zu mobilisieren und der Situation zu begegnen.

Freuds Zweite Angsttheorie hat sowohl mit ihrer grundlegenden Unterscheidung zwischen Signalangst und neurotischer Angst als auch mit dem Hinweis auf die Reaktivierung früherer Situationen Maßstäbe gesetzt, wenngleich sie Lernprozesse, kognitive Prozesse und soziale Faktoren noch nicht ausreichend berücksichtigt. Neuere Ansätze zur Bearbeitung neurotischer Störungen integrieren diese Faktoren und kommen damit zu einem komplexeren Verständnis (vgl. Eckhardt-Henn u. a. 2009, 90 ff).

(4) Individualpsychologischer Ansatz von Adler

Adler sieht den Ursprung der Angst in einem aus frühkindlichen Empfindungen herrührenden **Minderwertigkeitsgefühl**. Dieses führt dazu, dass das Individuum seine Fähigkeiten nicht entfalten, seine Probleme nicht lösen, seine Ziele nicht erreichen und insgesamt kein Selbstwertgefühl aufbauen könne (Adler 1929/2008, 66ff).

Die Angst vor den übermächtigen Bedrohungen der Außenwelt führt einerseits zum Rückzug von der Umwelt, Mitmenschen werden als strenge Richter angesehen, vor deren Augen man nicht bestehen kann, oder als Rivalen, die es zu bekämpfen gilt, und auch harmlose Situationen erscheinen als Überforderung. Andererseits führt dieses Minderwertigkeitsgefühl dazu, dass das Individuum besorgt ist, das Angstgefühl durch eine Selbstaufwertung zu **kompensieren**. Das Streben nach Geltung, nach Überlegenheit und nach Macht wird damit erklärbar als der Versuch, die eigene Schwäche zu überwinden (Kompensation) und dieses Ziel überzuerfüllen.

(5) Lernpsychologischer Ansatz

Angst kann durch **klassisches emotionales Konditionieren** erlernt werden. *B: Wird das Auftauchen einer vom Kleinkind zunächst als harmlos eingeschätzten weißen Ratte immer durch ein hysterisches Kreischen der Mutter begleitet, so bekommt das Kleinkind Angst vor Ratten und auch Generalisierungen auf ähnliche Tiere wie etwa Kaninchen können beobachtet werden.* Angst kann aber auch durch **Verstärker** gefestigt werden. Durch das Vermeiden der angstbesetzten Situation fühlt man sich gut, so dass man im zukünftigen Vermeiden angstbesetzter Situationen positive Aspekte erkennt. Angst kann schließlich durch **Vorbilder** übertragen werden. So können kleine Kinder von ihren Eltern die Angst vor Spinnen durch Nachahmung übernehmen.

(6) Kognitive Ansätze

Bei ihnen steht die kognitive Beurteilung des Erlebten im Mittelpunkt. Sachverhalte, die von einigen als **angstbesetzt bewertet** werden, veranlassen andere höchstens zu einem Stirnrunzeln, damit wird die kognitive Bewertung von Sachverhalten zum Problem. Therapeutische Interventionen versuchen insofern zu erreichen, dass der Betroffene in Angstsituationen über rationale und reflexive Kompetenz verfügt, die er für eine aktive Informationsverarbeitung und zur verbesserten Selbstbewertung nutzen kann (so schon Meichenbaum & Turk 1980, 15ff).

(7) Integrative Ansätze

Ein überzeugendes theoretisches Konzept für ein ganzheitliches Angstverständnis steht noch aus; es müsste neben den bereits erwähnten entwicklungspsychologischen, persönlichkeitspsychologischen und situativen Faktoren insbesondere auch **soziale Faktoren** wie die familiäre Umgebung, ihre Instabilität, den Mangel an Zuneigung, die Abhängigkeit schaffende überspitzte Fürsorge, den akuten (beruflichen) Stress und nicht zuletzt etwaige Überlastungen in einer – wenig durchschaubar und berechenbar erscheinenden – Lebenssituation mit berücksichtigen.

4.3.4 Bewältigung von Angst

Jede Art des Umgangs mit Angst setzt zunächst eine sorgfältige Analyse der angstauslösenden Situation voraus. Kommen wir zurück auf die zu Beginn eingeführten Definitionen, so lassen sich vier unterschiedliche Situationen beschreiben, die auch verschiedene Reaktionen verlangen.

(1) Angst als objektiver Gefahrenindikator (Furcht)

Angst hat, wie bereits Freud ausführte, Signalfunktion, sie warnt vor einer drohenden Gefahr. *B: Ein Polizeibeamter sieht den flüchtigen Mörder mit gezogener Pistole auf sich zukommen und bekommt Angst um sein Leben.* Diese Funktion ist zunächst einmal hilfreich. Sie erhöht das Aktivierungsniveau und veranlasst den Betroffenen, gefahrabwendende Maßnahmen zu ergreifen. *B: Der Polizeibeamte zieht zur Eigensicherung seine Waffe. Er ruft über Funk Verstärkung und fordert verängstigte Bürger auf, den Ort zu verlassen (Vermeidung).*

Wegen des beschriebenen lawinenartigen Charakters von Gefühlen kann aber auch berechtigte Angst nicht nur zu körperlichen Symptomen, sondern auch zu psychischen Störungen – wie z.B. Denkhemmungen führen. *B: Der Polizeibeamte fängt an zu zittern und kann das Funkgerät nicht mehr starten.* Einer solchen Überwältigung durch die Angst kann am besten durch ein präventives Vertrautmachen mit gefährdenden Situationen (also durch ein gutes Training), durch Hinzuziehung eines Kollegen (was die Selbstsicherheit erhöht) und durch kognitive Techniken (wie den Gedankenstopp s.u.) entgegengewirkt werden.

(a) Senkung des allgemeinen Erregungsniveaus durch Entspannung. Dazu können die bekannten Entspannungstechniken (wie autogenes Training oder Yoga) eingesetzt werden.
(b) Kommunikation und Unterrichtung. Das Verbalisieren der Angst entreißt sie dem unkontrolliert gefühlsbetonten Raum und legt sie bloß. Das Sprechen mit anderen über

die Angst führt zum Teilen der Angst und zur Entwertung, so dass sie ihren Schrecken verliert. Weiter noch geht der kognitiv-verhaltenstherapeutische Ansatz (vgl. Meichenbaum & Turk 1980, 18f, 21ff). Dabei soll der Person ein Erklärungsschema geliefert werden, es wird informiert und diskutiert. So kann ein Plan zur Angstbewältigung entstehen, der Fragen und Themen wie die folgenden betrifft: „Was hast du zu tun? Du kannst Dir einen Plan zurechtlegen, um damit umzugehen!" „Überlege nur, was du machen kannst! Das ist besser als ängstlich zu werden." „Keine negativen Selbstaussagen, denke einfach rational!" „Mach Dir keine unnötigen Sorgen, wenn du Dir Sorgen machst, dann hilft das auch nichts!"

(c) In diesem Zusammenhang sind dann auch Ansätze aus der (lernpsychologisch basierten) Neuropsychotherapie (Grawe 2004, 90ff, 165ff, 423ff) denkbar. Der Therapeut instruiert den Patienten und macht ihm z.B. vor, wie man sich in Angstsituationen angemessen verhalten könnte und wiederholt und verstärkt richtige Ansätze des Patienten immer wieder, um damit die alten neuronalen Erregungsmuster langsam zu löschen und neue neuronale Erregungsmuster durch fortlaufende Wiederholungen und Verstärkungen zu bahnen.

(d) Selbstinstruktion. Bei dieser auch als Innerer Dialog oder Selbstmanagement bezeichneten kognitiven Verstärkung von erwünschtem Verhalten geht es darum, sich selbst zu überwachen, zu bewerten und zu verstärken. Die positive Selbstinstruktion kann dann in Anweisungen an das eigene Ich bestehen wie „Wenn die Furcht kommt, dann halte erst einmal inne!" „Konzentriere dich auf das Jetzt, was ist zu tun!" „Eins nach dem andern, du kannst die Situation handhaben!"

(e) Im übrigen Leben rational reagierende Menschen können auch die Technik des Gedankenstopps benutzen. Dem liegt die Auffassung zugrunde, dass Angst vor allem durch die bedrohlichen Gedanken verursacht wird und dass es also darum gehen muss, diese bedrohlichen Gedanken durch einen Gedankenstopp, bei dem man sich bemüht, bewusst andere positive Erinnerungen und Gedanken dagegenzusetzen, zu vertreiben. *B: So kann ein Zivilfahnder, der sich fürchtet, entdeckt zu werden, versuchen, sich an einen „Moment of Excellence", also ein schönes Jugenderlebnis, zu erinnern und aus dieser angstfreien Erinnerung heraus zu einer Angstbewältigung kommen.*

(f) Selbstsicherheitstraining. Dabei wird z.B. über Rollenspiele im Psychodrama eingeübt, für sich selbst einzustehen und selbstbewusster zu werden.

(2) Angstbewältigung bei subjektiver Gefahrenüberschätzung (Phobie)

Auch in derartigen Fällen kann man **die zuvor beschriebenen Techniken** anwenden, doch geht es vor allem darum, die Bedrohlichkeit von Objekten zu relativieren. Zwei Techniken sind besonders häufig.

(a) Desensibilisierung. Die Desensibilisierung, auch als Desensitivierung oder als Gegenkonditionierung bezeichnet, hat sich in der Praxis vielfach bewährt. Zunächst ist dazu eine persönliche Angsthierarchie zu erstellen. Ergibt die Analyse, dass bestimmte Situationen regelmäßig subjektiv in ihrer Gefährlichkeit überschätzt werden (Menschenmengen, Fahrstühle, Spinnen usw.), so setzt man die betreffende Person nach sorgfältiger Planung, behutsam Schritt für Schritt vorangehend, zunächst in der Phantasie, dann auch tatsächlich (in vivo), relativ harmlosen, danach aber in ihrer subjektiven Gefährlichkeit

Schritt für Schritt zunehmenden Situationen aus. Soweit sich daraus, wie erwartet, keine negativen Konsequenzen und Gefühle ergeben, findet ein Lernprozess statt, an dessen Ende die Gefahrlosigkeit der zunächst bedrohlich erschienenen Situation erfahren worden ist. *B: Die sich ganz allgemein vor Menschenmengen ängstigende Person wird zunächst in einen Gottesdienst, dann in ein Theaterstück, dann zu einem Fußballspiel, dann zu einer Demonstration mitgenommen und so einer realistischen Gefahreinschätzung näher gebracht.*
(b) Reizkonfrontation. Daneben besteht die Möglichkeit der direkten Reizkonfrontation, manchmal auch als Flooding oder Reizüberflutung bezeichnet. Dabei wird die ängstliche Person aufgefordert, sich die am meisten gefürchtete Situation vorzustellen und in Gedanken intensiv zu durchleben. Später wird dann diese Situation, soweit das möglich ist, auch real erlebt. Aus der Erkenntnis, dass sogar diese Situation bewältigbar ist, soll die betroffene Person zukünftige Gelassenheit herleiten und Vertrauen in die eigene Problemkompetenz entwickeln. Der Vorteil der unter fachlicher Anleitung durchgeführten Reizkonfrontation ist die vergleichsweise schnelle Bearbeitung. Gleichwohl bedarf die Anwendung größter Vorsicht, damit die kritischen Extremsituationen nicht eskalieren.

(3) Die Bewältigung posttraumatischer Angst

Die Therapie posttraumatischer Angst verlangt angesichts der erlittenen Verletzungen und der manchmal daraus resultierenden Aggressionen starke Belastungsfähigkeit vom Therapeuten. Dabei stehen meist Ohnmachtgefühle, Trauer und Wut im Vordergrund. Nicht selten verstärkt sich die Problematik durch schlimme Schuldgefühle der Patienten, die sich auf unter Druck oder Folter verratene Geheimnisse oder einfach nur auf das schlechte Gewissen des Überlebthabens beziehen können und durch die Situation des Exils, durch soziale Entwurzelung, sprachfremde Umgebung und fehlende Integrationsmöglichkeiten, noch verstärkt werden.

Therapeutische Ansätze können eine pharmakologische Regulierung des Hormonhaushalts einbeziehen; im Zentrum stehen indes meist kognitiv verhaltenstherapeutische Therapien (Steil & Ehlers, in Reinecker 2003, 154ff). Sie beginnen auf gesprächspsychotherapeutischer Basis, um in der verständnisvollen und wissenden Kommunikation über das traumatische Erleben eine Öffnung und eine Verarbeitung anzuregen. Desweiteren kann man versuchen, die Angst mit den oben dargelegten Techniken zu behandeln. Im weiteren Verlauf kann auch der Erfahrungsaustausch in Gruppen helfen. Die Hauptaufgabe liegt dabei in der Wiederherstellung einer stabilen Persönlichkeit, die nicht mehr durch Ohnmachtgefühle, sondern durch eine neue Entscheidungsfähigkeit geprägt ist. Das für den militärischen Bereich entwickelte **Psychological Debriefing** nach **Critrical Incident Stress** (psychologisches Gespräch nach Vorfällen) ist zwar als Erstmaßnahme sinnvoll, entfaltet aber meist keine dauerhafte Wirkung.

(4) Angstbewältigung bei irrationaler Gefahreinschätzung

Ungerichtete Überaktivierungen des physiologischen Furchtsystems und/ oder frühkindliche Angsterfahrungen können zu einer krankhaften Reaktion führen und damit neurotischen oder sogar psychotischen Charakter bis hin zur Paranoia annehmen. In solchen Fällen ist zunächst das Arbeitsfeld der klinischen Psychologie und der ärztlichen Psychiatrie berührt. Es kommen **medikamentöse und psychoanalytische** Interventionen, die die Art der frühkindlichen Störung aufdecken, in Betracht (Paar 1990, 375f).

In letzter Zeit sind auch interessante kognitive Erklärungen entwickelt worden, so das Modell der Metasorgen (übersteigerte Sorgen und Angst vor Gefahren) und das damit verbundene **Modell der kognitiven Vermeidung**. Insofern geht es darum, die betroffene Person in einem kognitiv verhaltenstherapeutischen Verfahren mit ihren unberechtigten Sorgen zu konfrontieren und ihr (irrationales) Vermeidungsverhalten abzubauen (Siegl & Reinecker, in Reinecker 2003, 182ff).

(5) Exkurs: Angst vor Behörden oder im Gerichtssaal

Es gibt zahlreiche Situationen, in denen wir Angst haben: Prüfungen, öffentliche Reden, Kritikgespräche, aber auch Behördenbesuche oder Gerichtsverhandlungen. Schulz von Thun (1992, 100ff) weist zu Recht darauf hin, dass es sich i.d.R. dabei um Angst vor Selbstoffenbarung handelt. Diese Angst ist normal und hat Signalfunktion bei denjenigen, die zu Recht die Wahrheit fürchten müssen. Bei den anderen scheinen die Hintergründe dieser Angst in der frühkindlichen Erfahrung der Minderwertigkeit gegenüber den gesellschaftlichen Anforderungen und Normen zu liegen bzw. auf autoritätshörige Erziehung oder auf sonstige negative Lernerfahrungen im Zusammenhang mit Behörden zurückzuführen sein.

Als Bewältigungstechniken kommen für begleitende Sozialarbeiterinnen oder Betreuerinnen primär die Entspannung durch Ablenken und Abschweifen auf ein nicht angstbesetztes Thema, gelassene Erklärungen der Situation und in geeigneten Fällen auch kognitive Erörterungen der Angst und (öffnende) gesprächspsychotherapeutische Zuwendung (Empathie) in Betracht.

(6) Exkurs: Funktional eingesetzte Angst (als Drohmittel)

Autoritär veranlagte Persönlichkeiten neigen gelegentlich dazu, Angst als Mittel einzusetzen, um ein bestimmtes Verhalten des Gegenübers zu erreichen („Wenn nicht …, dann …!").

So ist der „Hinweis auf die negativen Folgen eines bestimmten Tuns" rechtlich zulässig und kann über die Signalfunktion auf (tatsächliche) Risiken eines Verhaltens emotional aufmerksam machen und über Stresshormone bis zum individuellen Optimum hin auch aktivieren. Es darf dabei aber nicht mit rechtlich unzulässigen Konsequenzen (einem unzulässigen Übel wie z. B. Prügeln) gedroht werden, dies wäre eine strafbare Nötigung.

Psychologisch gesehen hat eine derartige instrumentelle Nutzung der Angst aber auch Nachteile, denn Angst dient, wie oben beschrieben, nicht der inhaltlichen Problembearbeitung, führt schnell zu Hemmung und Denkblockade sowie zu Misstrauen, verschlechtert ganz allgemein das soziale Klima und erhöht das Fluchtrisiko.

4.4 Depression und Suizid

Zur präventiven helfenden Tätigkeit gehört auch der Schutz des einzelnen vor sich selbst, insbesondere, wenn sie oder er suizidgefährdet ist. Depressive und suizidale Tendenzen können zudem in gerichtlichen Verfahren Bedeutung erlangen, wenn es um Fragen wie Schuldfähigkeit, Geschäftsfähigkeit, Arbeitsfähigkeit oder Fahrfähigkeit geht.

4.4.1 Definition und Erscheinungsbild

(1) Definition

Was genau unter Depression zu verstehen ist, ist abhängig vom Ursachenverständnis und dem dadurch geprägten Erscheinungsbild und in der Literatur umstritten (vgl. Hautzinger 2003, 2ff; Huber 1981, 110ff; Hoffmann 1974, 29ff; Jacobson 1977, 215ff;). Gehen wir entsprechend der lateinischen Wortherkunft und dem gängigen Verständnis von einem Minimalkonsens aus, so ist **Depression eine ausgeprägte allgemeine seelisch-körperliche Niedergeschlagenheit, die psychische und körperliche Ursachen haben kann und mit psychischen und körperlichen Symptomen einhergeht**. Der Diagnoseschlüssel ICD-10 ordnet die Depression den affektiven Störungen zu (F3) und unterscheidet insbesondere die depressive Episode (F32) und die rezidivierenden (wiederkehrenden) depressiven Störungen (F33), jeweils in unterschiedlichen Schweregraden mit und ohne somatische Begleiterscheinungen. Die Depression ist damit zu unterscheiden von natürlichen Befindungsschwankungen und nachvollziehbaren, begründeten Trauerreaktionen. Ob einer Depression Krankheitswert zukommt, muss im Einzelfall der Arzt oder der Klinische Psychologe entscheiden.

(2) Häufigkeit

Die Häufigkeit depressiver Zustände in der Allgemeinbevölkerung variiert stark und kann naturgemäß nach Art und Form nur schwer geschätzt werden. Untersuchungen der Gesamtbevölkerung bezogen auf einen bestimmten Stichtag sprechen von rund 5% depressiver Störungen; jährlich kommen etwa 1% bis 2% Neuerkrankungen hinzu (Inzidenz). Die Wahrscheinlichkeit, im Laufe des Lebens eine Depression zu erleiden, liegt bei bis zu 12% für Männer und bis zu 20% für Frauen (Hautzinger 2003, 3). Schätzungen gehen von einer stärkeren Zunahme in den letzten Jahrzehnten aus und sprechen sogar davon, dass in einigen Jahren etwa jede dritte Person im Laufe ihres Lebens ein entsprechendes Krankheitsbild (einschließlich beruflichem Burnout) zeigen wird.

(3) Erscheinungsbild

Hautzinger (2003, 1f) oder auch Faust u.a. (1995, 114, mit weiteren Details) beschreiben das Erscheinungsbild des depressiven Syndroms.

Depressionen

- somatische Beschwerden (Schlafstörungen, Appetitlosigkeit, Druck-, Enge- und Schmerzgefühle, innere Unruhe, nervös),
- motorische Beschwerden (Verlangsamung, Hemmungen, Inaktivität oder Agitation),
- emotionale Beschwerden (Traurigkeit, herab gestimmt, resigniert; Freudlosigkeit lustlos, genussunfähig; Minderwertigkeitsgefühle, Angstzustände, Empfindlichkeit),
- motivationale Beschwerden (Interesselosigkeit, alles ist fad, öd, leer; Energielosigkeit; Mutlosigkeit; Hilflosigkeit, fatalistisch),
- Denkstörungen (mühsam und einfallsarm, Reaktionsfähigkeit langsam bis aufgehoben, Grübelneigung),
- interaktive Beschwerden (sozialer Rückzug, Schuldgefühle, Beziehungsstörungen, leise Stimme),
- in schweren Fällen, insbesondere bei psychotischen Depressionen, können auch Wahnideen, Halluzinationen, Wahrnehmungsstörungen und abnorme Erlebnisse hinzukommen.

4.4.2 Entstehung der Depression

Leichtere und vorübergehende Verstimmungen sind allgemeine Möglichkeiten menschlichen Erlebens und daher kein Grund zur Sorge. Zeichen einer ernsthaften Depression und damit gleichzeitig Anhaltspunkte für ein präsuizidales Syndrom stellen die nachfolgenden, von Ringel (in: Pohlmeyer 1978, 25ff) zusammengestellten Einengungen und hier weiter ergänzten Erscheinungsbilder dar:

(1) Vorhergehende Entwicklungsstörungen

Verstimmungen und Trennungs- oder Verlusterfahrungen können von psychisch gesunden Menschen in angemessener Zeit bewältigt werden. Bei

Depressionen fehlt diese Fähigkeit. Dies kann auf Störungen aus der frühkindlichen oralen Phase wie gestörte Abhängigkeitsbeziehungen und Anklammerungstendenzen, aber auch auf verletzende und enttäuschende und überbehütend verwöhnende Erziehungsstile zurückzuführen sein. Erlernte Hilflosigkeit und die unkritische Attribution von Schwierigkeiten auf die eigene Person können ebenfalls den Boden für Depressionen bereiten.

(2) Verfestigung einer vierfachen Einengung

(a) Einengung der Wertewelt. Sie ist gekennzeichnet durch ein reduziertes Selbstwertgefühl, fehlende Anerkennung, das Gefühl des Fehlens eines sinnvollen erstrebenswerten Lebens. *B: „Ich bin unbedeutend, wertlos, es ist egal, ob ich da bin oder nicht."*
(b) Einengung der zwischenmenschlichen Beziehungen. Die Kontakte brechen ab und es kommt zu innerlicher und äußerlicher Isolation und zum Vertrauensverlust. *B: „Ich würde mir eher in die Zunge beißen, bevor ich darüber mit jemand sprechen würde."*
(c) Situative Einengung. Typisch ist die fehlende Fähigkeit zur Krisenbewältigung in kritischen Situationen und eine geringe seelische Toleranzbreite für Schwierigkeiten; bereits geringe Probleme stören das Gleichgewicht erheblich. *B: „Ich kann da nichts machen, das bekomme ich nicht in den Griff."*
(d) Dynamische Einengung. Die Gefühle sind nicht mehr offen und wechselnd, sondern Traurigkeit und Freudlosigkeit sind festgefahren, die Welt verwandelt sich in einen Käfig, in dem nahezu zwanghaft nur noch Gitterstäbe und keine Entweichungsmöglichkeiten mehr gesehen werden. *B: „Es gibt da für mich keine Rettung, andere Lösungen sind ausgeschlossen."*

(3) Nach außen gehemmte und gegen sich selbst gerichtete Aggression

Auf Grund der frühkindlichen Störungen kann sich ein ungeheures Aggressionspotential ansammeln. Da sich die Aggressionen zumeist gegen die Eltern oder nahe Bezugspersonen richten, denen gegenüber ambivalente Gefühle, insbesondere auch Liebe und Abhängigkeiten bestehen, können sie nicht nach außen hin getragen werden. Die beschriebene Persönlichkeitseinengung ist einerseits Folge dieser Störungen, verstärkt andererseits diesen Prozess noch. Da das Aggressionspotential aber abgebaut werden muss, richten sich die Aggressionen auf das einzig verfügbare Objekt, gegen die eigene Person.

(4) Schließlich die Flucht in eine Phantasiewelt

Die nach innen gerichtete Aggression schwächt das Selbstbild und nimmt ihm die letzte Fähigkeit zu realitätsgerechten Lösungen. Es kommt zur Flucht des enttäuschten Menschen in eine Phantasiewelt, nicht zuletzt mit Todesphantasien, die dazu dienen, aus einer unerträglich gewordenen Situation in eine bessere Welt zu entfliehen. Daraus erwächst die Erwägung des Suizids als Lösung (s.u. 4.4.5).

4.4.3 Ursachen der Depression

Nach dem heute herrschenden Konzept der multifaktoriellen Depressionsgenese kommen zahlreiche Bedingungen, auch im Zusammenwirken, als Ursachen in Betracht. Die ursprünglich von Medizinern dominierte und demgemäß an körperlichen Ursachen ausgerichtete Forschung ist durch psychologische Untersuchungen (vgl. schon die Darstellungen aus verhaltenstheoretischer Sicht bei Hoffmann 1976 und aus psychoanalytischer Sicht bei Jacobson 1977) relativiert worden. In der ganz überwiegenden Anzahl der Fälle gibt es im persönlichen Lebenslauf zahlreiche depressionsrelevante Anhaltspunkte, so dass es des Rückzuges auf nicht erklärbare Ursachen (endogene Depression) oder körperliche Ursachen (somatogene Depression) nicht bedarf. Die Diagnose ist gleichwohl schwierig, denn Depressionen sind häufig durch Ambivalenzen gekennzeichnet wie:

- die Liebe vs. den Hass gegenüber den Eltern,
- zurückgezogene Hilflosigkeit vs. nach außen tretende Hilfsappelle,
- Suizidmotive vs. Lebenserhaltungsmotive.

(1) Körperliche Prozesse

Der Umgang mit Depressionen verlangt regelmäßig eine medizinische Untersuchung.

(a) Stabile Depressionen dürften genetische Anteile haben. Bei der zyklothymen bzw. bipolaren Depression wird aus Untersuchungen mit eineiigen Zwillingen eine erbliche Varianz von 60%–80% berichtet, bei der unipolaren eine Varianz von 30%–50% (Birbaumer & Schmidt 2010, 734).

(b) Körperlich begründbare (somatische) Depressionen können auf allgemeinen körperlichen Einflüssen wie z.B. Herzinsuffizienz oder auf Medikamentenkonsum beruhen.

(c) Speziell scheinen u.a. der Präfrontalcortex, die Amygdala und die Nebennierenrinden-Hypophysen Achse betroffen zu sein, neurochemisch sind die Hormonausschüttung und die Synapsenfunktion gestört.

(d) Bei psychotischen Depressionen (→ Psychose) kommen zu den allgemeinen Symptomen noch weitere wie die psychomotorische Hemmung und Denkhemmung, aber auch depressive Wahneinfälle, begleitet durch **leibliche Missempfindungen** wie Druck-, Schwere- und Schmerzempfindungen und körperliche Symptome wie Schlaf-, Appetit- und Verdauungsstörungen hinzu. Die genaue Erklärung ist nicht bekannt. Das phasenhafte, d.h. zeitlich abgrenzbare (episodische) Auftreten innerhalb einer vorher und nachher normalen ausgeglichenen affektiven Verfassung lässt einen körperlichen Zusammenhang vermuten (s. aber unten die psychoanalytischen Ansätze).

(e) **Eine Behandlung gehört zum einen in die Hand des Arztes**, der Antidepressiva, verschreiben kann. Psychologen können mögliche entwicklungsbedingte Ursachen aufdecken und dadurch entschärfen, kognitiv-verhaltenstherapeutische Unterstützung gewähren und situative Einflüsse kontrollieren.

(2) Psychoanalytische Ansätze

Auch frühkindliche Störungen sollten untersucht werden (vgl. Jacobsen 1977, 215 ff).

(a) **So kann ein frühkindlicher Objektverlust** wie der Verlust der Mutter oder des Vaters gravierend sein und einerseits Abwehrmechanismen aktivieren, andererseits aber auch als narzisstische Kränkung empfunden werden. Da das kleine Kind noch nicht in der Lage ist, echte Trauerarbeit zu leisten, werden die Konflikte konserviert und stellen eine Prädisposition zu depressiven Zuständen dar (Jacobsen 1977, 258). Der Verlust des Liebesobjektes kann aber auch, in dem Wunsch, das Objekt wiederzubekommen, zu einer Identifizierung mit dem verlorenen (toten) Objekt und damit zum Suizid führen.

(b) **Frühkindliche traumatische Erlebnisse** wie der unvermittelte Entzug von Zuneigung bei der Geburt eines Geschwisterkindes können zu einer ambivalenten Beziehung gegenüber der Mutter führen, die man einerseits hasst, von der man aber andererseits abhängig ist. Die aus ambivalenten Beziehungen entstehende Aggression kann aber nicht nach außen gegen die Mutter gerichtet werden und das Konfliktgeschehen verlagert sich nach innen und verwandelt sich in Hass auf das Kind selbst (Jacobsen 1977, 283 f).

(c) **Auch der von Freud später postulierte Todestrieb** kommt aus psychoanalytischer Sicht als Ursache für einen Wunsch zu sterben in Betracht. Durch frühe Kränkungen wird das narzisstische Gleichgewicht gestört, so dass sich eine Sehnsucht nach der Ruhe und Sicherheit des Todes entwickeln kann (Freud 1920, GW 1987, 1 ff; → Psychoanalyse).

(d) **Störungen der Versorgung durch die Mutter im ersten Lebensjahr** (orale Phase) können ebenfalls Auswirkungen haben. Wahrscheinlich wird zu dieser Zeit die Verlässlichkeit der (körperlichen und emotionalen) Versorgung durch die Mutter als Urvertrauen und Urmisstrauen (Erikson) verinnerlicht und führt im weiteren Verlauf zu einer eher optimistischen oder eher pessimistischen Grundhaltung.

(3) Erlernte Hilflosigkeit

Lernpsychologisch besonders ausdifferenziert ist das Konzept der Erlernten Hilflosigkeit (vgl. Seligman (1975/1999).

(a) **Seligman stellte bei Experimenten u.a. fest, dass Tiere**, deren Verhalten gar nicht oder nur völlig unsystematisch verstärkt wurde, später nicht nur eine verringerte Motivation zu willentlichen Reaktionen und eine verringerte Aggression zeigten, sondern auch eine negative kognitive Denkstruktur besaßen, also nur schwer lernten, dass eigene Reaktionen überhaupt Konsequenzen hervorrufen. Tiere, die Schmerzen ausgesetzt wurden, diesen aber nicht entgehen konnten, reagierten mit einer Art Apathie (bewegungslos, lerngestört, desinteressiert), die vielfach erfahrene Aussichtslosigkeit der Situation war zur Hilflosigkeit generalisiert.

(b) Ein Beispiel für unvermeidbare Schmerzen sind auch unerwartete und gravierende **menschliche Verlust- und Trennungserlebnisse**. Trauer scheint insofern ein angeborenes Gefühl zu sein, welches bei Trennung oder Verlust von Bindungen auftritt und die übrigen Gruppenmitglieder auffordert, sich dem Trauernden zuzuwenden. Erfolgt diese Zuwendung nicht, kann sich ein Gefühl des Ausgesetztseins und der Hilflosigkeit breit machen. Dabei sind vor allem diejenigen Menschen gefährdet, die (wegen fehlender oder undurchschaubarer Verstärkung oder wegen einer Überforderung in ambivalenten Situationen) nicht die erforderlichen Konfliktbearbeitungsfähigkeiten erlernt haben. Sie neigen in Situationen wie Trennung, Tod oder Isolation zu Selbstabwertung und zu Meide- und Fluchtverhalten gegenüber anderen Menschen, da sie nicht erkennen, dass relevante Konsequenzen kontrollierbar, also auch die Depression beherrschbar ist.

(4) Attribution von Misserfolgen

Damit verbunden ist die menschliche Gewohnheit der Kausalitätenbildung (→ Attribution). Depressive neigen dazu, Misserfolge nicht etwa Dritten und situativen Umständen, sondern **der eigenen Person zuzuschreiben**. Dieses kann durch in der frühen Jugend fehlendes Lob und fehlende positive Verstärker erklärt werden. Diese Attribution auf das eigene Verhalten wird verstärkt durch die **selektiv negative Wahrnehmung** der Umwelt, insbesondere dann, wenn auf Grund der Isolation keine externe Ursache für die eigene innere Aggression wahrgenommen wird. Depressionen gehen daher häufig mit einem **negativen Selbstbild** einher. Depressionen entwickeln dabei eine Eigendynamik, das fehlende Selbstwertgefühl führt zu einem Verhalten, welches immer seltener gelobt wird, und selbst ausdrückliches Lob wird nur noch selten angenommen.

(5) Erziehungsstile

Sowohl ein völlig vernachlässigender Erziehungsstil, bei dem das Kind keine innere Sicherheit erwerben kann und demgemäß später fremde Personen als bedrohlich und gefährlich erlebt, als auch ein überbehütender Erziehungsstil und Verwöhnungen, die bei späterem Wegfall zu Enttäuschungen führen, als auch ein überfordernder Erziehungsstil, der kaum positive Verstärker bereit hält, können Depressionen hervorrufen (→ Erziehung).

(6) Kritische Lebensereignisse

Das Gefühl der Verunsicherung durch plötzlichen persönlichen Wandel (Identitätsstörung in der Pubertät; Tod einer Person), durch familiäre Konflikte wie Trennung und Scheidung oder Zerwürfnisse oder durch sozialen Wandel (Verlust der Arbeit, Zuspitzung der Schuldensituation), gepaart mit dem Gefühl der Ohnmacht, kann als erheblicher **Stressor wirken** und ebenfalls zum Rückzug auf sich selbst und zur Depression führen (Konzept der kritischen Lebensereignisse und Lebenskrisen: Filipp & Aymanns 2010).

(7) Gesellschaftliche Integration

Daneben sind auch soziologische Theorien der Depression entstanden (Braun 1971, 41 ff). Dazu gehören **Durkheims** Theorie, die zwischen egoistischem Selbstmord, altruistischem Selbstmord und anomischem Selbstmord unterscheidet, und den Integrationsgrad des Depressiven in seine soziale Umgebung und die gesellschaftliche Anomie als Ursache ausmacht sowie die Statusintegrationstheorie von **Gibbs und Martin**, die die mangelhafte Integration des Depressiven in gesellschaftliche Gruppen und seinen Status darin beschreibt. Das Gefühl der Isolation und die fehlende Sinnhaftigkeit des Lebens erscheinen danach als zentrale Erklärungsmodelle (→ Sozialisation). Denkbar ist aber auch der politische Selbstmord (vgl. Pohlmeier 1995), der sowohl Bilanzfunktion wie auch Symbolwirkung haben kann.

4.4.4 Prävention und Therapie

Spontane Hilfe und weitere Informationen sind zu erhalten über psychosoziale Beratungsstellen, Gesundheitsämter, Jugendschutzorganisationen, Telefonseelsorge, Krankenhausambulanzen, gute Hausärzte, Ärzte für Neurologie und Psychiatrie und durch entsprechend ausgebildete Psychologen.

(1) Prognose

Prognostisch ungünstig sind schnell folgende, sich wiederholende, Phasen, ein starkes Krankheitsgefühl und Suizidhandlungen (Faust u.a. 1995, 134). Prognostisch günstig sind psychogene Depressionen, deren Konfliktursachen (z.B. kritische Lebensereignisse) konkret festgestellt und damit psychoanalytisch oder verhaltenstherapeutisch oder in anderer Weise bearbeitet werden können.

(2) Prävention

Heuer hat schon vor einiger Zeit zusammengestellt, welche basalen Aufgaben den Eltern und Lehrern (1979, 95ff, 108ff) bei der Prävention zufallen. Zentral ist die **Erziehung zu lebensfähigen und lebensfreudigen Personen.** Kinder sollen nach ihren Vorschlägen liebevoll, aber weder überfordernd noch überbehütend erzogen werden. Dem entspricht es, dass im angloamerikanischen Bereich wohl noch deutlich häufiger als bei uns mit Lob und positiven Verstärkern gearbeitet wird. Dem Kind soll geholfen werden, sich selbst anzunehmen und Ichstärke und ein insgesamt positives Selbstbild zu entwickeln. Vorhandene Aggressionen müssen gegen die tatsächlichen Ziele (z.B. Eltern) gelenkt und in diesem Verhältnis angemessen (durch Diskussionen) ausgelebt und bewältigt werden können. Etwaig vorhandene Isolationstendenzen der Jugendlichen sind aufzubrechen.

(3) Therapien

Die entsprechende Literatur hat deutlich zugenommen (vgl. z.B. Hautzinger (2003, 47ff); Hoffmann (1976, 220ff); Davidson (1980, 146ff).

(a) Grundlegend sind Beruhigung, Unterstützung und Entlastung. Hilfreich ist insofern eine wohlwollende emotionale Zuwendung (Gesprächspsychotherapie). Problematisch sind alle Ratschläge, die auf zusätzliche Belastungen hinauslaufen, wie an den Depressiven zu appellieren, sich zusammenzureißen, ihn unvorbereitet in eine fremde Umgebung zu schicken, um ihn abzulenken, ihn zu wichtigen (überfordernden) Entscheidungen zu drängen oder ihm Schuld- und Wahngefühle (Versündigungswahn) einfach nur ausreden zu wollen.

(b) Medikamentöse Behandlung. Sie kann bei organischen und endogenen Depressionen ohne erkennbare psychische Ursache, in Akutfällen sowie zur Vorbereitung der psychologischen Therapiefähigkeit erforderlich sein und erfolgt durch Antidepressiva.

(c) Elektroschocks. Bei extremem Leidensdruck werden auch heute noch Elektroschocks verabreicht. Ihre Wirkung ist umstritten, sie sollten allenfalls als letzte einvernehmliche Möglichkeit erwogen werden. Dabei wird ein 70–120 V starker Wechselstrom für etwa ½ Sekunde etwa 10 Mal appliziert (vgl. Birbaumer & Schmidt 2010, 653). Dadurch erhofft man sich für das Gehirn eine „Neusortierung“ festgefahrener Erlebnis- und Denkstrukturen, was allerdings nicht immer gelingt; auch ist mit unerwünschten Nebenfolgen wie einer Beeinträchtigung des Gedächtnisses zu rechnen.

(d) Psychoanalytische Behandlung. Sie kann in aufdeckenden Langzeitverfahren oder in ermutigenden, ichstärkenden Kurzzeittherapien bestehen, wobei die autoaggressiven Tendenzen vom Patienten auf den Therapeuten übertragen und von ihm aufgenommen und dann verbalisiert und damit einer reinigenden Katharsis unterzogen werden (Hoffmann 1976, 222f).

(e) Noch keine größeren Erfahrungen liegen mit der von Grawe entwickelten **Neuropsychotherapie** (Grawe 2004, 144ff, 423ff) vor. Wie auch bei der Behandlung von Angst (s.o. 4.3.4) könnte der Therapeut in ausgewählten Situationen den Patienten über einen alternativen Umgang mit Depressionen instruieren und Bewältigungsansätze immer wieder bewusst (nach lernpsychologischem Muster) durch Lob und Wiederholung verstärken, so dass die alten neuronalen Erregungsmuster langsam verblassen und neue neuronale Erregungsmuster gebahnt werden.

(f) Kognitiv-verhaltenstherapeutische Ansätze. An Bedeutung deutlich zugenommen hat in letzter Zeit die kognitive Verhaltenstherapie (vgl. Hautzinger 2003, 47ff). Sie versucht, die früheren Lernprozesse zu analysieren und die vorhandenen internen Verhaltensmuster wie Einstellungen und die extern verstärkenden Faktoren zu verändern.

- Zunächst wird ausgehend vom Leidensdruck auf der Basis eines Vertrauensverhältnisses die Therapiemotivation des Depressiven gefördert.
- Dann werden kurzfristige Ziele wie die schnelle Entlastung von äußeren (familiären, beruflichen) Überforderungen angestrebt.
- Es folgen kognitive Einflussnahmen wie der Einsatz von beruhigenden Versicherungen. *B: „Sie sind kein Einzelfall. Die Problemursache ist bekannt. Die Störung kann beseitigt werden. Ich sehe schon kleine Erfolge. Es gibt neue Perspektiven.“*
- Es sollte durch eine zurückgenommene bzw. angemessene Medikamentierung ein adäquates Aktivitätsniveau hergestellt werden.
- Es können erste eigene Aktivitäten geplant werden, die dann durch eine bewusste positive Verstärkung zu neuen Erfolgserlebnissen führen.
- Gleichzeitig kann man versuchen, depressionsfördernde Einstellungen abzubauen, indem man auf Kenntnisse zur Veränderung von → Einstellungen zurück greift und insbesondere auch die verfestigten Attributionen aufbricht.
- Abschließend kann ein behutsames Training der sozialen Fertigkeiten erfolgen, wobei sicher zu stellen ist, dass die früher einmal erlernte Hilflosigkeit durch das neue Erlernen von Erfolgen abgelöst wird.
- Zur Stabilisierung des Therapieerfolges werden Krisenmanagement und Zukunftsplanung besprochen.

4.4.5 Exkurs: Suizid und Verhütung

Der stärkste Ausdruck einer Depression ist der Suizid. Die bisherigen Überlegungen gelten demgemäß grundsätzlich auch nachfolgend, sind jedoch weiter zu differenzieren (vgl. Dormann 2002).

(1) Definitionen und Erscheinungsbild

(a) Suizid, Selbstmord, Freitod. Bereits die Begriffswahl drückt die unterschiedliche gesellschaftliche Wertung aus. Selbstmord beschreibt ein klar negativ bewertetes Verhalten, dessen Disqualifikation sich aus dem Christentum ableiten lässt (vgl. Augustinus, De civitate Dei, I, 22: dort das Verbot, Hand an sich zu legen), wenngleich die Handlung rechtlich heute in Deutschland nicht strafbar ist. Der Freitod (Sartre 1947, Amery 1973) assoziiert eine idealisierende, mit der letzten Freiheit verknüpfte Wertung, die an das in der Antike vertretene Recht auf Selbsttötung anknüpft. Und der hier benutzte Begriff Suizid versucht durch die Wahl eines wissenschaftlichen Fachausdruckes eine vergleichsweise wertfreie Beschreibung.

(b) Methoden. Bei Frauen findet sich häufiger die Einnahme von Tabletten oder das Vergiften durch Einatmen von Gasen, bei Männern das Erhängen oder Erschießen. Plausibel ist, dass die zuletzt genannten „harten" Methoden häufiger zum Tode führen als die „weichen" Methoden. Beim erfolgreichen Suizid waren die Männer daher deutlich häufiger betroffen als Frauen, für den Suizidversuch wird das Verhältnis anders herum vermutet. Weitere Arten der vorsätzlichen Selbstbeschädigung unterscheidet das ICD-10 in seinem Diagnoseschlüssel in den Kategorien X60–X84.

(c) Häufigkeit. In Deutschland nahmen sich im Jahre 2007 nach Angaben des statistischen Bundesamtes 9402 Menschen selbst das Leben. Das sind umgerechnet etwa 1,1% aller Todesfälle. Damit sind die Suizidsterbefälle seit Jahrzehnten rückläufig, seit 1980 ist die entsprechende Mortalitätsrate um deutlich mehr als 50% gesunken. Hinzu kommen allerdings geschätzt etwa 200000–300000 nicht tödliche Suizidhandlungen (Wedler 1995, 397).

(d) Motivlagen. Mit zunehmendem Alter steigt die Gefahr eines tödlichen Suizids an. Bei bestimmten Berufsgruppen, so bei Ärzten und Künstlern, werden besonders hohe Suizidraten festgestellt, ebenso in Konfliktsituationen wie bei verwitweten und geschiedenen Personen, bei Süchtigen, bei beruflichen Schwierigkeiten (Bilanzsuizid), aber auch unabhängig davon eher bei Protestanten, bei Stadtbewohnern und bei Personen weißer Hautfarbe (vgl. Wedler 1995). Der kurz zuvor erfolgte und öffentlich bekannt gewordene Suizid von Vorbildpersonen oder Personen, denen man sich nahe fühlt, kann ebenfalls die Suizidwahrscheinlichkeit erhöhen (Werther-Effekt).

(2) Der Weg zum Suizid

Käsler & Nikodem (1996) nennen ihr Buch: *Bitte hört, was ich nicht sage* und beschreiben damit bildhaft den Weg zum Suizid. Vor allem im Kontext gestörter Familienverhältnisse und traumatischer Erfahrungen ist sorgsame Aufmerksamkeit geboten.

(a) Reden über Suizid. Ausgehend von einer depressiven Grundstimmung entsteht in einer Ambivalenzphase der innere Kampf um das Für und Wider eines Suizids. Das ist die Phase, in der auch über Suizidabsichten geredet wird, denn eigentlich will man ja weiterleben, der Selbsterhaltungstrieb wirkt noch.

(b) Ankündigung des Suizids. Sie ist in den meisten Fällen nicht Ausdruck einer freien Willensentscheidung, sondern Symptom einer subjektiv empfundenen Ausweglosigkeit und damit als Appell und Hilfeschrei an die Gesellschaft zu werten. Ein weiteres Motiv kann der Wunsch sein, die Angehörigen zu informieren, damit sie die Tat später nicht unvorbereitet trifft. Manchmal hat die Ankündigung auch den Zweck, Angehörige unter Druck zu setzen, um Forderungen durchzusetzen. Da ein Erkennen der wahren Ziele schwierig ist, muss wegen des drohenden Risikos jede Ankündigung ernstgenommen werden. Die Auffassung, dass derjenige, der vom Suizid spricht, ihn nicht tatsächlich begehen wird, ist falsch, denn nahezu jedem erfolgreichen Suizid gehen Ankündigungen voraus. Dem steht nicht entgegen, dass eine noch größere Anzahl von Ankündigungen keine echten Suizidhandlungen zur Folge hat.

(c) Konkrete Planung und „Ruhe vor dem Sturm“. Am Ende der Überlegungen steht der Wunsch und schließlich der konkrete Plan, Suizid zu begehen. Die Methode wird festgelegt, Abschiedsbriefe werden geschrieben und der Nachlass wird geregelt. Die dabei entstehende Ruhe vor dem Sturm wird häufig als Wende zum Guten missverstanden.

Selbstmanagement bei Suizidgedanken

Dorrmann (2002, 130) empfiehlt, mit gefährdeten Patienten einen Notfallplan zu besprechen: Wenn ich mich mit dem Gedanken trage, mir etwas anzutun, kann ich mich schützen, indem ich z. B.

- mich hinlege, entspanne, tief einatme, meine Lieblingsmusik höre,
- ein warmes Bad oder eine Dusche nehme,
- einen Spaziergang durch die Natur oder Stadt oder einen Dauerlauf mache,
- ins Kino, in die Sauna, zum Schwimmen gehe oder mir sonst was Gutes tue,
- in ein Kissen hinein schreie, laut Musik höre und mitsinge.

(4) Das Gespräch mit dem Suizidenten

Für die Helferinnen gibt es zwar keine 100% sicheren Regeln, doch gibt es typischerweise riskante und hilfreiche Vorgehensweisen. So warnt Dormann (2002, 142ff) davor, die Situation und Ängste zu bagatellisieren (alles nicht so schlimm), sich in Klischees zu verlieren (Kopf hoch), Handlungen herauszufordern (sie trauen sich ja doch nicht) oder Terminabsagen zu vernachlässigen, und empfiehlt, sich stets auf die Lebenswelt des Betroffenen einzustellen (vgl. auch Dickhaut 1995; vgl. Trum 1987, 13ff).

Notfallgespräch mit einer akut suizidgefährdeten Person

(a) Vorbereitungsphase
- Kommen Sie selbst innerlich zur Ruhe! Nicht vorwurfsvolles Verhalten ist gefragt, nicht die Suche nach Sündenböcken, sondern ehrliche Ansprache der Situation und konstruktive Hilfe bei der Problemlösung.
- Rechnen Sie mit unberechtigter Aggression und eigener Angst und eigenen Schuldgefühlen.
- Versuchen Sie, vorab möglichst viele Informationen über den Suizidenten zu erhalten (Alter, Geschlecht, Name, Verwandte, Alkohol oder Drogenkonsum, Geisteszustand)!
- Treffen Sie möglichst Sicherheitsvorkehrungen für sich selbst und den Suizidenten und veranlassen Sie vorsorglich Unterstützung durch Feuerwehr, Polizeipsychologen, Notarzt, ortskundige Personen, Hausmeister.

(b) Kontaktphase
- Erscheinen Sie nicht in einer Form, die Angst macht oder überrascht, also nicht unvermittelt oder plötzlich oder in Uniform.
- Versuchen Sie möglichst direkten Kontakt aufzubauen, also mündlich oder mit Funkgerät oder Telefon, nicht aber über Megaphon (unsichere Hörbarkeit, unerwünschte Beteiligung der Zuschauer).
- Stellen Sie den Kontakt mit offenen W-Fragen her (Wer-Wie-Wo-Was-Warum? „Wie sind Sie denn da hoch gekommen?“ Oder: „Wie kann ich Ihnen helfen?“)
- Bemühen Sie sich um Vertrauen und enttäuschen Sie es möglichst nicht!

(c) Problemerarbeitungsphase
- Entschärfen Sie die Dramatik und Anspannung durch kleine Alltagsgesten wie Angebote, eine Zigarette zu rauchen, etwas zu trinken.
- Regen Sie den Suizidenten durch einfühlendes Verständnis zum Reden an und hören Sie geduldig zu, denn solange der Suizident redet, sind Suizidhandlungen unwahrscheinlich, therapeutische Effekte durch das Reden aber wahrscheinlich, und Sie erhalten wichtige Informationen über Hintergründe.

(d) Ambivalenzphase
- Knüpfen Sie an alle Gedanken an, die ein Weiterleben lohnend erscheinen lassen, und verstärken Sie diese (Gespräch mit der Freundin vorschlagen, die ihn angeblich verlassen hat).
- Beteiligen Sie, vor allem wenn Sie allein nicht weiterkommen, weitere Personen (Frau, Anwalt, Richter), vorausgesetzt, der Suizident wünscht dies und diese Personen sind

damit einverstanden, allerdings nur, wenn diese Personen auch in der Lage sind, sich wohlwollend und vorwurfsfrei zu beteiligen (vorher kurz prüfen!).

(e) Sofortiger Zugriff?

- Ein sofortiger (körperlicher) Zugriff birgt immer ein kaum abschätzbares Eskalationsrisiko, so dass im Zweifel ein Gespräch vorzuziehen ist.
- Ausnahmsweise kann ein sofortiger Zugriff geboten sein, wenn der Suizident so erschöpft ist, dass er sofort Hilfe braucht oder der Suizident geistig so verwirrt ist, dass er gar nicht ansprechbar ist.

(f) Fixierungsphase

- Ist der Suizident an einer Zukunft im Leben interessiert, helfen Sie ihm bei den Schritten dazu:
- Besprechen Sie die Möglichkeit eines diskreten Rückzugs (unter Polizeischutz und unerkannt).
- Besprechen Sie die Möglichkeit einer ärztlichen Behandlung, soweit vertretbar auch außerhalb der Psychiatrie.
- Besprechen Sie die Möglichkeit einer Nachbetreuung, soweit möglich kurzfristig auch durch Sie selbst, sonst durch Fachleute.

(g) (Therapeutische) Nachbereitungsphase

- Dazu gehören medikamentöse Maßnahmen aus der Hand des fachkundigen Arztes sowie die einfühlende Kontaktaufnahme und eine allgemeine Ichstärkung (Ich akzeptiere Dich, so wie Du bist!).
- Die Gelegenheit, sich auszusprechen, öffnet und entlastet und fördert die Wiederherstellung sozialer Beziehungen (zunächst zu Ärzten, Personal, Freunden).
- Dann muss die soziale Situation (Arbeit, Wohnung, Freunde) und insbesondere die psychologische Situation (z. B. durch nichtdirektives Einzelgespräch und Gruppentherapie) analysiert und (wie oben bei der Depression beschrieben) therapiert werden.
- Am Ende stehen der Rückzug aus der Rolle des Therapeuten und die Ablösung.

(5) Das Recht auf Selbsttötung und die Pflicht zum Einschreiten

Sartre (1947), Amery (1976) und andere haben die Entscheidung für den Freitod als allerletzten **Ausdruck des Menschseins und der Menschenwürde** beschrieben und der Gesellschaft die Berechtigung zur Suizidverhütung abgesprochen. Demgemäß ist nach dem **deutschen Strafrecht der Suizid nicht strafbar**; das gilt folglich auch für die Beihilfe zum eigenverantwortlichen und eigenhändigen Suizid.

Nicht so einfach zu beantworten ist die Frage, ob ein absehbarer **Suizid von Dritten verhindert werden darf oder sogar muss**, dabei können heikle juristische Probleme entstehen. Denn für den einfachen Beobachter, der die Hintergründe ja nicht kennt, kann ein Nichtstun eine Unterlassene Hilfeleistung nach § 323c StGB bedeuten. Für Sozialarbeiterinnen, Lehrerinnen und Polizeibeamtinnen kann es sich bei entsprechender Garantenstellung (als Betreuer, Erzieher, Pfleger usw.) um je nach Sachlage strafbare oder straflose Beihilfe zur Tötung durch Unterlassen handeln, § 212, 13, 27 StGB. Andererseits kann ein Eingreifen möglicherweise auch eine Nötigung des Suizidenten, § 240 StGB, bedeuten. Nach der Rechtsprechung ist das Geschehenlassen dann strafbar, wenn der Suizident nicht frei verantwortlich ist bzw. bei freiverantwortlichem Suizid seine Handlungsunfähigkeit eingetreten ist (BGH 13, 166; vgl. aber auch die Entwicklung, die dem Selbsttötungsentschluss eine größere Bedeutung zumisst, NJW 1988, 1532). Das bedeutet andererseits, dass es Ausnahmesituationen, so bei unheilbarer Krankheit oder in auswegloser Situation (wie beim Bilanzsuizid) geben kann, in denen ein aus lange erwogenen persönlichen Gründen begangener freiverantwortlicher Suizid auch den Respekt vor der in Art. 1 grundgesetzlich geschützten Würde des anderen verlangen kann. Ob eine solche Situation vorliegt, können aber regelmäßig nur längere Zeit mit dem Suizidenten vertraute Personen beurteilen, so dass es für Polizeibeamtinnen, Sozialarbeiterinnen, Anwältinnen, Richterinnen oder Vollzugsbedienstete im Zweifel bei einer Eingriffsverpflichtung bleiben muss, da eine Einschränkung der Freiverantwortlichkeit (durch körperliche oder psychische Erkrankung, katastrophale familiäre oder berufliche Bedingungen, ungünstige Lernprozesse) nicht ausgeschlossen werden kann.

4.5 Aggression und Gewalt

Kaum ein Verhalten hat das Zusammenleben der Menschen in der Vergangenheit so geprägt wie die sich in kriegerischen Auseinandersetzungen, strukturellen Benachteiligungen, Streitigkeiten von Gruppen oder im Handeln einzelner Personen zeigende Aggression und Gewalt. Während sich der Begriff Gewalt im Recht durchgesetzt hat, ist der Begriff Aggression in der Psychologie üblicher.

4.5.1 Definition und Erscheinungsbild

(1) Beschreibungsmerkmale

Psychologische Sicht. Wie auch die Definitionen der Unterkommission Psychologie der Ende der 80er Jahre eingesetzten Gewaltkommission zeigen (vgl. Schwind u.a. 1990, 8ff, 10), wird der Begriff Aggression i.d.R. als der weitergehende sozialwissenschaftliche Begriff verstanden, und zwar als ein Verhalten, bei dem ein gerichtetes Austeilen schädigender Reize erfolgt. Aggressionen können dabei positiv (gebilligt) oder negativ (missbilligt), körperlicher oder verbaler Art oder auch nur phantasiert sein. Sie können instrumentell (als Mittel zur Zielerreichung eingesetzt), feindselig (auf Schmerz und Schaden gerichtet) oder expressiv (als Ärger oder Wutausbruch) sein und spontan, auf Befehl oder wie nicht selten als Endphase eines sich eskalierenden interaktiven Prozesses entstehen.

Was bedeutet Aggression?

Unter Aggression kann ein gerichtetes oder absichtliches Verhalten zusammengefasst werden, das anderen unangenehm ist bzw. sie schädigt. Konkret geht es um die Anwendung psychischen Drucks, die Anwendung physischen Zwangs, entstandene Verletzungen, die Häufigkeit der Handlungen, aber auch um die Interaktion mit dem Opfer im situativen und sozialen Kontext. Die Zuschreibung der Gewaltursache hängt dabei vom Bezugssystem des Beurteilers sowie von situativen Umständen und Kriterien der moralischen Angemessenheit ab.

Rechtliche Sicht. Der im Recht üblichere Begriff Gewalt kann bei (allerdings uneinheitlicher) Rechtsprechung verstanden werden **als ausgeübte oder glaubwürdig angedrohte physische Aggression, die gezielt und mit relativer Macht gegen den Willen und die Bedürfnisse eines anderen geschieht.** Gewalt geht damit regelmäßig mit strafbaren Handlungen einher, aber sie kann auch rechtmäßig sein (Staatsgewalt, Widerstand).

Das Recht hat sich traditionell vor allem mit der **individuellen** Gewalt einzelner Personen (z.B. bei Körperverletzungs- oder Tötungsdelikten) und mit der Gewalt von Kleingruppen (z.B. Terrorismus) befasst. Geht man von der Normeinteilung im Strafgesetzbuch aus, so fallen unter Gewaltkriminalität insbesondere die Straftatbestände Mord, Totschlag, Tötung auf Verlangen, Kindstötung, Vergewaltigung, Raub, räuberische Erpressung, räuberischer Angriff auf Kraftfahrer, Körperverletzung mit Todesfolge, gefährliche und schwere Körperverletzung, Vergiftung, erpresserischer Menschenraub, Geiselnahme und Angriff auf den Luftverkehr. Im konkreten Verständnis ist der Gewaltbegriff allerdings immer wieder im Wandel begriffen, wie u.a. die Rechtsprechung zur Sitzblockade oder die neue Kriminalisierung des Nachstellen (Stalking) in § 238 StGB zeigen (vgl. Fischer 2011, Kommentar zu § 240 StGB Randnummern 10ff).

Der von Johann Galtung (1975) entwickelte Begriff **der strukturellen** Gewalt, der alle Vorgänge beinhaltet, bei denen Menschen so beeinflusst werden, dass ihre tatsächlichen somatischen oder mentalen Selbstrealisierungen unter dem Niveau ihrer Realisierungsmöglichkeiten bleiben, hat allerdings den Blick geweitet. So hat sich in den letzten Jahrzehnten mit neuen sozialrechtlichen Gesetzen (z.B. SGB VIII) auch die rechtliche Verantwortung für strukturell benachteiligte Gruppen verstärkt.

Mit den Prozessen gegen Kriegsverbrecher in Den Haag (vgl. die Resolution 827 des Sicherheitsrates der Vereinten Nationen vom 25. Mai 1993) hat sich die (internationale) Justiz schließlich auch zu ihrer gesamtgesellschaftlichen Verantwortung bekannt.

(2) Erscheinungsbild

Geht man von der **engeren Gewaltdefinition** der Polizeilichen Kriminalstatistik (insbesondere ohne die leichten Körperverletzungen) aus, so lässt sich bei einer leicht fallenden Tendenz eine **Stabilisierung auf hohem Niveau** bei ca. 200000 Delikten/Jahr feststellen. Hinzu kommen noch etwa 330000 Fälle der vorsätzlichen leichten Körperverletzung; unberücksichtigt bleiben dabei die fahrlässigen Körperverletzungen insbesondere im Straßenverkehr (vgl. die PKS für das Jahr 2010, BKA 2011, 8). Dieser Zahl kommt allerdings angesichts eines großen Dunkelfeldes (dieses ist deliktspezifisch, so sehr gering bei Mord, aber höher bei Körperverletzungen) und der bekannten Selektionsmechanismen bei Polizei und Justiz nur begrenzte Aussagekraft zu. Das **Opferrisiko** wird besonders durch die Täter-Opfer Beziehung (Beziehungsdelikte) beeinflusst. Die Opfer sind bei Körperverletzungen überwiegend männlich und heranwachsend, bei Sexualdelikten sind naturgemäß Kinder und Frauen stark repräsentiert. Bei den Tatverdächtigen ist die Situation ähnlich, etwa 80% sind männlich, vor allem Jugendliche, Heranwachsende und Jungerwachsene sind beteiligt.

4.5.2 Entwicklung von Aggression

Für den Umgang mit potentiell gewaltgeneigten Personen und für Prognoseentscheidungen kommt es auf die Beurteilung des Risikos drohender Gewalttätigkeit an. Dazu lassen sich Anhaltspunkte aus den nachfolgend zusammengestellten klinischen Erfahrungen entnehmen (vgl. dazu auch Steinert 1995, 490f).

Indizien mittelfristig drohender Gewalttätigkeit (Wochen):

- aggressive Handlungen in der Vorgeschichte, die der jetzt aktualisierten Konfliktsituation ähneln,
- Suchtmittelmissbrauch in der Vorgeschichte und nicht bewältigte Entzugssituation,
- organische und neurologische Schädigungen,
- gewalttätige Phantasien wie anhaltende Hassgefühle und feindselige Grundeinstellungen; fundamentalistische Grundhaltungen,
- pathologische Bedrohungsgefühle, Projektionen und Unfähigkeit, Schuldgefühle zu empfinden,
- fehlende Akzeptanz von Zuwendung und Therapie, keine tragfähig stützenden Bezugspersonen.

Indizien kurzfristig drohender Gewalttätigkeit (Minuten bis Stunden):

- feindselige Grundstimmung mit deutlicher Tönung von Angst oder Ärger *(B: „Die wollen mich hier fertigmachen, aber das lass' ich mir nicht gefallen!");*
- Zeichen psychomotorischer Erregung oder Anspannung und innerer Unruhe *(B: Der Körper ist angespannt, das Verhalten aufdringlich.);*
- Zeichen eingeschränkter Selbstkontrolle, verbunden mit ambivalentem Verhalten *(B: Es werden Zeichen von körperlicher Macht und Ohnmacht gesendet.);*
- verbale Gewaltandrohung, gewalttätige Gestik, Sachbeschädigungen *(B: „Also gleich passiert hier was!");*
- fehlendes Ansprechen auf Kontaktangebote *(B: „Halten Sie den Mund! Sie können mir viel erzählen!");*
- fehlende Rückzugsmöglichkeiten im Falle der Zuspitzung *(B: „Ich blamiere mich, wenn ich jetzt aufhöre, da muss ich jetzt durch!").*

Indizien für eine mögliche schwerwiegende Gewalttat im Affekt:

- selbstunsichere, verletzliche, introvertierte Persönlichkeit, die ihre Gefühle nur schwer zeigen und „rauslassen" kann;
- verklammerte Täter-Opfer Beziehung, in der beide aufeinander angewiesen sind und sich (irgendwie) mögen, aber auch einander ablehnen und sogar hassen;
- zunehmende Einengung der seelischen Abläufe und des Wahrnehmungsfeldes, so dass bei dem Täter eine dem präsuizidalen Syndrom ähnliche Affektbereitschaft entsteht (s. o. 4.4.5), in der andere Lösungen nicht mehr gesehen werden und nur noch eine Verhaltensalternative möglich erscheint.

Insbesondere: School Shootings und Amok:

Besonders bedrohlich sind School Shootings von enttäuschten Schülern und fanatische Amokläufe, mit denen fundamentalistische oder im Selbstwertgefühl gestörte Täter in die Öffentlichkeit kommen und sich, wie auch immer, unsterblich machen wollen. Meist werden diese Gewalttaten ausdrücklich angekündigt, insofern wird es immer wichtiger, derartige Ankündigungen, insbesondere auch im Internet, ernsthaft zu prüfen.

Der Begriff Amok stammt aus dem Malaiischen und bezeichnet dort ein selbstloses kriegerisches Verhalten. Im neueren Sprachgebrauch steht Amok für schwere menschenverachtende Gewalttaten mit teils gezielten, teils aber auch mehr oder weniger wahllosen Tötungsversuchen. Über Amokstraftaten wird seit etwa 1980 verstärkt medial berichtet, man rechnet für Deutschland mit etwa 1 bis 2 Taten/Jahr (bisher vor allem mit familiärem oder schulischem Bezug), besonders erschütternd war ein Amoklauf im Sommer des Jahres 2011, als ein norwegischer Rechtsradikaler mehr als 50 Kinder in einem sozialdemokratischen Feriencamp erschoss. Die Hintergründe für derartiges Verhalten können unterschiedlich sein, Amokläufer können agieren als Psychopathen (ich bin das Gesetz), als Schizophrene (das bin nicht ich), als Traumatisierte (ich will Rache) oder als politische Fanatiker (vgl. Langman 2009; vgl. Hermanutz 2001, 11ff; vgl. Hoffmann 2003). Es sind meist männliche Einzeltäter, viele haben medial verrohende Gewaltdarstellungen gesehen und verinnerlicht und haben über Eltern oder Vereine Zugang zu Waffen. Für viele treffen auch die oben beschriebenen Indizien zu, unmittelbare Auslöser der Tat sind persönliche Kränkungen oder subjektiv erlebte Bedrohungen, von der Tat wird eine gigantische Selbstwerterhöhung erwartet.

4.5.3 Ursachen von Aggression

(1) Biologische Ansätze

Aggression hat nach dem jetzigen Wissensstand keine *unmittelbare* erbliche Komponente. In der Literatur gibt es gelegentlich Vermutungen über eine besondere Aggressivität bei Männern mit einem überzähligen Y-Chromosom, dem sog. XYY-Typ (vgl. Voigt & Fehm 1990, 191f). Diese Fälle sind aber so selten, dass sie keine hinreichende Erklärung für aggressives Verhalten darstellen.

Allerdings sind inzwischen (auch genetisch mit bestimmte) **neurologische Prozesse** entdeckt worden, die Einfluss auf aggressives Verhalten zeigen (Birbaumer & Schmidt 2010, 739ff; Lück, Strüber & Roth 2005). Diese können neurobiologisch auf Unterschieden oder Störungen im präfrontalen Cortex und der Amygdala beruhen. Neurochemisch spielt offenbar ein **verringertes zentrales Serotoninniveau** eine wichtige Rolle. Untersuchungen zeigten, dass psychosoziale Einflüsse den Serotoninspiegel (und damit die Gewaltbereitschaft) beeinflussen, denn junge rangniedrige Primaten zeigten zunächst ein niedriges (aggressionsförderndes) Niveau, das aber nach ihrem sozialen Aufstieg zunahm (und zu größerer Gelassenheit führte), was psychologisch als Folge ihres gestiegenen Selbstwertgefühls gedeutet werden kann (Daly & Wilson 1988).

Die aus der polizeilichen Kriminalstatistik ablesbare deutlich **höhere Aggressivität der Männer im Vergleich zu Frauen** (über die Jahre hinweg in einem Verhältnis von etwa 8:2) ist inzwischen durch zahlreiche Untersuchungen bestätigt worden (vgl. Lück, Strüber & Roth 2005 m.w.N.). Die **Impulskontrolle** ist nach Studien schon in früher Kindheit bei Mädchen stärker ausgeprägt als bei Jungen. Wichtig dürfte auch der bei Männern **höhere Androgenspiegel** sein; die männlichen Sexualhormone wirken wie ein Schwellenregulator, und dürften vor allem in Zeiten der Pubertät zu einer Senkung der Schwelle für aggressives Verhalten führen. Weitere Studien weisen darauf hin, dass Mädchen demgegenüber häufiger als Jungen **indirekte Aggressionen** zeigen (schlecht über andere reden, Intrigen spinnen). Daraus wird abgeleitet, dass die Geschlechter sich nicht im Ausmaß, sondern nur in der Form der Aggression unterscheiden (a.a.O., 124). **Alkohol und Drogen (Benzodiazepine)** scheinen durch ihre Rezeptorbindung das Aggressivitätsrisiko zu erhöhen.

(2) Die trieborientierten Ansätze

Hier sind vor allem Sigmund Freud und Konrad Lorenz zu nennen. Freud erweiterte unter dem Eindruck des Ersten Weltkrieges das von ihm als Antriebsquelle des Menschen postulierte Lustprinzip um den Todestrieb (Freud 1920, GW 1987, 1 ff). Lorenz kam nach Untersuchungen mit Tieren aufgrund verhaltensbiologischer Überlegungen zu der These, dass es so etwas wie einen angeborenen Aggressionstrieb gebe, gegen dessen Entstehung man machtlos sei, so dass es nur darum gehen könne, die Aggression in angemessener Form, z. B. durch Sport, abzubauen oder über einen geeigneten Beruf zu sublimieren (Lorenz 1963).

(3) Die lernpsychologischen Ansätze

Die unterschiedlichen Formen und Ausprägungen aggressiven Verhaltens legen es allerdings nahe, dass die bekannten lernpsychologischen Prozesse besonders wichtig sind. Aggressive Bezugspersonen führen zum Lernen am (schlechten) Vorbild. Belobigte oder zumindest nicht sanktionierte Aggressionen führen zu deren Verstärkung und können ebenfalls zur Erklärung von Gewalt, insbesondere der instrumentellen Gewalt, herangezogen werden. *B: Der Sohn sieht, wie der Vater die Mutter schlägt (Beobachtungslernen, da der Vater ein nahes und attraktives Vorbild ist). Der Sohn versucht sich irgendwann selbst mit Schlägen und stellt fest, dass Gewalttaten bei Gleichaltrigen Achtung einbringen (Verstärkung). Später benutzt der Jugendliche Gewalt auch in anderen Formen und in anderen Lebenslagen (der Lernprozess wird generalisiert). So wird gelernt, dass es sich nicht lohnt, friedfertig zu sein und mit anderen zu reden, schließlich wird das ganze Leben nur noch in Gewaltakten gelebt.*

(4) Frustrations-Aggressions-Hypothese

Der von Dollard (1939) formulierte Zusammenhang zwischen einer Frustration von Bedürfnissen und aggressivem Verhalten eignet sich vor allem zur Erklärung von expressiver und feindseliger Aggression. Er lässt sich lernpsychologisch als „Verstärkerverlust" verstehen, ist allerdings wenig spezifisch, denn dieselbe Frustration kann entsprechend dem Ausmaß der Erregung und den Lernprozessen zu sehr unterschiedlichen Reaktionen führen. Während der eine seine Wut als Regisseur in einem gewaltstrotzenden Theaterstück ablässt, setzt der andere sich ans Steuer seines Porsche und rast über die Autobahn und nur der Dritte, der eine gesellschaftlich anerkannte Aggressionsbewältigung nicht gelernt hat, schlägt die nächstbeste Person zusammen. *B: Ein Kind erleidet eine Frustration durch ein väterliches Verbot, durch eine Beleidigung oder durch einen schulischen Misserfolg. Soweit es nicht gelernt hat, mit Frustrationen konstruktiv umzugehen, empfin-*

det es nun Wut, Ärger und Zorn. Dadurch entsteht die Bereitschaft zu einer feindseligen Haltung und das Bedürfnis, sich zu rächen. Dieses Bedürfnis wird durch eine aggressive Handlung in Form einer Zerstörung des Spielzeugs anderer Kinder ausgelebt (Projektion der Gewalt auf Schwächere).

(5) Sozialpsychologische Ansätze

Diese Ansätze sehen in interaktiven Prozessen in gestörten Familien, in schulischen Defiziten und in negativen Einflüssen von Freizeitcliquen die wesentlichen Ursachen für Gewalt. Für Gewalt gelten danach u.a. folgende Erklärungsmodelle:

- fehlende Bindungen, die zu egoistischen und oberflächlichen Beziehungen führen, so dass die eigenen Bedürfnisse bedenkenlos durchgesetzt werden;
- patriarchale Machtstrukturen, die den Wunsch nach Kontrolle hervorrufen und auch vor machtvoller Durchsetzung der Interessen zurückschrecken;
- fehlende Erziehung, die eine erlernte Hilflosigkeit bei Konflikten nach sich zieht und zu gewalttätigen Kompensationen führen kann;
- schulische oder familiäre Überforderung, die zu Frustration und damit zu Aggression führt;
- Anerkennung von Gewalt durch Gleichaltrige und in Cliquen, was gewaltverstärkend wirkt.

(6) Soziologisch orientierte Ansätze

Aus soziologischer Sicht sind die gesellschaftlichen Stressfaktoren wie soziale Ungleichheit, ökonomische Armut, entfremdende Lebensbedingungen sowie die gesellschaftliche Akzeptanz von Gewaltanwendung (Medien, Militär, Politik) wesentliche Ursachen. Dazu gehören:

- Arbeitslosigkeit und Wohnungsverlust bzw. aggressionsfördernde zu enge Räumlichkeiten und zu wenig anregende Wohnbedingungen, was über Frustration zu Aggression führen kann;
- strukturelle (gesellschaftliche) Vernachlässigung der Familie, Wegfall der familien- und kinderstützenden staatlichen Maßnahmen, weswegen Kinder sich allein gelassen fühlen und in gewalttätige Cliquen geraten;
- speziell in den neuen Bundesländern der immer noch betrauerte Verlust von staatlicher Sicherheit, persönliche Perspektivlosigkeit und kompensierender Alkoholkonsum;
- Kampf als extreme Ausprägung des Leistungsgedankens, wobei Gewalt als Medium eingesetzt wird, um den gesellschaftlichen Anforderungen gerecht zu werden;
- fehlende soziale Kontrolle, so dass die Generalprävention nicht greift und die individuelle → Moral ins Wanken gerät;

- eine immer stärkere Rolle der Medien, was auch Risiken für die Sozialisation bedeutet.

(7) Staatliche Reaktion und Gewalt

Auch staatliche Reaktionen beeinflussen das Gewaltverhalten. Staatliche Gewalt kann immer auch Gegengewalt provozieren, Sanktionen ohne Augenmaß führen zu Abwehr und Wut. Schon der Sanktionierungsprozess (Polizei, ggf. Jugendgerichtshilfe, Staatsanwaltschaft, Gericht, Strafvollzug, Bewährungshelfer) beinhaltet eine Reihe von Untersuchungsschritten, die ihrerseits als **Selektions- und Etikettierungsmechanismen** zu einer Self-Fulfilling-Prophecy führen und gewaltfördernde Wirkungen haben können. Auf letzteres hat vor allem die kritische Kriminologie hingewiesen, die aus einer konfliktorientierten, marxistischen und sozialistischen Grundperspektive heraus Kriminalität nicht als das zu isolierende Böse in einer an sich guten Gesellschaft versteht, sondern als Folge von Struktur- und Sanktionierungsentscheidungen des sozialen Systems (vgl. Sack 1993, 332ff., 336).

(8) Gewalt als interaktiver Eskalationsprozess

Die beschriebenen Ansätze haben ihre Stärken als Fokussierungen auf einzelne Aspekte der Gewalt. Psychologie sollte aber immer auch die ganzheitliche Problemsicht und das rückkoppelnde Bedingungsgefüge beachten.

So richtig es sein dürfte, dass es ein entwicklungsgeschichtlich begründbares und biologisch messbares menschliches Energie-, Überlebens- und Reaktionspotential gibt, welches beim Einzelnen unterschiedlich ausgeprägt sein kann, so richtig ist aber auch, dass sich dieses Potential nur abhängig von Lernerfahrungen und Umweltbedingungen mehr oder weniger entfaltet. Die manchen Orts zu hörende Verkürzung der Gewaltursachen auf biologische und trieborientierte Ansätze ist jedenfalls gefährlich, weil sie ähnlich den Vererbungstheorien rassische und geschlechtsbezogene Vorurteile fördert und über eine Einschätzung von Gewalttätigkeiten als zwangsläufige und nicht zu verantwortende Entwicklung auch einem Beeinflussungspessimismus das Wort redet.

Gewalt ergründet sich am ehesten, wenn man sie als **interaktiven Eskalationsprozess** versteht, der sich – bei aller individuellen Verantwortung – auch aus den gesellschaftlichen Bedingungen, der persönlichen Lebensgeschichte und dem besonderen Aufforderungscharakter der Situation ergibt. Daher sind hier nachfolgend besonders häufige und riskante Konstellationen beschrieben, die auf dem Hintergrund der obigen Theorien das allgemeine Gewaltrisiko in konkretes Verhalten umschlagen lassen (vgl. dazu Northoff, 1997, 6.1.2.2.2, dort mit zahlreichen weiteren Quellennachweisen).

Erhöhtes Täterrisiko:

- Kinder und Jugendliche, deren Gewalttaten mit der pubertären Suche nach Normgrenzen und mit gruppendynamischen Prozessen zusammenhängen;
- Gelegenheitstäter mit niedriger Frustrationstoleranz, deren Gewalttaten sich mehr oder minder oder aus situativen Umständen (z. B. an „Hot Spots") ergeben;
- die rational handelnden Täter, die Gewalt als Mittel zum Zweck, wie sie bei Erpressungen und beim Raub angewandt wird, nutzen;
- die mehr oder weniger aus Lust agierenden Gewalttäter, die aus Freude am Prügeln oder auch (unbewussten) sexuellen Motiven Gewalt anwenden;
- die Lebensstil-Täter, bei denen sich soziale Benachteiligungen, schulische, familiäre und berufliche Probleme mit einem fehlenden Normgefüge verbinden und zu Mehrfachtaten führen.

Erhöhtes Situationsrisiko:

- Situationen, die durch einen großen Tatanreiz, z. B. durch sozialen Druck, dazu drängen, Gewalt einzusetzen;
- Situationen, die durch fehlende Aufsicht und durch einen Rückzug von Jugendschutzorganisationen und Polizei gekennzeichnet sind;
- Situationen, die wie geduldete Erpressungen oder Bedrohungen („Abziehen") von Jugendlichen durch eine fehlende Sanktionierung gekennzeichnet sind;
- Situationen, in denen Entfremdung (wie in unwirtlichen Hochhäusern oder manchen Zügen) dazu führt, dass kein Kontakt zwischen den Nachbarn oder dem Nächsten entsteht, so dass bei Gewalt niemand eingreift.

Erhöhtes Opferrisikio:

- wohlhabende Opfer: die gesellschaftlich erfolgreichen, häufig einer höheren Schicht angehörigen Personen, die Opfer von Erpressungen und Raub werden;
- Milieuopfer: die sich an Hot Spots bewegenden, häufig jungen und männlichen Personen, die in diesem Milieu der Gleichaltrigen Opfer von Gewalttaten werden;
- vulnerable Opfer: die körperlich und psychisch vulnerablen, häufig weiblichen, sehr jungen oder sehr alten Personen, die Opfer von Sexualdelikten oder Raubüberfällen oder (bei älteren Menschen) Misshandlungen werden;
- Beziehungsopfer: die Personen aus dem Verwandten-, Bekannten- oder Freundeskreis, die in Auseinandersetzungen Opfer eines Beziehungskonflikts werden.

4.5.4 Medien und Gewalt

Es spricht vieles dafür, dass zumindest **ein Teil der feststellbaren Gewaltbereitschaft von Kindern und Jugendlichen auch auf den Einfluss der Medien** (Filme, Internet, Fernsehen, andere Medien) zurückzuführen ist. Zwar neigen alle Beteiligten zu einfachen Zuschreibungsprozessen. So ist in Stellungnahmen der Fernsehanstalten immer wieder zu lesen und zu hören, dass das Fernsehen keine Auswirkungen auf die Gewaltbereitschaft habe, Gewalt jedenfalls nicht fördere. Gleiches wird von den Betreibern für das Internet behauptet. Die Eltern tun sich leicht damit, ihr erzieherisches

Versagen dem Fernsehen zuzuschieben (vgl. zur Diskussion auch Theunert 1992).

Die psychologische Analyse zeigt indes die **Interaktion von persönlichen Merkmalen, erzieherischem Verhalten und Medieneinflüssen** (vgl. Theunert 2000). Schon im Konsumverhalten gibt es Geschlechterunterschiede; während Mädchen im Fernsehen lieber Soap-Serien sehen und das Internet vor allem als Chatroom für soziale Kontakte und als Wissensbasis (Wikipedia) benutzen, scheinen sich Jungen im Fernsehen eher für Action-, Mystery- oder Krimiserien und im Internet insbesondere auch für die Unterhaltungsfunktion (Spiele, Filme, Musik) zu interessieren (vgl. im einzelnen Shellstudie 2010, Albert u.a. 2010, 101ff). Was das Alter betrifft, so scheinen die Jüngsten bei der Comic-Gewalt die Folgenlosigkeit zu erkennen und das witzig zu finden. Junge Erwachsene scheinen in denselben Medienangeboten wesentlich weniger Gewalt zu sehen als Ältere, und Frauen scheinen die Mediengewalt als gewalthaltiger einzuschätzen als Männer (Früh 1995, 172ff, 178). Besonders gefährlich ist die Zeit der Pubertät, in der Jugendliche aus gesunden Familienverhältnissen mediale Gewalt subtil wahrnehmen und eher negativ bewerten, während Jugendliche mit problematischem Lebenshintergrund die **mediale Gewalt als realen Teil ihres Lebens aufnehmen**. Insofern lassen sich eher die Gewalt fördernde und eher die Gewalt schwächende Interaktionen unterscheiden.

Interaktiv sich entfaltende gewaltfördernde Medieneinflüsse

- Gewaltgeneigte Sozialisation: Eine hohe individuelle Aktivierungsbereitschaft, familiäre oder schulische Gewalterfahrungen und nicht zuletzt eigene Frustrationserlebnisse sind nicht selten der Nährboden für durch Filme veranlasste Gewalttätigkeiten. *B: Kinder mit eigenen Gewalterfahrungen erleben auch Gewalt in den Medien als lebensnah und sind – insbesondere bei frustrierenden Lebensbedingungen – eher zur Nachahmung von in den Medien wahrgenommener Gewalt bereit.*
- Gewöhnung an Gewalt: Gewalt darstellende Filme sind als solche ebenfalls ein wesentlicher Faktor der gewaltgeprägten Sozialisation. Gewalt, insbesondere auch das Töten von anderen Menschen, wird als häufige und damit normalisiert-verharmloste Form der Konfliktlösung angesehen. Dadurch kann ein Gewöhnungsprozess eintreten, der allgemein die Schwelle zur Gewaltbereitschaft senkt, das Ausprobieren von Gewalt erscheint nicht mehr tabuisiert, sondern üblich und normal. *B: Zitat eines kindlichen Gewalttäters: „Ich wollte nur mal sehen, wie das so ist, wenn das Blut spritzt."*
- Lernen durch Nachahmung: Maßgeblich ist, ob die im Medium angebotene Identifikationsfigur vom Alter und vom Lebensstil „passt" oder aber zumindest vom Wunschbild her als attraktiv und erfolgreich eingeschätzt wird. Die von der Identifikationsfigur angewandte Gewalt wirkt daher vor allem dann modellhaft, wenn die geschilderte Situation übertragbar ist, wenn also der Zuschauer ähnliche Probleme hat und über ähnliche Lösungsmittel verfügt und wenn ähnliche Opfer erreichbar sind. *B: Der pubertierende, bisher in der Liebe wenig erfolgreiche, Jugendliche, sieht im Fernsehen*

den erfolgreichen jugendlichen Frauenheld, der sich pausenlos mit seinen Rivalen prügelt und deswegen bei seinen Freunden hoch angesehen ist.

- Lernen durch Verstärkung: War die Gewaltanwendung im Film erfolgreich, kann dies als positiver Verstärker gewaltfördernd wirken, auch wenn die Gewalt nicht von einer Identifikationsfigur, sondern von jemand anderem angewandt worden ist. War die Gewaltanwendung nicht erfolgreich und erscheint sie als unfair, kann dies, weil nicht belohnt, gewaltmindernd wirken. Werden die negativen Konsequenzen der Gewalt wie die Verletzungen und Schmerzen des Opfers gezeigt, können sie – bei einer Darstellung in mitfühlend menschlicher Weise – Entsetzen oder Bedauern auslösen, aber auch – wenn sie in voyeuristisch genießender Weise gezeigt werden – bei entsprechend geneigten Zuschauern einen sadistischen Lustgewinn auslösen, wobei möglicherweise auch geschlechtsspezifische Unterschiede wirksam sind.
- Filme und Isolation: Vor allem in Familien, in denen jedes Mitglied über einen eigenen Fernseher verfügt, kann längerer (individualisierter) Filmkonsum Isolation und damit Beziehungsstörungen nach sich ziehen. Abendessen werden allein eingenommen oder verlegt, Gespräche abgewürgt, auf Spiele wird verzichtet, nur um Fernsehsendungen zu sehen. Geschieht dies häufiger oder wird das „Gemeinschaftsdefizit" nicht zu anderen Zeiten kompensiert, leidet das gesamte Beziehungssystem.
- Filme und Wirklichkeit: Stundenlanger, isolierter und intensiver Fernsehkonsum kann zu einer zunehmenden Abtrennung des Zuschauers vom wirklichen Leben führen, so dass die Grenzen zwischen Realität und Phantasie langsam verwischen.

Wirksame Gegenfaktoren

Trotz der geschilderten Prinzipien ist aber immer wieder feststellbar, dass bei weitem nicht alle Kinder und Jugendlichen auf Fernsehsendungen und Filme oder Videos mit erhöhter Gewaltbereitschaft reagieren. Dann sind andere Faktoren für die betreffende Person noch wichtiger.

- Die Förderung der Medienkompetenz: Neuere Ansätze schlagen schon für das Vorschulalter eine Einflussnahme auf die sozialkognitive Entwicklung und eine gezielte (lernpsychologische) Förderung der Medienkompetenz vor, die Themen wie allgemeine Medienkunde, verantwortliche Mediennutzung, kreative Mediengestaltung und Medienkritik umfassen könnte (vgl. Theunert 2007, 122ff) und einen kritischen Umgang mit Medien ermöglicht.
- Die Verdeutlichung der filmischen Scheinwelt: Personen, die die filmische Scheinwelt und die Realität klar trennen können, sind für Gewaltdarbietungen in Filmen kaum anfällig. Hier setzen auch die Programme ein, die sich mit dem Thema „Fernsehen lernen" auseinandersetzen. Schminken als ausdrücklicher Akt der Distanzierung, Rollenspiele und Diskussionen können dazu beitragen, dass Gewalt im Fernsehen oder im Internet als „Show" bzw. als „Inszenierung" erkennbar wird, so dass eine Übertragung des Gesehenen nicht unbewusst, sondern nur nach kritischer (kognitiver) Prüfung erfolgt.
- Die kathartische Wirkung der Gewalt in Filmen: Bereits die alten Römer wussten, dass Brot und Spiele das Volk beruhigen. Denn die im Film dramaturgisch inszenierte Aktivierungs- und Gefühlsverstärkung mit anschließendem in der Gewalthandlung erfolgendem Abbau der Energie findet bei manchen Menschen auch innerpsychisch

oder durch Übersprunghandlungen statt: sie reagieren sich mit der Identifikationsfigur ab, die Grundenergie wird durch den finalen Akt des Fernsehens abgebaut. *B: Ein Jugendlicher leidet und freut sich mit dem karatekämpfenden Held, und als dieser schließlich gleich mehrere Gegner mit Handkantenschlägen überwältigt, ermuntert er ihn mit Worten („Ja, gib's ihm!") und Taten (indem er mit der Handkante die Sofalehne traktiert), um dann, nachdem der Held gesiegt hat, erschöpft ins Sofa zurückzufallen.* Aus lernpsychologischer Sicht wird dieser Effekt allerdings bezweifelt (vgl. Aronson, Wilson & Akert 2008, 405 ff), denn bei einem solchen Miterleben des Kampfes bestehe auch die Gefahr, dass ein unerwünschter Lernprozess (aggressives Verhalten) am Modell gelernt werde. Diese Überlegungen vernachlässigen allerdings, dass damit auch eine Gleichgewichtsfunktion erfüllt wird; denn indem „Druck" abgelassen wird, kann emotional ein größerer Ausgleich erreicht werden (vgl. dazu auch oben 4.2.1).

- Die versachlichende Wirkung von Gesprächen über den Film: Kommt es nicht zu einer der beschriebenen Entladungen, kann es helfen, wenn der Zuschauer nicht in seiner Gefühlswelt gefangen und isoliert bleibt. Problem- und gewaltbelastete Filme sollten daher zum Gegenstand einer nachfolgenden Diskussion (z.B. zwischen dem Kind und seinen Eltern) gemacht werden, so dass verbal Energie abgebaut und die Situation versachlicht werden kann.

4.5.5 Prävention, Deeskalation, Therapie

Die Verhinderung von Gewalt gehört zu den grundlegendsten, anspruchsvollsten und umfassendsten Aufgaben der kriminalpräventiven Arbeit (vgl. die zahlreichen Vorschläge in Northoff, 1997, 6.1.2.3; zur Brauchbarkeit der Ansätze in der DDR vgl. Northoff 1995, 129 ff).

(1) Gesellschaftliches Klima der Gewaltlosigkeit

Grundlegend scheint zunächst ein gesellschaftliches Klima der Gewaltlosigkeit, dazu sind gerade in den letzten Jahren eine Reihe von strukturellen Veränderungen eingeleitet worden (vgl. Northoff, 1997, a.a.O.):

- § 1631 BGB verbietet Eltern und Erziehern Gewalt in der Erziehung,
- manche Kindergärten trainieren den gewaltlosen Umgang (vgl. Bannenberg & Rössner 2006),
- einige Schulen richten sich nach dem komplexen Interventionsprogramm von Dan Olweus aus,
- die Kinder- und Jugendhilfe hat Hunderte von Projekten gestartet und setzt Hilfen nach dem SGB VIII um,
- Elterntrainings problematisieren elterliches Gewaltverhalten und üben Alternativverhalten,
- Beratungs- und Interventionsstellen für Häusliche Gewalt bieten Rückzugsräume und Hilfe an.

(2) Drei Grundpfeiler erfolgreicher Prävention

Darüber hinaus dürften bei konkreten Gewalttaten drei Ansätze zentral sein:

- **Lebensweltorientierung.** Jede Gemeinde, die an Gewaltprävention interessiert ist, muss die in ihrem Bereich erkennbaren Orte und Motive der Gewalt identifizieren, benötigt eine Analyse der Defizite des Sozialraumes, eine Ermittlung der jugendlichen Bedürfnisse und eine Erhebung des vorhandenen präventiv wirkenden Bestandes. Daneben sollte insbesondere auch eine Analyse des Medienkonsums einbezogen werden, da die Lebenswelt der Jugendlichen durch Email und Internet deutlich erweitert worden ist.
- **Kommunales Netzwerk.** Dann sollte ein kommunales Netzwerk, u. a. mit Behördenmitgliedern, Lehrern, Polizeibeamten, Sozialarbeitern, Gewaltberatern, Therapeuten entstehen, welches von Koordinatoren strukturiert und informiert werden sollte. Es dient u. a. dazu, aktuelle Aufgaben- und Arbeitsschwerpunkte zu identifizieren und das häufig notwendige kombinierte Vorgehen von staatlicher Kontrolle bzw. Intervention und gleichzeitigen Hilfsangeboten zu koordinieren.
- **Multiplikatoren und individuelle Hilfe.** Gewaltprävention mit Breitenwirkung sollte dabei in besonderem Maße auf den Multiplikatoreneinsatz bauen. Als Multiplikatoren kommen Lehrer, Schüler, Sozialarbeiter oder z. B. auch Medien in Betracht. Vor allem bei potentiellen Vielfachtätern bedarf es aber auch der individuellen Hilfe und Intervention, was meist das Engagement von sozialpädagogisch ausgebildeten Gewaltberatern und psychologisch ausgebildeten Therapeuten erforderlich machen wird.

(3) Primäre (soziale) Prävention

Die primäre Prävention packt die Gewalt an den sozialen und persönlichen Defiziten.

- Ichstärke und Selbstverantwortlichkeit fördern. Der Abbau von Minderwertigkeitsgefühlen einerseits, Empowerment und Stärkung der Selbstverantwortlichkeit andererseits dienen der Gewaltvermeidung. Dazu gehören Gespräche, Rollenspiele und Therapien, die nicht (jedenfalls nicht nur) durch Kritik niedermachen, sondern mit Verständnis und Respekt auf ein ‚gesundes' Selbstbild hinarbeiten und auf die Übernahme von Verantwortung zielen.
- Gemeinschaftsfähigkeit fördern. Um der (u. a. durch passiven Medienkonsum geförderten) Isolation vieler junger Menschen entgegenzuwirken, ist, vor allem, wenn in Stadtvierteln zahlreiche Menschen aus anderen Kulturen wohnen, die Stärkung der Gemeinschaftsfähigkeit eine wichtige Aufgabe. Dazu können gemeinsame Schulfeste,

Ausflüge oder Ferienlager, Stadtteilfeiern oder multikulturelle Veranstaltungen durchgeführt werden.

- Konfliktbearbeitungsfähigkeit fördern. Vor allem die auf einer niedrigen Frustrationstoleranz oder Beziehungskonflikten beruhenden Gewalttaten können durch eine Verbesserung der Konfliktbearbeitungsfähigkeit bekämpft werden. So kann man z.B. das Konzept der Mediation auch auf Schülerkonflikte anwenden. Mediation versucht eine zukunftsgerichtete Konfliktbearbeitung, nicht nur rational auf der Sachebene, sondern auch emotional auf der Beziehungsebene (vgl. Northoff 1996; vgl. Northoff, Methodisches Arbeiten & therapeutisches Intervenieren 2012).
- Gewaltfreie Kommunikation (GFK). Die GFK hat in letzter Zeit erheblich an Bedeutung gewonnen. Sie basiert auf der von Rogers entwickelten klientenzentrierten Gesprächstherapie und wurde von Marshall B. Rosenberg (2007) als eine wertschätzende Grundhaltung entwickelt (teilweise wird sie auch als „Giraffensprache" bezeichnet). Sie will auf moralisierende Urteile und Forderungen verzichten und schlägt stattdessen 4 Schritte vor: (1) Die *Beobachtung* und möglichst wertfreie Beschreibung einer konkreten Handlung, (2) Die Kundgabe eines *Gefühls*, welches mit der Beobachtung in Verbindung steht („Ich bin sauer!"), (3) das hinter dem Gefühl liegende *Bedürfnis* wird formuliert („Ich möchte gerne …") und (4) es wird die *Bitte* um eine konkrete Handlung bzw. der *Wunsch* einer perspektivischen Veränderung formuliert, wobei dem Gesprächspartner möglichst eine Auswahl möglich sein sollte. Die GFK kann gerade in Pubertätssituationen eine gute Hilfe sein, eignet sich aber nicht bei allen Menschen.
- Verbesserte Sozialstruktur. Mischungen der Bevölkerungsstruktur können soziale Brennpunkte verhindern, kommunale Einrichtungen wie Kindergärten, attraktive Jugendzentren, Abenteuerspielplätze oder Erlebniszonen können Kindern und Jugendlichen angemessene Entfaltungsmöglichkeiten eröffnen, längeres gemeinsames Lernen übt soziale Kontakte. Ein besseres Arbeitsplatzangebot und Mindestlöhne für Geringverdiener, eine verbesserte staatliche Unterstützung der Familien durch Erziehungsberatungsstellen, Elterntraining, Familientherapie, Tagesmütter, Kindergärten, Erziehungsgeld, steuerliche Vergünstigungen und insbesondere Maßnahmen zur Verhinderung von Kinderarmut (vgl. oben 1.2) können zur Stressentlastung und damit zur Vermeidung von Aggression beitragen.
- Nach dem psychoanalytischen Katharsisansatz (s.o. 4.5.4 (2)) macht es auch Sinn, die (Trieb-) Energie hoch aktiver und aggressiver junger Menschen durch Sport abzureagieren. Eine Mitgliedschaft in einem Verein verlangt Anpassung, insbesondere wird Aggression bei sportlichen Wettkämpfen in gesellschaftlich zulässiger Weise kanalisiert und damit sublimiert.
- Konfrontative Pädagogik. In Fällen fehlender Einsicht kann auch eine konfrontative Pädagogik geboten sein (vgl. dazu das Konzept von Giesekus, Schmid & Fix 2010, 76ff). Die Autoren betonen die individuelle Verantwortlichkeit und bauen auf wertschätzende Konfrontation, auf *Verstehen ohne einverstanden zu sein*. Sie benennen kritisches Verhalten, teilen dann ihren Ärger darüber mit, äußern ihre Bedürfnisse und Wünsche und *wiederholen diese notfalls geduldig und beharrlich wie eine kaputte Schallplatte*; auf diese Weise gelinge es fast immer Jugendliche zu Verhaltensänderungen zu veranlassen.

(4) Sekundäre (situativ intervenierende) Prävention

Sekundäre Prävention bewältigt gewaltgeneigte Situationen.

- Gewaltfreiheit lässt sich organisieren. Dies belegen erfolgreiche Vereine, funktionierende Fanclubs, attraktive Freizeitangebote, manche Foren in den Medien, Stadtteilfeste und vergleichbare Maßnahmen, die so organisiert sind, dass Ärger und Wut abgebaut bzw. in legaler Weise kanalisiert werden.
- Aufsicht und Aufmerksamkeit stärken. Ein gutes Beispiel situationsausgerichteter Präventionsarbeit ist die durch unauffällige und freundliche Aufsicht und durch spannende Freizeitangebote geprägte Struktur von manchen Ferienzentren (wie Disney World). Auch gibt es in allen Bundesländern typische Brennpunkte, an denen Kontrollverhalten Sinn macht wie die Hot Spots in der Nähe von Wohnsilos oder vereinsamte Stadtzentren, Pausenhöfe, Schulen, Sportstadien oder kulturelle Massenveranstaltungen wie Konzerte, bei denen typischerweise mit Gewalt zu rechnen ist. Aufsicht und Aufmerksamkeit ist auch für die Medien geboten, für Gewaltszenen auf Handys, bei Gewaltspielen auf Computern, bei Rückzug einzelner in die Scheinwelt der Computer und bei Ankündigungen von Gewaltausbrüchen (wie School Shootings).
- Zivilcourage stärken. Auch die soziale Verantwortung eines jeden Bürgers (auch der gleichaltrigen Freunde) bei konkret drohender sozialer Gewalt sollte aufgezeigt und gefördert werden, z. B. in Fernsehspots.
- Gewaltgeneigte Situationen deeskalieren. Insbesondere diejenigen, die erzieherisch tätig sind, sollten über Grundwissen zur Deeskalation verfügen. Ein wichtiger Ansatz besteht darin, durch *ein frühzeitiges und mit klaren Anweisungen verbundenes Eingreifen beim Tipping Point* (in welchem die Situation zu kippen droht) die Handlungsinitiative zu ergreifen. Doch gibt es vorher, nachher und daneben bei aller Unterschiedlichkeit von Menschen und Situationen einzelne Schritte, die, flexibel angewandt, das Vorgehen regelmäßig erleichtern und Gewaltausbrüche unwahrscheinlicher machen.

(5) Tertiäre (therapeutische und nachsorgende) Prävention

Dabei geht es darum, eine festgestellte Gewaltneigung zu bearbeiten bzw. zu therapieren.

- Beratungsstellen und Selbsthilfegruppen wie „Männer gegen Männergewalt". Nahezu alle Städte bzw. Regionen bieten inzwischen auch spezielle Gewaltberatungsstellen an, die sich meist am Anfang der *Gelben Seiten* der Telefonbücher finden lassen. Daneben kann sich Gruppenarbeit, insbesondere in Selbsthilfegruppen, anbieten; dort arbeiten meist selbst Betroffene mit anderen Betroffenen nach dem Vorbild der Anonymen Alkoholiker zusammen, üben in Kleingruppen Selbstkritik, diskutieren Rückfälle und erfahren durch die Gemeinschaft Stärke im Kampf gegen Gewalt.
- Soziales Training mit gewaltauffälligen Jugendlichen. Angesichts der Erkenntnis, dass Gewalthandlungen häufig mit Persönlichkeitsdefiziten und untolerierbaren Verhaltensformen zusammenhängen, kann sich auch ein Soziales Training empfehlen. Diese Ansätze sollten auf Freiwilligkeit basieren, können aber auch vom Gericht (‚im Einverständnis') oder im Strafvollzug dringend empfohlen worden sein. Sie finden in

Kleingruppen über mehrere Wochen bzw. Monate statt und nutzen sozialtherapeutische und weitere Konzepte; dabei geht es um eine rationale und emotionale Auseinandersetzung, das Erkennen von psychischen Grundkonflikten und das Einüben alternativer Verhaltensweisen (vgl. Northoff Methodisches Arbeiten & therapeutisches Intervenieren 2012).

- Opferhilfe. Nicht täterbezogen, aber durchaus tertiärpräventiv ist auch die Hilfe für die Opfer von Gewalttaten, die einerseits ökonomischer Art (wie die Aktivitäten des „Weißen Rings"), anderseits therapeutisch, unterstützender Art ist (vgl. z. B. die inzwischen zahlreichen Opferberatungsstellen). Hierher gehört auch die Einrichtung von Frauenhäusern, Kinderschutzzentren oder anderen geschützten Orten, an denen die Opfer von Gewalttaten betreut werden können. In diesen Einrichtungen können die Opfer eine erste Zuflucht in akuten Gefahrensituationen, Unterkunft und Verpflegung sowie ein umfassendes Beratungs- und Dienstleistungsangebot erhalten.

(6) Exkurs: Gewaltfreie Interaktion und Deeskalation

Techniken der Deeskalation

- Orientieren und Abwägen: Warnsignale, die Sie stutzig machen sollten, sind Trotz oder grundlose Unnachgiebigkeit, entschiedene Ablehnung oder harter Widerstand, grundlose Auflehnung oder handgreiflicher Protest. Unterscheiden Sie bei (nicht eindeutig böswilligen) Aggressionen solche des täglichen Lebens (die weder von Gewicht sind noch prinzipielle Bedeutung haben) von gewichtigen Aggressionen (die durch besondere Schwere oder Häufigkeit gekennzeichnet sind). Bei Aggressionen des täglichen Lebens (‚Unfreundlichkeiten') kann es sich empfehlen, diese nicht zu beachten und sie als Zeichen der Hilflosigkeit des Bürgers zu tolerieren.
- Trennen und Schützen: Droht unmittelbar nicht unerhebliche Gefahr, so können – ohne Zuwarten – sofortige Notwehr und Nothilfe geboten sein, um eindeutig unberechtigte Gewalt zu beenden und Gerechtigkeit herzustellen (z. B. bei rechtsradikalen Übergriffen). Ist in einer Situation von Affekt, Hass oder Berechnung ein Eingreifen geboten, sollten Sie versuchen, durch situative Maßnahmen (räumliche Trennung streitender Gruppen, sonstige Schutzmaßnahmen) potentielle Opfer zu schützen oder zumindest Hilfe zu holen.
- Zuhören und Annähern: Ist die Situation versachlicht, seien Sie ein geduldiger und interessierter Zuhörer. Denn einfühlendes Verstehen vermindert Aggression. Vielleicht hat Ihr Gegenüber nur einfach das Bedürfnis, einmal Luft abzulassen. Bleiben Sie gelassen und sachlich und lassen Sie sich nicht provozieren. Zuhören bedeutet Information und Sympathiegewinn. Allgemeine vertrauensbildende Maßnahmen und das gemeinsame Festlegen von Regeln schaffen Berechenbarkeit. Versuchen Sie, z. B. durch Rollentausch die Standpunkte anzunähern und den potentiellen Gewalttäter mit besseren Argumenten zu überzeugen; das klärt das Problem und zeigt, inwieweit der Täter zugänglich oder auch nicht ansprechbar ist.
- Sich Beraten und Delegieren: Haben Sie etwas Zeit, ziehen Sie Kollegen, Schulsozialarbeiter, Psychologen oder andere Spezialisten zu Hilfe. Verweisen sie in geeigneten Fällen auf gewaltfreie Konfliktlösungsalternativen (wie Schiedsstelle, Schülerrat, Mediationsverfahren oder den Rechtsweg) und geben Sie Hinweise auf Frauenhäuser, Männerberatungsstellen oder Kindertelefone.

- Klar und präzise entscheiden: Es gibt Fälle, in denen aggressive Verhaltensweisen so verhärtet oder die situativen Bedingungen so ungünstig sind, dass eine friedliche Beilegung nicht möglich ist. Dann bleibt nur die Wahl zwischen Repression (Entscheidung mittels eigener oder staatlicher Machtmittel) oder Rückzug und Vertagung (z. B. wenn der Sachverhalt nach wie vor unklar geblieben ist).

4.6 Sexuelle Devianz

Kaum ein Bereich bewegt die Gesellschaft, die Massenmedien und die Beteiligten immer wieder so wie die sexuelle Devianz, vor allem wenn sie sich in Straftaten wie Vergewaltigung bzw. sexueller Nötigung oder sexuellem Missbrauch von Kindern äußert, und damit nicht nur die Jugendämter, Gesundheitsämter und Schulen, sondern auch die Polizeidienststellen, Strafgerichte und Familiengerichte beschäftigt.

4.6.1 Theorie und Überblick

Mit der Aufklärung im 18. Jahrhundert sind Liebe, Leidenschaft und Lust als Themen von Moral, Philosophie und Kunst durch den verwissenschaftlichenden Begriff der Sexualität ergänzt worden.

(1) Sexualwissenschaft

Die verschiedenen Ansätze der Sexualwissenschaft entsprechen der Bandbreite eines ganzheitlichen Ansatzes (Görgens 1992, 285; vgl. Bange & Körner 2002):

Biologisch-neurologische Sicht. Der biologische Ansatz untersucht zunächst die körperlich-hormonellen Zusammenhänge und die Unterschiede zwischen den Geschlechtern. Sexuelle Abweichungen werden auf der Grundlage der biologischen Prozesse durch Neurologen, Gynäkologen oder Andrologen beschrieben und im psychosozialen Kontext durch Psychiater mit Krankheitsbegriffen belegt.

Psychoanalytische Sicht. Freud sieht den Sexualtrieb als das Zentrum der psychischen Entwicklung an (abweichend einige Neoanalytiker). Sein Verdienst ist es, die Bedeutung der Sexualität öffentlich gemacht zu haben und Sexualität als natürliches menschliches Verhalten eingeordnet zu haben. Störungen sind danach Symptome eines inneren Konfliktes, wobei die Symptome zur Abwehr von inneren Ängsten und Spannungen dienen und daher eine Stabilisierungsfunktion für die Persönlichkeit haben und ähnlich den → Neurosen zu behandeln sind (Freud 1916–1917, GW 1986, 331 ff).

Behavioristisch-lernpsychologische Sicht. Sie fasst die Sexualität als Verhalten auf, welches durch eine Kopplung von sexueller Erregung und ungewöhnlichen Begleitumständen gelernt worden ist, welches beobachtet und beschrieben werden kann, wobei die statistische Realität zählt.

Systemische Sicht. Sie versteht die Sexualität als Zusammenspiel von Persönlichkeit und Lebenswelt, die sich wechselseitig beeinflussen.

Soziologischer Ansatz. Er sieht die Sexualität im Kontext makrostruktureller gesellschaftlicher Entwicklungen und diskutiert dabei vor allem das Spannungsfeld zwischen der Befreiung aus den gesellschaftlichen Zwängen und der Angst vor dem Zerfall der Sitten.

(2) Sexualstraftaten

Sexualität als intime Ausprägung von Nähe und Freiheit wird erst dann von gesellschaftlichem Interesse, wenn im sozialen Kontext Störungen auftreten. Das Strafrecht normiert diese Störungen im Abschnitt zu den Straftaten gegen die sexuelle Selbstbestimmung in den §§ 174–184g StGB. Diese Vorschriften sind auch angesichts inzwischen vielfältiger Änderungen nicht wirklich schlüssig aufgebaut, folgen aber gewissen Strukturentscheidungen:

- Sie beharren auf festen Schutzgrenzen (Verbot sexueller Handlungen mit Kindern unter 14 Jahren, Einschränkungen unter 16 und unter 18 Jahren), obwohl diese Schutzgrenzen bei früher sexueller Reife und beiderseitigem Einvernehmen nicht unproblematisch sind.
- Sie wollen sexuelle Erfahrungen von in etwa gleichaltrigen Jugendlichen ermöglichen, so dass ein Altersunterschied bis zu drei oder auch fünf Jahren jedenfalls bei jungen Tätern keine erheblichen strafrechtlichen Konsequenzen hat; sie bleiben unter 14 straflos und werden bis 18 wie Jugendliche behandelt.
- Sie versuchen Jungen und Mädchen gleich zu behandeln; dies ist durch die im Jahre 1994 erfolgte Abschaffung des alten § 175 StGB (Homosexuelle Handlungen) und die geschlechtsneutrale Neufassung der Vorschriften auch weitgehend gelungen.
- Sie beziehen die Opferperspektive mit ein und stellen z.B. in den §§ 174ff Übergriffe auf Schutzbefohlene (Gefangene, Betreute usw.) unter Strafe.
- Sie versuchen den „Tabubereich“ Familie mit einzubeziehen (vgl. die Neufassung des § 177 StGB), Vergewaltigung ist auch innerhalb der Ehe strafbar.
- Sie stellen die finanzielle Ausbeutung der Sexualität unter Strafe (§ 181a Zuhälterei).
- Sie tolerieren Pornographie unter Erwachsenen, wollen aber junge Menschen davor schützen und enthalten strenge Vorschriften für die Verbreitung von Kinderpornographie.

(3) Übergreifende Täterstrukturen

Sexuelle Experimente und phantasievolle Ungewöhnlichkeiten sind häufig, führen aber meist nicht zu Kriminalität. Es gibt allerdings bestimmte psychosoziale Konstellationen, die eine Sexualstraftat wahrscheinlicher werden lassen (vgl. Baljer 1995, 816; Müller-Küppers 1991, 74; Volk 1991, 97 ff).

Pubertäre Entwicklungskrise bei angepassten Persönlichkeitsstrukturen. Bis dahin ungestörte, im Übrigen angepasste Jugendliche können in der Pubertät in eine Entwicklungskrise geraten und mit einem überstarken oder devianten Sexualtrieb konfrontiert werden, so dass sich die Triebspannung in Übersprungshandlungen ausdrückt.
Neurotische Persönlichkeitsstrukturen. Kontaktschwache, gehemmte, selbstunsichere Menschen voller innerer Konflikte können – bei Gefühls- und Bindungsarmut, die nicht selten aus gestörten Mutter-Sohn Beziehungen herrühren – ihre Ängste aus früheren Entwicklungsstufen nun in Sexualdelikten symbolisch ausleben und kompensieren.
Dissoziale Persönlichkeitsstrukturen. Sie sind Zeichen einer vielschichtigen Kriminalität, die auf Formen sozialer Benachteiligung (Broken-Home Verhältnisse, gestörte Bindungen, Alkoholismus) zurückzuführen ist, und bei denen sich in momentaner, häufig durch Alkohol enthemmter Gestimmtheit auch aggressive Impulse zeigen.
Hormonlage als Risikofaktor. Ob neben den genannten psychosozialen Faktoren auch die prä- oder postnatale Androgenproduktion (männliches Sexualhormon) einen Risikofaktor darstellt, ist nicht ganz klar, eine gewisse genetische Disposition wird aber angenommen (vgl. Birbaumer & Schmidt 2010, 680).

4.6.2 Ausgewählte Sexualdelikte

Bei den einzelnen Sexualdelikten ist auch nach den besonderen Umständen zu unterscheiden.

4.6.2.1 Tötungsdelikte mit sexuellem Kontext

Das gravierendste Delikt, welches unsere Rechtsordnung kennt, ist die Tötung eines anderen Menschen, insbesondere als Mord (vgl. dazu Marneros 2000, mit seiner psychiatrisch „erklärenden Erzählung" vom Sexualmörder).

(1) Definition und Deliktstruktur. Nach § 211 Abs. 2 StGB ist Mörder u. a. derjenige, der zur Befriedigung des Geschlechtstriebs einen Menschen tötet. Allerdings kann auch der Mord aus Mordlust oder sonst aus niedrigen Beweggründen oder aber um eine andere Straftat zu ermöglichen oder zu verdecken, mit sexuellen Auffälligkeiten in Verbindung stehen. Vor allem in der psychologischen Literatur wird daher zunehmend der (im Übrigen auch wertneutralere) Begriff des Sexualmordes benutzt. Unter Sexualmord i. w. S. wird dabei jede Tötung verstanden, die mit sexuellen Praktiken verbunden ist. Etwa 5% der Tötungsdelikte dürften Sexualmorde sein (vgl. Degen 1992, 264ff; auch zu den nachfolgenden Analysen). Vereinfacht lassen sich (vgl. Degen, aber auch Marneros, 2000, mit seiner eher unsystematischen Darstellung) drei Arten unterscheiden:

- der Lustmord, der zur Befriedigung der Geschlechtslust durch das Töten selbst führt, wobei das Quälen und Verstümmeln an die Stelle der Vereinigung tritt,
- der Sexualmord i. e. S., bei dem das Töten dazu dient, um – über den Beischlaf hinaus – den Widerstand des Opfers zu brechen, und
- der Deckungsmord, bei dem es um die Beseitigung der Spuren der Notzucht geht und um die Verringerung der Aufklärungswahrscheinlichkeit.

(2) Verlauf des sog. Lustmordes. Anders als beim Sexualmord i.e.S., bei dem die → Aggression im Vordergrund steht und anders als beim Deckungsmord, der durch → Angst geprägt ist, steht beim Lustmord die Befriedigung selbst im Zentrum. Täter und Opfer kennen sich meist nicht länger. In der Phase vor ihrem Verbrechen machen die Täter häufig veränderte Bewusstseinszustände durch, in denen die Wahrnehmung explosionsartig gesteigert und das Zeitgefühl eingefroren ist. Mit raffinierter Logistik werden Opfer ausgesucht. Zumindest ein Teil der Täter reagiert auf sog. Schlüsselreize, wie gleiche Hautfarbe oder langes dunkles Haar. Instrument der Tötung sind aus der Nähe tötende Instrumente wie Messer oder Strümpfe, die das pervertierte Gefühl einer persönlichen Beziehung vermitteln. Der Augenblick des Sterbens verschafft ihnen ein explosionsartiges Hochgefühl, danach sacken sie in eine emotionale Leere zurück. Sexualmörder sind auffallend häufig Serienmörder.

(3) Ursachen des sog. Lustmordes. Das dem Gesetz offenbar zugrundeliegende biologistische Triebmodell („zur Befriedigung des Geschlechtstriebs") ist aus psychologischer Sicht überholt, weil es die psychosozialen Zusammenhänge vernachlässigt. Sexualmörder werden als Täter beschrieben:

- mit durchschnittlicher Intelligenz, aber gesellschaftlich nicht sehr erfolgreich,
- aus zerrütteten Familien, in ihrer Kindheit selbst schweren körperlichen, seelischen und sexuellen Misshandlungen ausgesetzt,
- mit gestörter Persönlichkeit, die weder Schuld noch Reue empfinden, die weder Einfühlungsvermögen noch Sorge um andere kennen, die bereits in der Kindheit Freude an Tierquälerei u. ä. hatten,
- denen es bei der Tat um die symbolische Vernichtung der eigenen gehassten Persönlichkeit oder auch der Eltern oder auch einer anderen Person, die ihnen vermeintlich Unrecht getan hat, geht,

- bei denen psychiatrische Auffälligkeiten (Schizophrenie) oder physiologische Störungen aber nur selten sind.

(4) Der chiffrierte Matrizid. Einen psychoanalytisch erklärbaren Sonderfall beschreibt Weber (1993, 33ff), der 20 Sexualdelikte mit aggressivem Charakter, bei denen der Täter eine bedeutend ältere Frau angegriffen hatte, untersuchte. Dabei bestätigte sich seine Hypothese, dass Sexualdelikte, die sich durch eine ungewöhnliche Altersdifferenz auszeichnen, mittels einer Analyse der Mutter-Kind Beziehung besser verstanden werden können, da es sich dabei häufig um einen chiffrierten Matrizid, also eine eigentlich gegen die Mutter gerichtete Tat handele. Weber weist weiter darauf hin, dass die in der Literatur für derartige Fälle genannten Merkmale (u.a. extreme Mutterbindung, feindselige Gefühle gegenüber dem Mutterimago, allgemeiner Frauenhass und emotionale Verwirrung, die auf schwere Schuldgefühle zurückgeht) in weiteren Untersuchungen bestätigt wurden.

4.6.2.2 Sexuelle Nötigung, Vergewaltigung

Die durch Gewalt, Drohung oder Ausnutzung erfolgende sexuelle Nötigung und der erschwerende Sonderfall des Eindringens in den Körper (Vergewaltigung) sind seit einigen Jahren in den neu formulierten §§ 177, 178 StGB geregelt. Sie stellen die aggressiv durchgesetzte Sexualität gegen den Willen einer Beteiligten unter hohe Strafandrohungen (je nach Schwere zwischen 6 Monaten und 5 Jahren Mindeststrafe) und können sich z.B. auch als aufgezwungene eheliche Gewalt, als sexuelle Anmache am Arbeitsplatz oder als ausnutzender Sextourismus zeigen.

(1) Häufigkeiten. Im Jahre 2010 wurden nach der polizeilichen Kriminalstatistik (Bundeskriminalamt 2011) bald 14000 Fälle der sexuellen Nötigung und Vergewaltigung (§§ 177, 178 StGB) polizeilich erfasst. Es gibt wie stets bei dieser Statistik aber eine doppelte Fehlermöglichkeit, zum einen führen nicht alle dieser Verfahren zu einer Verurteilung, zum anderen zeigen bei weitem nicht alle Opfer derartige Straftaten an. Ältere Dunkelfeldschätzungen gehen für die Bundesrepublik Deutschland von jährlich etwa 200000 sexuellen Angriffen von Männern gegen Frauen aus (so Augstein 1992, 333). Vor allem sexuelle Nötigung kommt aber auch als Männergewalt gegenüber Männern in Betracht. Dies gilt insbesondere für den Strafvollzug, wo es immer wieder zu Ersatzhandlungen der an regelmäßige Sexualität gewöhnten Gefangenen innerhalb der subkulturellen Hierarchie kommt, wobei durch Ausübung von Druck und Gewalt oder das Versprechen von materiellen Vorteilen schwächere oder unerfahrene Mitinsassen zur Sexualität „genötigt“ werden.

(2) Verhaltensmuster bei Vergewaltigung. Wenngleich jede Vergewaltigung im konkreten Interaktionsprozess zwischen Täter und Opfer ihre eigene Dynamik entfaltet, lassen sich bezogen auf eine größere Zahl von Fällen doch gewisse Verhaltensmuster feststellen. So lassen sich u.a. folgende Persönlichkeits- und Verhaltensmuster unterscheiden (vgl. auch Steck und Pauer 1992, 187ff, die 115 Fälle nach tattypischen Merkmalen auswerteten):

- der alkoholisierte Täter, der die Tat in der Gruppe und im Freien begeht, wobei das Opfer mit ihm flüchtig bekannt ist und sich eher passiv verhält;
- der kriminell vorbelastete Täter, der unter ungünstigen Bedingungen aufgewachsen ist und das Opfer im engeren Bekanntenkreis sucht, wobei die Tatausführung mit Sadismus und Tötung einhergehen und von Drohungen und Waffenbenutzung begleitet sein kann;
- der Serientäter, der in mehr oder weniger regelmäßigen Abständen bestimmte Frauentypen nach meist ähnlichen Mustern in seine Gewalt bringt und auch vor einer Tötung nicht zurückschreckt;
- der ältere, beruflich qualifizierte Täter, der in fester Partnerschaft lebt, sich bevorzugt an Anhalterinnen im Fahrzeug vergreift und sich nach der Tat eventuell entschuldigt.

(3) Deliktstruktur der Gewalt von Männern gegenüber Frauen. Wertet man die einschlägige Literatur und verschiedene Untersuchungen aus (vgl. auch Augstein 1992, 334), so zeigt sich folgendes Bild:

- Sexuelle Gewalt gegenüber Frauen ist weniger ein Sexualdelikt als ein Gewaltdelikt mit sexuellem Charakter.
- Das Vorkommen ist nicht schichtspezifisch bedingt (wobei aber möglicherweise Männer der Unterschicht eher körperliche Gewalt anwenden und Männer der Oberschicht eher mit Drohungen arbeiten).
- Die Täter kommen zu 70% aus dem sog. sozialen Nahbereich (wobei es sich z.B. um Bekannte, Nachbarn oder Kollegen handelt).
- Es gibt Täter, die keine besonderen psychischen Auffälligkeiten zeigen, sondern sich (nach außen hin) wie ganz normale Männer verhalten.
- Männer, die vergewaltigen, verfügen über ein gut ausgebautes Verdrängungssystem, sie rationalisieren („Frauen wollen so behandelt werden!") und projizieren ihre Schuld auf die Frau („Sie hat mich ja herausgefordert!").

(4) Profiling. Zu den – auch im Rückgriff auf Überlegungen der Psychoanalyse erklärbaren – Motiven für Vergewaltigungen und sexuelle Nötigungen zählen:

- das Bestreben nach Stärke, nach Kontrolle, nach Unterwerfung, um das aus frühkindlichen Erfahrungen stammende Gefühl der eigenen Verletzbarkeit und Minderwertigkeit zu kompensieren;

- der schwelende innere Hass gegenüber Frauen, der aus einer gestörten Mutter-Sohn Beziehung mit fortdauernder Dominanz der Mutter und fehlender Ablösung von der Mutter entstehen kann, und sich dahingehend auswirkt, dass das Opfer stellvertretend für andere unerreichbare Frauen (die Mutter) gedemütigt wird;
- die anerzogene, z. B. religiös motivierte Sexualfeindschaft, bei der die Frau als gleichsam satanische Auslöserin verbotener Gelüste erscheint;
- die sadistische Befriedigung, insbesondere bei gefühlsarmen Tätern, um sich durch die Gewalt und die Erniedrigung noch stärker zu erregen.
- Tausendteufel, Bindel-Kögel & Kühnel (2006) weisen darauf hin, dass auch eine Tätersuche unter deliktunspezifischen Intensivtätern sinnvoll ist, da sich darunter ein erhöhter Anteil an späteren Vergewaltigern befindet.

Douglas und Olshaker (2000, 138 f) beschreiben ein ähnliches Profiling des FBI, welches nach Typen wie (1) der Machttyp, (2) der Wuttyp, (3) der sadistische Typ und etwas abweichend (4) der exploitive Typ, der impulsiv Gelegenheiten, die er findet, häufig auch durch List, für sich ausnutzt.
(5) Ursachen. Weitere sozialpsychologische Ursachen dürften zumeist in der → Entwicklung, → in der Erziehung und in der → Sozialisation liegen und den Erklärungsversuchen für Gewalt und → Aggression ähneln. Dazu gehören:

- die (auf sozialer Isolation und individuellem Rückzug beruhende) fehlende Beziehungsfähigkeit, die zu gestörten, egoistischen und oberflächlichen Beziehungen führen und sich auch in der von Sexualdelinquenten erzwungenen (benötigten) Nähe und Gegenseitigkeit ausdrücken kann;
- die fehlende Erziehung, die eine Verunsicherung über geltende Werte (→ Moral) und die Unfähigkeit, mit konfliktträchtigen Situationen gewaltfrei umzugehen (→ Konflikt) nach sich ziehen kann;
- eigene Gewalt- und Missbrauchserfahrungen, die zu Lern- und Akzeptanzprozessen geführt haben, so dass sich sexuelle Gewalt auch in späteren Jahren als Zeichen der lebensgeschichtlichen Authentizität darstellt.

Eine Vergewaltigung kann im Übrigen aber auch durch gesellschaftliche Zusammenhänge mit beeinflusst sein.

- Dazu gehören insbesondere Arbeitslosigkeit und Wohnungsverlust, denn Frustration führt zu Aggression,
- und die strukturelle Vernachlässigung der Familie, denn dies erhöht den Stress und kann die Isolation der Familie und der Frau in der Familie fördern, so dass die behutsame und liebevolle Annäherung durch hektisch und gewaltsam realisierte Sexualität ersetzt wird.

(6) Persönlichkeit und Rolle des Opfers. Opfer kann prinzipiell jedes Mädchen und jede Frau werden. Insofern muss man sich stets vergegenwärtigen, dass nicht etwa über vorgeschobene Schuldzuschreibungen aus dem Opfer ein Täter gemacht werden darf. Das schließt indes nicht aus, dass persönliche und rollentypische Faktoren die Vergewaltigung beeinflussen können.

- Untersuchungen zeigten, dass die Persönlichkeitsstrukturen zahlreicher Opfer Gemeinsamkeiten aufweisen, die sich am ehesten mit dem Begriff Vulnerabilität beschreiben lassen (Volk 1991, 93 ff, 103). Das typische Opfer ist ängstlich, unsicher und verletzbar, was allerdings angesichts der Bedrohung nicht überraschen kann. Psychisch starke Frauen werden offenbar seltener Vergewaltigungsopfer.
- Abwehrstrategien wie präventive Vorsicht und lautstarke Gegenwehr scheinen häufig zu wirken und im Durchschnitt ein geringeres Verletzungsrisiko als unterwürfiges Verhalten mit sich zu bringen (vgl. Breiter 1995, 142).
- Daneben scheinen sich auch sogenannte Schlüsselreize auszuwirken. Dazu gehören z. B. die Hautfarbe, die Haarfarbe oder die Figur. Das Opfer spielt insofern nur die Rolle eines Ersatzobjektes für eine Person, die vom Täter gehasst wird oder sonst nicht erreichbar ist.
- Polizeiliches Täterprofiling setzt auch hier an und versucht damit insbesondere bei Serientätern deren Verhalten besser zu verstehen und vorhersagen zu können.

(7) Das diagnostische Gespräch mit dem Opfer. Gespräche mit Frauen als Zeuginnen und Opfer brauchen ein einfühlsames und zunächst akzeptierendes Vorgehen, vorzugsweise von einer gleichgeschlechtlichen Vernehmerin.

- Denn trotz der Schwere des Delikts muss mit dem Schweigen der Opfer gerechnet werden – aus allgemeiner Scham und Angst vor dem Prozess, oder weil Personen aus dem Nahbereich betroffen sind und weil deswegen eine soziale Ächtung und Isolation befürchtet wird.
- Die von Polizeibeamten bei anderen Straftaten im Interesse einer Überprüfung der Glaubwürdigkeit häufig gestellten Provokationsfragen („Jetzt aber mal ehrlich, war das wirklich so?") führen bei Vergewaltigungsopfern schnell zu Abwehr und Enttäuschung. Ein generelles Misstrauen der Staatsanwälte und Richter dem Vergewaltigungsopfer gegenüber ist angesichts der Untersuchungen zur Häufigkeit von Falschanzeigen aber unbegründet. Falschanzeigen sind wahrscheinlich nicht häufiger als bei anderen Vergehen, was angesichts der negativen Auswirkungen und Belastungen eines Strafverfahrens auch plausibel erscheint (vgl. Abel 1988, 237 ff).

(8) Vergewaltigungsmythen. Es gibt darüber hinaus einige Fehleinschätzungen im Sinne von Vergewaltigungsmythen, die realistischen Betrachtungen nicht entsprechen. Unter Bezugnahme auf Finkelhor (1986) berichten Scholz und Greuel (1991, 117 ff) von Misstrauen besonders dann:

- wenn das Opfer nicht physisch verletzt ist,
- wenn das Opfer sich nicht gewehrt hat,
- wenn das Opfer nicht mit einer Waffe bedroht worden ist,
- wenn das Opfer alkoholisiert gewesen ist,
- wenn das Opfer die Anzeige verzögert erstattet hat.

Die Autoren weisen im Hinblick auf ihre Untersuchungen darauf hin, dass die beschriebenen Umstände für sich genommen kein ausreichender Anlass sind, Vergewaltigungsopfern nicht zu glauben. Ihre Ergebnisse erscheinen auch psychologisch plausibel, denn vulnerable (ängstliche oder alkoholisierte Opfer) können auch ohne Anwendung körperlicher Gewalt oder Benutzung einer Waffe leicht bedroht und in eine Situation subjektiver Ohnmacht hineinversetzt werden, so dass sie sich nicht wehren und (manchmal auch auf Grund von Drohungen des Täters) Angst davor haben, Anzeige zu erstatten (vgl. ausführlich und differenzierend Michaelis-Arntzen 1994). Der Vergewaltiger ist eben nicht notwendig eine abnorme Persönlichkeit, auch Situationen ohne weitere Zeugen können aufklärbar sein, der Umstand, dass Täter und Opfer sich kannten, kann nicht ohne weiteres einen Grund für einen minderschweren Fall darstellen. Denn es entspricht dem realtypischen Fall, dass die Tat sich nicht als Überfall eines Fremden darstellt, sondern aus dem sozialen Nahbereich heraus begangen wird (vgl. auch Breiter 1995).

(9) Folgen von Vergewaltigungen. Augstein (1992, 333) beschreibt wichtige Auswirkungen, die die Erfahrung der Erniedrigung und der Ohnmacht nach sich ziehen kann:

- eine Schädigung des Selbstbewusstseins, was insbesondere bei vulnerablen Personen tragisch ist, weil dadurch ihre Opfergefährdung noch zunimmt,
- Niedergeschlagenheit und Depressionen, die vor allem in sexualfeindlichen (manchmal auch streng religiösen) Umgebungen bis zum Suizid führen können,
- Störungen im Sexualleben, da jeder Geschlechtsverkehr die Erinnerung an das traumatische Erlebnis wieder aktualisiert,
- Störungen in den sozialen Beziehungen, da Misstrauen und Angst eine vertrauensvolle Nähe verhindern.

Zu den Primärfolgen, die sich aus der Tat selbst ergeben, können zusätzlich Sekundärfolgen durch die familiäre und öffentliche Erörterung treten. *B: Eine Büroangestellte, die wegen eines dringenden Auftrags länger gearbeitet und sich ein Glas Wein gegönnt hat, kommt abends in die Tiefgarage, um ihr Fahrzeug zu holen. Dabei wird sie ganz plötzlich von einem körperlich überlegenen Mann (der sich später als Geschäftskunde herausstellt) in den Schwitzkasten genommen, mit dem Erwürgen bedroht und zum Oralverkehr gezwungen. Als sie Anzeige erstattet, wird sie bohrenden Fragen nach irgendwelchen Indizien, die ihr Vorbringen bestätigen könnten, ausgesetzt. Das ihr entgegen gebrachte Misstrauen führt zu Suizidgedanken; außerdem ist es ihr unmöglich, eine sexuelle Beziehung aufzunehmen, da sie sich davor ekelt. Erst eine Therapie schafft langsam Abhilfe.*

4.6.2.3 Fetischismus, Kleptomanie, Pyromanie

Einige Verhaltensweisen haben sowohl neurotische wie auch sexuelle Komponenten.

(1) Fetischismus (ICD-10: F65.0) ist die sexuelle Befriedigung durch einen Gegenstand, ein Material oder einen Körperteil. Strafrechtliche Relevanz kann der Fetischismus erhalten vor allem durch Diebstahlshandlungen von gehemmten jungen Männern zu Beginn ihrer sexuellen Karriere, so dass beim Jugendgericht angesichts des Diebstahls von an sich für den Jungen sinnloser Objekte (BH oder Slip; nicht als Geschenk gedacht) die Frage der Einstellung auftauchen kann. Die fetischistischen Tendenzen sind bei im Übrigen normaler Sexualentwicklung zumeist passager (treten nur vorübergehend auf).

(2) Bei der Kleptomanie (ICD-10: F63.2) vermittelt das Stehlen selbst die sexuelle Erregung; das Besondere dabei ist die Anonymität und das Prickeln der potentiellen Entdeckung. Typisch ist der (neurotische) Ladendiebstahl, wobei vor allem dann, wenn die entwendeten Gegenstände für den Täter völlig sinnlos sind (s. o. Fetischismus), die Kleptomanie-Hypothese geprüft werden sollte.

(3) Bei der Pyromanie (ICD-10: F63.1) vermittelt ebenfalls die Tat selbst eine sexuelle Erregung. Außerdem kommt es sowohl durch das (geheime) Anzünden als auch durch (das in manchen Fällen nachfolgende) Melden des Feuers und nicht zuletzt durch das (besonders eifrige) Löschen zu der (vor allem von pubertierenden Jugendlichen innerlich ersehnten) Aufwertung der von Minderwertigkeitsgefühlen heimgesuchten eigenen Person. Man kann bei psychisch kranken Brandstiftern auch eine Nähe zum Suchtverhalten annehmen. Barnett und Richter (1995, 330ff) kommen bei ihrer Bundeszentralregisterauskunftskatamnese weiter zu dem Ergebnis, dass psychisch kranke Brandstifter bereits vor dem Indexdelikt häufiger einschlägig aufgefallen sind als psychisch gesunde Täter, dass sie eine höhere Rückfälligkeit zeigen, dass sie aber deutlich weniger andere (nicht einschlägige) Delikte begehen. Dies bestätigt, dass es sich bei der Brandstiftung, sofern sie nicht aus ökonomisch-rationalen Gründen begangen worden ist („warmer Abriss"), um ein spezifisches Delikt handelt, welches eng mit individuellen Entwicklungsdefiziten zusammenhängen dürfte.

4.6.2.4 Ausbeutung sexueller Bedürfnisse

Daneben gibt es eine Reihe weiterer Delikte gegen die sexuelle Selbstbestimmung, bei denen meist die finanzielle Ausbeutung sexueller Bedürfnisse und die menschliche Ausbeutung der diese Bedürfnisse befriedigenden Frauen im Vordergrund stehen (vgl. Kockott 1995, 648 f):

(1) Ausbeutung von Prostituierten und Zuhälterei (§§ 180a ff StGB). In diesem Milieu finden sich neben den zu brutaler Gewalt neigenden offen aggressiven Tätern insbesondere auch jene auffallend gut gekleideten und betrügerisch veranlagten Blendertypen mit großen Fahrzeugen, die sich bevorzugt an in familiären Konflikten oder sozial schwierigen Situationen lebende (häufig ausländische) junge Frauen wenden und diese mit harmlosen, aber gut bezahlten Tätigkeiten z.B. als Serviererin locken, sie dann durch plötzlich erstellte Rechnungen für Transportkosten oder angeblich verlorenen Schmuck oder unter Ausnutzung ihres ungesicherten Ausländerstatus in Abhängigkeit bringen und schließlich scheinbar großherzig die Möglichkeit des Abarbeitens im Bordell eröffnen. Damit die Prostituierte, der von ihrem Verdienst häufig nur 10% verbleiben, weil der Rest angeblich vom Zuhälter für Miete, Kosmetika und Verhütungsmittel benötigt wird, das Spiel nicht zu schnell durchschaut, kommt es – psychologisch gerissen – auch zu gelegentlichen persönlichen Kontakten und kleineren gemeinsamen Vergnügungen (wie ein gemeinsames Ausgehen in ein gutes Restaurant), wodurch der Anschein eines Eltern-, Familien-, Freundersatzes vorgegaukelt werden soll. Will die Prostituierte schließlich aussteigen, werden ihr alle Papiere abgenommen oder es wird ihr vom Zuhälter das verdiente Geld gestohlen, notfalls kommt es auch zu Drohungen und körperlicher Gewalt. Ist sie aus der Sicht des Zuhälters „verbraucht“ (z.B. weil die Kunden Abwechslung wünschen), wird sie an andere Zuhälter verkauft, wobei Preise von 20000 € und mehr keine Seltenheit sind. Steigt eine Prostituierte dennoch aus und offenbart sich der Polizei, ist es wichtig, eine möglichst umfassende Aussage zu erhalten und richterlich festzuhalten, da bei der nicht selten dennoch erfolgenden Rückkehr ins Milieu mit der (vom Zuhälter erpressten) Rücknahme der Aussage oder sogar mit einer Heirat des Zuhälters (um das Zeugnisverweigerungsrecht zu erhalten) gerechnet werden muss. Kommt es zu Drohungen der Zuhälter, kann zumindest in größeren Städten auf ein Zeugenschutzprogramm der Polizei zurückgegriffen werden.

(2) Unerlaubte Verbreitung von Pornographie, insbesondere Kinderpornographie (§ 184 ff StGB). Hier ist zu unterscheiden. Die Nutzung pornographischer Schriften oder Internetseiten mit erwachsenen Darstellern und durch Erwachsene ist weitgehend zulässig. Besonders polizeilich verfolgt und generell unter Strafe gestellt ist die Verbreitung, der Erwerb und der Besitz kinderpornographischer und jugendpornographischer Schriften sowie Ton und Bildträger (§§ 184b, 184c, 184d, 11 III StGB). Die Verbreitung ist auch generell verboten bei der sog. harten Pornographie, also hinsichtlich sexueller Handlungen mit Gewalt oder mit Tieren (§ 184a StGB). Für die übrige Pornographie (das genaue Zeigen der – erregten – Geschlechtsteile) gilt das Verbot insbesondere für Personen unter achtzehn Jahren (§ 184 Abs. 1 Nr.1). Die Täter können einerseits wie andere Geschäftsleute aus Profitinteresse handeln und sind dann, was Herstellung und Vertrieb betrifft, meist über Gesetzeslücken gut informiert und flexibel bei der Herstellung und im Vertrieb. Andererseits gibt es ein reges Tauschgeschäft insbesondere unter Pädophilen, welches vornehmlich der eigenen sexuellen Befriedigung dient. Literatur sowie Sendungen von Ton und Bildträgern, die Jugendliche sozialethisch desorientieren könnten, können von der Bundesprüfstelle für jugendgefährdende Schriften indiziert werden (Jugendschutzgesetz §§ 11 ff, 17 ff). Dazu zählen nach § 18 des genannten Gesetzes – angesichts psychologisch nachvollziehbarer Lernprozesse zu Recht – neben unsittlichen insbesondere verrohend wirkende, zu Gewalttätigkeit, Verbrechen oder Rassenhass anreizende sowie Metzelszenen selbstzweckhaft darstellende und Selbstjustiz verherrlichende Medien. Internetanschlüsse, freie Reisemöglichkeiten und fehlende Kontrollen im europäischen Binnenraum unterlaufen diese Vorschriften allerdings zunehmend.

(3) Ausübung der verbotenen Prostitution (§§ 184e und 184f StGB). Prostitution ist strafbar vor allem im Sperrgebiet und zur Sperrzeit. Die Ursachen für diesen ordnungsrechtlich, bei beharrlicher Zuwiderhandlung auch strafrechtlich, relevanten Verstoß, können in Unkenntnis der Rechtslage, in akuter Geldnot, aber auch darin liegen, dass die Prostituierte dem (in den für die Prostitution freigegebenen Gebieten) besonders großen Druck der Zuhälter ausweichen will. Die Sekundärdelinquenz ist vielfältig, vom rationalen Beischlafdiebstahl über Raub durch den Stricher bis zum Mord des Freiers an der Prostituierten.

4.6.2.5 Sonstige sexuelle Auffälligkeiten

(1) Exhibitionismus. Exhibitionismus (§§ 183, 183a StGB) als die sexuelle Befriedigung durch anonymes Präsentieren der Genitalien – durch Männer im jüngeren und mittleren Lebensalter – dient meist dazu, andere, vor allem Frauen zu erschrecken (Keller 1991, 31 ff; Hyndorf 1992, 57 ff). Von Exhibitionisten wird berichtet, dass sie sich zu diesem Verhalten zwanghaft gedrängt fühlen und sich dabei gelegentlich auch in einem tranceartigen Zustand befinden, wobei dieser Zustand in zahlreichen Fällen durch eine herablassend abschätzige Bemerkung seitens der Frau schlagartig aufgelöst werden kann (vgl. ICD-10: F65.2). Exhibitionisten können ein sozial unauffälliges Leben in stabilen Ehen führen. Häufig finden sich aber interpersonale Konflikte mit Vorgesetzten oder mit der Ehefrau, zusammen mit Phasen angespannter innerer Leere und Langeweile, verbunden mit gelegentlichem Zwang, sich zu präsentieren. Dies kann auf ein unbefriedigendes Selbstbild als Mann zurückgeführt werden; der Exhibitionist ist unsicher, schüchtern und hat Minderwertigkeitsgefühle (Schorsch 1983, 197f). Der Exhibitionist ist i.d.R. für die Opfer nicht gefährlich, so dass seine Erregung öffentlichen Ärgernisses eher den Charakter der Gemeinlästigkeit als den der ernsthaften Bedrohung trägt. In Strafverfahren sollte vor allem bei jungen Tätern eine Einstellung gegen Therapienachweis erwogen werden.

(2) Voyeurismus (heimliches Belauschen), **Frotteurismus** (das Reiben des unentblößten Genitals an Frauen) oder die **Erotophonie** (sexuelle Befriedigung durch Telefonate) dienen meist unmittelbar dem sexuellen Lustgewinn von solchen Personen, die entweder wie pubertierende Jugendliche neugierig sind oder aber sich wie kontaktgestörte Erwachsene in anderer Weise keine Befriedung verschaffen können. Strafrechtliche Sanktionen sind schwierig und selten, weil die Beweislage meist schwierig ist.

(3) Sadismus/Masochismus (vgl. ICD 10: F65.5). Diese sexuelle Variante ist gekennzeichnet durch totale Unterwerfung und totale Machtausübung; sie ist in spielerischer Form zumeist harmlos, kann aber auch Teil oder Ursache eines Gewaltverbrechens sein; gelegentlich kommt es auch zu Unfällen.

(4) Nachstellung (§ 238 StGB). Seit einigen Jahren unter Strafe gestellt ist nunmehr auch die Nachstellung (Stalking), die meist aus sexuellen Gründen erfolgt. Täterinnen oder Täter sind häufig enttäuschte ehemalige Partnerinnen und Partner, verschmähte Liebhaberinnen und Liebhaber und Verehrerinnen und Verehrer von Personen des öffentlichen Lebens (wie Schauspieler). Durch ihre Telefonate, das Auflauern vor dem Haus, die Durchleuchtung der Privatsphäre können sie die Lebensgestaltung der Opfer schwer beeinträchtigen. Dahinter verbergen sich neurotische Beziehungserfahrungen und phantasierte Beziehungsmuster, die auch psychologisch aufgearbeitet werden sollten.

4.6.2.6 Sekundärdelinquenz

Insbesondere im Zusammenhang mit Drogen geht es um die – wegen der Entzugssymptome – häufig völlig bedenkenlose Geldbeschaffung durch weibliche und männliche Prostitution, die insbesondere angesichts unsauberer Spritzen und ungeschütztem Analverkehr bei Strichjungen mit hohem Aidsrisiko verbunden ist und evtl. auch eine Körperverletzung darstellen kann.

4.6.3 Sexueller Missbrauch

Das Strafgesetzbuch kodifiziert in den §§ 174ff StGB (in nicht ganz systematischer Reihenfolge) zahlreiche Arten des (strafbaren) sexuellen Missbrauchs, so den sexuellen Missbrauch von Schutzbefohlenen (§ 174 StGB), von Gefangenen, behördlich Verwahrten oder Kranken in Anstalten (§ 174a StGB), den sexuellen Missbrauch unter Ausnutzung einer Amtsstellung (§ 174b StGB) oder eines Beratungs-, Behandlungs- oder Betreuungsverhältnisses (§ 174c StGB) den sexuellen Missbrauch von Kindern (§§ 176ff StGB), von Widerstandsunfähigen (§ 179 StGB) und von Jugendlichen (§ 182 StGB). Verboten ist in Deutschland (anders als in den meisten Ländern der Welt) auch der Beischlaf zwischen Verwandten (Inzest), dies ist nach einem Beschluss des Bundesverfassungsgerichts vom 13. März 2008 verfassungsgemäß.

(1) Erscheinungsformen und Ursachen

Häufigkeiten. Im Jahre 2010 wurden nach der polizeilichen Kriminalstatistik (Bundeskriminalamt 2011) etwa 21000 Missbrauchsfälle (§§ 176, 176a, 176b, 179, 182, 183, 183c StGB) erfasst, davon etwa 12000 Fälle des Missbrauchs von Kindern (§§ 176, 176a, 176b StGB). Es ist allerdings mit einem großen Dunkelfeld zu rechnen, denn weit mehr Fälle werden erst gar nicht angezeigt, wie auch Erkenntnisse der Jugendämter und Enthüllungen aus der kirchlichen Jugendarbeit oder aus der sonstigen Vereinsarbeit vermuten lassen. Ältere Häufigkeitsschätzungen gehen von 80000 Fällen (Honig, 1992, 419) über 300000 Fälle (Augstein 1992, 333; kritisch Honig 1992, 420) manchmal in die Millionen (Printmedien). Diese Abweichungen dürften u.a. darauf beruhen, dass die Fallgruppen nicht immer klar definiert sind, dass die Bedeutung individueller Scham und familiären Zwangs sowie die Auswirkungen der Selektionsmechanismen (bei Sozialarbeit, Polizei und Gericht) unterschiedlich eingeschätzt werden und dass auch inzwischen eine Politisierung der Diskussion eingetreten ist. Eine Befragung der Bundeszentrale für gesundheitliche Aufklärung ergab, dass 13% der deutschen Mädchen und sogar 19% der Mädchen mit Migrationshintergrund von sexuellen Kontakten gegen ihren Willen berichten (vgl. Rabe & Goeckenjan 2011, 11). Bange und Deegener (1996) gehen davon aus, das sogar jedes vierte bis fünfte Mädchen und jeder zwölfte Junge in Deutschland mindestens einmal von sexueller Gewalt betroffen waren. Differenzierte Betrachtung verlangt indes weitere Abstufungen nach dem Schweregrad, der von der unerwünschten Annäherung eines noch pubertierenden Heranwachsenden an eine Jugendliche beim Sport bis hin zu tödlichen Verletzungen durch den Vater beim versuchten Vaginalverkehr mit der 3 jährigen Tochter gehen kann. Besonders gefährdet sind Kinder im Alter zwischen 5 und 14 Jahren. Sexueller Missbrauch kommt grundsätzlich in allen Statusgruppen vor, offenbar gehäuft allerdings in unvollständigen Familien mit und ohne Stiefeltern. Auch bei Heimkindern und Adoptivkindern sowie bei behinderten Kindern dürften besondere Risiken bestehen (vgl. Engfer 2005).

Biologisch-psychologischer Entstehungskontext des sexuellen Missbrauchs

Die Diskussion der Ursachen des sexuellen Missbrauchs eröffnet die ganze Bandbreite der Argumentationen: Von den „Triebtätern", die gehenkt werden sollten, bis zur „Liebe" zu Kindern, denen es sonst an Zuwendung fehlt, von der globalen feministischen Schuldzuschreibung an patriarchalische Strukturen bis zu politischen Schuldzuschreibungen an die kapitalistische Gesellschaft. Richtig dürfte sein, dass eine sexuelle Ausrichtung auf Kinder biologische und psychosoziale Ursachen hat. Fachliche Diskussionen gehen davon aus, dass es bei etwa 1 % der Bevölkerung neuronale Verknüpfungen und Hormonlagen gibt, die möglicherweise schon während der Entwicklung der geschlechtlichen Identität in der Schwangerschaft durch extremen Stress und extreme Belastungen der Mutter entstehen, und so für einen Teil der Täter sexuelle Präferenzen fixieren, die auch relativ stabil sind und daher ein lebenslanges Selbstkontrollmanagement verlangen. Bei neurotischen Tätern kann die Ursache auch in einer frühkindlichen sexuellen Fixierung auf präpubertäre Kinder liegen. Dahinter stehen Ängste, die sich auf Frauen beziehen, Angst vor dem weiblichen Genital, aber auch das Gefühl, selbst genital minderwertig zu sein, Ängste also, die durch den Umgang und den Vergleich mit dem Kind gemindert werden. Im Zusammensein mit dem Kind wird die eigene kindliche Situation regressiv wieder hergestellt, der Täter tut das, von dem er sich wünscht, seine Mutter hätte es mit ihm getan. Einerseits können dann kindliche Wünsche nach Zärtlichkeit, Hautkontakt und Verwöhnung ausgelebt werden, andererseits können Aggressionen aus der eigenen Mutter-Kind Beziehung wieder belebt werden. Dabei erscheint das Verhalten umso pathologischer, je jünger das Kind bei der Tat ist (Schorsch 1983, 198f; Rehder 1993, 79ff). Dabei kann sich auch eine Suchtkomponente entwickeln, die sich, gefördert durch libertäre Strömungen, auf Menschen als Sexualobjekte fixiert (vgl. Falardeau 1998, 165ff).

Psychosoziales Ursachengefüge. Aus psychologisch situativer Sicht droht sexueller Missbrauch vor allem dann, wenn ein die Vorpubertät durchlebendes Opfer auf einen gewaltgeneigten Täter trifft. Konkret gehen die Täter dabei so vor, dass sie kindliche Unbekümmertheit und kindliche sexuelle Neugier unter Verwendung von kindgerechten **Verstärkern** wie Süßigkeiten und Spielzeug mit **Drohungen**, den Eltern was zu sagen oder auch **mit Gewalt ausnutzen** (vgl. ICD 10: F65.4).

- Einen besonderen Nährboden bietet ein problematisches familiäres Umfeld, gekennzeichnet durch unvollständige Familien in Notlagen und nicht selten durch Schwäche oder Krankheit der Mutter. Risikoerhöhung tritt ein bei sehr jungen Müttern, über das Geschlecht des Nachwuchses enttäuschten Eltern, an das Tabu des sexuellen Kontaktes nicht so gebundenen Stiefvätern, bei ungewollten Kindern, bei retardierten Kindern und bei längerer Trennung der Kinder von den Eltern.
- Gewalt wird dabei einerseits unmittelbar körperlich durch Schläge, häufig unter Einfluss von Alkoholismus, ausgeübt; aber auch wenn der Täter (nur) mit Drohungen

oder mit ihm zur Verfügung stehenden Belohnungsmitteln arbeitet und damit Schwäche und Unerfahrenheit ausnutzt, ist das Verhalten strafbar (vgl. § 177 I StGB, 182 StGB).

- In der Zeit der Vorpubertät nimmt das Wachstum deutlich zu, aber die sexuellen Zusammenhänge können noch nicht vollständig durchschaut werden; auch spielen sexuelle Beziehungen zu Gleichaltrigen noch keine (konkurrierende) Rolle, so dass der Täter insofern im Vorteil ist.
- Bisher deutlich unterschätzt worden ist auch die (sexualisierte) Gewalt in Institutionen wie Internaten, Kirchen, Sportvereinen und ähnlichen Institutionen. Die Täter nutzen dabei die institutionelle Macht und das ihnen entgegengebrachte Vertrauen aus, insbesondere auch um Gefügigkeit und Schweigen zu erreichen (vgl. Fegert und Wolff 2002).

(2) Der Blick auf das Opfer

Besondere Diagnoseprobleme. Die Diagnose eines sexuellen Missbrauchs gehört zu den schwierigsten sozialarbeiterischen, polizeilichen und psychologischen Aufgaben, nicht zuletzt deswegen, weil man wegen der besonderen Intimität des Geschehens regelmäßig auf Indizien und Zeugenaussagen angewiesen ist. Dabei ist es zunächst wichtig, dass man sich vergegenwärtigt, dass

- wegen des häufig fehlenden Schutzes der Eltern die Aufmerksamkeit Dritter wichtig ist, wobei sorgsam, aber nicht panisch zu reagieren ist,
- es kein einheitliches Erscheinungsbild des Missbrauchs gibt, weshalb immer eine differenzierte Analyse notwendig ist,
- einzelne Symptome auch bei nicht misshandelten Kindern auftreten können, weshalb vor vorschnellen Stigmatisierungen zu warnen ist,
- auffälliges Verhalten der Kinder gleichzeitig auch Verarbeitungs- und Anpassungsfunktion hat, so dass plumpe Verbote dieses Verhaltens nicht sinnvoll sind.

Auffälligkeiten beim potentiellen Opfer. Natürlich hat nicht jeder von einem Mädchen gemalte Turm, jedes von einem Jungen gemalte Oval, jedes zweideutige Wort, jede streichelnde Hand sexualisierte Bedeutung. Psychologisch sollten aber – zumindest bei einer Häufung – die folgenden Auffälligkeiten nachdenklich machen:

- Körperliche Auffälligkeiten wie blaue Flecken oder Schmerzen im Genitalbereich, pausenloses Jucken in diesen Bereichen;
- Nähe-Distanz Problem: sowohl unübliche Ängstlichkeit, Zurückhaltung, Scheu, Misstrauen, Überwachsamkeit, Angst vor Körperkontakt, häufiges Erschrecken, als auch unübliches distanzloses Verhalten, Jedermann-Freund-Sein, engen Körperkontakt suchend, verursacht durch mangelnde Erfahrung einer verlässlichen Beziehung;

- negativ-gestörtes Selbstkonzept: vor allem Minderwertigkeitsgefühle und Schuldgefühle, das Kind fühlt sich als schlecht und mitverantwortlich, aber auch gelegentliche Größenphantasien, verursacht durch die gestörte Eltern-Kind Beziehung;
- Aggression versus Hemmung (Gefühlsebene): Teilweise Hyperaktivität und Aggressivität wegen fehlender Grenzen und fehlender Zuwendung der Eltern, verbunden mit einer Projektion der Aggression auf Gleichaltrige, aber auch Unterdrückung von Gefühlen, passives, apathisches Verhalten, alles über sich ergehen lassen, verursacht durch körperliche und psychische Misshandlungen und Angst;
- sprachliche und schulische Schwierigkeiten: durch Vernachlässigung, Konzentrationsmängel, aus Angst und Hemmung.

Das Verhalten des Kindes kann dabei auch deswegen wechselhaft sein, weil der sexuelle Missbrauch das Kind in eine ambivalente Situation bringt, in der es **zwischen positiven und negativen Empfindungen und Gefühlen hin- und hergerissen** wird. Dafür sind kennzeichnend:

- sexuelle Neugier versus das Gefühl, sexuell ausgebeutet zu werden,
- der Wunsch nach Intimität versus die Not, schweigen zu müssen,
- die Suche nach Hilfe versus das Gefühl, alleingelassen zu sein,
- der Wunsch zur Gegenwehr versus das Gebot, gehorchen zu müssen,
- die Suche nach Verlässlichkeit versus das Gefühl, ausgeliefert zu sein.

Diagnostisches Gespräch mit dem potentiellen Opfer. Das zentrale Problem ist das Schweigen der Kinder (vgl. das gleichnamige Buch von Falardeau 1998), die in einem Käfig aus Abhängigkeiten gefangen sind:

- Denn missbrauchte Kinder neigen dazu, den Missbrauch zu verschweigen, weil sie Schuldgefühle haben, sich schämen, unter Druck stehen oder Angst haben.
- Fühlt sich das Kind dem Täter machtlos ausgeliefert und hilflos, wird es darauf möglicherweise mit Lethargie oder Abwehrmechanismen, z. B. mit Verdrängung reagieren und sich tatsächlich nur schwer erinnern können.
- Die Ausweglosigkeit der Situation verstärkt die beschriebenen Gefühle, so dass nicht selten das Kind sich selbst für schlecht hält und auch aus diesem Grunde keine Angaben machen will.
- Insbesondere kann die Erörterung eines realen Vorfalls familiäre Katastrophen auslösen, die – wenn man nicht behutsam vorgeht – vom Kind ebenfalls als traumatisch empfunden werden können.

Ein derartiges Gespräch gehört regelmäßig in die Hand einer **psychologisch entsprechend ausgebildeten oder fortgebildeten Person**. Dabei geht es zunächst darum, Vertrauen vom Kind zu erhalten und dieses Vertrauen nicht (durch eine unerwünschte vorschnelle Veröffentlichung) zu missbrauchen.

(3) Der Schutz des Opfers

Der Schutz der Opfer, insbesondere der Kinder, wird nur gelingen, wenn dies als eine gesellschaftliche Aufgabe betrachtet wird.

Das neue Bundeskinderschutzgesetz (in Kraft seit Januar 2012) greift diesen Gedanken auf. So fordert es in Art. 1 in einem neu erlassenen *Gesetz zur Kooperation und Information im Kinderschutz (KKG)* verbindliche Netzwerkstrukturen im Kinderschutz von den Ländern ein (Art.1, § 3 KKG). In Art. 2 wird das SGB VIII (Kinder- und Jugendhilfegesetz) im Interesse des Kindesschutzes in zahlreichen Einzelheiten geschärft. U.a. wird das Jugendamt zu häufigeren Hausbesuchen verpflichtet. Auch sollen alle in der Kinder- und Jugendhilfe Beschäftigten (einschließlich der Ehrenamtlichen) zur Vorlage eines erweiterten Führungszeugnisses verpflichtet werden. Die Hilfen zur Stärkung der elterlichen Erziehungskompetenz während der Schwangerschaft und in den ersten Lebensjahren des Kindes (durch Familienhebammen) sollen ausgebaut werden. In Art. 4 wird eine Evaluation des Gesetzes bis zum Ende 2015 verlangt.

Wie aber kann konkret vorgegangen werden?

Verdacht einer Kindeswohlgefährdung. Besteht ein entsprechender Verdacht, sollte durch die Erzieher, Lehrer, Pädagogen, Ärzte, Sozialarbeiter oder sonst Beteiligten zunächst eine möglichst seriöse und diskrete Gefährdungsabschätzung erfolgen. Die entsprechenden Personenkreise sollten eigentlich entsprechend aus- bzw. fortgebildet sein. Ist dies nicht der Fall, können in den meisten Bundesländern Telefonhotlines, Einrichtungen wie der Kinderschutzbund oder der Weiße Ring beraten und helfen. Im Zweifel zu empfehlen ist das Zusammenwirken mehrerer (zumindest zweier) Fachkräfte, behutsame Elterngespräche und Hausbesuche können geboten sein. Verfestigt sich der Verdacht, kann man in leichteren Fällen, wenn man dazu fachlich in der Lage ist, dem Kind und den Eltern Hilfe anbieten, vorausgesetzt man erwartet, dass die Eltern diese Hilfe auch annehmen. Was den Datenschutz betrifft, ist die Rechtslage zwar vom Ergebnis her unstreitig, Kindern in Not muss geholfen werden, im Detail kann sie aber kompliziert sein. Für *unterschiedliche Berufe können eigene Vorschriften* gelten, z.B. für Familienhelfer das Sozialgesetzbuch VIII, für Erzieher Vorschriften von Kindergartengesetzen, Vorschriften können sich auch in Schulgesetzen, Ärztegesetzen, allgemeinen Vorschriften und aus dem Kinderschutzgesetz ergeben. Die Gesetze enthalten meist auch Datenschutzvorschriften (z.B. §§ 61ff SGB VIII), die für den Normalfall eine Weitergabe von Informationen an Dritte untersagen, für bestimmte Berufsgruppen sogar unter Strafe stellen (für Sozialarbeiter nach § 203 Abs. 1 Nr. 5 StGB). Das bedeutet auch, dass man bei Kenntnis leichter familialer Gewalt zunächst auf eine Einschaltung des Jugendamtes und der Polizei verzichten kann.

Gewichtige Anhaltspunkte für eine Gefährdung. Für Fälle der erheblichen Kindeswohlgefährdung und gravierende Formen von Gewaltanwendung gilt diese Vertraulichkeit aber nicht. Derartige Fälle stellten schon nach herkömmlicher Rechtsauffassung eine notstandsähnliche Situation dar und rechtfertigten eine Weitergabe von Information gemäß den §§ 34 und 35 StGB. Durch das *Gesetz zur Kooperation und Information im Kinderschutz (KKG)* ist nun ausdrücklich klargestellt, dass betroffene Berufsgruppen (Ärzte, Psychologen, Lehrer, Berater, Sozialarbeiter, …) bei gewichtigen Anhaltspunkten für die Gefährdung des Kindeswohls zunächst mit den betroffenen Kindern und Jugendlichen sowie ihren Sorgeberechtigten die Situation erörtern und darauf hinwirken sollen, dass diese Hilfsangebote in Anspruch nehmen (vgl. im einzelnen Art. 1, § 4 I und II KKG). Erscheint dies erfolglos, sind sie, i.d.R. nach Vorankündigung, befugt, das Jugendamt zu informieren (Art. 1, § 4 III KKG), und sie sollten es auch tun, wenn weitere erhebliche Gefährdungen drohen (der Verfasser).

Tätigwerden des Jugendamtes. Erhält ein Jugendamt Kenntnis von einer Kindeswohlgefährdung, so sollte es nach § 8a SGB VIII ebenfalls den Sachverhalt intern bewerten, durch Hausbesuche aufklären, Hilfe anbieten und eine Inobhutnahme oder eine Weitergabe des Falls an das Familiengericht erwägen. Um hier schnell und nachvollziehbar handlungsfähig zu sein, empfiehlt es sich, durch präzise Dienstanweisungen verbunden mit Benachrichtigungs- und Dokumentationspflichten praktikable Leitlinien für die Jugendamtsmitarbeiterinnen zu erstellen. Mitarbeiter des Amtes dürfen Informationen an die Fachkräfte weitergeben (§ 65 I 4 SGB VII). Im Einvernehmen oder bei Einschaltung des Jugendamtes oder des Gerichts kann auch eine Gutachterin eingeschaltet werden, um die beschriebenen Diagnosemerkmale zu überprüfen, spielerische Tests an Puppen mit Sexualorganen durchzuführen, die Interaktion innerhalb der Familie zu untersuchen und die Glaubhaftigkeit der Aussage zu klären.

Die Einschaltung der Gerichte. Bei Bedarf kann das vom Jugendamt eingeschaltete *Familiengericht* das Sorgerecht entziehen oder anders gestalten, §§ 1666ff BGB. Eine Strafanzeige kann, muss aber nicht erfolgen, es sei denn bei besonders schweren, zukünftigen, Gefahren (vgl. den Katalog des § 138 StGB, z.B. bei zukünftig drohender Lebensgefahr oder entsprechenden Straftaten gegen die persönliche Freiheit). Insbesondere bei Uneinsichtigkeit ist eine *Einschaltung von Polizei oder Staatsanwaltschaft* zu erwägen, die das Geschehen dann von Amts wegen strafrechtlich verfolgen (vgl. dazu Hartwig & Hensen 2008: Sexueller Missbrauch und Jugendhilfe). Datenschutzrechtlich ist im späteren Gerichtsverfahren die Offenbarungsverpflichtung von der Art des Verfahrens (Strafverfahren, Familienrechtliches Verfahren, Sozialrechtliches Verfahren, Sonstiges Verfahren) und von der

Verfahrensrolle, z.B. Jugendgerichtshelfer, Familiengerichtshelfer, Zeuge, Sachverständiger, abhängig.

Primär- und Sekundärfolgen für das Opfer. Eine ganzheitliche Betrachtung berücksichtigt stets auch die Folgen für das Opfer. Dabei kann zwischen unmittelbar aus dem sexuellen Missbrauch ableitbaren Primärfolgen und – erst durch die öffentliche Diskussion des Missbrauchs entstehenden – Sekundärfolgen unterschieden werden. Ein schweres **Primärtrauma** ist zu befürchten bei belastendem risikoreichem familiärem Hintergrund, bei Beischlaf oder beischlafähnlichen Handlungen, bei Anwendung von Drohungen oder Gewalt, bei Beginn im frühem Alter und langer Dauer und bei Missbrauch durch ein Familienmitglied der älteren Generation. Schwere Traumen sind gekennzeichnet durch:

- die Entwertung im intimsten Bereich, was zu starken Selbstwerteinschränkungen führen kann,
- eine höhere Depressionsanfälligkeit, die auch Suizidversuche zur Folge haben kann,
- Empfindungen von Schuld und Unrecht, die das Kind beunruhigen und stark belasten können,
- Isolation des Kindes von der Familie, so dass kein normales Familienleben mehr möglich ist,
- ein gestörtes Sexualleben, nicht selten verbunden mit Störungen des sexuellen Empfindens,
- Misstrauen, Hilflosigkeit und Angst, was allgemeine Beziehungsschwierigkeiten zur Folge haben kann,
- Hoffnungslosigkeit, die sogar zu einer Flucht in Prostitution oder Drogen führen kann.

B: Mit vier Jahren erhält die nichteheliche Tochter einer Packerin einen Stiefvater, der alkoholkrank und jähzornig ist und das Mädchen unter Drohungen zu beischlafähnlichen Handlungen und zur Verheimlichung zwingt. Die Mutter, die den Mann ebenfalls fürchtet, setzt sich nicht für das Kind ein. Hier ist mit erheblichen traumatischen Folgen zu rechnen, die auf jeden Fall therapeutisch bearbeitet werden sollten.

In leichteren Fällen kann ein gesundes Kind in intakter Umgebung ein nicht gewalttätiges sexuelles Erlebnis mit einem Erwachsenen häufig auch ohne größere Folgen verarbeiten. Insbesondere in solchen Konstellationen können die durch die öffentliche Verfolgung entstehenden **Sekundärschäden** größer sein als die Primärfolgen. Bei einer Veröffentlichung des Missbrauchsverdachts muss daher immer auch beachtet werden, dass evtl. bereits verdrängte Schuldgefühle des Kindes wieder neu aktiviert und damit verstärkt werden können, dass die öffentlich gemachte Herausnahme des Vaters oder des Kindes zu einer Zerstörung der inneren Familie und zum Zerfall der Ehe führen kann und dass eine Stigmatisierung und Isolation der Familie nach außen drohen.

(4) Der Beweis des Missbrauchs

Schutzmaßnahmen sind schon dann berechtigt, wenn eine Gefährdung gesehen wird; vor allem bei unklarer Sachlage sollte aber zunächst diskret und professionell aufgeklärt werden, damit unberechtigte Stigmatisierungen vermieden werden.

Suggestionen und Instrumentalisierungen. Jedes potentielle Missbrauchsopfer verdient zunächst Zuwendung und Vertrauen. Es gibt allerdings auch Fälle, in denen durch unprofessionelles Vorgehen die Beweislage erschwert wird. Untersuchungen zeigten, dass inkompetente oder übereifrige Befrager entsprechend eigenen Vorerfahrungen, Kenntnissen und Wertungen dazu neigten, den sexuellen Missbrauch nur zu suggerieren und dadurch Erinnerungstäuschungen zu induzieren (Yapko 1994, Deutsch 1996). Außerdem ist bekannt, dass vor allem junge Kinder die vermeintliche Erwartungshaltung des Erwachsenen antizipieren und meinen, dieser durch phantasievolle Erzählungen gerecht werden zu müssen (Pygmalioneffekt). Problematisch ist auch die suggestive Erfragung eines „verdrängten" Missbrauchs. Dies gilt insbesondere, wenn die Verdrängung mit suggestiven Methoden aufgebrochen worden ist und Psychoanalyse nur als Mantel dafür dient, ohne solide Anhaltspunkte aktuelles Leiden auf sorgsam verdrängten frühkindlichen sexuellen Missbrauch durch den Vater zurückzuführen und damit Therapiebedarf zu begründen (vgl. Loftus & Ketcham 1995). Auch therapeutische Prozesse vor der Vernehmung sind aus Gründen der Beweissicherung problematisch, denn sie können zu neuen Erfahrungen und zu Lernprozessen führen, so dass früheres Geschehen vermischt oder überlagert wird. Zu achten ist schließlich auf eine mögliche Instrumentalisierung des Missbrauchs, wie sie z.B. immer wieder von Scheidungsverfahren berichtet wird. Hier ist eine sorgfältige Prüfung geboten, da ein solcher Vorwurf die Entscheidung über das Sorge- und Umgangsrecht zugunsten der Mutter herbeiführen kann und vom Mann kaum zu entkräften ist.

Anforderungen an eine Begutachtung. Im Zweifel wird im gerichtlichen Verfahren die Beiziehung eines Gutachters unabdingbar sein, dessen Gutachten nach BGH(St) 618/98 vom 30. Juli 1999 bestimmten Regeln folgen muss. Das Gericht geht davon aus, dass es möglich ist, zwischen (realen) erlebnisgestützten und (intentional falschen) *Aussagen* von Opfern zu unterscheiden, wobei der allgemeinen Glaubwürdigkeit der Persönlichkeit nur eine indizielle Bedeutung zukommt. Dabei habe der Sachverständige (in dubio pro reo) zunächst anzunehmen, die Aussage sei unwahr (Unwahrhypothese) und zur Prüfung dieser Annahme habe er weitere Hypothesen zu bilden. Ergibt seine Prüfstrategie, dass die Unwahrhypothese mit den erhobenen Fakten nicht mehr in Übereinstimmung stehen kann, so wird sie verworfen, und es gilt dann die Alternativhypothese, dass es sich um eine wahre Aussage handelt. Zu den im Rahmen dieser hypothesengeleiteten Diagnostik zu prüfenden Hypothesen gehöre insbesondere auch bei kindlichen Zeugen, dass es sich zwar nicht um eine bewusste Falschaussage, wohl aber um fremdsuggerierte Angaben handeln kann (vgl. auch Balloff 2004, 140ff).

(5) Sexueller Missbrauch von Erwachsenen

Was den sexuellen Missbrauch (von Gefangenen, Verwahrten, Betreuten, Widerstandsunfähigen, Kranken usw.) durch Erzieher, Sozialarbeiter, Lehrer, Justizorgane usw. oder Taten unter Ausnutzung einer Amtsstellung betrifft, sind die Häufigkeitszahlen sehr dürftig, was allerdings auch als Indiz dafür verstanden werden kann, dass es sich um Einzelfälle handelt. In der eigenen richterlichen Praxis als Strafrichter und als Strafvollstreckungsrichter hatten diese Fälle keine größere Bedeutung. Dies mag daran liegen, dass es die Justizorgane ganz überwiegend mit männlichen Tätern zu tun haben und dass das Verfahren in hohem Maße formalisiert ist. Ein besonders sensibler Bereich bleibt indes der Strafvollzug, der auf Grund seiner räumlichen Gegebenheiten und der Machtstrukturen missbräuchliche Handlungen begünstigt. Dabei kann es sich um sexuellen Missbrauch männlicher Bediensteter an weiblichen Insassen im Frauenvollzug handeln; aber auch für den Männervollzug ist die Frage zu stellen, ob nicht der sexuelle Missbrauch unter den Insassen selbst eigentlich durch die Anstaltsleitung (wegen der Garantenstellung) unterbunden werden müsste. Öffentlich werden gelegentlich auch sexuelle Kontakte zwischen weiblichen Bediensteten und männlichen Insassen, die aber vom subjektiven Tatbestand (Vorsatz) her weniger als Missbrauch, denn als Neugier und (unreflektierte) pädagogische Intervention zu deuten sind, wobei nicht selten auch Drohungen und Gewaltwendungen seitens der Insassen eine Rolle spielen.

4.6.4 Therapeutische Ansätze

Die Erfahrung zeigt, dass keineswegs alle Sexualstraftäter ein Leben lang in psychiatrischen Kliniken oder in der Sicherungsverwahrung untergebracht werden und dass bei den meisten Sexualdelikten weniger biologische Zwänge als eine vor allem auch erlernte Gewaltkomponente und fehlende Selbstkontrolle im Vordergrund stehen dürften. Die Gesellschaft muss sich daher darauf einstellen, dass auch Sexualstraftäter wieder in Freiheit entlassen werden.

(1) Prävention von sexuellem Missbrauch

Dies bedeutet zunächst, dass **präventive Ansätze für potentielle Opfer** wichtig sind, von der Sexualaufklärung bis hin zu spezifischen Lernprogrammen, die altersgemäß anzupassen sind. Beck und Krause (2005) und Barrat (2010) beschreiben dazu Programme für die Grundschule, welche vor allem auf die Bildung von Schülerinnen und Schülern, Lehrerinnen und Lehrern sowie Eltern abstellen, aber auch konkrete Erfahrungen wie z.B. *gute, schlechte und komische Berührungen* thematisieren könnten.

Daran anknüpfend ist in den letzten Jahrzehnten in vielen Regionen ein stützendes **therapeutisches Netzwerk für Täter** entstanden. Täter mit Leidensdruck können sich an Gewaltberatungsstellen z.B. auch bei der Charité Klinik in Berlin wenden und werden dort beraten oder weiterverwiesen, Straftäter können sich im Vollzug einer längeren sozialen Therapie unterziehen, Bewährungshelfer werden (wie in Mecklenburg-Vorpommern) fortgebildet und bieten für die Probanden gruppentherapeutische Hilfen an, psychiatrische Kliniken haben Tageskliniken mit speziellen Angeboten eröffnet.

(2) Sexualtherapie für den Täter

Die Möglichkeit zu einer verbindlichen Sexualtherapie besteht vor allem im Strafvollzug in den sozialtherapeutischen Anstalten. Dort kommen inzwischen auch spezielle Programme zur Anwendung, die teils analog zu Sozialen Trainings und Antigewalttherapien entwickelt wurden (vgl. die Ansätze in Hameln, Hannover oder München; vgl. Northoff, Methodisches Arbeiten und Therapeutisches Intervenieren 2012), teils aber auch amerikanische Programme wie das SOCTP (s.u.) übernehmen.

(a) Psychotherapeutische Ansätze. Psychotherapien versuchen die Ursachen sexueller Devianz mit dem vorhandenen **psychologischen Repertoire** zu beeinflussen. Die Sexualtherapie kann aus verhaltenstherapeutischen Ansätzen, psychoanalytischen Verfahren, aus kommunikationstherapeutischen Ansätzen (Klärung der Wahrnehmung), aus kognitionsspezifischen Ansätzen (Änderung der Einstellung), aus gesprächspsychotherapeutischen Ansätzen, aus körperlich wirkenden Verfahren (Entspannungstechniken) oder auch aus Mischformen bestehen. Sie muss bei der Behandlung von Sexualstraftätern sowohl deren → Entwicklung, → Erziehung, → Sozialisation und → Persönlichkeit sowie deren soziales Umfeld als auch die Art des Deliktes und die Täter-Opfer Beziehung mit beachten (vgl. Deegener 2004, 524, der vor allem auf die Änderung des Problemverhaltens abstellt; vgl. Lübcke-Westermann 2002, die allerdings ein generelles Training von Empathiefähigkeit für schwierig hält; vgl. Heilemann 1992, 108ff, 119f). Zu den **Zielen** gehören:

- Förderung der Besinnung und der Absichten, eine Verhaltensänderung herbeizuführen und aktiv umzusetzen,
- Neubewertung und Befreiung des Selbst, Erkenntnis der Auswirkungen des eigenen Verhaltens auf andere,
- Aufdecken der Tatmotive, verbunden mit einer Aufhebung der Tabuisierung von Aggressivität und Sexualität,
- Abbau vorhandener Hemmungen und neurotischer Verhaltensweisen, verbunden mit dem Abbau von Gefühlen der Minderwertigkeit,
- Stärkung der Empathiefähigkeit, die sowohl nach Art wie auch nach Stärke gestört sein kann, durch (individuelle) kognitive, emotionale und motivationale Ansätze;
- Erhöhung der Kränkbarkeitstoleranz (was auch mit einer Veränderung der Wahrnehmung von sexuell stimulierenden Situationen verbunden sein kann),
- Erweiterung der „spielerischen" Aktivitäten und der verbalen Ausdrucksmöglichkeiten, verbunden mit körperlichen Verbesserungen durch Tanzen und Sport sowie
- die Erarbeitung einer menschenwürdigen (frauenwürdigen) Sexualität, verbunden mit der Übernahme einer „lebenslangen, indirekten Verantwortung" für die Opfer.

Um dies zu erreichen, muss ein langwieriger Prozess in mehreren – hier idealtypisch dargestellten – **Phasen** durchlaufen werden:

1. Klärungsphase, in der Nachdenklichkeit geweckt wird, Vertrauen aufgebaut und die Sozialisationsbedingungen und der Tatablauf in einer Stunde der Wahrheit beschrieben werden;
2. Konfrontationsphase, in der die Auseinandersetzung mit Legitimationsstrategien und Abwehrmechanismen erfolgt;
3. Nullphase, in der die alte Identität aufgebrochen ist, aber eine neue noch nicht zur Verfügung steht;
4. Phase der Identitätsneukonstruktion, in der ein neues Rollenverständnis entwickelt wird und eine Reduktion der Polarisation zwischen den Geschlechtern erreicht wird;
5. Stabilisierungsphase, in der neue Einstellungsmuster außerhalb des therapeutischen Schutzraumes erprobt und transportiert werden.

SOCTP

Ein in den USA weit verbreiteter und auch wissenschaftlich untersuchter und in seiner prinzipiellen Wirksamkeit bestätigter Ansatz ist das SOCTP, das Sexual Offender Counselling and Treatment Program des New York State Department of Correctional Services (Strafvollzugsbehörde). Es geht davon aus, dass die, für das Programm zugelassenen, Straftäter für ihr Verhalten voll verantwortlich sind und lernen können, ihr eigenes Verhalten zu beobachten zu kontrollieren. Sie werden demgemäß nach einem vorhergehenden Assessment (Einschätzungsverfahren) in leichte, mittlere und schwere Fälle eingeteilt und durchlaufen stationäre, teilstationäre oder auch ambulante Therapien mit für sie passenden Modulen. Wesentliches Ziel ist die Übernahme von Verantwortung, das Verständnis des eigenen Fehlverhaltens und die Befähigung, diesem Fehlverhalten selbst vorzubeugen.

(b) Medizinische Ansätze. Die medizinische Intervention gehört immer in die Hand des Arztes. Sie kann bei körperlichen Fehlfunktionen und in Akutsituationen unerlässlich sein; dauerhafte Verhaltensänderungen sind von ihr indes nicht ohne weiteres zu erwarten (vgl. auch Schorsch 1983, 202 f), daher sollte eine Pharmakotherapie immer auch mit einer Verhaltenstherapie kombiniert werden.

- Antiandrogene: Die medikamentöse Behandlung durch Antiandrogene bewirkt dosisabhängig den Verlust von Libido und Potenz für den Zeitraum der Verabreichung, wobei Ejakulation und Orgasmusintensität herabgesetzt sind. Auch einige Antidepressiva können den sexuellen Antrieb reduzieren. Medikamentöse Behandlungen sind aber nur so wirksam, wie die Medikamente auch sicher eingenommen werden. Die Wirkungen können im Übrigen durch zusätzliche Gaben von Hormonen, die von ahnungslosen Ärzten verschrieben werden, unterlaufen werden. Vor allem ist die Behandlung nicht kausal, sondern nur eine Symptombehandlung.
- Kastration: Sie verhindert Schwangerschaften, aber nicht Vergewaltigungen. Der verstümmelnde Effekt verstärkt zudem die seelischen Probleme der bei vielen Tätern vorhandenen Männlichkeitsproblematik.
- Stereotaktische Gehirnoperationen: Die zeitweiligen Versuche, mittels einer gezielten operativen Ausschaltung eines Areals, in dem man das Sexualzentrum vermutete, eine Veränderung des Sexualverhaltens zu erreichen, sind inzwischen weitgehend wieder aufgegeben worden, da – abgesehen von ethischen Bedenken auch bei „freiwilliger" Zustimmung im Vollzug – Sexualität auch körperlich ein komplexer Prozess ist und nicht unerhebliche Nebenwirkungen (Beeinträchtigung kognitiver und emotionaler Funktionen?) drohen.

(c) Rückfallprognose. Die Sexualdelikte sind wie oben dargelegt durchaus heterogen und können als gewaltlose Normverstöße (wie der Exhibitionismus), als sexuelle Gewalttaten (wie die Vergewaltigung) oder als Ausbeutungsverhältnisse (wie der sexuelle Missbrauch) sehr unterschiedliche Genesen (und damit Prognosen) haben. Ganz allgemein lassen sich aber folgende allgemein prognostisch relevante Faktoren nennen (vgl. auch Pfäfflin 1995, 106 ff):

- die Schwere der Persönlichkeitsstörung, wobei das inzwischen erfolgte Abklingen der Störung prognostisch günstig ist;
- die Determiniertheit und Intensität der sexuellen Deviation, wobei ein gelegentliches und weniger ausgeprägtes Verhalten prognostisch günstig ist;
- die Auseinandersetzung mit der Tat und die Ich-Nähe des sexuell devianten Erlebens, wobei der größere Bewusstheitsgrad für eine bessere Kontrollierbarkeit spricht und gewöhnlich prognostisch günstiger ist;
- die Einbettung der Tat in eine Lebens- und Persönlichkeitskrise, wobei dieser Umstand eher prognostisch günstig ist;

- die emotionale Beziehung zum Opfer, wobei dieser Umstand ebenfalls prognostisch günstiger ist als eine zufällige Wahl des Opfers;
- auch höheres Alter dürfte die Rückfallwahrscheinlichkeit verringern;
- dem Verhalten im Vollzug dürfte hingegen kaum Bedeutung zukommen, da sich Sexualdelinquente eher durch innere Konflikte und nicht notwendig durch äußere Aggressivität auszeichnen.

Es kann davon ausgegangen werden, dass eine erfolgreiche Sexualtherapie und eine ggf. erforderliche, gesicherte, Medikamenteneinnahme die Prognose deutlich verbessern. Dünkel und Geng (1994, 35ff) gehen davon aus, dass die Rückfälligkeit bei im Behandlungsvollzug untergebrachten Sexualstraftätern um die Hälfte geringer ist als bei im Regelvollzug untergebrachten. Berner und Bolterauer (1995, 114ff) berichten nach einer Analyse von 5-Jahres-Verläufen von 46 aus dem therapeutischen Strafvollzug entlassenen Sexualdelinquenten, dass 30% spezifisch im Sexualdelikt rückfällig wurden und 37% straffrei blieben. Elz (2001) kommt in ihrer Übersicht zu empirischen Rückfallstudien für einen 5-Jahres-Zeitraum auf Rückfallquoten von mehrheitlich etwa 20% bei sexuellem Kindesmissbrauch und sexuellen Gewaltdelikten, Auffälligkeiten in frühem Alter und einschlägige Vorstrafen erhöhen die Wahrscheinlichkeit.

(3) Hilfen für Frauen

(a) Prävention. Ob und in welcher Form Prävention möglich ist, ist streitig und wohl auch abhängig vom Täter- und vom Opfertypus.

- Allgemein kann man versuchen, das Sicherheitsgefühl durch Frauentaxis, gut beleuchtete PKW-Einstellplätze, körperliches Training in Selbstverteidigungskursen und durch Unterstützung seitens der Frauenbeauftragten zu verbessern.
- Bei verbal ansprechbaren Tätern wird empfohlen, den unpersönlichen und anonymen Tatmechanismus durch ruhiges und nicht paniksteigerndes Reden zu durchbrechen, so dass der Täter das Opfer nicht nur als Objekt, sondern als Person wahrnimmt. Körperlicher Widerstand erhöht die Brutalisierungsgefahr, so dass die von manchen Richtern noch heute erwartete körperliche Notwehr psychologisch kontraindiziert ist und ihr Fehlen auch keine Glaubwürdigkeitseinschränkung bedeutet. Manche Täter lassen sich allerdings durch selbstbewusstes Auftreten, laute Hilfeschreie, inständiges Beten oder beherzte Tritte in die Flucht schlagen.
- Vor allem bei familiären Konflikten kommt auch Frauenhäusern eine wichtige Rolle als Schonraum zu. Psychologisch sinnvoll (i.S. der Ich-Stärkung) kann es sein, den Frauen selbst den Gang durch die Ämter (Arzt, Anwalt, Richter, Sozialamt, Arbeitsamt Einwohnermeldeamt, Polizei, Schule, Wohnungsvermittlung) aufzutragen, wobei es wichtig ist, dass jeweils eine Adressensperre ausdrücklich vermerkt wird.

(b) Beratung und Therapie. Vom sozialen Netz her kann u.a. auf Notruftelefone, Anlauf und Beratungsstellen, Frauenhäuser, Sonderstaatsanwaltschaften und Frauenbeauftragte zurückgegriffen werden. Daneben kann es notwendig werden, therapeutische Hilfe anzubieten. Zentral ist dabei in einer ersten Phase die Aufarbeitung des traumatischen Erlebnisses, wobei sowohl aufdeckende Verfahren wie die Psychoanalyse als auch (bei entsprechender Bereitschaft) Gemeinschaftserfahrungen in Selbsthilfegruppen nützlich sind. In der zweiten Phase sollte es darum gehen, die Vulnerabilität zu bearbeiten und über eine Stärkung des Selbstbewusstseins (→ Persönlichkeitsstil, bedürftig-abhängiger Stil) das Opferrisiko zu verringern.

(4) Therapie für Kinder

Auch die Hilfen für Kinder müssen naturgemäß die jeweiligen psychosozialen Besonderheiten beachten. Neben allgemeinem Therapeutenwissen wird es auf Folgendes ankommen (vgl. auch Hartwig 1991, 33):

- Schaffung von Vertrauen, indem Glauben geschenkt und Berechenbarkeit im Umgang hergestellt wird, damit die therapeutischen Interventionen akzeptiert werden können,
- Kommunikationsstärkung durch zugewandte und ermutigende Gespräche, damit das tabuisierende Redeverbot zum Missbrauch aufgehoben wird,
- Stärkung des Selbstbewusstseins, verbunden mit dem Respekt vor gesetzten Grenzen, um nicht erneut zu bevormunden,
- Abbau der Schuldgefühle, indem die Verantwortlichkeit der Täter klargestellt und das Kind selbst entlastet wird.
- Ergänzend können Maßnahmen nach dem SGB VIII ergriffen werden, wie z.B. die Übernahme in geschützte Wohnbereiche und in geeignete Pflegefamilien.

B: In einer Hochhaussiedlung, in der die Kinder und Jugendlichen viel von ihren Eltern allein gelassen werden und in der es an geeigneten Spielmöglichkeiten fehlt, werden zwei 10 und 12 Jahre alte Kinder von einem älteren Mann aus einem Nachbarblock zu Kaffee und Kuchen eingeladen. Dann zeigt ihnen der Mann einen Pornofilm und drängt die Jungen, sich selbst auszuziehen und ihn sexuell zu befriedigen. Gegen das Versprechen, den anderen nichts zu sagen, erhalten die Jungen noch ein kleines Geldgeschenk. Als der im Gebiet eingesetzte bürgernahe Polizeibeamte schließlich von dem Verhältnis erfährt, setzt er sich mit dem zuständigen Sozialarbeiter und einem Therapeuten zusammen. Bei der nachfolgenden Aktion wird der ältere Mann verhaftet, der Sozialarbeiter sorgt dafür, dass ein Jugendtreff eingerichtet wird und der Therapeut bietet Einzelbetreuungen an.

4.7 Sucht und Abhängigkeit

Süchte gehören zu den großen sozialen Problemen unserer Zeit und können, legal oder illegal, stoffgebunden oder stofflos, körperlich und/oder psychisch wirkend, in unterschiedlichsten Formen Bedeutung erlangen. Rechtlich gesehen kann sich die Betäubungsmittel- und Beschaffungsdelinquenz als eigene Straftat darstellen, andererseits kann eine Abhängigkeit rechtlich zum Ausschluss der Schuldfähigkeit (§ 20 StGB) führen.

4.7.1 Erscheinungsformen der Sucht

Die meisten von uns haben eine alltagstheoretische Vorstellung davon, was eine Sucht und die damit verbundenen Phänomene ausmacht.

(1) Definitionen und Klassifikationen

Um die Kommunikation zu erleichtern, haben sich dazu aber in der einschlägigen Literatur Definitionen und Klassifikationen eingebürgert.

Definitionen. Droge im weiteren Sinne ist jeder Stoff, der die körperliche oder seelische Befindlichkeit des Menschen beeinflussen kann. Im engeren Sinne ist eine Droge jeder Stoff, der zu Rausch und/oder Sucht führt.

Grundbegriffe der Sucht

- Legale und Illegale Drogen: Drogen wie Alkohol und Tabak, die (von Jugendschutzbestimmungen abgesehen) ohne Verstoß gegen gesetzliche Vorschriften auf dem Markt frei käuflich sind, werden als legale Drogen bezeichnet. Drogen, die nach den Vorschriften des Betäubungsmittelgesetzes (BtMG) indiziert sind (wie Heroin oder Kokain) sind illegale Drogen.
- Missbrauch: Missbrauchsverhalten ist jeder medizinisch nicht angezeigte Drogenkonsum, auch wenn er nicht zu einer Abhängigkeit von der Droge führt.
- Sucht: Als Sucht bezeichnet man eine Abhängigkeit von Drogen dermaßen zwanghafter Art, dass der Abhängige in seinem ganzen Denken und Handeln und in seiner täglichen Lebensplanung auf die Droge fixiert ist.
- Stoffgebundene und nicht stoffgebundene Sucht: Eine derartige Abhängigkeit kann von stoffgebundenen Süchten wie Alkohol oder Heroin und bei nicht stoffgebundenen Süchten wie Spielsucht oder Arbeitssucht oder bei Phänomenen wie Fetischismus, Kleptomanie oder Pyromanie bestehen.

Sucht und Krankheit. Nach der Rechtsprechung des Bundessozialgerichts ist unter Krankheit im Sinne der Krankenversicherung jeder regelwidrige Körper- oder Geisteszustand zu verstehen, der Behandlungsbedürftigkeit und/oder Arbeitsunfähigkeit zur Folge hat. Eine Sucht ist danach unabhängig von der Art des Suchtmittels eine Krankheit bei dauernder zwanghafter körperlicher und/oder psychischer Abhängigkeit, wobei sich die Sucht nicht notwendig in körperlichen Erscheinungsformen äußern muss, sondern ausreicht das „Nichtaufhörenkönnen“ und der „Verlust der Selbstkontrolle“ (BSG 28, 114ff). Die von der Weltgesundheitsorganisation WHO herausgegebene **ICD-10 Klassifikation** (Dilling, Mombour, & Schmidt 2010) fasst im Kapitel F1 psychische und Verhaltensstörungen durch psychotrope Substanzen wie Alkohol (F10), Opioide (F11), Cannabinoide (F12), Sedativa und Hypnotika (F13), Kokain (F14), Stimulantien einschließlich Koffein (F15), Halluzinogene (F16), Tabak (F17), flüchtige Lösungsmittel (F18) sowie den multiplen Gebrauch dieser Mittel (F19) zusammen und unterscheidet jeweils weiter:

- die akute Intoxikation, also den Rausch (Zustand nach Aufnahme von psychotropen Substanzen mit Störungen des Bewusstseins, kognitiver Funktionen, der Wahrnehmung des Affektes, des Verhaltens und anderer Reaktionen, F1x.0),
- den schädlichen Gebrauch (Konsummuster, das zu Gesundheitsschädigung führt F1x.1),
- das Abhängigkeitssyndrom (mit einem Vorrang des Konsums, siehe dazu nachfolgend, F1x.2),
- das Entzugssyndrom (Symptomkomplex bei absolutem oder relativem Entzug einer Substanz, F1x.3 und F1x.4),
- sowie seltener die psychotische Störung (F1x.5), das amnestische Syndrom (F1x.6) sowie Restzustände und verzögert auftretende psychotische Störungen (F1.x7) und weitere Störungen (F1x.8 und F1x.9).
- Der Missbrauch von nicht abhängigkeitserzeugenden Substanzen wie Antidepressiva oder Hormonen wird demgegenüber in die Kategorie F55 eingeordnet.

(2) Physische und psychische Abhängigkeit

Bei Süchten ist die Selbstkontrolle des Verhaltens ausgeschaltet, und es besteht eine mehr oder weniger große Abhängigkeit vom Suchtobjekt. Entsprechend definiert die ICD-10 das Abhängigkeitssyndrom (F1x.2) als Vorrangphänomen mit dem oft starken, gelegentlich übermächtigen Wunsch, entsprechende Substanzen zu konsumieren.

Physische Abhängigkeit. Sie entsteht vor allem bei Heroin und Alkohol, kann aber auch bei synthetischen Drogen und neueren Züchtungen von Haschisch oder Marihuana eintreten. Dabei wird der Suchtstoff in den Stoffwechsel der Person einbezogen. Es tritt eine Gewöhnung des Körpers (Toleranz) an dieses Mittel ein. Dadurch entsteht ein körperliches Bedürfnis zur weiteren Nachfrage, der Körper benötigt eine immer stärkere Dosis, und – wenn er sie nicht bekommt – entstehen quälende Unruhe, Angst, Erbrechen, Übelkeit, Schweißausbruch, Gliederschmerzen, der „Affe“ (Entzugserscheinungen). Die physische Abhängigkeit besteht zusätzlich zur psychischen Abhängigkeit.

Psychische Abhängigkeit. Sie entsteht nicht nur bei den genannten harten Drogen, sondern droht auch bei synthetischen Drogen wie LSD und bei Kokain und kann auch bei Marihuana und Haschisch eintreten. Es entsteht ein psychologisches Bedürfnis bis hin zum unbezwingbaren gierigen Verlangen, das Stimulanz zu sich zu nehmen, weil man das erlebte Hochgefühl, das Verschwinden aller Sorgen, noch einmal erleben möchte oder die Wirklichkeit nicht ertragen kann („Flucht in die Drogen“). Die Droge fördert dabei scheinbar das innere Gleichgewicht, dies wird als angenehm empfunden, und es entsteht der Wunsch nach Wiederholung. Psychische Abhängigkeit charakterisiert alle Drogenabhängigkeitstypen.

Abhängigkeit nach dem ICD-10

Im ICD-10 wird zwischen psychischer oder physischer Herkunft der Abhängigkeit nicht unterschieden; stattdessen wird empfohlen, die Diagnose Abhängigkeit dann zu stellen, wenn irgendwann während des letzten Jahres drei oder mehr der folgenden (hier gestrafft dargestellten) Kriterien vorhanden waren:

- ein starker Wunsch oder eine Art Zwang, entsprechende Substanzen zu konsumieren,
- verminderte Kontrollfähigkeit bezüglich des Beginns, der Beendigung und der Menge des Konsums,
- ein körperliches Entzugssyndrom bei Beendigung oder Reduktion des Konsums, feststellbar durch entsprechende Symptome,
- Nachweis einer Toleranz: Um die ursprünglich durch eine niedrige Dosis erreichten Wirkungen der Substanz hervorzurufen, sind zunehmend höhere Dosen erforderlich,
- fortschreitende Vernachlässigung anderer Vergnügen oder Interessen zugunsten des Substanzkonsums, erhöhter Zeitaufwand, um die Substanz zu beschaffen, zu konsumieren oder sich von den Folgen zu erholen, sowie
- anhaltender Substanzkonsum trotz Nachweises eindeutiger schädlicher Folgen, z. B. Leberschädigung durch exzessives Trinken, depressive Verstimmungen oder psychotische Vorfälle infolge starken Substanzkonsums oder drogenbedingte Verschlechterung kognitiver Funktionen, unter der Voraussetzung, dass sich der Konsument über Art und Ausmaß der schädlichen Folgen im Klaren ist.

(3) Wirkungsweise und Gefahren im Einzelnen

Die einzelnen Drogen wirken unterschiedlich, auch können neue Züchtungen oder chemisch neu gemischte Substanzen Wirkungen verändern (meist verstärken). Generell kann man folgende Wirkweisen beobachten (vgl. Täschner 1995, 287 ff, Kreuzer 1988):

Wirkungsweise und Gefahren von Drogen

Droge	Mögliche Wirkung	Besondere Gefahren
Cannabisprodukte (Marihuana = „Gras", Haschisch = „shit")	Euphorie und beschwingtes Gefühl, Halluzinationen, intensivere Empfindungen	erhöhte Risikobereitschaft, Nachlassen der Leistungsbereitschaft, Verschiebung des Realitätsbewusstseins, Depressionen, Verkehrsuntüchtigkeit; im Zusammenhang mit psychosozialen Umständen kann bei gefährdeten Personen die Hemmschwelle gegenüber anderen Drogen sinken; ob körperliche Folgen eintreten, ist nicht ganz klar, eine psychische Abhängigkeit wird behauptet
Synthetische Drogen (illegal hergestellte Arzneistoffe wie „Methaqualon", Amphetamine wie „Speed", Designer Drogen wie „Ecstasy" oder andere Arten wie „LSD")	Psychische Abhängigkeit, bei Barbituraten und starken Schmerzmitteln auch physische Abhängigkeit; Halluzinationen, manische Gefühle und Depressionen, Depersonalisation, Angst; Nachwirkungen bei Horrortrips als Angst oder Panik möglich	Inhalt und Reinheitsgehalt des Stoffes meist nicht bekannt, die Rauschdauer ist unklar, der Konsument ist ein Versuchskaninchen; Wechsel zwischen Depression und völlig übersteigertem Selbstwertgefühl, zusammen mit Alkohol erhebliche Wirkungssteigerungen, Auswirkungen auf das zentrale Nervensystem, Gesundheitsschäden; bei LSD kann noch nach Wochen und Monaten ohne Vorankündigung ein sog. flash back (wiederkehrender Rausch) auftreten, der Rauschzustände aktiviert
Kokain („Koks" und „Schnee")	aufputschend, Rausch und Verwirrungszustände, Kontaktfreudigkeit, aber auch krankhaftes Misstrauen	psychische Abhängigkeit, Inhalt und Reinheitsgehalt unklar; Angst, Depressionen, Suizid, Delirium, Schlafstörungen, Verfolgungswahn, Erschöpfungszustände; erhebliche körperliche Schäden bis zum körperlichen Zerfall, Atemlähmungen, die tödlich sein können
Opiate (Opium, Heroin und Morphium und Tabletten mit morphinähnlicher Wirkung)	Angstlösung, Beruhigung, Euphorie und Verlassen der Wirklichkeit, auch dämpfend möglich, schmerzstillend	physische und psychische Abhängigkeit, unklare Stoffzusammensetzung, bei Spritzengebrauch Infektionsgefahren wie Aids, körperliche Schäden, darunter Atemlähmungen, die tödlich sein können

(4) Illegale Drogen als besonderes Problem

Inwieweit illegale Drogen in Deutschland verbreitet sind, lässt sich angesichts des Dunkelfeldes nicht präzise bestimmen. Die polizeiliche Kriminalstatistik nennt für das Jahr 2010 bei leicht sinkender Tendenz gut 230000 Rauschgiftdelikte gem. § 29 Betäubungsmittelgesetz (BKA 2011, 9). Erhebungen unter Einbeziehung des Dunkelfelds lassen vermuten, dass es in Deutschland etwa 2,5 Millionen Cannabiskonsumenten und gut 600000 Konsumenten anderer illegaler Drogen gibt. Die Drogenaffinität unterscheidet sich bei den einzelnen Drogen und ist bei Jugendlichen durchweg größer als bei Erwachsenen. Dies belegen auch die nachfolgenden Prozentzahlen zur 12-Monats-Prävalenz des Konsums.

	Drogenaffinitätsstudie 2008, Bundeszentrale für gesundheitliche Aufklärung 2010 (12 bis 17 Jahre)			**Epidemiologischer Suchtsurvey 2009, Pabst u.a. 2010 (18 bis 64 Jahre)**		
	Gesamt	**Männlich**	**Weiblich**	**Gesamt**	**Männlich**	**Weiblich**
Irgendeine illegale Droge	7,4	9,4	5,2	5,1	6,7	3,4
Cannabis	6,6	8,7	4,4	4,8	6,4	3,1
Amphetamine	0,6	0,7	0,5	0,7	1,1	0,4
Ecstasy	0,8	0,8	0,8	0,4	0,6	0,2
LSD	0,3	0,1	0,5	0,1	0,2	0,1
Heroin	0,1	0,0	0,2	0,1	0,2	0,1
Kokain	0,8	1,1	0,5	0,8	1,2	0,4
Crack	0,3	0,5	0,2	0,1	0,2	0,0
Schnüffelstoffe	0,4	0,3	0,5	–	–	–
Pilze	0,9	0,8	0,9	0,2	0,4	0,1
Spice	–	–	–	0,4	0,6	0,2

Quelle: Deutsche Hauptstelle für Suchtfragen, Jahrbuch Sucht 2011, 24

Insgesamt scheint sich die Situation in den letzten Jahren verbessert zu haben. Der vor allem um die Jahrtausendwende feststellbare Anstieg des Konsums illegaler Drogen hat sich in den letzten Jahren nicht fortgesetzt. Insbesondere der Cannabiskonsum ist zurückgegangen, nach der polizeilichen Kriminalstatistik lässt sich aber auch für harte Drogen wie Ecstasy und LSD eine geringere polizeiliche Auffälligkeit feststellen. Die Zahl der Rauschgifttoten, die im Jahre 1991 noch 2125 Tote betragen hatte, ist inzwischen auf 1331 Tote im Jahre 2009 zurückgegangen, was nicht zuletzt auf die Substitutionsprogramme zurückzuführen sein dürfte. Andererseits gibt es immer wieder Versuche, neue Drogenformen auf dem Markt zu platzieren, so das Mephedron, welches als Badesalz, Lufterfrischer, Düngemittel oder Kräutermischung als vermeintlich legale Alternative angeboten wird (Deutsche Hauptstelle für Suchtfragen 2011, 97 ff, 140 ff).

(5) Gesellschaftliche Akzeptanz

Die Frage, welche Drogen in unserer Gesellschaft als Genussmittel zulässig sind und welche unter Strafe stehen sollen, ist von unscharfen Begriffen wie Legalisierung, Freigabe und Entkriminalisierung bestimmt und nach wie vor nicht endgültig entschieden.

Richtig ist zunächst, dass es grundsätzlich einer Gesellschaft freistehen muss, ihre Angelegenheiten und die Sicherheit ihrer Bürger durch parlamentarischen Mehrheitsentscheid zu regeln. Ihre Verfassungstreue und Legitimität erhält eine solche Entscheidung allerdings nur dadurch, dass sie in Übereinstimmung mit den Erkenntnissen der Forschung steht und auf rationalen Argumenten beruht. Die bei uns geltenden Gesetze machen insofern nachdenklich, denn als wichtigstes Argument erscheint nicht etwa das Ausmaß der Schädlichkeit der Drogen. Diese ist nämlich bei Haschisch (das tendenziell zu Passivität führt) eher weniger dramatisch als bei Alkohol (der tendenziell durchsetzungsfördernd wirkt). Wichtig erscheint vielmehr die durch die wirtschaftlichen Lobbys und Werbeträger hergestellte gesellschaftliche Akzeptanz. Danach sind die in Deutschland herstellbaren Drogen wie Alkohol, die hier verarbeiteten Drogen wie Tabak oder das steuerlich interessante Glücksspiel bei uns akzeptiert, aber die vornehmlich im Ausland herstellbaren Drogen wie Cannabisprodukte, Kokain und Heroin verboten.

(6) Entkriminalisierungstendenzen

Eine Klärung eines Teilproblems ist durch die Entscheidung des Bundesverfassungsgerichts (BVerfG, Beschluss vom 9.3.1994, Strafverteidiger 1994, 295 ff) eingetreten. Dort wird zunächst einer Legalisierung und Freigabe widersprochen: *„Der Gesetzgeber verfolgt mit dem derzeit geltenden Betäubungsmittelgesetz ebenso wie mit dessen Vorläufern den Zweck, die menschliche Gesundheit sowohl des Einzelnen wie der Bevölkerung im Ganzen vor den von Betäubungsmitteln ausgehenden Gefahren zu schützen und die Bevölkerung, vor allem Jugendliche, vor Abhängigkeit von Betäubungsmitteln zu bewahren ... Dieser Zielsetzung dienen auch die Strafvorschriften des Betäubungsmittelgesetzes ...“*. Im Ergebnis verlangt das BVerfG aber aus Gründen der Verhältnismäßigkeit und des Übermaßverbotes einheitliche Einstellungsrichtlinien aller Bundesländer zu § 31a BtMG und tritt damit für ein allgemeines Absehen von Strafverfolgung bei Eigenkonsumdelikten mit geringen Mengen ein.

Zahlreiche Probleme sind aber nach wie vor ungeklärt, und es ist angesichts der teilweise festgefahrenen Positionen nicht immer ersichtlich, ob eine (möglicherweise brisante) Bestandsaufnahme wirklich politisch gewünscht wird. Eine psychologisch fundierte Drogenpolitik müsste in einer ehrlichen und von ökonomischen Zwängen unabhängigen Weise die bekannten Erkenntnisse durch medizinische und sozialwissenschaftliche Analysen des Pro und Contra für Drogen, Alkohol, Nikotin und andere Süchte vertiefen (vgl. Neudert 2001; Lüderssen 1994, 514) und dann in einem sozialen Diskurs balancierte Entscheidungen treffen.

3.7.2 Phasen der Sucht

Sucht kann die Folge von einmaligen Schlüsselerlebnissen sein, so dass es durchaus gerechtfertigt erscheint, vor einem leichtfertigen Ausprobieren zu warnen. Meist ist die Sucht jedoch die Folge eines längeren Prozesses, in dem defizitäre Entwicklungen nicht rechtzeitig aufgefangen werden. Das nachfolgende Phasenmodell – wie alle Phasenmodelle idealtypisch und vereinfachend – soll eine denkbare Entwicklung beispielhaft verdeutlichen (vgl. auch Kreuzer 1988, 199). Soweit ursächliche Zusammenhänge angedeutet werden, finden sich Erläuterungen im nächsten Abschnitt.

Phasen der Sucht

1. Phase (Probierstadium)
Als Folge frühkindlicher Entwicklungsstörungen und ungünstiger Lernerfahrungen kommt es zu Störungen in den Beziehungen des Süchtigen zu seinem Nahbereich, also zu Eltern, Geschwistern, Lehrern, Vorgesetzten, Freunden oder Freundinnen. Die mit der Pubertät auftretende Unsicherheit im Umgang mit anderen Menschen und das Fehlen von Vorbildern, Lösungen und Hilfen im Nahbereich führt zur Hinwendung zu gleichaltrigen Gruppen und Cliquen, da man dort Geborgenheit, Gemeinschaftsgefühl, Anerkennung und Statusgewinn findet. Neugier und die Suche nach Bewusstseinserweiterung sowie der soziale Druck in der Gruppe führen dazu, dass zum ersten Mal eine Droge genommen wird, häufig Alkohol und/oder Nikotin. Auch Cannabisprodukte wie Marihuana oder Haschisch können am Anfang stehen. Die These von Haschisch oder Marihuana als Einstiegsdroge für Heroin lässt sich aber nicht halten. Zwar kann man davon ausgehen, dass die meisten Heroinkonsumenten ihre Karriere mit Cannabisprodukten (Haschisch, Marihuana) begonnen haben; aber nur wenige Prozent der Haschischkonsumenten nehmen später auch harte Drogen. Insofern darf Kausalität und Korrelation nicht verwechselt werden. Der Weg einer Suchtkarriere ist daher vor allem von psychosozialen Faktoren bestimmt und kann nicht auf eine quasi schematische Abfolge von Drogen verkürzt werden.

2. Phase (Regelmäßigkeitsstadium)
Nicht mehr nur das Probieren, sondern das gezielte Einsetzen der Rauschmittel als Verstärker für Gefühle und Sinneswahrnehmungen ist typisch für diesen Zeitraum. Aus der gemeinsamen „prickelnden" Erfahrung, etwas Verbotenes, Illegales zu tun und der Furcht vor

den staatlichen Organen bzw. den von ihnen drohenden Sanktionen entsteht in der Gruppe ein Wir-Gefühl, die Kontakte zu drogenfreien Bezugspersonen bröckeln mehr und mehr ab. Durch die Drogen wird kurzfristig Entspannung, Harmonie, Angstfreiheit und insgesamt ein gesteigertes Selbstwertgefühl erreicht. Die Rauschmittel lösen aber die Probleme nicht, haben stattdessen Selbstüberschätzung, Konfliktvermeidungstendenzen und eine Antriebsschwäche zur Folge, welche zum weiteren Anwachsen der Probleme führt.

3. Phase (Gewöhnungsstadium)
Der dauerhafte Konsum führt zur Gewöhnung, so dass die typische Drogenwirkung nur durch vermehrte Einnahme oder Kombination mit anderen Drogen erreicht werden kann. Das Rauschgift wird jetzt vor allem zur Konfliktverdrängung und Problembewältigung benutzt. Die Drogen werden nicht mehr so sehr in der Gruppe, sondern allein genommen. Partnerschaft und Ehe sind gestört, die Drogenbeschaffung führt zu finanziellen Schwierigkeiten. Die Beziehungen zu anderen sind durch die Szene bestimmt und im Einzelnen zufällig, die Isolation nimmt zu. Es werden vor allem harte Drogen benutzt und vom Rauchen (Inhalieren) und vom Schnupfen (Einbringen über die Schleimhäute) kommt es zum Spritzen (in die Blutbahn). Damit einher geht eine Störung der kritischen Selbst- und Fremdwahrnehmung, Frustrationstoleranz und Selbstkontrolle nehmen ab, weiterer Leistungsabfall und Vernachlässigung der Körperpflege sind die Folge, und dem aufmerksamen Beobachter fallen häufige Rückzüge, scheinbar ohne Motivation (tatsächlich um zu spritzen), sowie ein abgestumpfter Blick auf.

4. Phase (Suchtstadium)
Sinn des Konsums ist nun nicht mehr die Suche nach Rauscherlebnissen, sondern die Vermeidung quälender Entzugserscheinungen steht im Vordergrund. Es erfolgt ein völliges Einsteigen in die Szene mit weiterer Zunahme der Abhängigkeit. Fixen wird zum „24Stunden-Job“, weil mit zunehmender körperlicher Abhängigkeit der Beschaffungsbedarf immer weiter zunimmt. Das ganze Denken und Handeln dreht sich um den Erwerb von Stoff. Da die familiären Beziehungen abgebrochen sind und auch der Ausbildungs- bzw. Arbeitsplatz verloren ist, kommt es zu einer zunehmenden Beschaffungskriminalität, um den täglichen Geldbedarf – in der Praxis werden Beträge zwischen 30 und 300 €/Tag genannt – sicherzustellen. Andere Drogenkonsumenten wählen den Weg der Prostitution und des Strichertums. Wieder andere versuchen, sich durch eigenen Handel das Geld zu beschaffen. Man kauft Heroin, streckt es und verkauft es weiter und finanziert dadurch seine eigene Sucht, wodurch ein Schneeballsystem entsteht. Die Persönlichkeitsstrukturen verändern sich, die Stimmungslage ist labil, Reizbarkeit, Selbstverachtung und Suizidversuche sind die Folge. Körperliche Infektionen, u. U. auch AIDS beeinträchtigen die Gesundheit und die soziale Vereinsamung nimmt weiter zu.

5. Phase (Abbaustadium)
Um Entzugserscheinungen zu vermeiden, werden Drogen jetzt exzessiv genommen. Bereits vorhandene Organschäden werden noch verstärkt, der körperliche Verfall schreitet voran, der Konsument wird zum Pflegefall. Die Persönlichkeit ist gekennzeichnet durch allgemeine Schwunglosigkeit, extreme Stimmungsschwankungen, Unberechenbarkeit, Gewalttätigkeit, die intellektuelle Leistungsfähigkeit baut deutlich ab. Die Verhältnisse in Beruf und Privatsphäre sind – abgesehen von einzelnen Kontakten in der Szene – desolat, Verarmung und Verelendung dominieren. Der Konsument kann sich nicht mehr selbst helfen und bricht zusammen.

4.7.3 Ursachen der Sucht

Es gibt kaum ein Krankheitsphänomen, für welches so zahlreiche Ursachen postuliert worden sind wie für den Suchtbereich. Die Ansätze gehen dabei, wie häufig, von biologisch-physiologischen Ursachenzuschreibungen auf den Körper über psychosoziale Erklärungen bis hin zu soziologisch-politischen Ursachenzuschreibungen auf die Gesellschaft (vgl. die Zusammenstellungen bei Schenk 1979; Rost 1987). Neuere Ansätze betonen die Multikausalität und Interaktivität der Ursachen und kommen zu Schwerpunktsetzungen bei einzelnen Süchten.

(1) Biologisch psychologische Theorien

Neurobiologische Theorien knüpfen an Störungen bei der Versorgung des Körpers mit Dopamin (Belohnungssystem), mit Serotonin (emotionaler Ausgleich) und Noradrenalin (Stressmanagement) an und postulieren ein genetisches Risiko (Prädisposition). Sie beschreiben die Lust als biologisches Präferenzsystem, befassen sich mit körperlichen Toleranzgrenzen für die Drogeneinnahme und bei wiederholter Einnahme, stellen auf die Bedeutung (und mögliche Blockierung) der Opiatrezeptoren und der Dopaminsysteme ab oder beschreiben die Erfahrung der Linderung von Schmerzen durch die Suchtmittel. Nach der **Gegensatz-Prozess Theorie** erworbener Motivation (vgl. Birbaumer & Schmidt 2010, 693 ff) kommt es vor allem bei häufiger Wiederholung von Verstärkern zu suchtartigem Verhalten. Typisch für eine Sucht ist es, dass die (lernpsychologisch bedeutsamen) Verstärker (Belohnungsmechanismen) sowohl eine positive wie auch eine negative emotionale Qualität aufweisen. Denn nach dem Konsum einer Droge geht es einem zunächst gut, weil man der unschönen Realität entflieht, dann aber schlecht, weil der Entzug einsetzt. Beide Wirkungen werden intern gegeneinander verrechnet, die resultierende Summe bestimmt die dominante Empfindung. Zur Sucht kommt es vor allem dann, wenn die Droge bereits während der negativen Gegensatz-Nachschwankung (Entzug) wieder erneut eingenommen wird, um die negativen Empfindungen möglichst kurz zu halten.

Psychoanalytische Ansätze. Sie betonen unterschiedliche Erkenntnisse der → Psychoanalyse (vgl. Rost 2009):

- Triebpsychologischer Ansatz: Orale Verwöhnung im ersten Lebensjahr kann in späteren Jahren zu übersteigerten oralen Forderungen und zu Suchtverhalten führen, welches dann der Reduktion der Triebspannung dient.
- Entwicklungspsychologischer Ansatz: Vernachlässigung im ersten Lebensjahr kann zu Bindungsschwäche führen und in späteren Jahren fehlendes Vertrauen und nur ungenügende Bindungsfähigkeit nach sich ziehen; das wiederum kann eine verstärk-

te Suche nach Anerkennung in Gleichaltrigengruppen und Drogenkonsum zur Folge haben.

- Ich-psychologischer Ansatz: Danach dienen Drogen als Mittel einer ich-schwachen, aber narzisstischen Persönlichkeit wie ein Abwehrmechanismus zur Abwehr von Affekten und Gefühlen, damit man sich nicht mit Wut, Scham, Eifersucht, Ängsten, Niedergeschlagenheit, Schwäche und Konflikten auseinandersetzen muss.
- Objektpsychologischer Ansatz: Die Droge wird als Substitut für ein fehlendes Liebesobjekt gesehen, wobei die autodestruktiven Aspekte der Drogenabhängigkeit eine unbewusste Todessehnsucht erfüllen sollen.

Lernpsychologische Ansätze. Sie stellen das Lernen in den Vordergrund:

- Nach der Bad Habit Theorie resultiert schädliches Verhalten aus der klassischen Konditionierung, also aus einem gleichzeitigen Auftreten von Drogengenuss und guten Gefühlen.
- Nach der Theorie vom operanten Konditionieren wirken externe Faktoren (Trinksitten), interne Faktoren (Einstellungen), drogeneigene Wirkungen (Enthemmung und Vermeidung der Entzugserscheinungen) verstärkend.
- Nach der Theorie vom Beobachtungslernen fördert das „Vorbildverhalten“ von als attraktiv eingeschätzten anderen Jugendlichen oder Szene-Persönlichkeiten wie Rockstars den Drogenkonsum.

Weitere psychologische Ansätze. Sie betonen einzelne Aspekte oder stellen die Frage nach den grundlegenden Bedürfnissen und Haltungen des Menschen:

- Motivationsansätze gehen von einem überdurchschnittlichen Bedürfnis der Suchtgefährdeten nach Stimulierung aus. Ähnlich argumentiert die die existentielle Theorie der Drogenabhängigkeit: Sie geht von einem grundlegenden Bedürfnis nach einem weiten Spektrum an Erfahrungen aus, welches beim Fehlen anderer Alternativen in der Droge gesucht wird.
- Selbstkonzepttheorien betonen die Bedeutung der Selbstachtung, denn durch den Drogenkonsum könne man die aus Minderwertigkeitsgefühlen herrührenden und als qualvoll empfundenen Selbstablehnungs-Einstellungen reduzieren. Andere Theorien gehen von Gefühlen der Leere und Verzweiflung aus, bei denen die User in Rauschmitteln Ersatz für fehlende Wärme und Geborgenheit suchen.
- Die Wahrnehmungstheorie stellt darauf ab, dass solange Drogen genommen werden, wie der für den User beobachtbare Nutzen (der in der Konfliktvermeidung liegt) größer ist als der wahrnehmbare Schaden (der ihm durch gesundheitliche Schäden oder Bestrafung droht), wobei allerdings die Realitätswahrnehmung zunehmend getrübt und beeinträchtigt sein kann.
- Die Kontrolltheorie betont den fehlenden Glauben an die Fähigkeit, die Umgebung zu beeinflussen und Stress bewältigen zu können. Kognitive Ansätze betonen weiter die Entstehung und Stabilisierung von positiven Einstellungen gegenüber Drogen.

B: Der 17-jährige Kai hat in den ersten Lebensjahren nie Nähe und Wärme im Umgang mit seinen Eltern erleben können (entwicklungspsychologisches Defizit). Auch in der Pubertät wird auf seine Gefühle nicht eingegangen, sie werden vielmehr tabuisiert. Nachdem seine ersten Versuche, mit gleichaltrigen Mädchen Kontakt aufzunehmen, fehlgeschlagen sind, weil es ihm schwer fällt, Gefühle zu zeigen, Nähe zu genießen und sich fallen zu lassen, beginnt er, Kokain zu schnupfen. Unter Kokain spürt er ein allgemeines Wohlbefinden und eine Erleichterung, er muss sich nicht mit seiner Scham und seinen Ängsten auseinandersetzen (ichpsychologischer Ansatz). Das verstärkt seinen Wunsch, regelmäßig Drogen zu nehmen und auch andere Drogen auszuprobieren (Lernprozess). Als er eines Abends unter Drogen nach Hause fährt, verliert er die Kontrolle über sein Fahrzeug und überfährt einen Fußgänger. Daraufhin flieht er zu Fuß in das elterliche Haus (Suche nach Wärme). Als er dort niemand antrifft, geht er in den Garten und erhängt sich, immer noch im Drogenrausch.

(2) Sozialpsychologische Theorien

Familienbezogene Ansätze. Sie betonen:

- die Erfahrung der fehlenden Familienhomöostase (des fehlenden familiären Gleichgewichts), der fehlenden familiären Stabilität, oder der Unvollständigkeit der Familie,
- die Auswirkungen einer unangemessenen Erziehung, wobei der überfürsorgliche, der überfordernde und der ambivalente, aber auch der vernachlässigende Erziehungsstil als schädlich angesehen werden,
- die Bedeutung von Krisen wie Tod, Trennung und Verlust innerhalb der Familie (Critical Life Events) für ein Abrutschen in die Sucht.
- Nach dem Kommunikationsansatz kann Sucht auch auf eine gestörte Kommunikation in der Familie und im Nahbereich zurückzuführen sein.

Gleichaltrige und Schule. Auch den Gleichaltrigengruppen und der Schule (→ Sozialisation) wird Bedeutung zugemessen:

- Die Bezugsorientierung von Jugendlichen primär auf Gleichaltrige in Cliquen wird als die Subkultur der Jugendlichen fördernd beschrieben. Alkohol und Drogen dienen zum Zusammenhalt und zur Abgrenzung von Erwachsenen.
- Für den Schulbereich wird der Zusammenhang zwischen den Anforderungen der Leistungsgesellschaft, die zu Leistungsangst und zu Schulstress führen, und Drogenkonsum betont, wobei die Drogen zur Reparatur des angeschlagenen Selbstwertgefühls genommen werden.

Arbeitslosigkeit und Sucht. Die hohe Anzahl von Arbeitslosen in Suchtberatungsstellen legt die Annahme nahe, dass es auch insofern einen Zusammenhang gibt.

- Allerdings sind weder die Arbeitslosen eine homogene Gruppe, noch können die unterschiedlichen Drogen gleich beurteilt werden.
- Eine vergleichende Untersuchung von Henkel legt aber nahe, dass die von den Arbeitsagenturen berichteten 5% bis 30% *Arbeitslose mit problematischem Suchtmittelgebrauch* wahrscheinlich auch auf kausale Effekte der Arbeitslosigkeit zurückgehen und dass insbesondere durch einen Abbau der Jugendarbeitslosigkeit suchtpräventive Effekte erzielt werden dürften (Henkel 2008, 13, 55f).

Mediale Wirkungen. Internet, Fernsehen und die zahlreichen anderen Medien können als „sozialisierende" Faktoren sowohl risikoerhöhende Wirkung (z.B. durch Werbung oder Verharmlosung) wie auch protektive Wirkung (durch Aufklärungen und Informationen) haben. Zunehmend wird allerdings auch der unkontrollierte Medienkonsum selbst zum Sucht-Problem.

(3) Sozial-ökonomische Erklärungsansätze

- In politisch-soziologischen Ansätzen wird darauf hingewiesen, dass es an Ausbildungsplätzen, an Wohnraum, an Perspektive, an positiven Leitbildern fehlt, dass aber andererseits die Medien pausenlos suchtfördernde Werbung darbieten.
- Ökonomische Ansätze betonen die ökonomischen Zusammenhänge von Angebot und Nachfrage, die Marktmechanismen mit ihren Taktiken des Verkaufs und der Herstellung von Abhängigkeit durch Mischdrogen, durch geschenkte Drogen, durch Druck und Erpressung sowie die soziale Situation in den Herstellerländern (Dritte-Welt Ländern).
- Die Verfügbarkeits- und Anfälligkeitstheorie geht davon aus, dass Konsum entsteht, wenn ein anfälliges Individuum einem hohen Grad der Verfügbarkeit von Drogen ausgesetzt wird.
- Soziale Konventionen und Normen erklären, warum die bei uns legalen Drogen wie Alkohol, Tabak oder Koffein quantitativ besonders großen Schaden anrichten.

(4) Komplexe Erklärungsansätze

Bei der für die Psychologie wichtigen Einzelfallanalyse kann jede der beschriebenen Ursachen dominant sein. Normalerweise ist aber ein komplexes Bedingungsgefüge wirksam. Vier Faktoren lassen sich dabei unterscheiden:

- Die Bedeutung des Individuums betonen psychologische und physiologische Theorien. Danach kann das Problem wie folgt gekennzeichnet werden: Jugendliche auf der Suche nach sich selbst, häufig verbunden mit einem negativen Selbstbild, Unfähigkeit, mit Konflikten umzugehen und der Versuch, Konflikten durch Flucht auszuweichen bzw. Langeweile, Neugierde und der Versuch, eine Bewusstseinserweiterung zu erhalten.
- Die Wichtigkeit des sozialen Nahbereichs erklären sozialpsychologische und soziologische Theorien. Sie betonen weitere Aspekte: gestörte familiäre Situation, Bindungslosigkeit, schaukelnder Erziehungsstil aus Über- und Unterforderung, fehlendes Urvertrauen, schlechtes Vorbild der Eltern; Schulstress und Leistungsangst, soziale und psychische Isolation (anders nur bei den Konsumenten aus Neugierde); Cliquen, die Anerkennung bieten und Gruppendruck ausüben.
- Die Rolle der Gesellschaft wird an Defiziten deutlich: im Mangel an Ausbildungsplätzen, an Wohnraum, an Perspektiven, an positiven Leitbildern; andererseits bietet die Gesellschaft suchtfördernde Werbung; es fehlen sonstige gesellschaftliche Leitbilder.
- Die Droge selbst trägt zum Problem durch ihre Verfügbarkeit und Zusammensetzung bei; die Situation in den Produktionsländern, fehlende gesellschaftliche Ächtung und polizeiliche Erfolge und Misserfolge wirken sich auf Angebot und Nachfrage aus. Auch situative Umstände können eine Rolle spielen.

(6) Interaktive Ansätze

Die beschriebenen Faktoren stehen zudem in einem interaktiven Zusammenhang. Dies ist deswegen besonders dramatisch, weil die Rückkopplungen wie Teufelskreise wirken und mit zunehmender Eigendynamik eine fortlaufende Verstärkung der Sucht nach sich ziehen (vgl. van Dijk 1983, 176ff):

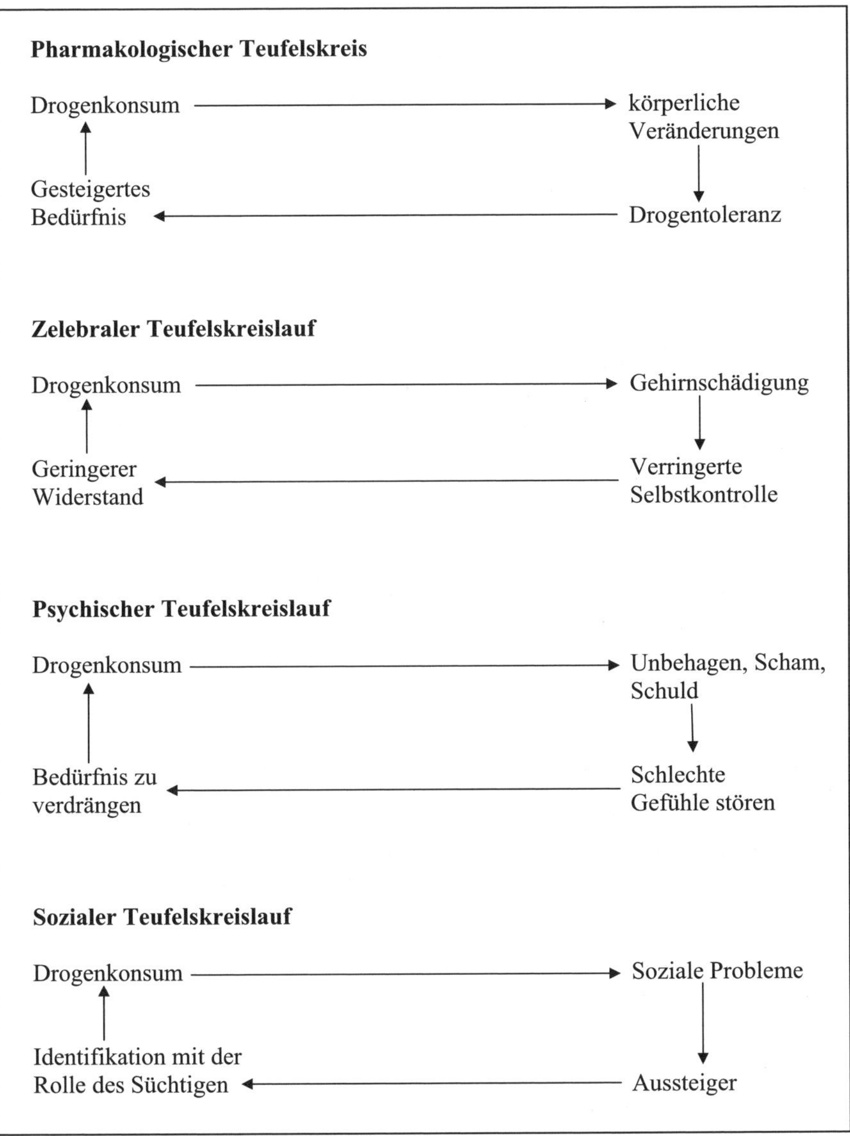

4.7.4 Prävention, Behandlung, Strafe

(1) Sucht und Prävention

Suchtprävention muss angesichts der beschriebenen Ursachen langfristig und auf breiter Ebene vorgehen. Aus den erkannten Ursachen lassen sich folgende Ansätze ableiten:

Individuum. Prävention sollte bereits im Kindesalter beginnen. Dabei muss es darum gehen,

- suchenden und pubertierenden Kindern und Jugendlichen eine Sinnorientierung zu bieten (→ Moral),
- unsichere Kinder und Jugendliche in ihrem Selbstbewusstsein zu stärken und ihnen die Fähigkeit zu vermitteln, nein zu sagen, belastbar zu sein, kommunikationsfähig zu sein und Verantwortung zu übernehmen,
- allgemeine Lebenshilfe durch organisatorische Hilfe, Hilfe zur Lebensbewältigung und zur Konfliktbearbeitung anzubieten, so dass kein Anlass besteht in eine drogeninduzierte Scheinwelt zu fliehen.

Nahbereich. Drogenprävention geht aber auch Familie und Schule etwas an. Daher gilt es, alles zu tun, um eine Flucht in die Droge unnötig zu machen, und

- defizitäre familiäre Strukturen zu verbessern oder zu ersetzen (→ Erziehung),
- Angst im Elternhaus und in der Schule zu vermeiden (→ Angst),
- Eltern, Kindergärtnerinnen, Sozialarbeiterinnen, Lehrerinnen, Präventionsbeamtinnen zu Mediatoren zu schulen, die das Wissen als Multiplikatoren weitergeben,
- schulische Prävention als Wissensvermittlung, aber auch als affektives Erleben in Rollenspielen oder Projekten oder als Standfestigkeitstraining zu begreifen.

Gesellschaft. Auf der gesellschaftlichen Ebene steht die politische Lenkung im Vordergrund, und es kommt darauf an,

- das Betäubungsmittelrecht unter Berücksichtigung des Spannungsverhältnisses zwischen Freiheit und Verantwortung immer wieder in den Blick zu nehmen,
- eine Vernetzung der Prävention durch eine Einbindung in kriminalpräventive Räte, Koordinationsstellen, Clearing-Stellen und durch Erfahrungsaustausch zu erreichen,
- Programme der Polizei und vor allem der aufsuchenden Sozialarbeit zu fördern, die über „Geh-Strukturen“ Gefährdete dort „abholen“, wo sie sich gerade befinden.

Droge. Was die Droge selbst betrifft, ist es wichtig,

- die Verfügbarkeit gefährlicher Drogen durch Unterbrechung des Handels, über geeignete Entwicklungshilfe, über polizeiliche Maßnahmen und Kontrollen bei Ärzten und Apothekern zu verringern,
- durch gesetzliche Vorschriften den Konsum gerade junger Menschen zu erschweren, wie z. B. in den §§ 9 und 10 Jugendschutzgesetz mit dem Verbot von öffentlichem Verkauf von Alkohol und Tabak erfolgt,
- die Werbung für Drogen abzubauen bzw. zu verbieten und Anti-Drogen Kampagnen in den Medien sowie Image-Umkehr Programme zu fördern (mit Losungen wie „Rauchen ist out" ist dies teilweise auch gelungen).

(2) Sucht und Motivation

War die Prävention erfolglos und ist Abhängigkeit eingetreten, stellt sich als zentrales Problem zunächst die Motivation des Suchtkranken.

(a) Der Abstinenz-Akzeptanz Streit. In der Praxis immer noch umstritten ist, ob vom Suchtkranken sofort vollständige Abstinenz verlangt werden muss oder ob auch ein langsamer Ausstieg möglich ist. Hinter dem Streit verbergen sich meist grundsätzliche Positionen:

Abstinenz oder Akzeptanz

- Die Vertreter des Abstinenzansatzes verlangen eine klare Trennung des Süchtigen von der Drogenszene, lehnen Substitution und Spritzentausch ab, betonen die Entscheidungsunfähigkeit des Süchtigen und setzen auf kontrollierende Fürsorge.
- Die Vertreter des Akzeptanzansatzes akzeptieren zunächst den Süchtigen in seiner Lebenslage, fordern niedrigschwellige Hilfen wie Spritzentausch und Substitution, treten für eine Stärkung der Entscheidungskompetenz des Süchtigen ein und setzen auf unterstützende Hilfe zur Selbsthilfe.

Psychologisch gesehen ist hier zu differenzieren. Richtig ist zunächst, dass Suchtkranke wegen ihrer Labilität und Ichschwäche häufig überfordert sind, im Umgang mit Drogen differenzierende Mittelwege zu gehen. So gehört es zu den immer wieder beobachtbaren Verhaltensweisen von Suchtkranken, dass sie vorschieben, den Drogenkonsum verringert zu haben, obwohl dies nicht zutrifft und nur als Ausrede für fehlende Krankheitseinsicht, manchmal auch zum Selbstbetrug, jedenfalls aber zur Stabilisierung des aktuellen Zustandes dient. Für den Einstieg und die Phase bis zur möglicherweise erst nach Jahren erreichten Stärkung und soliden Festigung der Eigenverantwortlichkeit ist es daher regelmäßig eine Hilfe, ein konsequentes Drogenverbot auszusprechen. Eine therapeutische Monokultur nach der Art

„hartes Durchgreifen im Strafvollzug, stationäre Langzeittherapie und lebenslange Abstinenz“ wird allerdings den vielfältigen menschlichen Unterschieden nicht gerecht. Entweder-Oder Alternativen sind immer kategorisierend, vereinfachend und damit nicht einzelfallbezogen. Erforderlich sind daher vor allem für sonst nicht erreichbare Langzeitrauschgiftabhängige flexible Angebote, die niederschwellig mit Drogenersatzprogrammen beginnen und damit zunächst Nebenfolgen wie Beschaffungskriminalität, Prostitution und Gesundheitsgefährdung verringern und die Therapiebereitschaft erhöhen. So kann man Personen erreichen, die sonst keine Angebote mehr wahrnehmen (könnten), evtl. aber auch solche, die noch keine lange Drogenkarriere aufweisen und deren Leidensdruck noch nicht so groß ist. Manchen gelingt es auch, sich durch immer geringere Dosierungen von Ersatzstoffen langsam aus der Sucht „herauszuschleichen“.

(b) Das Co-Verhalten Problem. Das unterstützende Verhalten der Angehörigen und Freunde kann sie unbewusst zu Komplizen der Sucht machen, denn sie schützen den Süchtigen vor den Konsequenzen seines Verhaltens, indem sie ihm finanziell helfen, ihn bei anderen entschuldigen und alles Nötige für ihn erledigen.

Co-Verhalten der Partner

Für die Angehörigen liegt der psychologische Gewinn darin, dass der Süchtige ihr Selbstwertgefühl steigert, denn sie sind nun der große Organisator, Helfer oder Märtyrer. Für den Süchtigen liegt die demotivierende Wirkung dieses Verhaltens darin, dass Leidensdruck nicht entstehen kann, da die negativen Wirkungen einer Verelendung unterbleiben und die angenehmen Wirkungen der Droge die größere Verstärkerwirkung haben.

B: Der vornehmlich in der Wirtschaftsberatung tätige Senior S. einer Anwaltskanzlei hat sich daran gewöhnt, nicht nur bei seinen häufigen Geschäftsessen, sondern auch sonst bei geschäftlichen und privaten Problemen dem Alkohol zuzusprechen. Seine Alkoholkrankheit fällt allerdings zunächst nicht auf, denn seine Kollegen übernehmen für ihn die Termine, wenn er alkoholbedingt „indisponiert“ ist und seine Frau entschuldigt ihn bei Freunden und Verwandten und betreut fürsorglich die zeitweilig auftretenden Entzugssymptome. Erst als seine Frau sich nach vielen Jahren von ihm trennt und die gemeinsamen Kinder mitnimmt, bricht das Trugbild zusammen. S. geht nur noch unregelmäßig zur Arbeit und wird schließlich in verwahrlostem Zustand von der Polizei aufgegriffen und, weil er herumpöbelt, auch festgenommen. Der eingeschalteten Gerichtshelferin gelingt es, den „mit sich und der Welt völlig fertigen“ S. von der Notwendigkeit einer Therapie zu überzeugen, die er auch in einer anderen Stadt erfolgreich beendet.

(c) Therapie statt Strafe (35ff BtMG). In zahlreichen Fällen hängt die Entscheidung zur Therapie von justiziellem Druck ab (vgl. dazu Kindermann 1992, 144).

> **Extrinsische und intrinsische Motivation**
>
> Drogentherapien, die nicht aus eigenem Antrieb, sondern als Teil des staatlichen Sanktionssystems erfolgen, beruhen – auch wenn formal eine Zustimmung erforderlich ist – auf einer extrinsischen Motivation. Sie kann als Anschubmotivation dienen, ist aber für sich genommen nur so lange wirksam, wie die Außenverstärker (Strafdrohung und der Wunsch, nicht in den Knast zu kommen) vorhanden und – was bei suchtgestörten Persönlichkeitsstrukturen nicht selbstverständlich ist – im Individuum auch innerlich repräsentiert sind. Dauerhafte Verhaltensänderungen können damit nur für den Fall erreicht werden, dass im Laufe der Zeit eine eigengetragene intrinsische Motivation (also der innere Wunsch, etwas gegen die Abhängigkeit zu tun) hinzukommt. Die Entwicklung einer intrinsischen Motivation ist aber psychologisch nicht ohne weiteres zu erwarten, da das System Strafvollzug ein Vertrauensverhältnis erschwert und die Therapien belastet.

Eine Untersuchung von Egg (1993, 26ff), der eine Stichprobe von 300 nach § 35 BtMG entschiedenen Fällen analysierte, zeigte aber, dass immerhin die Hälfte der auf diesem Weg begonnenen Therapien erfolgreich beendet wurde; in einem Beobachtungszeitraum von drei Jahren zeigte die Therapiegrupe zwar eine Rückfälligkeit von über 50%, lag aber damit deutlich besser als die Gruppe derjenigen, die die Therapie gar nicht erst angetreten oder abgebrochen hatten. Entscheidend dürfte es in der Praxis sein, dass die Therapieüberleitung möglichst frühzeitig erfolgt, dass der Betroffene die Therapie auch wirklich selbst will, dass es zwischen der Justiz und den Therapeuten zu einer Arbeitsbeziehung kommt und dass wichtige therapeutische Wirkfaktoren (Beziehung zum Therapeuten, gutes therapeutisches Setting) dem Klienten eine ernsthafte Alternative bieten können.

(3) Sucht und Behandlung

Interventionen und Maßnahmen können und sollten auf vielfältige Weise, ambulant und stationär, in Einzel- und Gruppenarbeit, auf der Basis unterschiedlicher psychologischer Konzepte, erfolgen. Wichtig ist, dass sie bei der individuellen Motivation anknüpfen.

(a) Sucht und akuter Drogenvorfall. Vor allem Sozialarbeiter und Polizeibeamte müssen damit rechnen, dass es im Umgang mit Drogenabhängigen zu akuten Vorfällen kommen kann, die ein sofortiges Eingreifen erforderlich machen. Bei akutem Drogenvorfall ist ärztliche Hilfe erforderlich. Eine sinnvolle Reaktion hängt von der Art der genommenen Drogen ab.

Akuter Drogenvorfall

Ganz allgemein gilt:

- einen kompetenten Arzt hinzuziehen,
- eine andere Krankheitsursache ausschließen,
- die Art der Droge und die Obergruppe abklären,
- Intoxikation und Entzugssituation unterscheiden.

Bei Intoxikation, also einer Überdosis, gilt in den meisten Fällen:

- Atemwege freihalten, notfalls beatmen,
- Vorsicht, Ansteckungsgefahr, evtl. durch Nase beatmen,
- Ruhe ausstrahlen und behutsam beruhigen,
- den Kranken nicht alleinlassen.

Bei Entzugssymptomen, häufig gekennzeichnet durch Nervosität, Schwitzen, Tränen, laufende Nase, Schüttelfrost und Hitzewallungen, Anstieg von Blutdruck, Temperatur und Atmung, Erbrechen, Durchfall, Gewichtsverlust, gilt:

- Instrumentelles Täuschungsmanöver (um Drogen/Hilfe zu erhalten) ausschließen,
- Ruhe ausstrahlen und behutsam beruhigen,
- den Kranken nicht allein lassen,
- bei Erbrechen: Atemwege freihalten.

(b) Ambulante Maßnahmen. Sie eignen sich insbesondere für leichtere Fälle oder wenn eine stationäre Therapie abgelehnt wird.

Drogenberatung. Wichtige Eckpfeiler sind Kostenfreiheit bzw. Kostenübernahme durch Versicherungsträger sowie die Vertraulichkeit der Gespräche; unnötige Polizeikontakte sind daher zu vermeiden. Ist das Vertrauen gegeben, kann einerseits Aufklärung über Risiken und über Alternativen, andererseits aber auch praktische Hilfe z.B. über Spritzentausch und ambulante Einzelfallbehandlung angeboten werden.

Aufsuchende Sozialarbeit. Sie ist für Konsumenten mit Schwellenängsten und für langjährig Abhängige erforderlich und dient der Kontaktaufnahme und der Behandlungsmotivation, beschränkt sich allerdings manchmal auch nur auf Hilfen für die Gesundheit (AIDS Prophylaxe durch saubere Spritzen) und die Bereitstellung von Wohnraum und Schutzräumen.

Blitz-Entziehung. In akuten Krisen kann seit einiger Zeit auch eine sog. Blitz-Entziehung (meist mit kurzzeitigem Krankenhausaufenthalt) erfolgen. Mediziner nutzen Entwicklungen der pharmakologischen Suchtbekämpfung und setzen dabei auf Stoffe, die die Heroin- und Opiatrezeptoren der Nervenzellen verstopfen, so dass Opiate nicht mehr andocken und keinen Rausch mehr hervorrufen können. Solange das Medikament eingenommen wird, sind die Rezeptoren blockiert und, es kann keine körperliche Abhängigkeit entstehen. Die psychischen Abhängigkeitsfaktoren werden dadurch aber nicht bearbeitet.

Substitutionsprogramme. Dazu zählen z.B. Methadonprogramme, die darauf beruhen, dass das im Verhältnis zu Heroin relativ weniger gefährliche Methadon oder andere Ersatzdrogen gegeben werden, mit der Folge, dass einerseits die quälenden Folgen eines Entzugs ausbleiben, andererseits aber auch keine euphorisierenden Wirkungen eintre-

ten, so dass nicht nur die Beschaffungsdelinquenz wegfällt, sondern auch eine größere Alltagsbewährung möglich ist.
Selbsthilfegruppen. Sie haben sich inzwischen zu den verschiedensten Süchten gebildet und eignen sich insbesondere zur Nachsorge. Sie bieten zumeist wöchentlich den ehrlichen Erfahrungsaustausch und manchmal in eigenen Wohngruppen auch alternative Lebensformen an.

(c) Stationäre Angebote. In den beiden letzten Jahrzehnten sind vielfältige Therapieangebote entstanden. Sie befinden sich teilweise abgeschieden auf dem Land, um Abstand zur „Drogenszene" zu schaffen, teilweise in der Stadt, um familiäre Kontakte zu ermöglichen und den harten Praxistest zu erproben. Sie bauen teilweise auf die tatkräftige Mithilfe in ländlichen Betrieben und wollen wieder ans Arbeitsleben heranführen, haben teilweise für schwere Fälle mit lang anhaltendem Konsum eher betreuenden Charakter. Sie können als Einzeltherapie erfolgen, werden jedoch meist als Gruppentherapie angeboten, weil damit gemeinsame Lernprozesse angeschoben und die Kosten verringert werden können. Die noch vor einigen Jahren langen Wartelisten sind in vielen Regionen geschrumpft, insbesondere bei Wiederholungsanträgen kann es aber zu langwierigen Prüfungen kommen. Die früher übliche und auch sinnvolle Therapiedauer von etwa 2 Jahren wird allerdings heute kaum noch von der Rentenversicherung bezahlt, Therapien von 6 bis 12 Monaten sind besonders häufig. Langzeittherapien können unterschiedliche Formen haben, nicht zuletzt deswegen, weil sie den individuellen Problemen der Süchtigen gerecht werden müssen. Typischerweise sehen sie in etwa wie folgt aus:

Phasen der Therapie

0 Phase: Der zunächst entscheidende Schritt ist die oben beschriebene Motivationsförderung. Sie kann durch (meist kommunal finanzierte) Beratungsstellen, aufsuchende Sozialarbeit oder kritische Life-Events (Beziehungsabbrüche, Arbeitsplatzverlust, Erkrankungen) erfolgen. Sie kann Jahre dauern und muss im geeigneten Moment (wenn es dem Betroffenen besonders „dreckig" geht) ein konkretes und akzeptables Angebot vorhalten.
1. Phase: Stationäre körperliche Entgiftung in geeigneten Kliniken, evtl. auch ambulant, Entzug und Behandlung eventueller Abstinenzerscheinungen, auch mit Akupunktur oder als Blitz-Entzug, Behandlung anderer Krankheiten, Diagnostik, Dauer zumeist nur einige Tage, Kostenträger ist die Krankenkasse.
2. Phase: Stationäre Therapie mit Drogenverzicht und Einverständnis in regelmäßige Kontrollen, Aktivierung des Kranken durch Beschäftigungstherapie und kreative Tätigkeiten wie Maltherapie, positive Entfaltung der Persönlichkeit z. B. durch autogenes Training und kulturelle Förderung, körperliche Stärkung durch Sport, Betreuung und Behandlung der Begleiterscheinungen und vor allem Gruppentherapie und/oder Einzeltherapie mit kognitiven und verhaltenstrainierenden Anteilen. Was die Angehörigen betrifft, gilt häufig in den ersten Wochen ein Kontaktverbot, um eine Gefährdung der Therapie von außen zu unterbinden, erst danach kommt es zum „Belastungsurlaub" oder „Belastungsbesuch". Beziehungen innerhalb der Anstalt unter den Klienten sind zumeist unerwünscht, weil

dadurch der Leidensdruck und der Wunsch, sich zu verändern, nachlässt. Die Dauer ist unterschiedlich, meist 6 Monate oder mehr, Kostenträger ist die Rentenversicherung.
3. Phase: Wiedereingliederungsversuch mit Teilarbeit oder Wohnung außerhalb, Beschäftigungshilfe, Arbeitsförderung, Selbsthilfegruppen, betreutes Wohnen, ambulante Ganztagesbetreuung, Rückkehrhilfe, Integration der Familie, Verstärkerprogramme. Die Dauer ist unterschiedlich, meist 3 Monate oder mehr, Kostenträger meist noch die Rentenversicherung, aber auch die Wohlfahrtsverbände und Kommunen.
4. Phase: Langfristiger Halt in Selbsthilfegruppen und nachgehende Betreuungsangebote über Jahre, z.B. in Tageskliniken oder therapeutischen Wohngemeinschaften, mit der Möglichkeit, in Krisen einen Ansprechpartner zu finden und notfalls sofort für einige Tage zurückzukommen, also stationäre Krisenintervention. Ermöglichung von Kurzzeit- und Intervalltherapien bei Rückfall. Kostenträger z.B. Kommunen und Wohlfahrtsverbände, evtl. auch Versicherer.

(d) Therapie für junge Menschen. Spezielle Therapien werden eher selten angeboten, wären aber insbesondere bei jungen Menschen vielversprechend. Fischer & Lammel 2009, 142ff weisen darauf hin, dass:

- die Jugendhilfe als erster Ansprechpartner ihre Berührungsängste mit therapeutischen Prozessen verlieren sollte,
- es für Mädchen spezielle, insbesondere traumatherapeutische Behandlungsangebote geben sollte,
- Nachreifungsprozesse insbesondere im emotionalen Bereich besonders gefördert werden sollten, und
- die Nachsorge durch Selbsthilfegruppen und neue Netzwerke und Freundeskreise ein wichtiger Stabilitätsfaktor ist.

(4) Sucht, Strafe und Strafvollzug

(a) Drogen und Polizei. Angesichts des großen Dunkelfeldes und der breiten Nachfrage ist die polizeiliche Drogenarbeit eine Sisyphusarbeit im doppelten Sinne. Zunächst ist zwar unstreitig, dass der Drogenimport und der Drogenhandel eingedämmt werden müssen. Besser wäre es aber natürlich, das Problem in den Anbauländern zu lösen. Das ist wegen sozialer Not und kriegerischen Auseinandersetzungen (wie z.B. in Afghanistan) aber nur schwer möglich. Zum andern ist auch die Bekämpfung der offenen Drogenszene nicht unproblematisch, denn das führt keineswegs notwendig zur verstärkten Annahme von Hilfeangeboten (so wohl Hoeft 1999), sondern auch zum Abtauchen in den Untergrund.

(b) Sucht und Strafe. Die komplexe Gesetzeslage, die trotz der Forderung des Bundesverfassungsgerichts immer noch uneinheitliche Einstellungspraxis der Polizeien und Staatsanwaltschaften hinsichtlich sog. kleiner Mengen und die vom Ausgang her nicht immer berechenbaren Strafverfahren erschweren eine psychologisch wirksame Normverdeutlichung. Auch kann es angesichts der beschriebenen Wirkungen der Abhängigkeit nicht verwundern, dass die ohnehin nur eingeschränkte generalpräventive Wirksamkeit von Strafen gerade bei Drogenabhängigen noch geringer ausfällt. Wer wirklich süchtig ist, bei dem funktionieren weder Moral noch Überich noch ist er in der Lage, den in der Strafe liegenden negativen Verstärker zu erkennen, ihn kann daher die drohende Bestrafung nicht schrecken.

(c) Sucht und Strafvollzug. Die Zahl der Drogenabhängigen im Vollzug hat sich nach einem starken Anstieg in den letzten Jahrzehnten inzwischen stabilisiert. Geschlossene Anstalten in großen Städten wie Fuhlsbüttel in Hamburg sind aber immer noch mit zahlreichen Insassen belegt, die im Zusammenhang mit Betäubungsmitteln verurteilt worden sind. Der Gedanke, dass ein Strafvollzug mit einer innen offenen Anstalt, mit Besuchsrechten, Urlaub und Freigang drogenfrei gehalten werden könnte, ist nach allen praktischen Erfahrungen theoretischer Natur. Die in allen Körperöffnungen eingeschmuggelten Drogen könnten auch bei deutlich gesteigertem Personalaufwand kaum in menschenwürdiger Weise ausgeschlossen werden. Die Anstrengungen sollten also dahin gehen, den Strafvollzug möglichst zugunsten einer Therapie zu vermeiden, Beratung auch im Vollzug einzuplanen, die Motivation zum Ausstieg zu stärken, Substitutionsprogramme über Methadon auch im Vollzug anzubieten, eigene Stationen mit hoher Kontrolldichte für Dealer, Abstinenzwillige und nicht Abhängige einzurichten und die Ausbildung der Bediensteten zu verbessern.

(d) Rückfallprognose. Eine Verlaufsuntersuchung in Deutschland (Forschungsprojekt Amsel: Kindermann 1994, 50f) ergab, dass bei einer Stichprobe von 324 in den Jahren 1985 und 1986 befragten Heroinabhängigen nach 5 Jahren (teils mit, teils ohne Interventionen) rund 36% ohne Heroinabhängigkeit lebten, 37% weiterhin abhängig oder im Gefängnis oder in Therapie und die übrigen entweder nicht auffindbar oder gestorben waren. Die Untersuchung bestätigte weiter, dass – einerseits – die Chance auf Drogenfreiheit bei denjenigen, die längere Zeit eine stationäre Therapie absolviert haben, dreimal höher war als bei denen, die mehr szeneorientiert lebten und dass – andererseits – die Prognose bei frühem Beginn des Drogenkonsums, bei großer Dauer, weiter fortschreitendem Stadium und fortdauernd unvollständig gestörter Familie zunehmend schlechter wird. Eine weitere Differenzierung unternahm Weymann (1993, 170ff) bei einer metaanalytischen Zusammenstellung verschiedener Untersuchungen. Die von ihr genannten Zahlen müssen allerdings mit Zurückhaltung interpretiert werden, da die beschriebenen Interventionen jeweils nur für bestimmte Gruppen der Klientel geeignet sind und die Erfolgsquote entscheidend von der Auswahl und Zusammensetzung der untersuchten Stichprobe und daneben auch vom Therapeut-Klient Verhältnis abhängig ist. Danach kommt es bei *ambulanter Behandlung* in Drogenberatungsstellen zu einer planmäßigen (allerdings nicht notwendig erfolgreichen) Beendigung der Therapie in 20% der Fälle und zu einer Abbruchquote von 50%, bei *Maßregelvollzugsanstalten* zu einer Erfolgsquote hinsichtlich der Drogenfreiheit von 31–35% und zu weiteren positiven Effekten bei der Sozial- und Legalbewährung, bei *therapeutischen Wohngemeinschaften* zu einer Erfolgsquote bei der Opiatfreiheit von ca. 30–40% und zu weitergehender sozialer Integration und beruflicher Rehabilitation und bei länger andauernden *Ersatzdrogenprogrammen*, die sich vornehmlich für Altfixer und für Abhängige, die am Anfang ihrer Drogenkarriere stehen, eignen, zu einem Rückgang der Kriminalität von 75% bis über 90% sowie zu einer Verbesserung des allgemeinen Gesundheitszustandes und der Mortalitätsrate.

*B: Der **Fall Werner A** ist ein Beispiel, welches belegt, dass gerade in der Suchttherapie viel Geduld erforderlich ist (vgl. die ausführliche Darstellung von Essler 1993, 63ff): Der wegen einer Suchtproblematik und Heroingeschäften zu einer langjährigen Freiheitsstrafe und anschließender Sicherheitsverwahrung verurteilte Werner A bewirbt sich für die Sozialtherapie. Im Zugangsgespräch wird deutlich, dass der misstrauisch-schroffe, ziemlich isoliert lebende 32jährige A nicht etwa inneren Leidensdruck verspürt, sondern das Urteil als ungerecht ansieht und sich dem Regelvollzug entziehen will. Gleichwohl wird er akzeptiert. Aber die Kontakte mit der Therapeutin und zur Wohngruppe bleiben über einen langen Zeitraum oberflächlich. Rollenspiel ist undenkbar, Sport lehnt A ab. In der Einzeltherapie ist die Kommunikation schwierig, Fragen werden schroff oder emotionslos knapp beantwortet. Nach langer Zeit nimmt A unangekündigt an einer kreativen Gruppensitzung teil, malt ein Bild und gibt in der nachfolgenden Einzeltherapie auch Teile seiner Lebensgeschichte preis; es wird deutlich, dass er seinen Vater als tyrannisch und unberechenbar erlebt hat und nie Vertrauen aufbauen konnte. Dann gibt es plötzlich Drogengerüchte, zwei Urinkontrollen weisen Haschischbefunde aus. Das Vertrauen zur Therapeutin ist gestört, A reagiert mit Wut und Enttäuschung; er zeigt sich fordernd, was die Bediensteten auf eine harte Probe stellt, aber auch ein erstes Aufbrechen seiner inneren Isolation bedeutet. Nach einiger Zeit gelingt es, ihn als Freigänger arbeiten zu lassen, so dass sich die Situation wieder beruhigt und A große Hoffnungen in eine baldige Freilassung setzt. Als die Strafvollstreckungskammer sein Gesuch ablehnt, bleibt er der Anstalt fern, wird aber kurz danach wieder festgenommen. Es folgen zwei weitere Behandlungsjahre, in denen A intensiver über sich selbst nachzudenken und zu sprechen beginnt. Nach einer erneuten Freigangphase wird er schließlich entlassen. Seit seiner Entlassung sind inzwischen 8 Jahre vergangen. A hat inzwischen eine Lehre abgeschlossen und ist stolz darauf, über ein gutes Einkommen zu verfügen.*

4.7.5 Exkurs: Alkoholkrankheit

(1) Erscheinungsbild und Definitionen

Häufigkeit. 2009 wurden je Einwohner etwa 110 l Bier, 24 l Wein und Sekt sowie etwa 5 l Spirituosen zu Trinkzwecken konsumiert. Die Einnahmen aus alkoholbezogenen Steuern betrugen 2009 rund 3,3 Milliarden €. Der Versuch, vom konsumierten Alkohol auf die persönliche Dosis zu schließen, ist aber wenig sinnvoll, denn etwa 10% der Bevölkerung verbrauchen rund 50% des insgesamt verbrauchten Alkohols. Schätzungen gehen davon aus, dass gemessen an den DSM-IV-TR Kriterien (s.u.) innerhalb von 12 Monaten etwa 3,8% der Bevölkerung (6,4% Männer und 1,2% Frauen) Alkohol missbrauchen und 2,4% (3,4% Männer und 1,4% Frauen) als alkoholabhängig bezeichnet werden müssen (vgl. Deutsche Hauptstelle für Suchtfragen, Jahrbuch Sucht 2011, 7ff).

DSM-IV-TR Kategorisierung. Sowohl der Begriff „Alkoholismus" als auch der Begriff „Alkoholkrankheit" sind der Umgangssprache entnommen. Im auch an der amerikanischen Forschung ausgerichteten wissenschaftlichen Bereich wird daher meist auf die Begrifflichkeit der American Psychiatric Association in ihrem DSM-IV-TR Manual zurückgegriffen. Danach ist zwischen Alkoholmissbrauch und Alkoholabhängigkeit zu unterscheiden.

Alkoholmissbrauch (DSM-IV-TR: 305.00) ist danach vor allem durch Merkmale der psychischen Abhängigkeit charakterisiert:

- die Unfähigkeit, das Trinken zu reduzieren,
- Nachlassen der beruflichen und sozialen Anpassung,
- Dauer der Störungen mindestens einen Monat.

Alkoholabhängigkeit (DSM-IV-TR: 303.90) ist zusätzlich durch die Merkmale physischer Abhängigkeit gekennzeichnet:

- Toleranzerscheinungen,
- Entzugserscheinungen.

ICD-10 Kategorisierung. Etwas anders ist die Unterscheidung in dem für die deutsche ärztliche Praxis besonders wichtigen ICD-10 System, welches nach schädlichem Gebrauch und Abhängigkeit unterscheidet.

Für den *schädlichen Gebrauch* (F10.1) wird eine tatsächliche Schädigung der psychischen oder physischen Gesundheit des Konsumenten (z.B. eine Hepatitis oder eine depressive Episode) verlangt.

Für das *Alkoholabhängigkeitssyndrom* (F10.2) gelten die bereits oben genannten Kriterien, wobei einzelne Ausprägungen durch nachgeordnete

Kategorien beschrieben werden, so der ständige Substanzgebrauch (F10.25) und der episodische Substanzgebrauch (F10.26).

Typisierung nach Jellinek und Feuerlein. Der ältere, aber in der ärztlichen Praxis häufig noch anzutreffende, Ansatz von Jellinek und Feuerlein (vgl. Soyka & Küfner 2008, 252) unterscheidet verschiedene Typen des Alkoholismus wie den:

- Alpha-Trinker (Konflikttrinker),
- Beta-Trinker (Gelegenheitstrinker),
- Gamma-Trinker (Süchtige Trinker),
- Delta-Trinker (Gewohnheitstrinker),
- Epsilon-Trinker (Episodische Trinker).

Wirkungen des Alkohols. Alkoholismus hat vielfältige Auswirkungen, sie hängen von der körperlichen Konstitution, dem psychischen Gesamtzustand, der Alkoholtoleranz und den Umweltbedingungen ab (vgl. dazu Nöldner & Renner 1993). **Körperliche** Anhaltspunkte können sich ergeben aus körperlichen Hinweisen, da Alkohol auf das Zentrale Nervensystem (ZNS), insbesondere auf das Gehirn wirkt; so *aus motorischen Störungen* (wegen Störung des Kleinhirns), Tunnelblick (wegen Störung der Mittelhirnfunktion), Störungen des Sprach- und Schreibvermögens (wegen Großhirnstörung), *Alkoholgeruch* (der „Fahne“), aus den *Folgeschäden* wie Lebererkrankungen, Kreislaufversagen, Gichtanfällen, Alkoholhalluzinose; evtl. aus dem äußeren Erscheinungsbild, wobei eine allgemeine Vernachlässigung der Hygiene und eine Verwahrlosung vor allem für das Abbaustadium typisch ist. Auch gravierende **psychische** Folgen sind bekannt, einzelne Symptome können allerdings auch bei Personen mit anderen Krankheitsbildern (z.B. Epilepsie) auftauchen. Typischerweise ist zu erwarten eine *Verstärkung der Grundstimmung* und der vorhandenen Verhaltenstendenzen, das Handeln ist eher impulsiv, der Betroffene ist leichter erregbar, Umwelteinflüsse treffen auf eine verminderte allgemeine Frustrationstoleranz, *eine Enthemmung*, der Kontakt im Umgang mit anderen ist ungehemmter, man wird risikogeneigt und leichtsinnig, Provokationen, Normverstöße und Widerstand bei polizeilichen Handlungen sind wahrscheinlicher, *eine Steigerung des Selbstwertgefühls*, Überheblichkeit und Selbstdarstellung führen dazu, dass sich die Betroffenen produzieren wollen, Eigensinn und Uneinsichtigkeit wirken sich als unflexibles Verhalten aus. Daneben gibt es **soziale** Auswirkungen. Die Erfahrung zeigt, dass viele Kindesmisshandlungen, Misshandlungen von Ehepartnern, sexuelle *Gewaltdelikte*, gesundheitliche Probleme, Arbeitsplatzsorgen und damit auch Ehe-, Sorgerechts- und *Unterhaltsprobleme* mit Alkohol in Zusammenhang stehen. Lambrou (2010) spricht daher von der Familienkrankheit Alkoholismus und thematisiert wie auch Zobel (2008) das fehlende Vertrauen in der Familie, den Zwang zur Geheimhaltung, die *Ohnmacht* und die damit verbundene Co-Abhängigkeit der anderen Familienmitglieder, die Rollenverteilungen, aber auch die Möglichkeiten, Kinder stark zu machen und dieser Situation und diesem System zu entrinnen.

(2) Entwicklung der Alkoholabhängigkeit

Die Schwere der Alkoholabhängigkeit ist in Anlehnung an die im DSM-IV-TR und ICD-10 beschriebenen Merkmale und an die oben dargelegte Einteilung bei Jellinek und Feuerlein umso größer, je stärker und ausdauernder die Symptome auftreten. Dabei lassen sich drei Phasen unterscheiden:

Phasen der Alkoholabhängigkeit

1. Regelmäßigkeitsphase (entspricht in etwa der Prodromalphase):
- Regelmäßigkeit des Trinkens bis zum täglichen Alkoholkonsum und
- Priorität des Trinkens vor anderen Aktivitäten,
- Toleranz auch großer Alkoholmengen, Erleichterungstrinken,
- Heimlichkeit des Trinkens, häufiges Denken an Alkohol,
- Gedächtnislücken.

2. Gewöhnungsphase (entspricht in etwa der Kritischen Phase):
- Subjektiver, kaum kontrollierbarer Trinkzwang,
- Entzugssymptome wie Zittern, Schweißausbrüche, Übelkeit,
- Neigung zum Rückfall nach einer Zeit der Abstinenz,
- Psychologische Verhaltensauffälligkeiten,
- Beeinträchtigung sozialer Kontakte.

3. Abbauphase (entspricht in etwa der Chronischen Phase):
- Dauerräusche bei jeder Gelegenheit,
- psychischer Verfall,
- körperlicher Verfall.

(3) Ursachen der Alkoholabhängigkeit

Es gibt keine einheitliche Theorie des Alkoholismus, sondern nur verschiedene Versuche, den Ursprung gewohnheitsmäßigen Trinkens zu erklären. Die Erklärungsversuche reichen wie bei den übrigen Süchten von biologischen Theorien über psychodynamisch-psychoanalytische und lerntheoretisch-behavioristische bis hin zu sozialpsychologisch-familiendynamischen Konzepten, so dass insoweit auf die obigen allgemeinen Ausführungen (4.7.3) Bezug genommen werden kann.

(4) Kommunikation mit Alkoholabhängigen

Trifft man als Sozialarbeiter, Amtsvertreter, Lehrer, Rechtsanwalt oder Richter auf eine Person, die nach ihrem Verhalten möglicherweise unter Alkohol steht, so kann die Kommunikations-, Einlassungs- und Verhandlungsfähigkeit in rechtlichen Angelegenheiten beeinträchtigt sein. Daher ist es wichtig, durch Beobachtung der Merkmale, explizite Nachfrage oder notfalls durch ärztliches Gutachten abzuklären, ob tatsächlich Alkohol die Ursache des Verhaltens darstellt und ggf. die Angelegenheit erst einmal zu vertagen. Ist das Gespräch mit einem Alkoholiker – wie häufig bei Sozialarbeitern – unvermeidbar, kann nachfolgendes Kommunikationsverhalten helfen:

- Soweit körperliches Eingreifen nicht erforderlich ist, ist grundsätzlich deeskalierend vorzugehen, also ruhig und gelassen, kurz und prägnant, höflich und bestimmt, korrekt und professionell, mit kontrollierter Körpersprache, nicht fordernd und vorhaltend. Denn andernfalls muss wegen der niedrigen Reizschwelle mit einer schnellen und heftigen Eskalation der Gefühle und des Verhaltens gerechnet werden.
- Auch bei Enthemmung sollte man sich nicht provozieren lassen, ohne dabei allerdings die Eigen- und Fremdsicherung zu vernachlässigen. Erforderlichenfalls sind weitere Personen hinzu zu ziehen.
- Gegen übermäßiges Selbstwertgefühl ist ebenfalls professionell vorzugehen, insbesondere empfiehlt es sich nicht, sich über übermäßige Selbstdarstellung zu ärgern. Der Selbstdarsteller sollte stattdessen durch Fragen beteiligt oder vom Umfeld isoliert werden, wobei mit eigensinnigen Personen flexibel und nicht machtorientiert umzugehen ist.

(5) Therapie bei Alkoholabhängigen

Die Therapie kann wie bei anderen Süchten mit einer (motivierenden) Kontaktphase beginnen und über eine Entgiftungsphase und eine Entwöhnungsphase bis zur Nachsorgephase weitergeführt werden. Dabei haben sich insbesondere schulenübergreifende, also je nach Einzelfall unterschiedliche und evtl. auch mehrere theoretische Konzepte integrierende Therapien besonders bewährt (Kryspin-Exner, in Reinecker 2003, 305 ff).

Therapie bei Alkoholkranken

Es gibt Ansätze, die zentral dem psychoanalytischen Behandlungskonzept folgen, frühkindliche Enttäuschungen bewusst machen, den Therapeuten in die Rolle des bösen Objektes oder strengen Überichs bringen und auf eine Übertragung der narzisstischen Züge des Patienten auf den Therapeuten hoffen (vgl. Rost 2009, 176 ff). Derartige Therapien brauchen aber meist mehrere Jahre und werden daher in der Praxis häufig nicht dauerhaft finanziert.

Meist werden gemischte verhaltenstherapeutische Programme angewandt, die einerseits Alkohol untersagen und dies auch kontrollieren und sanktionieren, andererseits durch Aufklärung und kognitive Prozesse Einstellungen verändern, tiefergehende (familiäre und sonstige) Ursachen und Probleme mit sozialarbeiterischer Hilfe bearbeiten und dann auch Situationsbewältigungstrainings durchführen, bei welchen soziale Lernprozesse (z.B. Verzicht auf Alkohol, auch wenn andere trinken) verbunden mit körperlicher Bewegung und gesünderer Ernährung eingeübt werden. Hilfreich kann dabei ein Verhaltensvertrag sein, bei dem der Verzicht auf Alkohol einerseits verbindlich zugesichert, andererseits mit Belohnungen verbunden wird. Denkbar ist auch eine kontrollierte Reizkonfrontation, bei der man den Alkoholkranken auffordert, sich Schnaps und Bier zu kaufen und sich dann für zwei Tage in einem Zimmer, in Begleitung eines Therapeuten und Arztes, dem Alkohol auszusetzen; wird diese Belastungsprobe durchgestanden, ist damit die Basis für ein Vermeidungslernen gelegt.

Gelegentlich werden auch pharmakologische Ansätze verfolgt wie die Aversionstherapie, bei der man durch die Verschreibung von Antabus, was in Verbindung mit Alkohol zu heftigem Erbrechen führt, Alkoholkonsum und unangenehme Empfindungen verbindet.

Selbsthilfegruppen. Besondere Bedeutung kommt den Selbsthilfegruppen wie z.B. den Anonymen Alkoholikern, den Guttemplern oder dem Kreuzbund zu, die, ausgehend von einer gründlichen, selbstkritischen (und gottesfürchtigen) Bilanz, in der Gruppe (und mit Gott) sich in ständiger Wachsamkeit um völlige Abstinenz und sogar um Wiedergutmachung andern zugefügter Schäden bemühen. Die Mitglieder dieser Gruppen treffen sich regelmäßig, zumeist wöchentlich zu einem bestimmten Termin, verpflichten sich zur Vertraulichkeit, tauschen Erlebnisse und Erfahrungen aus, versuchen dabei auf vorwurfsvolles Verhalten gegenüber anderen zu verzichten, lernen offen und ehrlich gegen sich selbst zu sein und machen sich durch wohlwollende Zuwendung und Verstärkung erwünschten Verhaltens wechselseitig Mut.

4.7.6 Exkurs: Glücksspielsucht

(1) Erscheinungsbild

Seit Mitte der 70er Jahre ist in Deutschland das Angebot an Glücksspielen stark angestiegen. Sie dienen der Unterhaltung und als Freizeitvergnügen. Etwa 2/3 der Bürger dürften regelmäßig spielen, tippen, „daddeln", setzen oder wetten, im Jahre 2009 wurden etwa 24 Milliarden € auf dem deutschen Glücksspielmarkt umgesetzt und damit gut 3 Milliarden staatliche Einnahmen erzielt. Das DSM-IV-TR (Saß u.a. 2003, 737) schätzt die Lebenszeitprävalenz (Wahrscheinlichkeit des Auftretens) auf kulturabhängige 0,4% bis 3,4%, wobei dieser Wert bei Jugendlichen noch höher sein dürfte. Für Deutschland nimmt das Jahrbuch Sucht bei je etwa 0,2% bis 0,6% der Bevölkerung problematisches und pathologisches Spielverhalten an, so dass man etwa 1% der Bevölkerung als gefährdet ansehen kann. Die Nachfrage nach Behandlungen hat in den letzten Jahren aber deutlich zu genommen, ihr Anteil in den Suchtberatungsstellen betrug 2009 etwa 4%, hochgerechnet etwa 9500 Glücksspieler (Deutsche Hauptstelle für Suchtfragen, Meyer, 2011, 109 ff).

(a) Spielsucht als Krankheit. Sowohl das Klassifikationssystem der American Psychiatric Association DSM-IV-TR (312.31) als auch die Internationale Klassifikation der WHO – ICD-10 (F63.0) – haben die Spielsucht inzwischen als Störung anerkannt. Auch in Deutschland hat sich die Auffassung, dass Spielsucht eine Krankheit ist, inzwischen durchgesetzt. Im März 2001 einigten sich die Spitzenverbände der Krankenkassen und Rentenversicherungsträger auf „Empfehlungen für die medizinische Rehabilitation bei Pathologischem Glücksspielen", diese Empfehlungen bilden die Grundlage für die Finanzierung ambulanter und stationärer Leistungen. Die ICD-10 ordnet das Phänomen als eigenständige psychische Störung der Impulskontrolle ein und stellt (unter der Kategorie F63.0) insbesondere folgende Charakteristika des **pathologischen Glücksspiels** auf:

- beharrliches, wiederholtes Glückspiel, das sich oft trotz negativer sozialer Konsequenzen noch steigert;
- intensiver, kaum kontrollierbarer Drang zum Glücksspiel, der mit einer gedanklichen und bildlichen Beschäftigung mit dem Glücksspiel verbunden ist;
- Störungen des sozialen Beziehungsgefüges mit zerrütteten familiären Beziehungen, Verlust des Arbeitsplatzes;
- hohe Verschuldung, Einstellung der Bezahlung von Schulden und illegale Handlungen zur Geldbeschaffung.

(b) Spiel und Recht. Die §§ 284 ff StGB stellen die unerlaubte Veranstaltung eines Glücksspiels, die Beteiligung, die unerlaubte Veranstaltung einer Lotterie und einer Ausspielung unter Strafe. Die Frage, wann ein Glückspiel erlaubt ist, war noch vor einigen Jahren klar geregelt, es bestand ein bundesweites Glücksspielmonopol des Staates (BGH 11, 209). Mit der Föderalismusreform ist das Glückspielrecht in Länderverantwortung übergegangen und hatte zunächst zu unterschiedlichen Regelungen geführt. Das Bundesverfassungsgericht wies in seiner Entscheidung vom 28. März 2006 dann darauf hin, dass ein staatliches Monopol für Sportwetten einen Eingriff in das Grundrecht der Berufsfreiheit darstellt und nur durch eine konsequente und glaubhafte Erfüllung der staatlichen Suchtprävention zu rechtfertigen ist. Die Länder schlossen daraufhin einen Staatsvertrag zum Glücksspielwesen in Deutschland, der Anfang 2008 in Kraft trat. Ziel war es, bundeseinheitliche Rahmenbedingungen für das Glücksspiel zu schaffen, präventiv die Spielsucht zu bekämpfen und Betrügereien im Spielbetrieb entgegenzuwirken. Mit Urteil vom 30. Juni 2011 (C-212/08) stellte der Europäische Gerichtshof zu einem französischen Fall fest, dass es den Mitgliedsstaaten grundsätzlich frei stehe, ihre Politik auf dem Gebiet des Glücksspiels zu regeln und sogar eine einzige, staatlich überwachte, Einrichtung damit zu betrauen, wenn die damit verfolgten Schutzzwecke (z.B. Korruption zu verhindern, übermäßige Ausgaben für das Spielen zu vermeiden und die Spielsucht zu bekämpfen) klar geregelt und umgesetzt werden. Der Gerichtshof erkennt dabei auch an, dass über Internet angebotene Glücksspiele wegen des fehlenden unmittelbaren Kontakts zwischen Verbraucher und Anbieter besonders große Gefahren in sich bergen. Die Bundesländer (mit Ausnahme von Schleswig-Holstein) schlossen daraufhin am 15. Dezember 2011 (mit Wirkung ab März 2012) einen Glücksspieländerungsstaatsvertrag, der grundsätzlich das staatliche Monopol im Lotto beibehält, aber Vertrieb und Werbung lockert und für Sportwetten 20 Konzessionen an private Anbieter zulässt. Dabei standen allerdings unausgesprochen auch fiskalische Interessen im Raum. Die Anzahl der Spielbanken hat sich von 13 im Jahre 1974 auf über 50 im Jahre 2011 erhöht, sie führen erhebliche Steuereinnahmen ab.

Nicht strafbar sind im Übrigen auch Unterhaltungsspiele, welche – unter Berücksichtigung der Verkehrsauffassung – ohne bedeutenden Gewinn sind; die Rechtsprechung ist insofern uneinheitlich; psychologisch gesehen können aber auch schon Gewinne von 100 € und mehr als Spielsuchtverstärker wirken.

(2) Die Spielerkarriere

Sie lässt sich in Anlehnung an die Einteilung bei den Rauschmitteln in Anfangs-, Gewöhnungs- und Suchtstadium unterteilen.

1. Phase: Im Anfangsstadium kommt es zum Kontakt mit Glücksspielen, kleine Gewinne wirken als Verstärker, das Spiel wird als Herausforderung empfunden, durch die gelegentlichen Gewinne wird das Selbstwertgefühl gesteigert, die Risikobereitschaft wächst.
2. Phase: Im Gewöhnungsstadium nimmt die Spielintensität zu und das Spielverhalten gewinnt eine Eigendynamik. Das Spiel wird gezielt eingesetzt zum Lustgewinn sowie zur Abwehr unguter Gefühle. Die sozialen Bindungen nehmen weiteren Schaden, es entstehen Schulden.
3. Phase: Im Suchtstadium beherrscht das Glücksspiel das Leben, die Persönlichkeit und der Lebensstil sind auf das Spielen ausgerichtet, Bindungen brechen ab, der Arbeitsplatz geht verloren, sozialer Abstieg, hohe Schulden und strafbare Handlungen zur Geldbeschaffung sind die Folge.

(3) Ursachen der Spielsucht

Es kann angenommen werden, dass **neurologische** Störungen im dopaminergen System die Sucht erleichtern, denn Dopamin ist als Neurotransmitter wichtig für unser zerebrales Belohnungssystem. **Psychoanalytisch** wird eine (frühkindlich) gestörte Libidoentwicklung angenommen, die zu einem konflikthaften Umgang mit eigenen Bedürfnissen und narzisstischen Zügen führe (das Spiel als Ersatz für fehlende Liebe). **Lernpsychologisch** besonders einsichtig ist, dass gelegentliche Gewinne und die antizipierte Erwartung des „schnellen Euro ohne Arbeit" bzw. der Gedanke, verlorenes Geld zurückzuverdienen, als Verstärker fungieren. Damit einhergehen **kognitive Verzerrungen** und irrationale Wahrnehmungen der Verluste *(„Das waren gerade ja nur 5 €")* und illusionäre Kontrollüberzeugungen *(„Jetzt habe ich den sicheren Trick!")*. Das Glücksspiel vermittelt Stimulation und Erregung, verdrängt problembehaftete Stimmungen und steigert, vor allem bei gelegentlichen Gewinnen, das Selbstwertgefühl. Eine Bühne für diese Selbstdarstellungen bietet das Kasino, wer spielt fühlt sich wie James Bond im bekannten Kasino-Spielfilm, er gehört **sozialpsychologisch** zu einer irgendwie auch bewunderten Art von „Subkultur". Aktuelle Ansätze versuchen eine **Integration** dieser Zugänge, wir finden auf der Basis neurologischer Störungen und frühkindlicher Erfahrungen das bekannte Viereck aus Individuum, Nahbereich, Gesellschaft und Glücksspiel (Meyer & Bachmann 2005, 86 ff).

(4) Behandlung bei Spielsucht

In den ambulanten Beratungs- und Behandlungsstellen für Suchtkranke betreffen die Anfragen zwar nur einen kleinen Teil der Gesamtklientel, die Therapienachfrage von Spielern hat in den letzten Jahren aber deutlich zugenommen, auch die Zahl der Selbsthilfegruppen (Anonyme Spieler) dürfte inzwischen auf weit über 100 gestiegen sein.

Behandlungsansätze. Die Behandlung der Spielsucht ähnelt der Behandlung der anderen Süchte. **Selbsthilfegruppen** wie Gamblers Anonymus folgen dem 12 Punkte Programm der Anonymen Alkoholiker und setzen auf die gottesfürchtige persönliche Inventur und den durch die Gemeinschaft gestärkten Willen zum neuen Leben. **Ambulante** Behandlungen versuchen, auf beratendem und gesprächspsychotherapeutischem Weg die Beweggründe zu analysieren, Krankheitseinsicht zu fördern, zur Therapie zu motivieren, Erfahrungen in Gruppen auszutauschen und Alternativen zur Spielsucht aufzuzeigen. **Stationäre** Therapien sind seit einiger Zeit auch in Deutschland möglich. Soweit nicht einer Aufnahme Ablehnungsgründe (extrem soziopathischer Lebensstil, starke gesundheitliche Beeinträchtigungen, Drogeneinnahme, Psychose u. ä.) entgegenstehen, wird in der Aufnahmephase eine medizinische und psychologische Diagnose durchgeführt. Es folgen Gruppenstunden, die der Förderung der Motivation und Krankheitseinsicht und der Therapie der diagnostizierten Ursachen dienen sollen. Insbesondere geht es dabei um die Vermittlung von Wissen über die Erfolgswahrscheinlichkeiten beim Spiel und um eine Problematisierung von illusionären Kontrollphantasien. Ergänzt wird die Therapie durch Einzelbetreuung, aber auch durch Sport und Arbeitstherapie. In der Nachsorge sind auch sozialarbeiterische Hilfen gefragt (vgl. Meyer & Bachmann 2005, 143 ff).

Behandlungsergebnisse. Ältere Nachuntersuchungen bei stationär behandelten Glücksspielern, zeigten, dass 55% bzw. 63% der behandelten Spieler nach einem längerfristigen Zeitraum noch völlig abstinent leben, während etwa 1/3 in das alte Spielverhalten zurückgefallen ist und ein geringerer Prozentsatz gebessert spielt (vgl. Meyer & Bachmann 2005, 265 ff). Nach den Erfahrungen gehören in ambulanten Therapien Rückfälle allerdings eher zur Regel.

Rechtliche Grenzsetzungen. Daher wird auch gefordert, wieder mehr den Unterhaltungswert in den Vordergrund zu stellen, die Spielanreize von Geldgewinnen zu senken und den Maximalverlust pro Stunde auf einen durchschnittlichen Nettostundenlohn eines Arbeitnehmers zu begrenzen.

Literatur

Abel, M.: Vergewaltigung. Stereotypen in der Rechtsprechung und empirische Befunde. Weinheim 1988.

Abels, H.: Wirklichkeit. Wiesbaden 2009.

Adam-Lauer, G.: Trainingsprogramm zum Aufbau prosozialen und selbstbewussten Verhaltens bei Kindern und Jugendlichen. Münster 2005.

Adler, A.: Menschenkenntnis. Frankfurt/M. 1964.

Adler, A.: Praxis und Theorie der Individualpsychologie. Vorträge zur Einführung in die Psychotherapie für Ärzte, Psychologen und Lehrer (1930). Neu herausgegeben von W. Metzger. Frankfurt/M. 1978.

Adloff, F. & Priller, E. & Strachwitz, R.G. (Hg.): Prosoziales Verhalten. Stuttgart 2010.

Adorno, T. u.a.: Der autoritäre Charakter. 2 Bände. Reprint Amsterdam 1968.

Aichhorn, A.: Verwahrloste Jugend. Bern 1925.

Albert, M. & Hurrelmann, K. & Quenzel, G. & TNS Infratest Sozialforschung: Jugend 2010, 16. Shell Jugendstudie. Frankfurt/M 2010.

Ainsworth. M. u. a.: Patterns of attachment. Hillsdale, New Jersey. Erlbaum 1978.

Alexander, F. & Healey, W.: Roots of crime. Montclair , NJ, 1935.

Allport, F.: The J-curve hypothesis of conforming behavior. The journal of social psychology, 1934, 141-183.

Allport, G.: Treibjagd auf Sündenböcke. Berlin 1951.

Amelang, M.: Sozial abweichendes Verhalten. Berlin 1986.

American Psychiatric Association: Diagnostisches und Statistisches Manual Psychischer Störungen. DSM-IV TR. Göttingen 2003.

Amery, J.: Hand an sich legen – Diskurs über den Freitod. Stuttgart 1973.

Aronson, E. & Wilson, T.D. & Akert, R.M.: Sozialpsychologie. München 2008.

Atkinson, R.L. & Atkinson, R.C. & Smith, E.E. & Bem, D.J. & Nolen-Hoeksema, S.: Hilgards Einführung in die Psychologie. Heidelberg 2001.

Augstein, R.: Vergewaltigung, Gewalt in sexuellen Beziehungen, Sexuelle Belästigung. In: Dunde, S.: Handbuch der Sexualität. Weinheim 1992.

Augustinus, De civitate Dei, I, 22. In: Dombart, B. & Kalb, A. (Hg.). Turnhout 1955.

Baljer, E.: Forensische Psychiatrie. In: Faust, V., Psychiatrie. Ein Lehrbuch für Klinik, Praxis und Beratung. Stuttgart 1995.

Balloff, R.: Überblick über Begutachtungsmethoden. In: Körner, W. & Lenz, A. (Hg.): Sexueller Missbrauch, Band 1: Grundlagen und Konzepte. Göttingen 2004.

Bandura, A.: Aggression – Eine sozial-kognitive Lerntheorie. Stuttgart 1979.

Bandura, A.: Modellernen. Stuttgart 1976.

Bange, D. & Deegener, G.: Sexueller Missbrauch an Kindern. Ausmaß, Hintergründe, Folgen. Weinheim 1996.

Bange, D. & Körner, W. (Hg.): Handwörterbuch Sexueller Missbrauch. Göttingen 2002.

Bannenberg, B. & Rössner, D.: Erfolgreich gegen Gewalt in Kindergärten und Schulen. München 2006.

Barnett, W. & Richter, P.: Zur Kriminalprognose psychisch kranker Brandstifter. Monatsschrift für Kriminologie und Strafrechtsreform 1995.

Barrat, I.S.: Stark gegen Missbrauch. Präventionsarbeit in der Grundschule. Marburg 2010.

Bateson, G., u. a.: Towards a theory of schizophrenia. Behavioral Science, 1956, 251-264

Bauer, M., Engfer, R. & Rappl, J.: Psychiatrie-Reform in Europa. Bonn 1991.

Baumann, Z.: Dialektik der Ordnung. Die Moderne und der Holocaust. Hamburg 1992.

Baumann, M.: Jugendgangs und Stadtteilcliquen – Interdisziplinäre Versuche des Verstehens. In: Ittel, A. & Merkens, H. & Stecher, L. (Hg.): Jahrbuch Jugendforschung. Wiesbaden 2011.

Beck, C.T. & Krause, D. (Hg.): Sexueller Missbrauch. Lengerich 2005.

Berner, W. & Bolterauer, J.: 5-Jahres-Verläufe von 46 aus dem therapeutischen Strafvollzug entlassenen Sexualdelinquenten. Recht und Psychiatrie 1995.

Bierhoff, H.: Verantwortung und altruistische Persönlichkeit. Zeitschrift für Sozialpsychologie 1994, 217-226.

Bindel-Kögel, G. & Kühnel, W.: Vergewaltigungen durch deliktunspezifische Mehrfachtäter. München 2006.

Birbaumer, N. & Schmidt, R.F.: Biologische Psychologie. Heidelberg 2010.

Bleuler, E.: Dementia praecox oder die Gruppe der Schizophrenien. Leipzig 1911.

Böllinger, L.: Schuldfeststellung im Strafverfahren als psychosoziale (Re-)Konstruktion. Monatsschrift für Kriminologie und Strafrechtsreform 1993, 13-16.

Bowlby, J.: Bindung (1969). Frankfurt/M. 1984.

Bornewasser, M.: Geschlecht, soziale Rolle und aggressives Handeln: Sind Männer aufgrund ihrer physischen Ausstattung aggressiver als Frauen? Zeitschrift für Sozialpsychologie 1993, 51–65.

Braun, C.: Selbstmord. Goldmann. München 1971.

Bräutigam, W.: Reaktionen – Neurosen – abnorme Persönlichkeiten. Stuttgart 1985.

Breiter, M.: Vergewaltigung, ein Verbrechen ohne Folgen? Wien 1995.

Brenner, C.: Grundzüge der Psychoanalyse. Frankfurt/M. 1994.

Bundeskriminalamt (Hg.): Polizeiliche Kriminalstatistik 2010. Wiesbaden 2011.

Bundesministerium für Familie, Senioren, Frauen und Jugend (Hg.): Familienreport 2010. Berlin 2010.

Bundeszentrale für gesundheitliche Aufklärung (Hg.): Jugendsexualität. Köln 2006.

Bussmann, K.-D. & Erthal, C. & Schroth, A.: Gewalt in der Erziehung. Ergebnisse eines europäischen Fünf-Länder-Vergleichs. In: Bannenberg, B. & Jehle, J.-M. (Hg.): Gewaltdelinquenz: Lange Freiheitsentziehung, Delinquenzverläufe. Mönchengladbach 2011.

Cattell, R.B., Die empirische Erforschung der Persönlichkeit (1965). Weinheim 1978.

Cohen, A.K.: Delinquent Boys. The culture of the gang. Chicago 1955.

Crowe, R.: The adopted offspring of woman criminal offenders. Archives of general psychiatry, Vol. 27, 1972, 11, 600–603.

Cullberg, J.: Krise als Entwicklungschance. Edition Psychosozial. Gießen 2009.

Dalgard, O. & Kringlen, E.: A Norvegian twin study of criminality. British journal of criminology, Vol. 16, 1976, 3, 213–232.

Daly, M. & Wilson, M.: Homicide. De Gruyter. New York 1988.

Davidson, P.O. (Hg.): Angst, Depression und Schmerz. Verhaltenstherapeutische Methoden zur Prävention und Therapie. München 1980.

Deegener, G.: Kindesmisshandlung und Vernachlässigung: ein Handbuch. Göttingen 2004.

Degen; R.: Sexualmord. In: Dunde, S.: Handbuch der Sexualität. Weinheim 1992.

Deutsch, M. & Krauss, R.M.: The effect of threat upon interpersonal bargaining. Journal of Abnormal and Social Psychology. 1960, 181–189.

Deutsche Hauptstelle für Suchtfragen e.V. (Hg.): Jahrbuch Sucht 2011. Geesthacht 2011.

Deutscher Bundestag: 13. Kinder- und Jugendhilfebericht, Drucksache 16/12860 vom 30. April 2009.

Dickhaut, H.: Selbstmord bei Kindern und Jugendlichen. Bonn 1995.

Dieckmann, J.: Konfliktregulierung durch Dialoge. Freiburg/B. 1989.

Dilling, H., Mombour, W. & Schmidt, M.H.: Internationale Klassifikation psychischer Störungen: ICD-10. 7. korrigierte Auflage. Bern 2010.
Dollard, J.: Frustration und Aggression. New Haven 1939.
Dormann, W.: Suizid. Therapeutische Interventionen bei Selbsttötungsabsichten. Stuttgart 2002.
Dose, M.: Autismus, Asperger-Syndrom und schizotypische Persönlichkeitsstörung. In: Förstl, H. (Hg.): Theory of Mind, Neurobiologie und Psychologie sozialen Verhaltens. Heidelberg 2007.
Douglas, J. & Olshaker, M: Mörder aus Besessenheit. München 2000.
Dünkel, F. & Geng, B.: Rückfall und Bewährung von Karrieretätern nach der Entlassung aus dem sozialtherapeutischen Behandlungsvollzug. In: Steller, M. Dahle, K.-P, Basqué, M. (Hg.): Straftäterbehandlung. Pfaffenweiler 1994.
Durkheim, E.: De la division du travail social. Paris 1893.

Eckhardt-Henn, A. & Heuft, G. & Hochapfel, G. & Hoffmann, S.O. (Hg.): Neurotische Störungen und Psychosomatische Medizin. Stuttgart 2009.
Egg, R.: Drogenabhängige Straftäter. Therapiemotivation durch justiziellen Zwang? Bewährungshilfe 1993, 26–37.
Elz, J.: Legalbewährung und kriminelle Karrieren von Sexualstraftätern: Sexuelle Missbrauchsdelikte. Kriminologie und Praxis, Band 33. Wiesbaden 2001.
Engfer, A.: Formen der Misshandlung von Kindern – Definition, Häufigkeiten, Erklärungsansätze. In: Egle, U.T. & Hoffmann, S.O. & Joraschky, P. (Hg.): Sexueller Missbrauch, Misshandlung, Vernachlässigung. Erkennung, Therapie und Prävention der Folgen früher Stresserfahrungen. Stuttgart 2005.
Erikson, E.: Kindheit und Gesellschaft (1950). Stuttgart 2005.
Erziehung und Wissenschaft, E & W. Zeitschrift der Bildungsgewerkschaft.: Sexuelle Gewalt. Band 62, Heft 6. Essen 2010.
Essler, B.: Der Fall Werner A. – Skizzen aus einer Behandlung. In: Egg, R.: Sozialtherapie in den 90er Jahren. Kriminologische Zentralstelle. Wiesbaden 1993.
Eysenck, H.J.: Personality and the biosocial model of anti-social and criminal behaviour. In: Raine, A. u.a. (Hg.): Biosocial Bases of Violence. New York: Plenum press. 1997.
Eysenck, H.J.: Kriminalität und Persönlichkeit. Frankfurt/M. 1980.
Eysenck, H.J. & Eysenck, S.: Personality structure and measurement. London 1969.
Eysenck, H.J. & Rachman, S.: Neurosen – Ursachen und Heilmethoden. Berlin 1973.

Falardeau, W.: Das Schweigen der Kinder. Sexueller Missbrauch an Kindern. Die Opfer, die Täter, und was wir tun können. Gütersloh 1998.
Faust, V., Hole, G. & Wolfersdorf, M.: Depressionen. In: Faust, V.: Psychiatrie. Ein Lehrbuch für Klinik, Praxis und Beratung. Stuttgart 1995.
Fegert, J.M. & Wolff, M. (Hg.): Sexueller Missbrauch durch Professionelle in Institutionen. Münster 2002.
Ferchhoff, W.: Jugend und Jugendkulturen im 21. Jahrhundert. Wiesbaden 2007.
Festinger, L.: Theorie der kognitiven Dissonanz (1957). Bern 1978.
Feuerlein, W.: Alkoholismus – Missbrauch und Abhängigkeit. Stuttgart 1979.
Feuerlein, W.: Alkoholkrankheit. In Faust, V.: Psychiatrie. Ein Lehrbuch für Klinik, Praxis und Beratung. Stuttgart 1995.
Fiedler, P.: Persönlichkeitsstörungen. Weinheim 2007.
Filipp, S.-H. & Aymanns, P.: Kritische Lebensereignisse und Lebenskrisen. Stuttgart 2010.
Finkelhor, D.: Soziale Reaktionen auf Vergewaltigung. In: Heinrichs, J. (Hg.): Vergewaltigung. Die Opfer und die Mythen. Braunschweig 1986.

Fischer, L. & Wiswede, G.: Grundlagen der Sozialpsychologie. München 2009.
Fischer, M. & Lammel, U.: Jugend und Sucht – Analysen und Auswege. Opladen 2009.
Fischer, T.: Strafgesetzbuch und Nebengesetze. München 2011.
Förstl, H. (Hg.) Theory of Mind, Neurobiologie und Psychologie sozialen Verhaltens. Heidelberg 2007.
Freud, A.: Das Ich und die Abwehrmechanismen (1936). München 1966.
Freud, S.: Abriss der Psychoanalyse (1938). GW Bd. 17. Frankfurt/M. 1983.
Freud, S.: Das Ich und das Es (1923). GW Bd. 13. Frankfurt/M. 1987.
Freud, S.: Das Unbewusste (1915). GW Bd. 10. Frankfurt/M. 1991.
Freud, S.: Der Untergang des Ödipuskomplexes (1924). GW Bd. 13. Frankfurt/M. 1987.
Freud, S.: Die Abwehr-Neuropsychosen (1894). GW Bd. 1. Frankfurt/M. 1972.
Freud, S.: Die infantile Genitalorganisation (1923). GW Bd. 13. Frankfurt/M. 1987.
Freud, S.: Drei Abhandlungen zur Sexualtheorie (1905). GW Bd. 5. Frankfurt/M. 1981.
Freud, S.: Hemmung, Symptom und Angst (1926). GW, Bd. 14, Frankfurt/M. 1976.
Freud, S.: Jenseits des Lustprinzips (1920). GW Bd. 13. Frankfurt/M. 1987.
Freud, S.: Neurose und Psychose (1924). GW Bd. 13. Frankfurt/M. 1987.
Freud, S.: Triebe und Triebschicksale (1915). GW Bd. 10. Frankfurt/M. 1991.
Freud, S.: Über die Berechtigung, von der Neurasthenie einen bestimmten Symptomkomplex als „Angstneurose" abzutrennen (1894). GW Bd. 1. Frankfurt/M. 1972.
Freud, S.: Vorlesungen zur Einführung in die Psychoanalyse (1916–1917). GW Bd. 11. Frankfurt/M. 1986.
Frohloff, S.: Gesicht zeigen, Handbuch für Zivilcourage. Frankfurt/M. 2001.
Früh, W.: Die Rezeption von Fernsehgewalt. Media Perspektiven 1995.
Füllgrabe, U., Hornthal, S., Meier-Welser, C., Ploch, J. & Trum, H.J.: Polizeipsychologie. Stuttgart 1990.
Füllgrabe, U.: Kriminalpsychologie. Frankfurt/M. 1997.

Galton, F.: Hereditary Genius. 1869.
Galtung, J.: Strukturelle Gewalt. Beiträge zur Friedens- und Konfliktforschung. Reinbek 1975.
Geißler, E.: Erziehungsmittel. Bad Heilbrunn 1982.
Gerrig, R. & Zimbardo, Ph.: Psychologie. München 2008.
Giesekus, U., Schmid, S. & Fix, A.: Kids gegen Gewalt stark machen. Witten 2010.
Gilligan, C.: In a different voice: Psychological theory and womens development. Harvard University Press 1982.
Ginsburg, H.P. & Opper, S.: Piagets Theorie der geistigen Entwicklung. Stuttgart 2004.
Giordano, R.: Die zweite Schuld. Hamburg 1987.
Goffman, E.: Stigma. Über Techniken der Bewältigung beschädigter Identität. 9. Aufl. Frankfurt/M. 1990.
Göppel, R.: Das Jugendalter. Stuttgart 2005.
Görgens, K.: Sexualwissenschaften. In: Dunde, S.; Handbuch der Sexualität. Weinheim 1992.
Gottfredson, M.R. & Hirschi, T.: A general theory of crime. Stanford 1990.
Götze, P. & Mohr, M. (Hg.): Psychiatrie und Gesellschaft im Wandel. Regensburg 1992.
Grawe, K.: Neuropsychotherapie. Göttingen 2004.
Güttler, P.O.: Sozialpsychologie, Soziale Einstellungen, Vorurteile, Einstellungsänderungen. München 2003.

Hafeneger, B.: Strafen, prügeln, misshandeln. Frankfurt/M 2011.
Hagemann-White, C.: Sozialisation: Weiblich – männlich? Opladen 1984.
Hagemann-White, C.: Sozialisation – Zur Wiedergewinnung des Sozialen im Gestrüpp individualisierter Geschlechterbeziehungen. In: Bilden, B. & Dausien, B. (Hg.): So-

zialisation und Geschlecht: Theoretische und methodologische Aspekte. Opladen 2006.
Haisch, J.: Trainingsprogramme für Richter. Zur Reduktion von Urteilsverzerrungen im Strafverfahren. In Haisch, J. (Hg.): Angewandte Sozialpsychologie. Bern 1983.
Haney, C., Banks, C., & Zimbardo, P.: Interpersonal dynamics in a simulated prison. International Journal of Criminology and Penology, 1973, Vol 1, 69-97
Haselmann, S.: Psychosoziale Arbeit in der Psychiatrie – systemisch oder subjektorientiert. Göttingen 2008.
Harris, T.: Ich bin o. k., Du bist o. k. Reinbek 2010.
Hartwig, L., u. a. (Hg.): Sexuelle Gewalt und Jugendhilfe. Votum 1991.
Haug-Schnabel, G. & Bensel, J.: Grundlagen der Entwicklungspsychologie. Freiburg 2010.
Hauptmann, W.: Psychologie für Juristen. Kriminologie für Psychologen. München 1993.
Hautzinger, M.: Kognitive Verhaltenstherapie bei Depressionen: Behandlungsanleitungen und Materialien. Weinheim 2003.
Heilemann, M.: Vergewaltigertherapie – Männersache und/oder Frauensache? In: Rotthaus, W.: Sexuell deviantes Verhalten Jugendlicher. Dortmund 1991.
Heitmeyer, W. & Sander, U.: Individualisierung und Verunsicherung. In: Mansel, J. (Hg.): Reaktionen Jugendlicher auf gesellschaftliche Bedrohung. Weinheim 1992.
Hellbrügge, T.: Zur Spätprognose der frühkindlichen Deprivation bei Heimkindern. In: Deutsche Zentrale für Volksgesundheitspflege, Heft 17. Frankfurt 1970.
Henkel, D.: Stand der Internationalen Forschung zur Prävention von Substanzproblemen bei Arbeitslosen und zur Arbeitslosigkeit als Risikofaktor für die Entwicklung von Substanzproblemen: Alkohol, Tabak, Medikamente, Drogen. In: Henkel, D. & Zemlin, U. (Hg.): Arbeitslosigkeit und Sucht. Frankfurt/M. 2008.
Herkner, W.: Lehrbuch Sozialpsychologie. Bern 2004.
Hermanutz, M. & Ludwig, C. & Schmalzl H. P.: Moderne Polizeipsychologie in Schlüsselbegriffen. Stuttgart 2001.
Herrmann, T.: Lehrbuch der empirischen Persönlichkeitsforschung. Göttingen 1972.
Hetzer, H. (Hg.): Angewandte Entwicklungspsychologie des Kindes- und Jugendalters. 2. überarbeitete Aufl. Heidelberg 1990.
Heuer, G.: Selbstmord bei Kindern und Jugendlichen. Stuttgart 1979.
Hobmair, H. (Hg): Pädagogik. Troisdorf 2008.
Hobmair, H. (Hg.): Psychologie. Troisdorf 2008.
Hoeft, St.: Polizeiliche Maßnahmen gegen die offene Drogenszene. Hamburg 1999.
Hoffmann, J.: Amok – ein neuer Blick auf ein altes Phänomen. In: Lorei, C. (Hg.): Polizei & Psychologie. Frankfurt/M. 2003.
Hoffmann, N.: Depressives Verhalten. Salzburg 1974.
Hoffmann, N.: Depressives Verhalten. Psychologische Modelle der Ätiologie und der Therapie. Salzburg 1976.
Honig, M.-S.: Verhäuslichte Gewalt. Frankfurt/M. 1992.
Huber, G.: Psychiatrie. Stuttgart 1981.
Huber, M.: Multiple Persönlichkeiten. Frankfurt/M. 1995.
Hurrelmann, K.: Familienstress, Schulstress, Freizeitstress (1990). Weinheim 1994.
Hurrelmann, K.: Lebensphase Jugend. Weinheim 2010.
Hurrelmann, K.: Suchtprävention trotz gesellschaftlicher Ursachen. In: Deutsche Hauptstelle gegen die Suchtgefahren (Hg.): Suchtprävention. Schriftenreihe zum Problem der Suchtgefahren. Freiburg 1994.
Hurrelmann, K. & Klocke, A. & Melzer, W. & Ravens-Sieberer, U. (Hg.): Jugendgesundheitssurvey. Weinheim & München 2003.
Hyndorf, S.: Exhibitionismus. In: Dunde, S.: Handbuch der Sexualität. Weinheim 1992.

Ianni, F.: A familiy business. London 1972.
Igl, G. & Knopf, H. & Merkle, W. (Hg.): Schriftenreihe zur Entwicklung sozialer Kompetenz. Berlin 2006.
Irle, M.: Lehrbuch der Sozialpsychologie. Göttingen 1975.
Ittel, A. & Merkens, H. & Stecher, L. (Hg.): Jahrbuch Jugendforschung. Wiesbaden 2011.

Jacobson, E.: Depression. Frankfurt/M. 1977.

Käsler, H. & Nikodem, B.: Bitte hört, was ich nicht sage. Signale von Kindern und Jugendlichen verstehen, die nicht mehr leben wollen. München 1996.
Keller, U.: Was ist eine Perversion? In: Rotthaus, W.: Sexuell deviantes Verhalten Jugendlicher. Dortmund 1991.
Kelley, H.H.: The process of causal attribution. American Psychologist 1973, 28, 107-128.
Kernberg, O.: Borderline-Störungen und pathologischer Narzissmus. Frankfurt/M. 1983.
Kerner, H.-J. & Dolde, G. & Mey, H.-G. (Hg.): Jugendstrafvollzug und Bewährung. Bonn 1996.
Kindermann, W.: Drogenabhängig: Lebenswelten zwischen Szene, Justiz und Therapie. Freiburg 1992.
Kindermann, W.: Verlaufskarrieren Drogenabhängiger – Folgerungen für Drogenhilfe und Drogenpolitik. In: Reindl, R. u.a. (Hg.): Drogen und Strafjustiz. Freiburg/B. 1994.
Klafki, W.: Neue Studien zur Bildungstheorie und Didaktik: Beiträge zur kritisch-konstruktiven Didaktik. Weinheim 1985.
Klepp, D. & Buchebner-Ferstl, S. & Kaindl, M.: Eltern zwischen Anspruch und Überforderung. Opladen 2009.
KultusMinisterKonferenz (KMK) und Bundesministerium für Bildung und Forschung (BMBF): Bildung in Deutschland. Bielefeld 2010.
Kockott, G.: Sexuelle Störungen. In: Faust, V., Psychiatrie. Ein Lehrbuch für Klinik, Praxis und Beratung. Stuttgart 1995.
Kohlberg, L.: Essays on moral development. Vol. 2. The psychology of moral development. Harper und Row. San Francisco 1984.
Kohlberg, L.: Moralische Entwicklung und Moralerziehung. In: Portele, G.: Sozialisation und Moral. Weinheim 1978, 13-80.
Kohlberg, L.: Zur kognitiven Entwicklung des Kindes. Drei Aufsätze. Frankfurt 1974.
König, K.: Abwehrmechanismen. Göttingen 2007.
Krämer, K.: Frau gleich Mann? Delinquenz, Suchtmittelumgang und andere Formen abweichenden Verhaltens bei Frauen. Kriminalistik 1992, 327-332.
Kreuzer A. & Wille, R.: Drogen – Kriminologie und Therapie. Heidelberg 1988.
Krieger, R.: Entwicklung von Werthaltungen. In: Hetzer, H. u.a. (Hg.): Angewandte Entwicklungspsychologie des Kindes- und Jugendalters. Heidelberg 1995.
Kröber, H.L., Faust, V. & Kohler, Th.: Manie. In: Faust, V., Psychiatrie. Ein Lehrbuch für Klinik, Praxis und Beratung. Stuttgart 1995.
Kröger, C.: Jugend im gesellschaftlichen Wandel, Perspektiven für die soziale Arbeit. Saarbrücken 2007.
Kuiper, P.C.: Die seelischen Krankheiten des Menschen. Psychoanalytische Neurosenlehre. Stuttgart 2004.
Kurz-Adam, M. & Post, I. (Hg.): Erziehungsberatung und Wandel der Familie. Opladen 1995.
Kutter, P.: Psychoanalytische Aspekte, Psychiatrische Krankheitsbilder. In: Loch, W. (Hg.): Die Krankheitslehre der Psychoanalyse. Stuttgart 1977.

Lambrou, U.: Familienkrankheit Alkoholismus: Im Sog der Abhängigkeit. 2. Aufl. Hamburg 2010.
Lamnek, S.: Theorien abweichenden Verhaltens II: „Moderne“ Ansätze. Paderborn 2008.
Lamprecht, R.: Vom Mythos der Unabhängigkeit. Über das Dasein und Sosein der deutschen Richter. Baden-Baden 1995.
Lange, J.: Verbrechen als Schicksal. Leipzig 1929.
Langfeldt, H.P & Nothdurft, W.: Psychologie. Stuttgart 2007.
Langman, P.: Why kids kill : inside the minds of school shooters. New York 2009.
Largo, R.H.: Lernen geht anders. Bildung und Erziehung vom Kind her denken. Hamburg 2010.
Largo, R.H.: Babyjahre: Entwicklung und Erziehung in den ersten vier Jahren. München 2011.
Laux, L.: Persönlichkeitspsychologie. Stuttgart 2008.
Lenzen, D.: Erziehungswissenschaft. Reinbek 2004.
Lind, G.: Moral ist lehrbar. München 2009.
Linehan, M.: Dialektisch-behaviorale Therapie der Borderline-Persönlichkeitsstörung. München 1996.
Loftus, E. & Ketcham, K.: Die therapierte Erinnerung – vom Mythos der Verdrängung bei Anklagen wegen sexuellen Missbrauchs. Hamburg 1995.
Lorenz, K.: Das sogenannte Böse. Wien 1963.
Lösel, F.: Psychologische Kriminalitätstheorien. In: Kaiser, G., Kerner, H.J., Sack, F., Schellhoss, H.: Kleines Kriminologisches Wörterbuch. Heidelberg 1993, 253-267.
Lösel, F.: Täterpersönlichkeit. Kaiser, G., Kerner, H.J., Sack, F., Schellhoss, H. (Hg.): Kleines Kriminologisches Wörterbuch, Heidelberg 1993, 529-540.
Lösel, F. & Schmucker, M.: Evaluation der Straftäterbehandlung. In: R. Volbert & M. Steller (Eds.), Handbuch der Rechtspsychologie. Göttingen 2008.
Lübcke-Westermann, A.: Persönlichkeitsstörung, Sexualstraftat und Empathie. Theorie, Empirie und Biographie. Frankfurt/M. 2002.
Lück, M.; Strüber, D. & Roth, G.: Psychobiologische Grundlagen aggressiven und gewalttätigen Verhaltens. Oldenburg 2005.
Lüderssen, K.: Das „Recht über sich selbst“ – Freigabe von Drogen im Rahmen des Arzneimittelrechts. Strafverteidiger 1994, 508-514.

Maier, K.E.: Grundriss moralischer Erziehung. Bad Heilbrunn 1986.
Markewka, M.: Vorurteile, Minderheiten, Diskriminierung. 6. Aufl. Neuwied 1990.
Marneros, A.: Sexualmörder, eine erklärende Erzählung. Bonn 2000.
Martens, G.: Auch Eltern waren Kinder. München 1990.
Meichenbaum, D., Turk, D.: The cognitive-behavioral management of anxiety. In: Davidson, P. (Ed.): Angst, Depression und Schmerz. München 1980.
Mentzos, S.: Neurotische Konfliktverarbeitung. Frankfurt/M. 2008.
Merton, R.U.: Social theory and social structure. Glencoe, Ill., 1951.
Meyer, G. & Bachmann, M.: Spielsucht. Heidelberg 2005.
Michaelis-Arntzen, E.: Die Vergewaltigung. München 1994.
Milgram, St.: Das Milgram-Experiment (1982). Zur Gehorsamsbereitschaft gegenüber Autorität. Reinbek 1990.
Mischel, M.: Introduction to personality: toward an integration. Wiley 2004.
Mischel, W.: Personality assessment. New York 1968.
Mischel, W.: Toward a cognitive social learning reconceptualization of personality. Psychological Review 1973, 252-283.
Müller, I.: Furchtbare Juristen. München 1987.
Müller-Küppers, M.: Jugendliche Sexualstraftäter. In: Rotthaus, W.: Sexuell deviantes Verhalten Jugendlicher. Dortmund 1991.

Münder, J. & Wiesner, R. & Meysen, T. (Hg.): Kinder- und Jugendhilferecht. Baden-Baden 2011.
Mundt, Ch.: Schizophrenie. In: Faust, V.: Psychiatrie. Ein Lehrbuch für Klinik, Praxis und Beratung. Stuttgart 1995.

Neill, A. S.: Theorie und Praxis der antiautoritären Erziehung (1969). Reinbek 2009.
Nestler, J. & Goldbeck, L.: Soziale Kompetenz. Training für lernbehinderte Jugendliche SOKO. Basel 2009.
Neudert, B.: Ist Freigabe die Lösung?: Verletzung der Menschenwürde und der Grundrechte von Heroinabhängigen. Marburg 2001.
Neuhäuser, G.: Geistige Behinderung. In: Faust, V.: Ein Lehrbuch für Klinik, Praxis und Beratung. Stuttgart 1995.
Neumann, J. v. & Morgenstern, O.: Spieltheorie und wirtschaftliches Verhalten. Würzburg 1973.
Neyer, F. J. & Spinath, F. M. (Hg.): Anlage und Umwelt. Stuttgart 2008.
Nieberg, H.: Blickpunkt Elternschule. München 2010.
Nöldner, W. & Renner, W.: Polizei und Angetrunkene. Stuttgart 1993.
Northoff, R.: Anspruch und Wirklichkeit der Strafvollstreckungskammer. Schriftenreihe der Deutschen Bewährungshilfe. Neue Folge. Bd. 6. Bonn 1985.
Northoff, R.: Durch Anpassung zur Unabhängigkeit. In: Deutsche Richterzeitung 1991, 167–172.
Northoff, R.: Justiz und Widerstand. Betrifft Justiz, 1994, 398–408.
Northoff, R.: Ohne Vorurteil und Verlegenheit. Die DDR, ein kriminalpräventives Gesamtkunstwerk? Kriminalistik 1995, 1, 51–54.
Northoff, R.: Plädoyer für eine starke Justiz. Eindrücke aus Kolumbien. Deutsche Richterzeitung 1989, 413–418.
Northoff, R.: Rechtspsychologie. Bonn 1996.
Northoff, R.: Handbuch der Kriminalprävention. Loseblatt. Baden-Baden seit 1997.

Oerter, R. & Montada, L. u. a.: Entwicklungspsychologie (1982). Weinheim 2008.
Ohana, K.: Gestatten: ICH : die Entdeckung des Selbstbewusstseins. Gütersloh 2010.
Orsi, G.: Recht und Moral. Frankfurt/M. 1993.
Ostendorf, H.: Jugendgerichtsgesetz. Kommentar. Köln 1994.

Paar, G.: Psychopharmaka in der Psychosomatischen Medizin und in der Allgemeinmedizin. In: Uexküll, T. v.: Psychosomatische Medizin. München 1990.
Pervin, L. A. & Cervone, D. & John, O. P.: Persönlichkeitstheorien. München 2005.
Petermann, F. & Petermann U.: Training mit aggressiven Kindern. München 2008.
Peters, H.: Devianz und soziale Kontrolle. Weinheim 1989.
Petzel, T.: Die Autoritäre Persönlichkeit. Göttingen 2009.
Pfäfflin, F.: Rückfallprognose bei Sexualdelinquenz. Recht und Psychiatrie 1995.
Piaget, J.: Das moralische Urteil beim Kinde. Zürich 1954.
Piaget, J.: Psychologie der Intelligenz (1947). 4. Aufl. Zürich. o. J.
Plack, A.: Plädoyer für die Abschaffung des Strafrechts. München 1974.
Pohlmeier, H.: Depression und Selbstmord. Düsseldorf & Bonn 1995.
Pongratz, L.: Prostituiertenkinder – Umwelt und Entwicklung in den ersten acht Lebensjahren. Hamburg 1964.

Rabe, T. & Goeckenjan, M.: Jugendsexualität in Deutschland. In: Gyne: Fachzeitschrift für den Arzt der Frauen. Band 32 (3). Saulheim 2011.
Redl, F. & Wineman, D.: Children who hate. New York 1951. Deutsch: Kinder die hassen: Auflösung und Zusammenbruch der Selbstkontrolle. München 1990.

Rehder, U.: Sexuell abweichendes Verhalten – Klassifikation, Ursachen und Behandlung. In: Egg, R.: Sozialtherapie in den 90er Jahren. Kriminologische Zentralstelle. Wiesbaden 1993, 71–101.
Reifner, U. & Sonnen, R.: Strafjustiz und Polizei im Dritten Reich. Frankfurt/M. 1984.
Reinecker, H. (Hg.): Lehrbuch der Klinischen Psychologie und Psychotherapie. Göttingen 2003.
Retzlaff, R.: Familien-Stärken: Behinderung, Resilienz und systemische Therapie. Stuttgart 2010.
Riemann, R., Angleitner, A. & Strelau, J.: Genetic and environmental influences on personality. Journal of Personality, 65, 1997.
Rogers, C.R.: Eine Theorie der Psychotherapie, der Persönlichkeit und der zwischenmenschlichen Beziehungen (1959). Gesellschaft für wissenschaftliche Gesprächspsychotherapie. München 2009.
Rohracher, H.: Kleine Charakterkunde. Wien 1969.
Rokeach, M.: The open and closed mind. New York 1960.
Rosenberg, M.: Gewaltfreie Kommunikation. Paderborn 2007.
Rost, W.D.: Psychoanalyse des Alkoholismus. Stuttgart 1987.
Roth, I. & Reichle, B.: Prosoziales Verhalten. Weinheim & Basel 2008.
Rudolf, G.: Die Therapeutische Arbeitsbeziehung. Berlin 1991.
Rüttinger, B. & Sauer, J.: Konflikt und Konfliktlösen. Leonberg 2000.

Sack, F.: Kritische Kriminologie. In: Kaiser, G., Kerner, H.J., Sack, F., Schellhoss, H.: Kleines Kriminologisches Wörterbuch. Heidelberg 1993, 329-338.
Sartre, J.P.: Ist der Existenzialismus ein Humanismus? (Humanismusbrief). Zürich 1947.
Saß, H. u.a.: Diagnostisches und Statistisches Manual Psychischer Störungen der American Psychiatric Association. DSM-IV-TR. Göttingen 2003.
Scharfetter, C.: Eugen Bleuler: 1857–1939. Polyphrenie und Schizophrenie. Zürich 2006.
Schäfer, B. & Petermann, F.: Vorurteile und Einstellungen. Köln 1988.
Schellhorn, W. & Fischer, L. & Mann, H. (Hg.): SGBVIII: Kinder- und Jugendhilfe. Kommentar zum Sozialgesetzbuch VIII. München 2007.
Schenk, J.: Die Persönlichkeit des Drogenkonsumenten. Göttingen 1979.
Schlöder, B.: Soziale Werte und Werthaltungen. Opladen 1993.
Schmidtbauer, W.: Die hilflosen Helfer. Über die seelische Problematik helfender Berufe. Reinbek 1977.
Schmidtbauer, W.: Helfen als Beruf. Die Ware Nächstenliebe. Reinbek 1983.
Schneider, P.K.: Die Multiple Persönlichkeit. Neuried 1994.
Scholz, B., Greuel, L.: Vergewaltigte Frauen als Zeuginnen und Opfer. In: Hommers, W.: Perspektiven der Rechtspsychologie. Göttingen 1991, 117–130.
Schonecke, O. & Herrmann, J.: Psychophysiologie. In: Uexküll, T. v.: Psychosomatische Medizin. München 1990.
Schorsch, E.: Sexualdelinquenz. In: Seitz, W. (Hg.): Kriminal- und Rechtspsychologie. München 1983, 194–203.
Schraml, W.: Einführung in die moderne Entwicklungspsychologie (1972). Stuttgart 1990.
Schulz von Thun, F: Miteinander Reden 1 (1981) Reinbek 1992.
Schulz von Thun, F.: Miteinander Reden 2 (1989). Reinbek 2010.
Schwind, H.D. & Baumann, J. (Hg.): Ursachen, Prävention und Kontrolle von Gewalt. Bd. II. Unterkommission I: Psychologie. Berlin 1990, 1–154.
Seiffge-Krenke, I.: Entwicklung des sozialen Verhaltens. In: Hetzer, H. u.a. (Hg.): Angewandte Entwicklungspsychologie des Kindes- und Jugendalters. Heidelberg 1995.

Seiwert, L. & Gay, F. Das 1x1 der Persönlichkeit. Frankfurt/M. 2004.
Seligman, M.: Erlernte Hilflosigkeit. Weinheim 1995.
Sellin, J.T.: Culture conflict and crime: a report of the Subcommittee on Delinquency of the Committee on Personality and Culture. New York 1938.
Shell Deutschland Holding (Hg.): Jugend 2010 (Shell Jugendstudie). Frankfurt/M. 2010.
Sherif, C.W. u.a.: The Robbers Cave Experiment (1961). Middletown. Wesleyan University Press 1988.
Siegl, J. & Reinecker, H.: Generalisierte Angststörung. In: Reinecker, H. (Hg.): Lehrbuch der Klinischen Psychologie und Psychotherapie. Göttingen 2003.
Soyka, M. & Küfner, H.: Alkoholismus – Missbrauch und Abhängigkeit: Entstehung – Folgen – Therapie. Stuttgart 2008.
Speck, O.: Menschen mit geistiger Behinderung. Ein Lehrbuch zur Erziehung und Bildung. München 2005.
Spitz, R.: Vom Säugling zum Kleinkind. Naturgeschichte der Mutter-Kind-Beziehung im ersten Lebensjahr (1965). Stuttgart 2005.
Steck, P. & Pauer, U.: Verhaltensmuster bei Vergewaltigung in Abhängigkeit von Täter- und Situationsmerkmalen. Monatsschrift für Kriminologie und Strafrechtsreform 1992, 187–197.
Steil, R. & Ehlers, A.: Posttraumatische Belastungsstörung. In: Reinecker, H. (Hg.): Lehrbuch der Klinischen Psychologie und Psychotherapie. Göttingen 2003.
Steinert, T.: Aggression. In: Faust, V., Psychiatrie. Ein Lehrbuch für Klinik, Praxis und Beratung. Stuttgart 1995.
Steinkamp, G.: Sozialstruktur und Sozialisation In: Hurrelmann, K. & Ulich, D. (Hg.): Neues Handbuch der Sozialisationsforschung. Weinheim 1991.
Strian, F.: Klinische Angstsyndrome. In: Faust, V.: Psychiatrie. Ein Lehrbuch für Klinik, Praxis und Beratung. Stuttgart 1995.
Studt, H.H.: Psychosomatische Medizin und Neurosenlehre. In: Faust, V.: Psychiatrie. Ein Lehrbuch für Klinik, Praxis und Beratung. Stuttgart 1995.
Stürmer, S. & Snyder, M.: The Psychology of Prosocial Behavior. Oxford 2010.
Sutherland, E.H. & Cressey, D.R.: Principles of criminology (1939). Chicago 1955.
Sykes, G.M. & Matza D., Techniques of neutralization. American Sociological Review 1975, 664–670.

Tannenbaum, F.: Crime and community (1938). London 1953.
Täschner, K.L.: Rauschdrogen. In: Faust, V., Psychiatrie. Ein Lehrbuch für Klinik, Praxis und Beratung. Stuttgart 1995.
Tausendteufel, H. & Bindel-Kögel, G. & Kühnel, W.: Deliktunspezifische Mehrfachtäter als Zielgruppe von Ermittlungen im Bereich der sexuellen Gewaltdelikte. München 2006.
Theunert, H. (Hg.): Medienkinder von Geburt an. München 2007.
Theunert, H.: Zwischen Vergnügen und Angst – Fernsehen im Alltag von Kindern. Eine Untersuchung von Wahrnehmung und Verarbeitung von Fernsehinhalten durch Kinder aus unterschiedlichen soziokulturellen Milieus in Hamburg. Berlin 1992.
Theunert, H. (Hg.): Medien, Bildung, Soziale Ungleichheit. München 2010.
Theunert, H. & Gebel, C. (Hg.): Lehrstücke fürs Leben in Fortsetzung. München 2000.
Trum, H. Schmalzl, H.P. & Langer, M. (Hg.): Einen Schritt weiter – und ich springe! Stuttgart 1987.

Uexküll, T. v.: Psychosomatische Medizin. München 1990.

van Dijk, W. K.: Biologische, psychologische und soziogene Faktoren der Drogenabhängigkeit. In: Lettieri, D. & Welz, R. (Hg.): Drogenabhängigkeit – Ursachen und Verlaufsformen. Weinheim 1983.

Vigotski, L.: Mind in Society: The Development of Higher Psychological Processes. Cambridge, Harvard University Press 1978.

Voigt, K. & Fehm, H.: Psychoneuroendokrinologie. Testosteron und Aggression. In: Uexküll, T. v.: Psychosomatische Medizin. München 1990.

Volk, P.: Opfer, Tat und Täter bei der Vergewaltigung. In: Rotthaus, W.: Sexuell deviantes Verhalten Jugendlicher. Dortmund 1991.

Vöneky, S.: Recht, Moral und Ethik : Grundlagen und Grenzen demokratischer Legitimation für Ethikgremien. Tübingen 2010.

Wagner, A. C.: Gelassenheit durch Auflösung innerer Konflikte. Stuttgart 2008.

Walzer, S. u. a.: The XYY Genotype. Annual review of medicine, Vol. 29, 1978, 563–570.

Weber, J.: Viktimologische Besonderheiten bei Sexualdelikten. Fälle von „Chiffriertem Matrizid". Monatsschrift für Kriminologie und Strafrechtsreform 1993.

Wedler, H., Reimer, C. & Wolfersdorf, M.: Suizidalität. In: Faust, V.: Psychiatrie. Ein Lehrbuch für Klinik, Praxis und Beratung. Stuttgart 1995.

Wegener, H.: Einführung in die Forensische Psychologie. Darmstadt 1992.

West, D. J., & Farrington, D. P.: The delinquent way of life. London 1977.

Weymann, S.: Der Einfluss von Ersatzdrogenprogrammen auf die Drogensucht unter besonderer Berücksichtigung von Beschaffungskriminalität, Beschaffungsprostitution und HIV-Infektionsrate von Drogenabhängigen. Frankfurt/M. 1993.

White, R. & Lipitt, R.: Verhalten von Gruppenleitern und Reaktionen von Mitgliedern in drei „sozialen Atmosphären". In: Irle, M. (Hg.): Texte der experimentellen Sozialpsychologie 1969, 456–486.

Whyte, W. F.: Street corner society (1943). Chicago 1993.

Witt, M.: Lernbehinderung und geistige Behinderung. In: Langfeldt, H. P.: Psychologie, Grundlagen und Perspektiven, Neuwied 1993.

Yapko, M. D.: Fehldiagnose Sexueller Missbrauch. (New York 1994) München 1996.

Zaboura, N.: Das empathische Gehirn. Spiegelneurone als Grundlage menschlicher Kommunikation. Wiesbaden 2009.

Zimbardo, P. G.: Der Luzifer-Effekt: die Macht der Umstände und die Psychologie des Bösen. Heidelberg 2008.

Zobel, M.: Wenn Eltern zu viel trinken : Hilfen für Kinder und Jugendliche aus Suchtfamilien. Bonn 2008.

Zuschlag, B. & Thielke, W.: Konfliktsituationen im Alltag. Göttingen 1998.

Abkürzungen

a. a. O.	am angegebenen Ort
Art.	Artikel
B	Beispiel
BGB	Bürgerliches Gesetzbuch
BGH(St)	Bundesgerichtshof (Strafsachen)
BKA	Bundeskriminalamt
BSG(E)	Bundessozialgericht (Entscheidung)
BtMG	Betäubungsmittelgesetz
BVerfG	Bundesverfassungsgericht
DSM-IV-TR	Diagnostic and Statistical Manual of Mental Disorders der American Psychiatric Association, IV. Auflage, Textrevision, auf Deutsch herausgegeben von Saß u. a., Göttingen 2003.
Ed.	Editor
FamFG	Gesetz über das Verfahren in Familiensachen und in den Angelegenheiten der freiwilligen Gerichtsbarkeit
f; ff	folgende, fortfolgende
GG	Grundgesetz
GW	Gesammelte Werke (von Freud)
GWA	Gemeinwesenarbeit
Hg.	Herausgeber
ICD-10	International Classification of Diseases, Version 10, der WHO (World Health Organisation), verschiedene Kapitel I, II, III ff, gekennzeichnet von A bis Z, hier vor allem: Kapitel V = F = Psychische Störungen auf Deutsch herausgegeben von Dilling, Mombour & Schmidt, Bern 2010
ICF	Internationale Klassifikation der Funktionsfähigkeit
i. e. S.	im engeren Sinne
i. S.	im Sinne
JA	Jugendamt
JGG	Jugendgerichtsgesetz
JGH	Jugendgerichtshilfe
KMK	Kultusministerkonferenz
SGB VIII	Kinder- und Jugendhilfegesetz
MDR	Monatsschrift für deutsches Recht
m. w. N.	mit weiteren Nachweisen
NJW	Neue Juristische Wochenschrift
PSB	Personensorgeberechtigte
RBerG	Rechtsberatungsgesetz
S.	Satz
SGB	Sozialgesetzbuch
spFH	sozialpädagogische Familienhilfe
StGB	Strafgesetzbuch
s. u.	siehe unten
u. U.	unter Umständen
v. a.	vor allem
vs.	versus (als Gegenüberstellung)
§ … I/II/III	Paragraf eines Gesetzes, Absatz

Stichwortverzeichnis

Das Buch ist in einigen Teilen eine überarbeitete Neuauflage des im Jahre 1996 vom Autor herausgegebenen Buches *Rechtspsychologie.* Um aktuelle Fragestellungen erweitert sind daraus drei eigenständige Bücher entstanden, die sich aber wechselseitig ergänzen:

- Methodisches Arbeiten & therapeutisches Intervenieren (2012)
- Kompetenzen der Arbeits- & Problembewältigung (2013)
- Sozialisation, Sozialverhalten & psychosoziale Auffälligkeiten (2013)